01 ▎摩亨佐—達羅的大澡池，這是印度河文明留下最大規模的遺跡建築，其水源來自附近泉眼，當時它在這半乾旱的環境裡看來必定有如奇蹟。

02 ▎尼尼微出土的淺浮雕壁飾，西元前 645 年為了亞述巴尼拔的宮殿所造，上面呈現一條運河穿過輸水道灌溉農作，前方可能是一座供奉亞述巴尼拔祖父辛那赫里布之冠冕的廟宇。

03 ▎羅馬廣場年代最早可回溯至西元前 6 世紀，但這幅現代照片呈現的是羅馬千年歷史中不斷改建或新增所造成的建築風景，以及另一個千年內毀壞、變化與考古發掘所留下的影響。

04 ▎衛城頂端矗立帕德嫩神廟，這畫面至今仍是人們心目中典型的雅典模樣，但它原是漆有鮮麗顏色。波斯軍隊在西元前 480 年火燒雅典城，但隔年就被徹底逐出希臘本土，在那之後伯里克利斯提出的大型建築計畫造就了這處建築群。

05 耶路撒冷聖殿山（Temple Mount）與西牆，此地從古典時代晚期就是猶太人朝聖地點。歐瑪清真寺（Mosque of Omar）是在數百年後才建立，它的圓頂大約就位在希律王時代的猶太聖殿原址。

06 麥羅埃的金字塔廣場範圍廣大且滿是建築物，這裡的金字塔比埃及法老的要小，側面坡度也較陡峭。墓主分屬於較廣泛的社會階層，但較大的仍是王族專用，證據顯示人們會以食物、珠寶、家具、甚至是動物或人牲為死者殉葬。

07 從鐵奧蒂華坎月亮金字塔頂眺望所見的太陽金字塔，與背後山陵相映成趣。西元 225 年的太陽金字塔有 226 公尺寬、75 公尺高，高度包括頂端一座神廟。

10 提卡爾中城今貌。一號神廟約建立於西元734年，覆蓋著赫掃強卡威大王的墓地；不過左方的王朝墳場年代最早可上溯到西元前 350 年。

08 若無水灌溉農田，我們就死；我們崇拜守護我們泉水的美洲豹靈。鐵奧蒂華坎壁畫這種形式性的繪法令現代觀者無所適從，因它缺乏色調與飽和度的變化來引領觀者聚焦。

09 提卡爾大金字塔群已被叢林淹沒上千年。阿弗雷德·派西法·莫德萊（Alfred Percival Maudslay，1850-1931。英國外交官員、探險家與考古學家，最早開始研究馬雅遺跡的歐洲人之一。）在1880年代首度將它們拯救出來，並拍下這張一號神廟（Temple 1）的照片。

11 ▍1453 年，君士坦丁堡在經歷兩個月圍城戰後陷落，這是幾乎同時代留下來的畫作，出自《海外之旅》（*Voyage d'outremer*，由勃艮地間諜與朝聖者，布羅奇勒的貝特蘭登〔Bertrandon de la Broquière, 1400-1459〕所作。此人在 1432　1433 年間前往中東地區 ）。此圖對城市模樣的描繪並不精確，但確實呈現出土耳其軍士拖拉船隻上岸（圖中左側）以繞過金角灣防禦工事的情況。

12 ▎麥加的朝聖者人山人海，中央是清真寺與「卡巴」。古老傳統仍被奉行至今，但市區大量高樓大廈已將歷史上曾經的市容完全改換。

13 俯瞰市場的大馬士革大清真寺，令人發思古之幽情。馬木留克王朝統治開羅的蘇丹在1488 年增建這座宣禮塔，基礎是古羅馬和拜占庭時代留下來的幾個角樓。前景拱門是在西元 2 世紀由色提米烏斯．塞維魯所造，這位出身北非的羅馬皇帝娶了敘利亞公主為妻。

14 ▎不知名畫家的作品，描繪玄宗與眾妃嬪隨扈從長安逃往蜀地。叛軍首領安祿山是行伍出身，在當時中國東北地區壯大勢力，此時已自封皇帝並兵臨都城，迫使玄宗棄城出逃。

15 巴格達在1258年遭旭烈兀的蒙古軍團攻陷，最後一任哈里發也被殺害，這是回教歷史的重大轉捩點。上圖出自拉施德丁的《普世歷史》（*Universal History*，14世紀晚期）。拉施德丁（Rashid al-din，1247-1318）為伊兒汗國統治下的伊朗政治人物、歷史學家與醫師，他所著的《普世歷史》是現存關於伊兒汗國與蒙古帝國最重要的史料之一。

16 哥多華美茲齊達大清真寺如密林般的內景，使用了遠從君士坦丁堡和亞歷山大港運來的古典時代舊建築柱子；上方疊加的拱門頂用兩種顏色的石材相間，有古羅馬輸水道遺風，但它們的馬蹄形狀則是來自西哥德傳統。

17 向西拍攝的吳哥窟空照圖。廟宇建築群建立於 12 世紀前半，供奉蘇利耶跋摩二世的守護神毗濕奴神。建築物位於人工島上，周圍有寬大方形護城河圍繞。

18 蒙雷阿萊（Monreale）修道院由西西里國王威廉二世（William II, r. 1166-1189）所建，位在俯瞰巴勒摩的一座山丘上。這裡的大教堂擁有華美馬賽克裝飾，是西西里藝術瑰寶之一。修院內精工雕飾的柱頭和馬賽克裝飾的柱身十分有名。

19 開羅的天際線由許多馬木留克統治者建造的偉岸建築物構成。前景的石雕圓頂是 16 世紀早期卡尼貝·卡拉（Qanibay Qara）墓葬清真寺，右方是該寺的雙頭宣禮塔。

20 現代開羅許多老城區與老街道仍保有中古時代的樣貌與氣氛，由密密麻麻巷弄和攤販組成的哈利利市集（Khan el-Khalili）就是一例，裡面仍有一間間作坊出售手工製品，和馬木留克時代的開羅一樣。

21 撒馬爾罕的比比・哈努姆清真寺。這座建築奇觀是帖木兒在 1399 到 1404 年間所建，目標是要蓋起世界最大的一座清真寺。建築物正門入口高達 35 公尺，但在帖木兒生前就已經出現裂縫，後來被棄置不用。如今，修復後的比比・哈努姆再度龐然傲立於老城區。

22 | 3 世紀的殉教者聖丹尼斯主教（St Denis，圖中坐者）將基督教傳往巴黎。圖畫下半部描繪 14 世紀巴黎景色，密閉式馬車走在鋪石道路上，塞納河上有兜售的酒商。此圖出自聖丹尼斯的伊法（Ives de Saint-Dennis）《聖丹尼斯行傳》（*Life of Saint Denis*）手稿。

23 老廷巴克圖街景，桑科爾清真寺擁有撒哈拉地區清真寺典型的「棲木」輪廓，泥磚造的宣禮塔上面打入木架來加強建築結構。

24 13 世紀的莫斯托宮（圖中左側）是威尼斯大運河畔最古老的豪宅建築之一。1432 年，著名的探險家阿隆索·達·莫斯托（Alonso da Mosto，1432-1488。義大利知名奴隸商人與探險家，對航行經歷與他在西非的見聞留下詳細紀錄）在此出生；這裡後來成為著名旅館，神聖羅馬帝國皇帝約瑟夫二世（Joseph II）曾在此下榻。

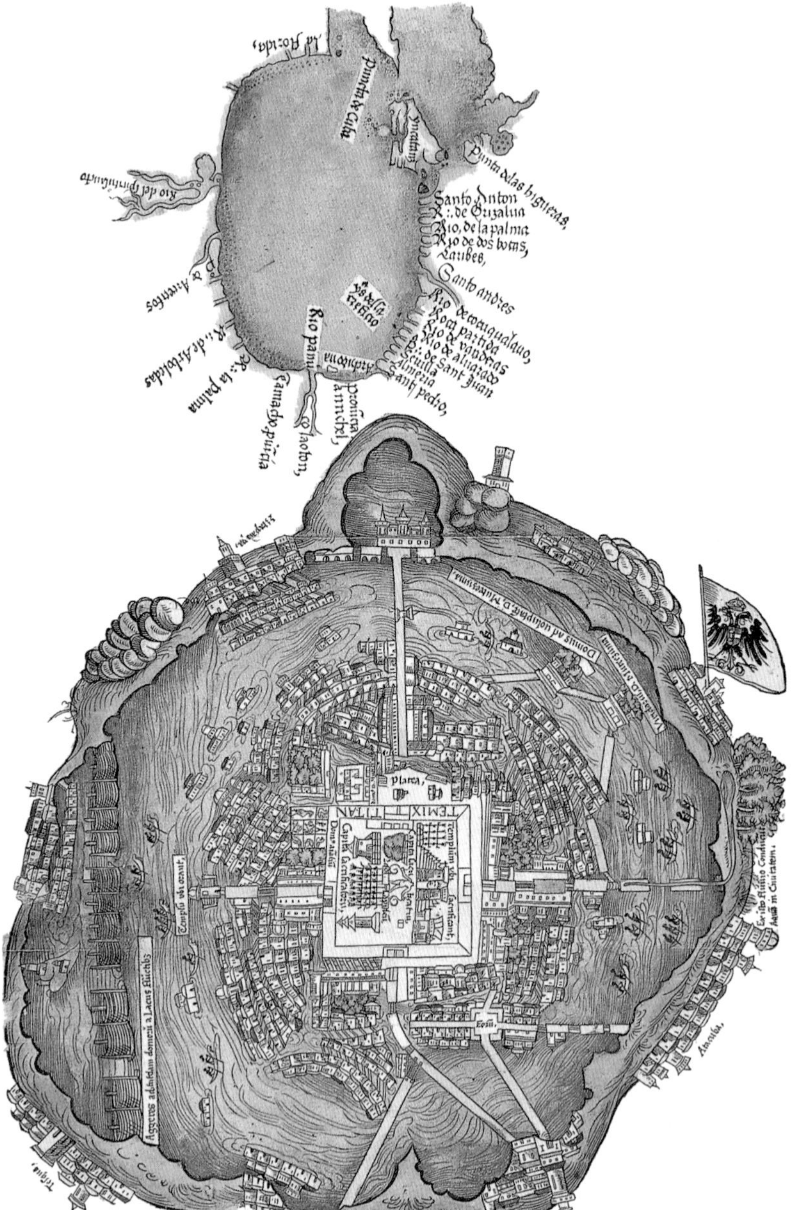

25 ▎島市鐵諾奇蒂特蘭的地圖，出自 1524 年早期歐洲人對阿茲特克文明的記述。圖中呈現島市周圍許多堤道，以及分隔淡水湖和鹹水區域的柳條編織水壩。大神廟區是主島上最重要的區域。

26 ▎里斯本的貝倫堡（Torre de Belem）建築兼具優雅與強固，既是守禦海港的軍事用塔，也是通往城市的氣派門面。貝倫堡由富蘭西斯科（Francisco de Arruda）與吉歐戈．迪．阿胡達（Diogo de Arruda）兄弟在 1514 到 1519 年間所建，採用葡萄牙哥德晚期風格（或稱「曼紐爾式」風格）。

27 ▎羅馬梵諦岡市，米開蘭基羅的宏偉圓頂俯視著貝尼尼最偉大的建築傑作聖彼得廣場（Piazza San Pietro，1956-1967）。從大教堂正面往外延伸的兩道弧形柱廊有如雙臂，環抱來此的信徒。

28 伊斯坦堡托普卡匹皇宮的建築物與花園，1584 年。這座皇宮既是蘇丹與其大家族的住處，也是廣袤帝國的行政中心，光是廚房就有約一千名廚子在工作。

29 ▍從河上看阿格拉的泰姬瑪哈陵建築群，聚禮堂（Mihman Khana，圖中左側）、陵寢本體和清真寺都建在河畔平台上，周圍豎立高塔。

30 ▍沙赫阿拔斯想將伊斯法罕建設成一座配為大帝國首都的城市。宏闊的世界地圖廣場位於城市核心，地面鋪磚，既是市場也是舉行重大典禮的舞台。廣場四方的壯觀大門各自通往不同的富麗堂皇建築物，包括圖中右側的皇家清真寺。

31 圓頂、穹頂、尖塔，布拉格古色古香的天際線保存良好，令人屏息。這有如一趟從中古通往巴洛克的建築之旅，途中偶而會繞道看見裝飾藝術與新藝術等風格。左側圓頂所覆是「十字騎士團」的教堂（Knights of the Cross，全名為「紅星十字騎士團」（Knights of the Cross with the Red Star），發源於波希米亞地區的基督教軍事組織，創立於 1233 年）。

33 布勞與霍根堡（Braun and Hogenberg）1572年出版的地圖集中的阿姆斯特丹市區。小小的阿姆斯特丹市踞於四面環水處，半圓狀的運河系統此時尚未出現。

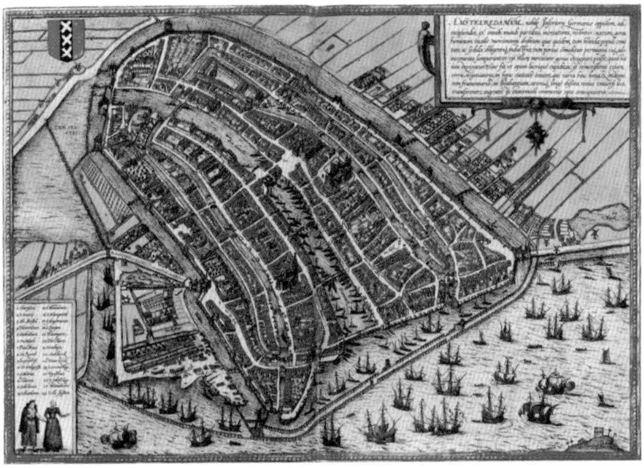

32 北京城牆一座望樓城門內的市場攤位，售賣骨董器物、扇子、紙墨筆硯和書籍。圖上方一人盤腿而坐執書而讀，身前白布上展售著以藍棉封面裝訂的書籍；他右邊一名小販肩背紅包袱手拿波浪鼓。頭戴烏紗帽的官員信步行過市場。

「老城區」是斯德哥爾摩最原始的聚落之所在，也是該城最詩情畫意之處。回紋裝飾的鑄鐵尖塔是騎士島教堂（Riddarholmskyrkan）的標誌，那是瑞典歷代偉大武者國王埋葬的地方。

35 克里斯托巴·德·維拉潘多於1695年所繪的墨西哥市主廣場。前景是衣著華麗的歐洲人乘車來往，原住民小販坐在攤位裡，後方則是波波卡特佩特火山（Popocatépetl）的暗影籠罩。

36 泰晤士河河景圖局部，由楊·費雪（Jan Visscher，1636-1712。荷蘭黃金時代雕版畫家）繪於1616年。舊的聖保羅大教堂矗立在河北岸，南邊則可見環球劇院。

37 詹姆斯・馬爾頓（James Malton，1761-1803。愛爾蘭雕版畫家與水彩畫家，曾擔任繪圖員）所繪 1800 年的都柏林，從卡佩爾街（Capel Street）南望，視線越過艾塞克斯橋（Essex Bridge）和利菲河，最後抵達柯克丘（Cork Hill）的皇家交易所（現為市政廳）圓頂。

38 聖彼得堡冬宮完工於 1762 年，由法蘭柯・巴托羅謬・拉斯垂里（Franco Bartolomeo Rastrelli，1700-1771。義大利建築師，晚期巴洛克風格重要人物）擔任建築師。冬宮曾為皇族在聖彼得堡的主要居處，現在它是世界最偉大博物館之一的俄羅斯國立艾米塔吉博物館（State Hermitage Museum）。1917 年革命群眾麇集宮外，他們的粗暴行為與悲慘生活為此地光輝添上一抹陰影。

39 ▌ 從內城市政廳塔頂拍攝的維也納，約攝於 1890 年；照片主景是新蓋好的城堡劇院，是 1874 到 1888 年之間在環城大道兩旁完工的重要公共建設之一。

40 ▌ 從卡爾頓山（Calton Hill）眺望愛丁堡市區全景圖之局部，由羅伯特・巴爾克（Robert Barker，1739-1806，英國畫家。「全景畫」（panorama）一詞的創造者）在 1792 年所繪。巴爾克受此地 360 度的全面景色啟發，發明了將全景複製於圓廳內、使觀者能逼真的身歷其境的作法，成為他的註冊商標。這種作法在 19 世紀曾是很受歡迎的娛樂形式，後人認為它預示了電影的出現。

41 阿道夫．門采爾（Adolf Menzel，1815-1905。德國寫實主義畫家，與卡斯帕．大衛．佛里德里希（Caspar David Friedrich）共同被視為19世紀日耳曼兩大藝術家）1869年的作品，描繪巴黎市區正在重建，而巴黎市民在其中一如往常生活。左側樓房正在拆除中，圖中央則是一棟石造牆面的較豪華新建築。

42 布達佩斯民兵自衛隊（Home Guard）閱兵通過鍊橋，1840年代。鍊橋橫跨多瑙河，連通古老「布達」與新的「佩斯特」，建造於1839到1849年間，負責者是一名英格蘭人和一名蘇格蘭人，兩人的名字都叫克拉克。鍊橋在1945年被摧毀，現存一座重建的複製品。

43 華盛頓的國家廣場人山人海，齊來見證巴拉克·歐巴馬（Barack Obama）於2009 年 1 月 20 日的就職典禮上宣誓就任美國第四十四任總統。

44 紅砂岩築成峭壁般高牆，赫伯特·貝克為新德里設計的議會建築居於其上，分立在通往總統府的大道兩旁，展現萬千氣象。這些建築物現在是新德里市政府的辦公處。

45 ▍柏林圍牆穿過布蘭登堡凱旋門（Brandenburg Gate）的陰影下。隨著圍牆倒塌、共產政權垮台，德國終於徹底脫離極權統治（法西斯政權與共產政權），再度獲得擁抱民主自由的機會。

46 ▍洛杉磯市區有一整套先進的高速公路網。這裡的天際線在21世紀已經具有標誌性，宣告它身為美國人口第二多的城市、以及環太平洋首府的地位。洛杉磯是都市自我創造的典範，是美國城市中的蓋茨比大亨，如今它已全然自我實踐，成為一個全球性的大都會。

47 ▎芝加哥，時間約是 1909 年。洛普區街道上塞滿馬拉的車輛與電力街車，顯示這座迅速發展的城市非常需要都市計畫。丹尼爾・柏南的「芝加哥計畫」發表於 1909 年 7 月 4 日，主旨是要改善交通、加強社會管理，打造一座「有秩序且便利」的都市。

從貿易轉口港變為首都與城邦合一的新加坡。丹戎巴葛的老街商店被大力修復，色調有如威治伍德瓷器（Wedgwood），卻在商業區摩天大樓映襯下顯得低矮。

49 愛麗斯島（Ellis Island）位於曼哈頓島尖端處，此地在 1954 年前都是外國移民進入美國的通關口。據估計，美國百分之四十的人口都有至少一名祖先曾由該島入關。

50 建造中的雪梨歌劇院，攝於 1966 年。這裡所展開的一系列大規模建築計畫，顯示建築物提升、改變一座都市的力量。

51 東京的天際線有富士山籠罩。丹下健三的東京都廳舍傲立右側，左側邊緣則是柏悅酒店（Park Hyatt Hotel），電影《愛情不用翻譯》（*Lost in Translation*）大部分場景都在那裡拍攝。

文明的驛站

約翰・朱里斯・諾維奇——編　張毅瑄——譯

從底比斯到紐約，
跟隨重量級文史學者的深度導覽，
造訪歷史上70座偉大城市

The Great Cities in History

John Julius Norwich

推薦序

看得見的城市

陳韻文（攝影師／旅遊作家）

小的時候，我常常會打開地理課本的地圖頁，圈選喜歡的城市，背誦它們的名字：巴黎倫敦維也納，里約雪梨基督城；歷史課本也有城市的記述：罪惡之都巴比倫，山灰掩蓋龐貝城；還有一連串要考試的中國史地：曹操挾獻帝至許昌，隋唐定都長安，明成祖遷都燕京……這些城市的名字彷彿算過的，光字體的結構組成就恢弘典雅；而唸起來的音韻迴繞，彷若耳邊就能聽聞一片富麗豐饒。

這些城市鮮少是被規劃或被框架，再偉大的城市，總不免於誕生自某些歷史的巧合與地理的偶然。人類自未有文明之時，便知群聚以避敵互助，先民聚集而生之處，即為城市的起源，文明便自聚落生活中湧生。城市可能奠基於河流所帶來，利於耕種的奶蜜沃土之上；也可能豎立於海灣天險所擁簇，能四通八達的自由港口之中。史上第一批城市誕生於美索不達米亞文明，在洶湧的兩河流域中如珠串般展開；然後印度，然後埃及，然後中國；幾千年前的整個地球，城市像星點一般鑲綴在廣袤的五大洲之中——多半集中在歐亞，此時南北美及大洋洲，還未出現在史學家的城市視域裡頭。

時移事往，城市興起、壯盛，而後傾頹、陷落。城市當然是活的，像是一隻前所未有、龐大的、巨大的野獸。生於人們的到來：耕遊建設，群聚生息。但諷刺的是，也將死於人們的毀壞：墾伐汙棄，離散去滅。城市平靜地接受一切，被動的擴張自己的體量，直到膨脹爆炸，城市就死去。

為了防止城市總是爆炸，人們開始學著對城市做規劃。現代化的都市即便位在地球的兩端，也可以長得越來越相似，被描繪了相同的輪廓。但神韻總是不同的，因為身處其中的人們絕不重複，城市因而生出了迥異的性格。人們總交換著到訪彼此的城市，偶爾留戀，就長住了下來。城市跟人，向來是可以互相選擇的。

人們是這樣的趨向城市，像逐光的飛蟲一樣。而人們迷戀城市，也像最偉大的可汗忽必烈一樣。

義大利小說家卡爾維諾最著名的作品之一——《看不見的城市》，以實際存在於歷史舞台中的馬可波羅與忽必烈間的交互對話，虛構了對城市的見聞遊歷。書中有十一個主題，分別敘述城市的各種迷幻面貌。忽必烈是當時領土最廣袤的帝王，他擁有無數座城，但仍渴望著一個真正完美的、無瑕疵的城市，這座城市將集結所有不完美城市的優點，是統治者理想的實踐，是所有城市的典範。然而，它從未存在，僅是一個理想主義者的鄉愁鏡像。

《文明的驛站》以歷史為經，人物為緯，自上古時期到現代社會，講述一個又一個的城市故事。與看不見的城市不同的，這七十個城市都是真實存在過的，無論湮滅或輝煌，它們豎立於地表時，皆是當代所有城市之王，是最偉大的文明樞紐。當我們讀取故事時，便如投入歷史中穿梭行走，看見這些城市的形色面貌，並且視線鮮明，真實無比。

城市，是人類的載體；歷史上那些偉大的城市，或許面貌全非，或許不再復見，但當投入這些城市的故事裡頭，即能使它們於記憶中再度璀璨。而我們這些如忽必烈般盛滿記憶的城市人，便能在所到之地，共同創出一個個偉大的城市。

推薦序

城市的陌生人

褚士瑩（作家／法國哲學諮商教練）

中古世界的巴黎，跟現代的巴黎，是同一個城市嗎？

這可以是一個歷史問題，但對我來說，更是一個有趣的哲學問題。

因為這就像西元一世紀的時候普魯塔克提出「忒修斯之船」有關身份更替的問題：如果有一艘因為不間斷的維修和替換部件，而可以在海上航行幾百年的船，每次只要一塊木板腐爛了，就會被替換掉，直到所有的功能部件都不是最開始的那些了。問題是，如果忒修斯的船上的木頭被逐漸替換，直到所有的木頭都不是原來的木頭，最終產生的這艘船，還是原來的那艘船嗎？或已經變成了一艘完全不同的船？如果不是原來的船，那麼在哪一個時間點，才不再是原來的船了？

一座城市也是如此。我長年住在巴黎瑪黑區的好朋友Ken，總是抱怨今日的瑪黑區，不是他剛來到巴黎時的瑪黑區了。但誰決定瑪黑區什麼時候再也不是瑪黑區的？中古世界的巴黎，是什麼時候開始變成現代的巴黎的？上古世界的羅馬，跟文藝復興時期的羅馬，是同一座城市嗎？如今生活在開羅的埃及人，真的是西元一千年時埃及人的後代嗎？現代的倫敦，可不可以是十六世紀那個倫敦的「忒修斯之船」？

我在讀著英國歷史學家約翰．朱里斯．諾維奇（John Julius Norwich）編纂的《文明的驛站》（*The Great Cities in History*）裡收錄的七十座城市，書裡按照不同的時代，將城市按照上古世界、西元第一千紀、中古世界、近代世界、現代世界區分，但是羅馬、巴黎跟倫敦，都出現了不只一次，讓我不禁停下閱讀，思考倒底在歷史學家的心目中，它們是同一座城市，或只是正巧出現在不同的時代中，同樣的地理位置的同名城市？

同一座城市透過不同的時間，不同的城市透過不同的空間，帶來各式各樣的熟悉感、以及陌生感。同一座城市，卻可以因為時間變得如此不同，而不同的城市，卻又可以因為連鎖咖啡館、國際貿易的串連，變得如此類似。

而微不足道的我們，我們的祖先，我們的後代，則在時間的洪流當中，透過旅行，努力扮演好自己的角色，那個角色叫做城市的「陌生人」。

如果你不知道「陌生人」的概念，那是柏拉圖晚年的政治哲學對話《法篇》裡面登場的人物。作品裡面對話的人物有三個，一個是沒有名字的雅典陌生人、還有一個是克里特的立法者克雷尼阿斯（Kleinias），另一位是斯巴達的立法者麥基魯斯（Megillus）。對話的場景，是在克里特島上從克諾索斯（Knossos）前往宙斯的神廟和洞穴的路上，但是一直到這本書的結尾，他們都還沒有抵達宙斯的洞穴。

雅典陌生人因為既不是克里特人也不是斯巴達人，儘管他對這兩個城邦的習俗並不陌生，但也不會被當地的習俗所束縛，所以他可以幫助這兩個城邦的年老的立法者，用全新的眼光去看充滿習俗的城邦，重新解釋克里特與斯巴達兩個城邦的政治制度和習俗，卻繼續保持對當地習俗的敬意。

另一方面，雅典陌生人跟克雷尼阿斯和麥基魯斯一樣，都是在各自當地的習俗中成長的，思想觀念都免不了受到當地習俗的影響，但因為雅典陌生人離開了自己的故鄉雅典，因此不會被雅典的習俗所束縛，雖然知道自己習俗背後的目的和依據，卻不需要為自己的習俗辯護。

或許這解釋了從小到現在，我對旅行無法澆熄的熱情，旅行者的角色是到不同的城市，扮演「外國人」的角色，就像柏拉圖在他晚期對話中那個沒有名字的雅典「陌生人」。在旅行中，我努力善用「陌生人」的概念，當自己的陌生人，也當別人的陌生人，讓我們看待世界的角度、看待自己的角度，都因此變得更加立體。

「陌生人」是不將事情視為理所當然的人，不接受習慣的人，不瞭解協議，也不承認協議的人。旅行者習慣自己成為自己的陌生人，也在群體裡面扮演陌生人，不會為了得到保護而跟群體融合、不需要被群體認可，也不會尋求群體的同意。他的存在不論是對別人還是對他自己，都不是待在那裡帶給人安心的，就像我的法國哲學老師奧斯卡伯尼菲博士說的：「想要尋求安心的人應該去找心理學家或父母。我在這裡的作用是去驚擾，去激起思想中固有的焦慮，去刺激思想的發生，就像德國哲學家萊布尼茲（Leibniz）所說的那樣。」

要誘發哲學，就必須進行哲思。要認識一座城市，就必須穿越時空去旅行。到有著偉大歷史的城市去當一個陌生人，讓我們習慣熱愛、渴望和產生原本不屬於自己的東西。

然後我回頭，試圖看懂自己故鄉的城市：當我覺得別人應該要關注我、同意我的時候，我從「陌生人」的角度注視過自己了嗎？

雅典陌生人知道如何當自己的陌生人嗎？

我想到來自台灣的新聞節目製作人Roger（鄭凱駿），大學時期開始替CNN新聞網站撰稿，曾任英國路透社、Newsweek、BBC、ESPN和阿拉伯半島電視台的特約記者及專題製作人，在一次訪談中，他說長年製作國際新聞的經驗告訴他，台灣能上得了國際傳媒的新聞只有四種：地震、颱風、檳榔西施，還有以前會有現在已經絕跡了的國會打架。為什麼他知道必須是這四種？因為他雖然在台灣，卻必須站在台灣陌生人的位置看台灣，才知道不同的國際媒體想要看到的台灣是什麼，而不是台灣想要讓國際看到的是什麼。

這與我們喜不喜歡這個現實，其實沒有關係。

成為一位柏拉圖筆下的「陌生人」，是一個多麼有趣的概念！我怎麼能捨得不去旅行、不去追求前人們所留下的東西、怎麼捨得不去思考呢？

從美索不達米亞到現代超級都會

村鎮與都市是農業的產物這個說法，是人類歷史上最大的悖論。人類學會耕田之前得靠狩獵維生，而早期獵人都是流浪者，四處漂泊不定，追著獵物的足跡往天涯海角去；就算獵物充足，兩個狩獵家族最好不要住得太近的原則依舊合情合理。反過來說，從事農業的人們需要建造較耐用的房屋過定居生活，也需要彼此通力合作。歷史上，農耕行為約在西元前八千年左右出現，建築物也隨之誕生，人們在自己耕作的田地附近成群建屋聚居。接下來，一個又一個世紀過去，社群的規模愈來愈大，人們使用於個別建築物的資源也愈來愈多，聚落內開始出現功能分化，有獻上供品祭神的神廟、統治菁英處理政事的宮殿、囤積農產品的倉庫、讓人們在辛勤勞動後能聚會或休息的澡堂和開放空間，以及防禦用的城牆。對奢侈品的需求刺激了貿易交流，雖然此事是否能成還得看城市是否位於海洋或大河畔。如此這般，村莊成為小鎮，小鎮若是變大變重要了，最後便成為都市。

本書的主題即由這些偉大的城市所組成。第一章講的是上古世界，以西元一百年左右為限。最早的城市遺址在地表上幾乎什麼東西都沒留下，例如美索不達米亞號稱舉世第一座真正城市的烏魯克，或是印度河谷的摩亨佐—達羅；一些相關的文獻記載可能有留下斷簡殘篇，不然我們唯一的求知憑藉就只剩下考古學家的鏟子了。本書中的上古埃及文明代表是孟斐斯與底比斯，多虧它殘存的遺跡、壁畫、雕刻與銘文，我們得以在心中描繪出一幅清楚的文化圖像。雅典與帝國時代的羅馬亦然，許多遺跡有幸巍然矗立至今，再加上大量留存下來的文學經典，讓我們能更完整而真實地想像這些城市當年的風貌，以及其中居民日常生活景象。我認為耶路撒冷是個特例，它沒有希臘或羅馬那種規模的古典時代建築物，但它在猶太人與基督徒（後來還包括回教徒）心目中占據的首要地位，以及這些信徒所留下的豐富文學遺產，讓此地染上一種舉世無雙的異樣光輝，就算是它長久的悲傷歷史都不曾使這光輝消滅。

接著，前往那些在西元第一千紀之中發光發亮的城市，此時我們的眼光已能望向更遼闊的世界。提卡爾與鐵奧蒂華坎兩座大城市都位於中美洲，大唐盛世的首都長安則位於中國。回教城市就占了四座，這數百年內阿拉伯—摩爾文化的鼎盛發展，在身處所謂「黑暗時代」的北部歐洲映襯之下更顯昭昭。基督教的代表都市只有一座：君士坦丁堡，它在歷史上是後起之秀，直到西元三三〇年才由君士坦丁大帝建造，但它一誕生就成了羅馬帝國首都，此後宰制東地中海地區將近千年，直到一二〇四年第四次十字軍東征帶來大難為止。

本書將「中古時代」這一章的範圍訂為大約西元一千年至一千五百年之間，這段時期有更遙遠的都市進入我們視線範圍。向北去有呂北克和漢薩同盟諸城，往南走有開羅、巴勒摩、貝南、廷巴克圖，往東有克拉科夫、撒馬爾罕和吳哥，極西之地則是另兩座前哥倫布時代的美洲大城：阿茲特克的鐵諾奇蒂特蘭（後來被深埋在現在的墨西哥市下方）與印加文明海拔兩哩高的首都庫斯科。就算只是因為它們彼此之間在地理上與文化上的遙遠距離，我們就無法將它們一個個拿來互相比較。中古時代世界的龐大令人感到不可思議，其中絕大範圍仍籠罩在迷霧裡。旅行的速度很慢，長程交通幾乎不存在；在人們無法計算經度的情況下，導航技術也是聊勝於無。此章列出的各個城市，位在歐洲以外的那幾個可能連彼此名字都沒聽過。

然而，十五世紀最末卻出現了突如其來的飛躍性進展，克里斯多佛·哥倫布在一四九二年發現（或許應該說「重新發現」）新大陸，不到一兩年之後，瓦斯科·達伽馬便成功開拓從歐洲通往印度的好望角航路。商船自此可以在倫敦或漢薩同盟港口裝貨，然後直接到孟買或香料群島卸貨，不必載著貴重貨品冒險通過海盜肆虐的紅海或波斯灣，更不用再依靠橫越一趟中亞大草原可能得花三、四年，慢如蝸牛的駱駝商隊。若說這對地中海是個噩耗，讓它從此注定沒落為一汪蕭條滯水，那麼對威尼斯與「中海」（Middle Sea）的各大商港而言更是天大不幸，一四五三年鄂圖曼土耳其攻下君士坦丁堡已斷了它們大半財路，如今又雪上加霜。相反地，西班牙與葡萄牙可是歡天喜地，特別是在波吉亞家族出身的教皇亞歷山大六世，藉著《托德西拉斯條約》（*Treaty of Tordesillas*[1]）在地圖上一筆畫下，替這兩國瓜分新發現的南美大陸之後。

由此可知，近代世界的模樣已與過去大相逕庭。它的地平線甚是寬廣，它的造船與航海技術突飛猛進，而它的潛力相較之下簡直無窮。新的帝國開始成形，拜占庭被鄂圖曼取代，維也納成為哈布斯堡家族的權力中心，俄羅斯的彼得大帝在十八世紀初將首都移往聖彼得堡，從此加入西方世界；再往東，伊斯法罕、阿格拉、北京與京都等新首都紛紛現身。西班牙的新世界帝國以墨西哥市為代表，它是阿茲特克鐵諾奇蒂特蘭的繼承人。這世上還有一個精神帝國，由教廷為首（但我必須說，並非永久如此），以文藝復興時代的羅馬城這個奇偉但偶爾狂暴的歷史現象為中心。就在此時，倫敦首度登上名單；愛丁堡也初試啼聲，它是所謂「蘇格蘭啟蒙運動」這場十八世紀藝術與文化的驚人盛況所在地。

現代都市的章節，於一八〇〇年左右揭幕，但所有都市其實都不該局限於某個編年史中，它們的歷史迤邐數個世紀，導致我們依年代分段的嘗試困難重重，此時工業革命已上軌道，造成鄉間大量人口移往城鎮，製造出超級大都會。正因如此，倫敦與巴黎必須二度登台，因為它們都經歷天翻地覆的大改造：倫敦人口增長幅度直衝雲霄，公共衛生建設的改善功不可沒；巴黎則被拿破崙三世與奧斯曼男爵動了一場大刀闊斧的手術。北美洲在此之前都未曾露臉，至此卻成為難以忽視的存在，我們在加拿大選了蒙特婁，在美國選了紐約、華盛頓、芝加哥與洛杉磯；此處又見到另一項曠古未見的創舉，並且是在電梯發明之後才可能存在的——摩天大樓。來到巴拿馬地峽以南，我們的視線落在布宜諾斯艾利斯與聖保羅。除了倫敦與巴黎以外，在歐洲還選了巴塞隆納、柏林與布達佩斯幾大城市。亞洲代表是新德里、新加坡、上海與東京；澳大利亞的代表則是雪梨。

毫無疑問，要選出這些都市是件極其困難的事。我們也做好了遭受質疑的準備；難道說廷巴克圖比多倫多重要，或是麥羅埃的地位勝過墨爾本？要回應這些疑問必須回到本書標題中的兩個字：「歷史」。十三與十四世紀的西方世界或許對廷巴克圖所知甚少，但它畢竟是三座前後相承的大帝國中的關鍵都市，從這個角度看來，在中古時代的巨觀畫面中確實值得一提。

如果讀者願意，的確可將這本書視為歷史產物；但本書真正討論的，包括藝術與建築、貿易與商業、旅行與探險、經濟與計畫，其中最為重要的討論對象就是「人」。人們怎樣工作、怎樣娛樂、怎樣拜神，以及如何在數百數千年間挑戰所有社會問題中最艱鉅的任務，亦即在一個緊密聚居的情況下維持彼此之間的協調與和諧。

* 全書註解皆為譯註。

1 在哥倫布發現新大陸的同時，西班牙（卡斯提爾王國）與葡萄牙兩國為了解決大西洋彼岸土地因此而生的主權問題，一四九四年由教皇仲裁並簽署此一條約，規定兩國勢力範圍以經度三百七十度線為界。

目次

CONRENTS

西元第一千紀

中古世界

近代世界

現代世界

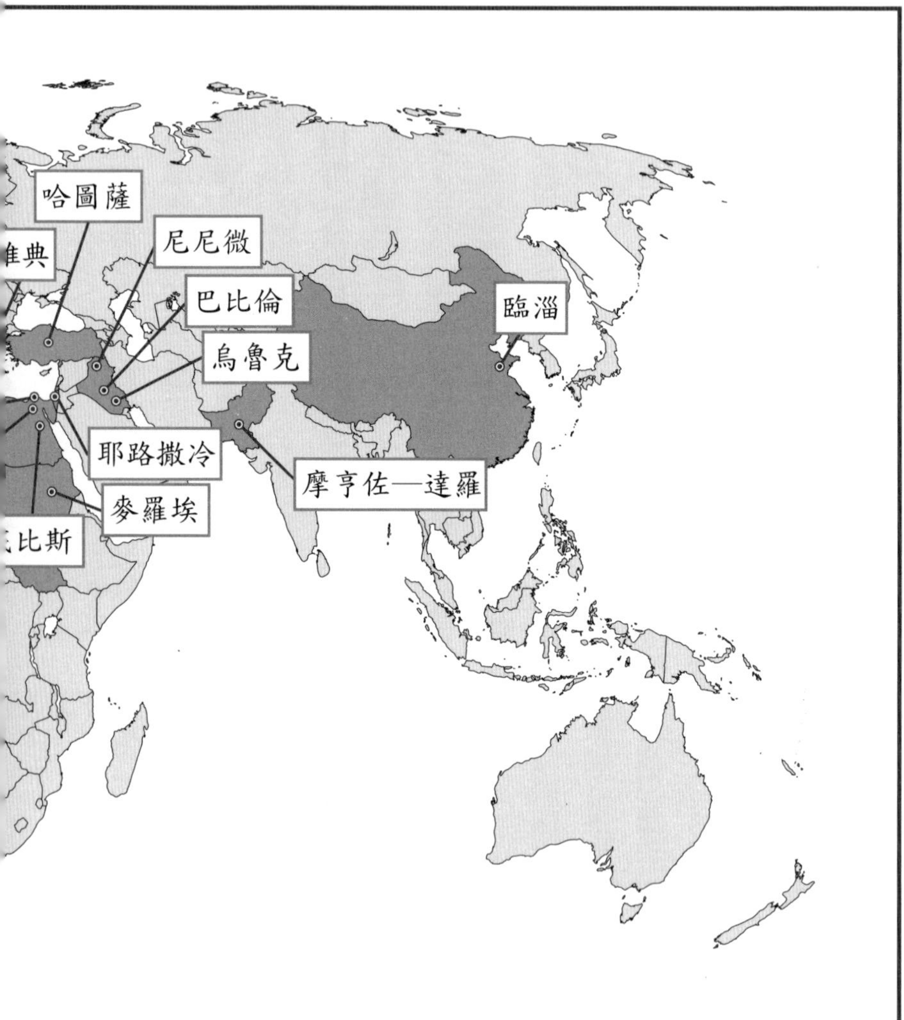

哈圖薩
雅典
尼尼微
巴比倫
烏魯克
臨淄
耶路撒冷
摩亨佐—達羅
麥羅埃
比斯

上古世界

上古世界

我在大約五十年前曾搭機飛過埃及上空，對於向下鳥瞰的景色竟與一幅印刷而成的埃及地圖如此神似感到訝異不已，至今仍記憶猶新。在我腳下流動的是尼羅河——一條水畫般的細線，兩側是綠油油的寬闊長條；長條之外就是無盡黃沙，一直延伸到地平線外。那一天我才真正了解到，對於雨量稀少的沙漠地帶居民來說，河流就是一切。河流在上古時代不僅提供農田灌溉用水，還是最主要的交通管道；道路在那時幾乎不存在，唯一可用的運輸方式就是行舟，而此法還有載重量高（超過當時其他任何可用手段）的優勢。烏魯克——本書中最早的文明——有河道寬廣、水量充沛的幼發拉底河為其後盾，畢竟人類求生最需要的就是水，否則其他任何自然資源再富足都是徒然。同樣的狀況也出現在麥羅埃、摩亨佐—達羅、尼尼微、巴比倫，以及古埃及兩大名城孟斐斯與底比斯，若是沒有了底格里斯河、幼發拉底河與尼羅河，上古時代早期的世界將僅是一片蠻荒。

如果沒有大河可憑恃，則只有當地雨量充足且位於（或至少靠近）海邊的文明才可能成功發展，雅典和迦太基就是明顯例子。然而航海的困難度比河運要高上幾倍，大約西元前一五〇〇年之前，世界上就算已存在足以航行的船隻，也是極少數（奧德修斯（Odysseus[1]）約於西元一二〇〇年在海上迷航，如果荷馬（Homer[2]）所言可信，他花了整整十年才從特洛伊回到伊薩卡（Ithaca[3]），即便在當時大概都創了世界紀錄）。因此，以河為本的城市興起時代遠較海濱城市要早；雅典誕生的時候，烏魯克可能已經超過三千歲了。

話說回來，雅典可是地中海之城；對於雅典人和其他居住在地中海邊的人而言，地中海——遠在西元前第六世紀之前——已逐漸成為橋梁而非屏障。雅典人與亞歷山卓人之間聯繫密切，羅馬人與迦太基人也有著緊密（但不友好）的互動；迦太基在西班牙的殖民地「卡塔赫那」日益興盛，等到西元前第三世紀布匿戰爭之時已具有幾乎和母城相等的重要性。耶路撒冷雖是山城而非海港，但也離海不遠；我們在〈列王記上〉（First Book of Kings）裡面讀到推羅國王腓尼基人希蘭（Hiram）贈送香柏木與能工巧匠給所羅門（Solomon[4]），協助他建築聖殿。龐培在西元前六十三年攻下巴勒斯坦，此後耶路撒冷已可說是羅馬世界——也就是地中海世界——的一部分。

本章諸城之中，以中國戰國時代（西元前第五至第三世紀）的城市最為驚人，除了規模大小之外——它們可能是當時世界上最大的城市——還有另一個原因。城市若要繁榮，和平通常是必要的背景條件，但此地的都市成長卻是透過戰爭而來。另一座以軍事力量為根基的城市，就是西臺人在哈圖薩所建的石造要塞。除了年代古老以外，這些人彼此之間還有什麼相同之處？或許還有一點，即他們都生活在一個相當初始而年輕的世界裡。最初的人沒有留下文字紀錄，他們必須白手起家，必須靠自己去發現所有事情。他們對農業只了解到某種程度，同時對天文學充滿好奇，以此為憑小心翼翼地試著揚帆出海。從青銅時代一路走來，除了最早的幾個例子以外，這些人都已歷經緩慢但具關鍵性的轉變過程，進入鐵器時代。總而言之，他們創造了城市，而這在當時絕非常事；他們個個都應以此自豪，無一例外。

1 荷馬兩大史詩《伊里亞德》（*Iliad*）與《奧德賽》（*Odyssey*）中的重要人物，伊薩卡國王，在傳說中呈現智將形象。
2 據說是描述特洛伊戰爭的古希臘兩大經典史詩《伊里亞德》與《奧德賽》的作者，但其人真偽不詳，代表了希臘文明逐漸啟蒙之時的文學創作。
3 希臘東部小島，荷馬史詩英雄奧德修斯的故鄉。
4 上古以色列王國第三任國王，在《聖經》中被描述為賢君典範，970-931 B.C.。

烏魯克
URUK
歷史第一城

瑪嘉烈・凡・艾斯
Margarete van Ess

德國考古研究院（German Archaeological Institute）東方部科學主任與巴格達分院代理院長，負責烏魯克遺址的科學研究工作。其專業領域是上古美索不達米亞的城市發展史與物質文化，她也是數個近東地區文化遺產保護委員會的成員，出版許多論文、文章與書籍。

登上烏魯克城牆，來回巡行！檢視那基礎，查看那磚工！……這座城的根本豈非七聖所奠定？城市方一哩，椰棗園方一哩……伊絲塔神廟占地半平方哩，烏魯克及其附屬區域整體則有三個半平方哩。

——《吉爾伽美什史詩》（*Epic of Gilgamesh*），西元前三千紀

在西元前三千紀的開端，烏魯克是一座繁華大城，擁有約三萬到五萬居民；幼發拉底河與底格里斯河到此形成三角洲，烏魯克坐落於上，南倚幼發拉底河，位在今日巴格達城（Bagdad）往南約三百公里處。宏偉城牆圈起五點三平方公里的面積，是當時世界第一大都市，與遠近國

家和城邦都有政治、經濟往來。城內行政系統簡直是由奇才之手所規劃，那些宣揚威勢的大型建築在當代更是名聞遐邇，甚至被載入數首史詩，其中最著名的就是《吉爾伽美什史詩》，這是人類文學史上最初的作品之一。

雖然烏魯克在西元前二十七到二十六世紀之間可能真有一個吉爾伽美什王，但史詩所訴說的英雄傳奇內容包含比那更早的史事，並暗示著吉爾伽美什王治下的王國已經頗具綱維法度與文化。到了《吉爾伽美什史詩》的時代，烏魯克已是有著一千五百年歷史的古國，成功適應美索不達米亞南部的艱困環境而存活下來。人類更早之前已在該地其他處所定居，但幼發拉底與底格里斯兩河之間滿布沼澤的沖積平原，則直到西元前六千紀才有人煙，乃因此處氣候過於炎熱，氾濫河水也常長驅直入平原，難以整治。

條件惡劣之下，求生之道有賴於一套高度發展的政治控制體系，而這套體系必須以合作為基礎，首先是跟鄰近聚落建立關係，再延伸到較遠處。隨著愈來愈多村鎮與農地被納入合作體系，專門負責磋商交涉的人也就應運而生。考古證據顯示，西元前三千五百年的烏魯克已是人口密集的都會，擁有高效率行政系統、有組織的宗教，以及令人印象深刻的公共建設——此皆顯示烏魯克符合所謂「城市」的資格。當地有農人確保食物供應無虞，有工匠集團大量生產織品、陶器與工具，還有藝術家創作精美藝品來點綴市容。

南美索不達米亞缺乏天然資源，因此發展出大宗進口貿易，從塔羅斯（Taurus[1]）、札格羅斯（Zagros[2]）和黎巴嫩（Lebanon）等山地運來木材與金屬，更不惜從遠如阿富汗的地方購入半寶石和青金石。當社會階層變得愈益複雜，行業數量也隨之增加，原本的行政官員與軍人中出現了觀察大自然的祭司、科學家與天文學家。到了西元前三千二百年左右，最早的書寫文字終於問世（創造文字起初的目的是幫助政府運作）。

早年，烏魯克那些矗立在人工土丘上的公共建築，僅憑其外觀之大與其裝飾之華美便足以懾人，從遠方遙遙即可望見，觀者只能為此城的財富與力量所折服。然而，到了大約西元前三千年，整個市中心都依照新設計改建，其心臟處有一座聳立於露台上的神廟，祭祀著象徵愛與戰爭的女神伊絲塔（Ishtar[3]）；神廟四周圍繞其他較低矮的建築物，其間寬廣庭院都交託廟方使用。

城市日漸繁榮，城區占地也逐步增加。終於，或許是在吉爾伽美什王的時代，烏魯克建起它那著名的城牆用以圍繞都市，總長八點七公里，並利用九百座拱壁強化。市區素來倚靠附近河流供水，建造城牆後這些河道也必須改造成運河，其成果是大大小小水道形成網狀，促進城內外整體交通發展。這些具代表性的建設規模之鉅、規劃之完善，足以確保烏魯克在之後兩千五百年內依舊名揚天下。

直到第四世紀，城市核心部分仍有人居住，且某種程度還保有其作為都市與宗教中心的重要性，但當年政治榮景已成明日黃花。它的廢墟如今在伊拉克沙漠中孤獨沉眠。

＊部分引用出處： A. R. George, *The Epic of Gilgamesh* (London,1999)

1 位於南土耳其的山脈，分隔地中海海岸區與內陸的安納托利亞高原。
2 位於現在伊朗、伊拉克與土耳其南部的大型山脈。
3 美索不達米亞信仰中的女神，主掌愛、美、生育、戰爭、政治權力等。

摩亨佐—達羅

MOHENJO-DARO

印度河文明之謎

羅賓・康寧漢
Rovin Coningham

杜倫大學（University of Durham）考古學教授與副校長，他曾在東南亞各地與伊朗進行田野工作，主持過斯里蘭卡阿努拉德普勒（Anuradhapura）、巴基斯坦賈爾瑟達（Charsadda）和伊朗特皮帕蒂斯（Tepe Pardis）等大型遺跡發掘計畫。目前參與主持阿努拉德普勒內地地區的調查，以及伊朗中部高原一項調查與發掘計畫。

少有考古學家被上天賦予特權，能將早被遺忘的古文明遺跡揭露於世，像是在梯林斯（Tiryns[1]）與邁錫尼（Mycenae[2]）的舒里曼（Heinrich Schliemann[3]），或是在土庫曼（Turkmenistan[4]）沙漠中的斯坦因（Marc Aurel Stein[5]）。然而，身處印度河谷的我們，如今看來距離這樣的革命性發現只差臨門一腳。

——約翰・馬歇爾爵士（Sir John Marshall[6]），一九二四年

西元第二世紀，一群佛教徒決定在印度河岸建造清修院，他們發現當地原有一些古老建築，於

是拆下磚頭重新使用。不到四百年時光，清修院已被棄置不用，其廢墟（位於現在的巴基斯坦境內）被後人稱為「摩亨佐—達羅」，意即「死者之丘」。最早於該地進行發掘的考古學家是R·D·巴納吉（R. D. Banerjee[7]），他從一九二一年開始工作，並相信這些土丘都是歷史時代[8]的遺物，但很快發現出土印章上有無法解讀的銘文，與前一年在哈拉帕（Harappa[9]）找到的一模一樣。兩處遺址相距四百公里，其相似性很快得到英國考古學家約翰·馬歇爾爵士確認，不但解答了巴納吉的問題，也證實印度河谷地存在著前所未知的青銅時代文明。

從西元前兩千五百年至一千九百年間，印度河文明涵蓋區域廣達五十萬平方公里，摩亨佐—達羅不僅是其中保存情況最佳的城市，也是占地最大者，面積有二百公頃，目前僅有極小部分被發掘出來。人類最初約在西元前三千五百年開始居住於此，山地農人與牧者在河畔沖積平原定居下來，但這些地方現在都已深陷河底。青銅時代的摩亨佐—達羅覆蓋舊址而建，先有設計規劃才開工；此城歷經六百年風華，現在僅有最晚期的建築區域重見天日，但該處街道卻仍看得出原初藍圖痕跡。大約四百萬個日子的集體勞動，以淤泥堆起兩座龐大平台，外砌泥磚以加固，此城於焉現身。

較大的平台名為「下城」，被網狀的寬廣街道分割成一個個區塊，每一區鄰近處都有水井，個別人家的院落大門則開往後街與小巷。大部分宅院都長得一模一樣，其中少數卻較一般更為巨大，可能並非作為住宅用。某一街區構造清簡，或許是奴隸或苦行者的住所。證據顯示大部分住戶都以製造貝殼、石頭、陶土或金屬器物為業。廣泛設置於城內的洗浴設施，進一步加強了全城的一致性，池水通過排水道流入巷道，經攔沙井淨化後排向城裡通衢大道。這些浴池頗耗成本，學者認為它們應當擁有儀式性的功用，同時除了支應沐浴用水外，也能善用每年稀少的降雨量。

若說下城的特質是整齊劃一，它西邊的鄰居「堡壘」則以大型史蹟取勝。該處最令人稱奇的建築物就是大澡池，長十二公尺、寬七公尺，深達二點四公尺，以瀝青砌磚來防水，四周是列柱庭院。大澡池入口狹窄，位於小路上，表示此處並不對公眾開放。澡池西方另一座建築物由數排泥磚墩座構成，最初學者以為這是在地板下加熱取暖的火炕裝置，但考古學家莫蒂默·惠勒爵士（Sir Mortimer Wheeler[10]）後來認為此處應是官方穀倉；印度境內的洛塔（Lothal[11]）遺址也有類似建築，兩者比對之下確認此處的確有儲藏的功能。土丘南端是一座廣達九百平方公尺的大堂，由四列磚砌的矩形柱子（每列五根）支撐，這片寬闊區域是城內設有頂蓋的空間中面積最廣大的。儘管有這些恢弘工事，城裡卻不見任何宮殿、廟宇或皇陵建築，使人大惑不解。想來此一文明雖是在階級價值觀引領下展現刻板的齊一性，但卻不會像其美索不達米亞鄰人那般，張揚地展現出來。

自從摩亨佐—達羅重現世間，學者一直試圖解釋該城為何在將近四千年前沒落荒蕪，有人說造成最大傷害的是外敵入侵，也有人說自然災害才是主因。事實上，這座城可能經歷長久的衰亡過程，河流改道遠離市區，居民隨之遷居野外，牽繫著農民生計的年度氾濫也變得不規則。摩亨佐—達羅是個舉世無雙的都市計畫試驗場，自消失之後再等待千年，這地方才又建立起新的城市，只是那兵營般嚴整的市區規劃已不復見。

＊部分引用出處：Sir John Marshall, *Illustrated London News*, 20 September 1924

1 希臘邁錫尼文明的重要遺址，傳說中海克力士出發去完成十二項功業的啟程處，位於希臘南部。
2 邁錫尼文明（西元前一六〇〇年至一一〇〇年之間的希臘文明，因此遺址而得名）重要遺址，是西元前三千紀時宰制南希臘的政治與軍事重鎮。
3 日耳曼商人，考古學界先驅，發掘出荷馬史詩中的特洛伊城（Troy）、梯林斯與邁錫尼，使學者重新評估古希臘羅馬史詩內容的真實性，1822-1890。
4 這裡指的不是現在的土庫曼共和國，而是中國新疆、甘肅與內蒙古一帶的地區。
5 匈牙利裔英國考古學家，在中亞地區有許多重要考古發現（包括敦煌莫高窟），1862-1943。
6 英國考古學家，印度河文明兩大重要遺跡哈拉帕與摩亨佐—達羅發掘計畫的主持者，1876-1958。
7 印度史學家，印度考古學、金石學與古文字學先驅，1885-1930。
8 指使用梵文的恆河文明。
9 印度河文明重要遺址，位於巴基斯坦旁遮普。
10 英國考古學家，發展南亞考古學的功臣之一，對考古學內容與技術也做出許多改良，1890-1976。
11 印度河文明重要遺址，擁有目前所知世界最早的船塢。

孟斐斯
MEMPHIS
兩地之衡

伊安・蕭
Ian Shaw

利物浦大學（University of Liverpool）考古、古典與埃及學學系考古學教授，曾在古埃及都市阿瑪納（Amarna）與孟斐斯進行發掘與調查，目前在法尤姆（Faiyum）古洛柏遺跡（Gurob）進行發掘工作。其出版著作包括《古埃及極簡介》（*Ancient Egypt: A Very Short Introduction*，二〇〇四年）與《古埃及科技與創新》（*Ancient Egyptian Technology and Innovation*，二〇一二年）。

而後，當第一個國王曼尼斯（Menes）找到一塊旱地將其劃開，就在那上頭創建一座城市，現在人們稱其為孟斐斯。

——希羅多德，西元前第五世紀

說到孟斐斯這座城，它的墓地比城市本身還要出風頭。基沙（Giza）大金字塔、薩卡拉（Saqqara）階梯金字塔、神獸墓葬群（Sacred Animal Necropolis[1]）、塞拉皮斯神殿（Serapeum[2]），這些遺跡的保存情況與知名度都遠超過孟斐斯城的街道、屋舍、廟宇、宮殿與市場。然而，此地卻曾是古埃及首都與行政中心，從法老時代的開端（約西元前三千年）一直到阿拉伯人入侵（西元六四一年），享盡三千五百年鼎盛榮華，後來才逐漸被開羅取代。如今城區遺跡並不如附近墓葬保存良好，也不那麼受到考古學家關注，與許多埃及古城鎮所遭受的命運相同。今日的孟斐斯遺址整體涵蓋將近四平方公里的土地，但城內居民區大都已被摧毀，或是被埋在拉希納（Mit Rahina[3]）或拜德爾舍因（el-Badrashein[4]）這些現代城鎮下方。

此城位處尼羅河三角洲頂點，無論是北控三角洲或是南制尼羅河谷地都占盡地利之便，因此有時會被人稱為「兩地之衡」。史載該城最早的名字是「因內—赫迪」（Ineb-hedj），意即「白牆」或「白堡」，指的可能是最早某個國王所建壁壘森嚴宮殿的耀目外觀。有一種說法是，這裡原本的聚落可能位於現代阿布希爾村（Abusir）附近，後來才逐漸向南遷移。

無論是在中世紀或是現代，孟斐斯遺跡都因其鄰近開羅郊區的位置而飽受損害。不過，從一八〇〇年代早期到現在，考古學家逐漸能將神廟、宮殿與私人住宅之間的相互關係連結起來（其中包括獻給當地主神普塔〔Ptah[5]〕的大型神廟建築群），找回原本都市網絡的一部分。該城逐漸擴張，似乎主要是受到薩卡拉古墓地建起一系列皇家金字塔的位置（沿著孟斐斯西側延伸）影響，每一座新金字塔動土之後，城鎮的地理重心也隨之緩慢遷移。古王國時代晚期，因內—赫迪的重要性看似被更南方的一些近郊社區壓過，這些社區以「迪德—伊素」（Djed-isut），也就是第六王朝特提王（Teti[6]）金字塔相關村鎮和宮殿為中心。然而，孟斐斯之名卻是從城市另一部分「孟內斐」（Men-nefer，意即「堅固且美」）而來，是與佩皮一世（Pepi I[7]，約西元前二三二一年至二二八七年）金字塔有關的區域，整座城市後來在歷史上始終沿用此名。

後期史料聲稱此城是以其傳說中的建城者，即第一王朝那位傳說中的君王曼尼斯來命名。據古埃及史學家曼內托（Manetho[8]，約西元前三〇五年至二八五年）的說法，曼尼斯是統一「兩地」之人，也就是建立埃及國度的君王。很多學者相信富有傳奇色彩的曼尼斯與史載較詳細的納爾邁王（Narmer[9]）是同一人，但現在我們對曼尼斯王在位期間的情況仍然毫無所悉。希臘作者希羅多德（Herodotus[10]）說此人排乾了孟斐斯平原的水，同時建立起這座城。近年來還有人說曼尼斯這名字的涵義可能是「孟斐斯人」（Memphite），既是紀念其營建孟斐斯為首都，也彰顯他一統埃及的功業。對古埃及人來說，在曼尼斯之前的統治者都是半神半人的存在，他是第一個登上王位的真正人類。

至少從新王國時代以來，孟斐斯市中心已鋪撒開一座幅員廣大的普塔神廟。如今它僅存零星殘跡，與位在底比斯中央那座卡納克的阿蒙神廟相比更是慘然，當年兩者曾遙相爭輝，今日景況卻有天壤之別。普塔與其妻母獅女神塞赫邁特（Sekhmet[11]）和蓮花之神奈夫圖（Nefertem[12]）共同構成天界三角，普塔常被繪作木乃伊模樣，雙手從裹屍麻布裡伸出，頭頂剃光，且戴著極服貼的頭蓋帽。孟斐斯祭祀普塔的廟裡有一座名為呼特—卡—普塔（Hwt-ka-Ptah），後來可能被希臘人以訛傳訛念成「埃古托斯」（Aiguptos），此即「埃及」這個現代名稱的來源。

這座神廟有一部分是以古王國金字塔的覆面石[13]為建材，石頭可能是從薩卡拉運來；此處還發現其他回收再利用的材料，例如中王國君主阿蒙涅哈特三世（Amenemhat III[14]，約西元前一八五五年至一八〇八年）的一道門楣石，這表示孟斐斯還有更古老的建築物尚待發掘。

到了現代，這座古城最主要的觀光名勝是一根傾倒巨柱，由雄才大略的新王國帝王拉姆西斯二世（Ramesses II[15]，約西元前一二七九年至一二一三年）所建，此外就是一座雪花石膏獅身人面像；至於神廟本體遺址則因常年淹水無法開放。麥倫普塔王（Merenptah[16]，約西元前一二一三年至一二〇三年）繼承拉姆西斯二世的江山，神廟遺址裡「寇姆卡拉」區（Kom Qala）也發現其宮殿以及一座較小型的普塔廟。法老君臨埃及的整個時代裡，隨著尼羅河河道往東退卻（朝它今日的位置移動），此地屋宇和神廟也逐漸向東南兩方擴張。因此，早期孟斐斯的遺跡絕大部分理應被埋在尼羅河的深厚沖積土下方，且大都位於水平面下。

第二十二王朝的舍順克一世（Sheshonq I[17]，約西元前九四五年至九二四年）在孟斐斯蓋了一間防腐室，專門處理象徵普塔在人間化身的阿匹斯公牛（Apis bull）屍體；該建築可能取代了原址較早的建物，其遺跡至今仍可見，包括數座石灰華質大型防腐工作台。每一隻阿匹斯公牛死亡都是舉國震悼的大事，遺體接受處理後由眾人列隊扛抬遊行，通過神聖道路，前往人稱「塞拉皮斯神殿」的地底墓穴群，葬入一間廣闊的花崗岩墓穴裡。

普塔神廟區北邊是古埃及晚期的圍場，因第二十六王朝的阿普里埃斯王（Apries[18]，西元前五八九年至五七〇年）而聞名；而阿普里埃斯王當時壯麗輝煌的王宮如今僅餘一座龐大泥磚平台，上面羅列石灰岩柱基。阿普里埃斯是第二十六王朝第四位國王，《聖經》裡喚他作合弗拉（Hophra），在位時兵戈不斷，主要是在防禦賽普勒斯、巴勒斯坦與腓尼基等地對埃及東北邊疆的攻勢。當阿普里埃斯遭巴比倫王尼布甲尼撒二世（Nebuchadnezzar II[19]）擊敗之後，隨即被曾效命於他的將領阿摩西斯（Amasis[20]）篡位；他於是逃往國外，後來借了巴比倫軍隊意圖討回王座，卻似乎在西元前五六七年死於戰爭（希羅多德認為他可能是被俘虜，後來才遭勒斃）。

從宮殿看出去，阿普里埃斯能將薩卡拉墓群盡收眼底，這片墳場甚至啟發了第二十六王朝的一場藝術復興運動。

曾經繁華一時的大城孟斐斯，到了托勒密王朝時代已逐漸沒落，被亞歷山卓的新海港所取代。西元第七世紀，阿拉伯征服埃及，在孟斐斯鄰近建立福斯塔特鎮（Fustat，由此發展出現在的開羅），為這城的衰微送上最後一擊。殘存的孟斐斯在十二世紀仍清楚可見，但數百年來人們不斷採集其神廟宮殿的石材以為己用，其房舍的泥磚也被當成肥料遍撒大地。

***部分引用出處：** Herodotus *Histories*, II: 99

---

1 位於薩卡拉的墓葬群，埋葬大量隼鳥、朱鷺與狒狒的木乃伊。

2 以塞拉皮斯神（Serapis）為供奉對象的宗教建築；塞拉皮斯神融合埃及的歐西里斯神（Osiris）與聖牛阿匹斯（Apis），外表則為希臘人模樣，是希臘化時代出現的神祇。

3 基沙省的小鎮，位於開羅南方二十公里。

4 基沙省轄下城市，位於開羅南方十七公里。

5 孟斐斯地區信仰的主神，是創造與維護世界之神，也是工匠與建築師之神。

6 古埃及第六王朝首位法老，葬於薩卡拉。

7 古埃及第六王朝第三任法老。

8 生卒年不詳，應當是托勒密王朝時代的人物，著有《埃及史》（***Aegyptiaca***）。

9 古埃及第一王朝首位法老，某些學者認為是他統一了上下埃及。年代約為西元前三十一世紀。

10 古希臘歷史學家，著有史上第一部以學術方法研究歷史的著作《歷史》（***The Histories***），內容以波希戰爭為主，並輔以當時希臘人所知世界的各地風土民情，被後代人尊為史學之父。484-425 B.C.。

11 母獅頭人身的古埃及女神，戰鬥與治療之神，也是在戰爭中守護法老之神。

12 古埃及傳說中太初創世時浮出水面的一朵蓮花，也象徵世界第一道曙光。

13 Casing blocks，指覆蓋在金字塔最外層、打磨光滑的特殊石塊。

14 古埃及第十二王朝的法老，在位期間被視為中王國黃金時代。

15 古埃及第十九王朝第三任法老，率軍征服迦南一帶，擴張埃及領土，被後世稱為「大帝」。
16 古埃及第十九王朝第四任法老。
17 古埃及第二十二王朝首位法老，據說是《聖經》〈列王記上〉裡面提到的埃及法老示撒（Shishak）。
18 古埃及第二十六王朝第四任法老。
19 見本書〈巴比倫〉一章。
20 埃及第二十六王朝的法老，推翻阿普里埃斯之後登基，在位期間為 570-526 B.C.。

底比斯
THEBES
埃及黃金時代之心

比爾・曼黎
Bill Manley

格拉斯哥大學（University of Glasgow）和馬德里康普頓斯大學（Universidad Complutense）教授古埃及語文與科普特語。他是利物浦大學榮譽研究員，曾任蘇格蘭國立博物館（National Museum of Scotland）古埃及部門資深負責人。出版作品包括《企鵝出版社古埃及歷史地圖集》（*The Penguin Historical Atlas of Ancient Egypt*，一九九六年）、《教你讀懂埃及聖書體》（*How to Read Egyptian Hieroglyphs*，與馬克・庫立爾（Mark Collier）合著，一九九八年）、《古埃及七大不可思議》（*The Seven Great Mysteries of Ancient Egypt*，擔任編者，二〇〇三年）和《從零開始學埃及聖書體》（*Egyptian Hieroglyphs for Complete Beginners*，二〇一二年）。

「我的名是奧希曼德斯（Ozymandias），眾王之王。強蠻之人見我功業都要自卑絕望！」再沒其他留下，龐然殘跡的風化場，圍繞著無垠空蕩，寂寞平沙延伸去向遠方。

——珀西・比希・雪萊（Percy Bysshe Shelly[一]），一八一八年

古埃及人在底比斯建起一座城，出乎人類理解力的極限。這是一座外在於時間的城，說來矛盾，所謂「永生」的法老降生於此，稍後又下葬於此。國裡匠人清出一片黃金與彩繪石頭的「聖域」，古老逝者的「阿卡」（Akhu；光亮的靈魂）在內永存，創造者阿蒙神（Amun；隱藏者）

與「他從腹中產出的兒」——法老王也能在這裡「撫慰他們的心」。城裡神廟、宮殿、墓地與大街和我們今日在路克索（Luxor[2]）看到的一模一樣，卻是耗費兩千年構思興建的成果。石灰岩與花崗岩巨牆上，龐然聖書體文字至今猶存，洋洋灑灑完整地寫著阿蒙神意如何在人事中展現。不知為何，古典作者以希臘的「七門底比斯」（seven-gated Thebes）來稱呼此城，但埃及人其實本來喚它做「韋瑟」（Wāse，意即「權威之地」），城內居民則只稱其為「諾」（Nō，也就是「城」）。底比斯的繁華在西元前十三世紀達到高峰，有位詩人唱道「韋瑟是所有城市的根本」，因此「其他城市都以她的真名為名」。

西元前三千紀後期，底比斯作為上埃及第四區首府，開始在歷史上嶄露頭角。鄰近艾德夫（Edfu）的首酋於西元前二一〇〇年左右派來一支不懷好意的船隊，並得到消息說該地散布著無與倫比的農田、堡壘和墳墓。當時底比斯早已被北方將近七百公里之外的國都孟斐斯搶盡風頭；就算到了鼎盛期，全埃及近三百萬的人口中，住在此城者也未超過三萬。

內戰使得此處終成全國矚目之地，因為底比斯總督自立為法老，創建第十一王朝，與孟斐斯的傳統王室相抗衡。這個王朝的正統性不明，敵人視他們為偽政權，但在這渾沌不安、亂象叢生的百年裡，他們卻扮演著國家固有價值觀的守護者——底比斯人的武勇精神常帶著某種自以為是，且以埃及人的種族純淨性為訴求。第十一王朝其中一任法老曼圖霍特普二世（Montjuhotep II[3]，約西元前二〇一〇年至一九六〇年）大舉興兵，取得血流漂杵的最後勝利。接下來的一千五百年內，底比斯的價值觀、宗教信仰以及底比斯人本身，自然都成為埃及文化核心。第十一王朝諸王陵集中於尼羅河西岸，圍繞代爾艾爾—拜赫里（Deir el-Bahri[4]）一座天然形成的圓形劇場，隔著河正對岸就是卡納克的阿蒙大神廟。若要將上古底比斯的範圍施以座標定位，這兩個點連接起來可視為 x 軸：從卡納克背後的日出之地，到代爾艾爾—拜赫里之外的日落之地。在溫熱光明的埃及日照之下，阿蒙神卻被隱藏起來，在卡納克一座名為「伊佩伊蘇」（Ipe Isu，意即「最特別的地點」）的陰暗廟宇裡接受祭祀。

經過兩千年，阿蒙神的「神邸」不斷擴大，僅僅在卡納克一地就占了至少一百公頃（超過梵諦岡國土兩倍），包含祭拜阿蒙之妻姆特（Mut[5]）、兩人之子孔蘇（Khons[6]）以及其他神祇的神廟。每年到了乾旱季，阿蒙神的小木神像就會離開伊佩伊蘇，搭船到代爾艾爾—拜赫里，在各個先王廟宇裡選擇其中一座度過黑夜，同時慶祝神靈的不朽魂魄與國王凡人的軀殼融而為一。此乃帝王谷的「天人合一祭」，底比斯家家戶戶都會出門為祖先上墳，不但奉上供品，自己也要大加飲宴，這是一年一度的盛事。

相對於帝王谷祭典的是歐佩特節（Festival of Ope），舉行於氾濫季節，時間長達數日。數座彩繪鮮麗的阿蒙神神像與先王雕像溯河往南航行，或是被抬著從北邊的伊佩伊蘇出發，遊行過一條五公里長的慶典大道，沿古底比斯座標定位的 y 軸前進，直達該城南緣。南邊是路克索大神廟，又稱「歐佩拉希」（Ope Rasi，意即「南方聖域」），此處之富麗堂皇在西元前十四世紀已經和卡納克不相上下。食物和啤酒發放給遊行路徑上麇集的民眾，信徒爭相在神像前奉上問題，希望得知神意是否應允（從神像是逐漸接近或遠離發問者來判斷）。當時一般都以祈求神諭為解決問題的手段，連產權糾紛這類瑣事也不例外。慶典達到高潮，國王孤身前往廟宇和阿蒙神獨處，神靈會「像父親對兒子說話那般」與他溝通。

底比斯在新王國時代（約西元前一五三九年至一〇六九年）達到全盛，它成為受埃及文化影響的世界之中心，阿蒙神在境域內普受崇拜，從努比亞的哲貝（Gebel[7]）、朋特（Punt[8]）沿岸、一直到黎巴嫩山區都有祂的信眾。法老葬禮乃是全國信仰的感性核心，從圖特摩斯三世（Thutmose III[9]，約西元前一四七九年至一四二五年）以降，幾乎所有新王國法老都以代爾艾爾—拜赫里外頭沙漠裡一道巨大裂谷為最後的安息地，此即今日我們熟知的「帝王谷」。王室墓穴內牆上仍可見壯觀壁畫，描繪靈魂通過黑暗與虛空而達到「度阿特」（duat，也就是「受崇拜的境地」）的旅途諸景象。人們只注意它們顏色鮮明、浮雕精緻，卻因此忽略一代代底比斯人需要多麼仔細刻苦，才能以精工巧藝將靈魂覺醒之景刻在當地易碎的頁岩質石灰石上，而得以留存至今。

這般專心致志的成果不是奴隸所為，而是出自富有、受過教育的匠人之作。位在阿蒙神廟殿堂與庭園之外的部分，如今大都已消失在現代路克索城市底下。但位於代爾艾爾—麥地那（Deir el-Medina）的王陵建築工所居村落則是處在沙漠裡，最終帝王谷封谷不用時，該村住民也匆匆搬遷一空，所以此處街巷屋舍仍林立未傾，且保存了大量書信文件，豐富的紀錄使該村成為上古世界最能為現代人了解的社群。西元前十三世紀，村內有將近八十戶大家庭，村子附近還住著數十戶，吃穿用度全由神廟中的商鋪取得（商鋪物資由王宮供給）。宅邸進門第一室皆有神龕，供奉本家列祖列宗，下一代出生時還能把神龕遮蔽起來，將房間移作他用。

西元前一一一一年左右，氾濫季某天的黃昏，底比斯總督帕瑟爾（Paser[10]）在街上與一大群鬧嚷嚷的工人針鋒相對，工人們不斷呼喊口號，因為他們原本被控盜墓，方才獲判無罪。「你們要到我家門口來對我幸災樂禍嗎？」他朝群眾大吼，「你們今天做的不只是喊口號，是給自己鋪了通向滅亡的路。」噢，可是他們接著說，谷裡的陵墓都安全無虞；據說總督對此這樣回應：「你們所做的事完全不是你們所說的那樣。」帝王谷故事那冗長而不光彩的最終一幕於是開演。最後一名在此長眠的君王下葬於西元前十一世紀末，這齣大戲約西元前九六一年落幕，阿蒙神廟祭司將整座陵谷封起，並把圖特摩斯三世與其後繼者的屍體移往代爾艾爾—拜赫里的祕密墳墓，至今仍未被考古學家尋獲。後來的法老都葬在遠離底比斯的地方，沒了這些王室墳地，該城因此頗失光耀與財富，但還維持埃及境內精神領袖的地位。節慶一如往常舉行，當地權貴要人的墳墓造得愈來愈大，管理城中事務者仍是祭司，負責將阿蒙神諭頒布給人民。

同樣的，埃及與努比亞各地王親貴冑依然千方百計想讓女兒被選為「阿蒙神妻」，人們依然相信這職位能在此生與來世帶來富足和影響力，於是到了西元前第九世紀，底比斯已成其他地方王侯進行政治角力的擂台。接著，殘酷的一刻到來，底比斯的繁華由暴力而始，亦由暴力而終。西元前六六四年，亞述國王亞述巴尼拔（Ashurbanipal of Assyria[11]）率領大軍踏平底比斯，欲以剜除埃及心臟的手段迫使全國在他面前屈膝。《舊約》先知那鴻（Nahum[12]）後來借用此事對自己同胞提出警告：「你們難道優於人口興盛的『諾』……每個街頭都有孩童被摔得粉身碎骨，尊貴人士紛紛被拈鬮帶走，所有大人物都被鎖鏈綁縛。」

在底比斯的阿蒙神廟一帶，建築工事此後仍持續數百年，規模宏大與法老時代不相上下，但祈福或紀念對象大都改為來自波斯、馬其頓或羅馬的統治者。路克索神廟最後成為羅馬駐軍總部，尼羅河西岸在古典時期已是觀光名勝。的確，底比斯偶爾也會成為反抗異族統治的起義重心，面對來勢洶洶的基督教，阿蒙神信仰的主城撐得遠比周遭鄉野要久。其後，當地僧侶教士會重新使用這些異教廟宇，把它們變成基督教的礎石；此外，西元六五〇年至七〇〇年，法蘭克人在距此約兩千年前的埃及高官阿門諾普（Amenope）的墳墓裡設立出產宗教文獻的工廠。

今日此城的阿拉伯文名稱「路克索」，意為「宮殿林立」，仍透露著古老底比斯的恢弘氣勢；歐佩特節也頑固地殘存於穆斯林聖者「阿布·哈賈吉」（Abu el-Hajjaj）紀念日慶典中，節慶舉行時會有一艘模型船從路克索古廟裡「出航」。然而，當考古學家真要把底比斯挖掘出來，卻發現它被足足兩公尺深的尼羅河淤泥所掩埋。西元一八六二年，亞歷山大·蘭德（Alexander Rhind[13]）是最早探索底比斯的學者之一，他傷感地寫道：「豐收農作如浪，殘骸深埋浪底。」

＊部分引用出處：A. H. Rhind, *Thebes; its tombs and their tenants* (London, 1862)

1 著名的英國浪漫詩人，某些人認為他是英國最偉大的抒情詩人，對後代詩人有深遠影響，但二十九歲就英年早逝。代表作有〈奧希曼德斯〉、〈西風頌〉（Ode to the West Wind）、〈雲雀曲〉（To a Skylark）等，1792-1822。

2 埃及南部都市，底比斯遺址就位於該市之內。

3 古埃及第十一王朝的法老，重新統一處在分裂局面的埃及，被視為中王國時代的第一個法老。

4 位於尼羅河西岸（路克索對岸）的墓葬與寺廟建築群，屬於底比斯郊外整個大規模墓葬群的一部分。

5 古埃及信仰中具有母神形象的神祇，與世界和萬物的創造有關。

6 古埃及的月神，也與萬物創造有關。

7 即Jebel Barkal，埃及人占領蘇丹後（約西元前一五〇四年）將此地視為阿蒙神降生的地點，以及祂在南方的主要居所。位於現在的蘇丹。

8 名為「朋特」的古老王國是埃及的貿易對象，不過這名字只存在古埃及貿易紀錄裡（埃及曾多次向朋特派出大型商船隊）；它的位置應在非洲東海岸，但學界對此仍有爭議。

9 古埃及第十八王朝第六任法老，埃及帝國領土在他治下達到空前絕後的範圍，1479-1425 B.C.。

10 當時東底比斯的城市首長，此一案件裡主要提出指控的人。

11 亞述強權時代最後一任國王，於首都尼尼微營建圖書館，蒐集大量楔形文字文獻，西元前六六八到大約六二七年。

12 《那鴻書》是十二小先知書之一，講述亞述帝國與其首都尼尼微的衰敗。

13 蘇格蘭古物學家與考古學家，1833-1863。

哈圖薩 HATTUSA

西臺帝國大本營

崔佛・布萊斯
Trevor Bryce

澳大利亞人文學院（Australian Academy of Humanities）研究員、澳大利亞新英格蘭大學（University of New England）名譽教授、昆士蘭大學（University of Queensland）榮譽教授。他的專業領域是上古近東地區（尤其是土耳其）的歷史與文明，近年出版的著作有《西臺人的帝國》（*The Kingdom of the Hittites*，二〇〇五年）、《新西臺文化的帝國世界》（*The World of the Neo-Hittite Kingdoms*，二〇一二年）和《上古敘利亞》（*Ancient Syria*，二〇一四年）。

我在此址播下雜草。在我之後若有登基為王者想重建哈圖薩，願暴風神將他擊倒！

——出自阿尼塔（Anitta[1]）銘文

哈圖薩乃是青銅時代晚期西臺帝國的王家首都。西臺帝國在上古文獻裡被稱作「哈提人的土地」（Land of Hatti[2]），從西元前十七世紀到西元前十二世紀早期，擁有將近五百年的悠久歷史。其全盛期的疆域橫跨安納托利亞（Anatolia[3]）與北敘利亞，涵蓋幼發拉底河以及美索不達米亞西部邊緣。帝國之心哈圖薩位於安納托利亞北部中央，即現代土耳其首都安卡拉（Ankara）

往東一百六十公里處，小鎮波亞茲科伊（Boghazköy，也寫作波亞茲卡來 Boghazkale）附近。盛況登峰造極之時，哈圖薩的面積超過一百八十五公頃，躋身上古近東地區最繁華的大都市之林。

西元前十八世紀中葉，阿尼塔王率軍摧毀該地原本聚落，並對這片地區施以詛咒。然而，早期的一位西臺國王哈圖西里（Hatusili[4]）無視於詛咒之力，不僅重建城市，還在其衛城[5]上營造宮殿。這座天然岩石露頭現在被喚作「布余卡拉」（Büyükkale），側邊受深谷拱衛；新都北面固若金湯，但南面卻無險可守，始終是防線最軟弱之處，直到兩百年後築起一道八公尺厚的城牆環繞全城才有所改善。即便如此，距離城牆完工僅僅數十年，敵對勢力就從四面八方侵略西臺人的家鄉土地、攻陷哈圖薩，將其劫掠一空後放火燒城。這場被學者稱為「同心圓式入侵」的大難，使得西臺王國在十四世紀前半幾乎被徹底消滅。

占領軍最後終被逐出這片土地，這都要歸功於一個名叫蘇庇路里烏瑪（Suppiluliuma[6]）的軍事天才，他在當時仍是王子，後來繼位成為西臺史上一位偉大的君主（在位時間約為西元前一三五〇年至一三二二年）。重建首都的工程於焉展開，一直進行到將近兩世紀之後西臺王國衰亡前夕。哈圖薩的規模往南大幅擴張，占地超過原來兩倍。新的城壘一座座聳立起，延伸五公里長，主要部分是立於土堡上的一道巨牆，其高可達十公尺，上建掩體，每隔不到二十公尺還有高塔。巨牆前方還有第二道幕牆，牆上也有塔樓，位置皆與主牆上的錯開。牆上有門容人進出，最壯觀的幾座城門上飾有龐大浮雕，因此分別被喚為獅身人面門、獅門與軍神門（或稱國王門）。

原始的城市包括皇家衛城和一座龐大的暴風神神廟，也被改建並加固城防，這部分現今被稱呼為「下城」，「上城」則是考古學家給予南邊新擴建區域的名稱。後者原本已知僅存五座神廟，但目前則有二十六座神廟基址新發掘出土，成就不可謂不小，或許還有更多遺址尚待發現。依據挖掘出這些「新神廟」的彼得·涅夫（Peter Neve[7]）所見，它們清楚呈現哈圖薩是座具有神聖特質與儀式性的城市。事實上整座城的布局都可解讀為西臺人宇宙觀的象徵：王宮是人間，廟城是神界，兩者之間的儀典區域是從有限世界通往無限世界的道路。禹金·西禾（Jürgen Seeher[8]）在涅夫之後接掌發掘工作，在他主導下挖出了由穀物筒倉構成的大型建築群，還有五座儲水槽，它們在淤積之前曾短暫為城市供應大部分的用水。

從哈圖薩宮殿與神廟的檔案室發現成千上萬黏土板殘片，這是我們賴以認知西臺世界歷史與文明的主要文字史料，內容包括宗教、法律，以及該國與當時其他大帝國的關係（特別是埃及）。獅身人面門附近出土一面完好無缺的青銅板，上有三百五十二行文字，為西臺帝國最後數十年的政治地理與歷史發展提供重要訊息。某處檔案庫收藏了三千五百個章子的印記，詳細呈現西臺王族各個成員的世系，是不可多得的資料。

長久以來，人們都相信哈圖薩是一夕毀於戰亂之中，但近年考古發掘成果卻推翻了這個說法。遺址裡確實有遭暴力摧毀的痕跡，但發生時間可能是在該城已有部分遭到荒棄之後。在哈圖薩的最後歲月（西元前十二世紀早期），當時的殘跡顯示城中貴重財物在城破之前已被有計劃地運離，這表示國王與朝臣們可能早就逃往他處避難，並將包括官方紀錄在內的重要事物一併帶走。如此看來，這些達官貴人身邊應有大批軍隊護衛，但都城其餘人民大概就被拋下，任其自生自滅。當哈圖薩終究毀於一股股打劫的外來勢力之手，其實它早已日薄西山久矣。

＊部分引用出處：T. Bryce *Life and Society in the Hittite World* (Oxford, 2002)

1 庫薩拉（Kussara，所在地不詳）的國王，目前所知史上第一個以西臺文字留下文獻的統治者，其年代約在西元前十七世紀。
2 哈提人（Hattian）是兩河文明早期居住在安那托利亞的民族，後來逐漸被西臺人同化。
3 安納托利亞半島，即地理上的小亞細亞（Asia Minor），範圍大致為現在土耳其的亞洲部分。
4 全稱為哈圖西里三世，西臺後期帝國的國王，埃及拉姆西斯二世軍事擴張過程中的對手，後來雙方簽訂和約。1267-1237 B.C.。
5 Acropolis，現在多用來專指希臘雅典城的衛城，原本是指建於高處的聚落，尤指蓋有城防工事者。
6 西臺帝國國王，以能征善戰聞名，挑戰當時稱雄西亞的埃及霸權。1344-1322 B.C.。
7 德國營建學學家、哈圖薩發掘計畫的主要人物，1929-1994。
8 德國史前史學家，涅夫於一九九四年過世後由他接手哈圖薩發掘計畫，生於一九五三年。

巴比倫

BABYLON

尼布甲尼撒的空中花園

瓊安．歐慈
Joan Oates

考古學家，曾在伊拉克和敘利亞工作超過五十年，目前是劍橋大學（University of Cambridge）麥當諾考古研究所（McDonald Institute for Archaeological Research）資深研究員。她出版許多作品，包括《文明的興起》（*The Rise of Civilization*，一九七六年）、《巴比倫》（*Babylon*，二〇〇五年）和《尼姆羅德：亞述城市揭密》（*Nimrud, An Assyrian City Revealed*，二〇〇一年）。曾發表過許多遺跡發掘報告，以及超過一百篇以美索不達米亞考古與歷史為題的論文。她是英國國家學術院（British Academy）院士。

大巴比倫，娼妓之母，地上敗德醜行之母……什麼城市能像這座大城一般！

——〈啟示錄〉17:5；18:18

巴比倫是上古世界裡名聲昭著的城市之一，多半是由於《聖經》中的譴責之詞，這座城在西方素來享有惡名，儘管「娼妓之母，地上敗德醜行之母」這段話其實是在暗指羅馬。古典作者尤其是希羅多德，對這座偉大城市與其「空中花園」多所描述，內容人盡皆知，但在事實上很難站得住腳。巴比倫的文化與學術成就在上古時代廣受各方景仰，它在西元前一二二五年前後初次陷於亞述人之手，侵略者奪走大批楔形文字黏土板，顯然是對巴比倫文化渴求萬分。西元前第七世紀，巴比倫的聲譽於尼布甲尼撒在位時登峰造極。亞歷山大大帝一生功業無數，其中攻占巴比倫一事絕對名列前茅；他不僅以此地作為東都，後來還在這裡的王宮裡殞命。

縱然巴比倫在當時壯麗冠絕天下，於「新巴比倫」（西元前六二五年至五三九年）歷代君主治下尤其耀眼，但它卻非歷史悠久的古都，至少以兩河流域的標準而言是如此。巴比倫書記官一絲不苟記下遠古諸城史事，但其中並沒有見到「巴比倫」這個名字。此名稱最早現身於西元前三千紀晚期的文獻中，但它直到前二千紀早期才從小村落蛻變為權力中心，可能是因為南美索不達米亞土壤鹽化，又喪失海運商路之利，才給了巴比倫興起的機會。這座城位於底格里斯河與幼發拉底河最為接近處的狹小地區，地利足以挾制上古西亞最重要的兩條路：一是連接伊朗東南部蘇沙（Susa[1]）與安納托利亞西部薩迪斯（Sardis[2]）兩地、後來被稱作「御道」的陸路主道，一是通往東方的「呼羅珊路」（Khorasan Road[3]，後來成為絲路的一部分）。這片地區面積雖小，卻在上古時代接連出現六座宏偉國都。

第一位善用此地地理優勢的君王是漢摩拉比（在位時間為西元前一七九二年至一七五〇年），《漢摩拉比法典》使他名垂青史。儘管無法建立起一個長治久安的大國，但他至少短暫將這地區統一在巴比倫統治之下，此政治成果影響兩河流域未來兩千年的歷史。幾乎是一夜之間，巴比倫成了王權正統性的象徵，此後將近一千五百年內沒有其他任何一個地方具備相同地位。西元前一五九五年左右，西臺大軍橫掃幼發拉底河流域，巴比倫被毀，漢摩拉比王朝就此傾覆。西臺人來得快去得也快，沒多久就返回他們在安納托利亞的老家，而巴比倫後來則又落入卡賽人（Kassites[4]）之手。卡賽人來自東方，但關於他們的源起和語言，我們至今所知甚少。然而，就跟其他許多入侵勢力一樣，卡賽人也學會了征服地的語言、風俗、甚至是宗教，並移為己用。他們統治巴比倫一帶四百多年，比當地人建立自己王朝的時間更長，但最後還是亡於源自伊朗西南部的埃蘭人（Elamites[5]）手中。埃蘭人把從巴比倫搶來的戰利品大舉運到蘇沙，其中包含《漢摩拉比法典》石碑，該石碑現藏法國羅浮宮。

西元前第一千紀，曾有數個本地政權統治巴比倫，偶爾亞述人還會跑來占領。西元前第八世紀，加爾底亞人（Chaldaean[6]）某部族酋長那布那西爾（Nabonassar[7]）自封為王，他的登基（西元前七四七年）標誌巴比倫歷史進入精確紀年的全新歷史時代，其統治者與敵人都被記載於《聖經》與古典著作中。學者認為，那布那西爾的時代是天文學發展的轉捩點，甚至「加爾底亞」一詞竟成為「天文學家」的同義詞。西元前六二五年，另一名加爾底亞酋長那波帕拉薩（Nabopolassar[8]）成功奪權，不僅擊退亞述外患，其所建立的新王朝更帶領巴比倫走向歷史顛峰。

那波帕拉薩之子就是尼布甲尼撒（西元前六〇四年至五六二年），此人不消多說，希羅多德筆下的巴比倫城大都出於他御用建築師的手筆，這也是現代觀光客所見到的同一座城，其廢墟的面積廣達八百五十公頃，是上古兩河流域規模最龐大的人類定居地。西元一八九九年至一九一七年間，德國工程師在此地進行挖掘；自從一九五八年以來，伊拉克考古學家於此更進一步展開發掘與修復工作，成果十分可觀。

拜訪這裡，最先引人注目的就是圍繞城市的高聳二重牆。夏宮（Summer Palace）位在城北，因為擁有通風井而得名，這種設施現今在當地仍為人所知。夏宮所在地從當時就名為「巴比爾」（Babil），沿用至今。接著是內城，有另一座巨大二重牆將主要公共建設圈繞在內，其中包括四十餘座神廟。「遊行大道」（Processional Way）最讓人歎為觀止，它始於巴比倫主神廟「埃薩吉拉」（Esagila[9]），經過巍峨的吉古拉特（ziggurat[10]）——「巴別塔」——和尼布甲尼撒的廣大宮殿，通過著名的伊絲塔之門（重建成品現藏於德國柏林古代近東博物館〔Vorderasiatisches Museum〕），再越過人類史上所知最早的一座博物館（由尼布甲尼撒所建），最後進入新年節（New Year Festival）的神廟。

宮殿東北角有處建築結構令學者傷透腦筋，這是位於地底的一系列十四間穹頂室，建造目的是為了承載上方某種龐大重量；室內有幾口水井，還有獨特的液壓系統。上述特徵集於一處，引人推想這是不是上古世界七大奇觀之一「空中花園」的基座。一種傳統說法認為這些傳說中的花園與塞彌拉蜜絲女王（Semiramis[11]）有關，另一種說法則指其為尼布甲尼撒所建，據說他的王后安美依迪絲（Amyitis）是波斯地區出身，因為思念家鄉樹木山陵而鬱鬱寡歡，於是他為心上人造了這座花園。然而，此處還發現了從耶路撒冷被擄來的猶太人的配給記錄，因此它的功用其實更可能是倉庫與行政處室。

新巴比倫王國的許多建設，到了波斯和希臘化時代仍繼續使用。大流士（Darius[12]，西元前五二一年至四八六年）在巴比倫增建一座有列柱迴廊的新宮，給他的兒子薛西斯（Xerxes[13]）使用，但薛西斯卻在西元前四八二年摧毀巴比倫。城中劇場現已修復，從這裡清楚可見希臘文化的影響；劇場附近是亞歷山大下令為他童年老友與親信將領赫菲斯欽（Hephaestion）搭蓋的火葬堆，以及一座碎磚爛石堆起的龐然大物——亞歷山大決定重建被薛西斯拆毀的吉古拉特，因此動員將原址的廢墟瓦礫清運到此處。

亞歷山大選擇巴比倫作為帝國的東方首都，但在他英年早逝（西元前三二三年）之後，其麾下將軍塞琉卡斯（Seleucus[14]）於附近另營新都（底格里斯河畔塞琉西亞，Seleucia-on-the-Tigris，簡稱「塞琉西亞」），巴比倫的政治地位從此告終。不過，塞琉卡斯的繼承者重建了埃薩吉拉，讓巴比倫的偉大圖書館以及學者們有地方可以安身，巴比倫祭司貝洛蘇斯（Berossus[15]）正是在此將《巴比倫史》（*History of Babylonia*）題獻給安條克（Antiochus[16]）。巴比倫在西元七十五年留下該城史上最後一份官方文件；羅馬皇帝圖拉真（Trajan[17]）於西元一一六年於此度冬，並在亞歷山大駕崩的房間裡獻牲禮祭拜。

二十世紀晚期，古巴比倫大多已被復原。薩達姆·海珊（Saddam Hussein[18]）為自己在這兒蓋了個宮殿，用人工高高堆起一座土台以便俯瞰尼布甲尼撒的王宮，這是統治者試圖操弄歷史來自我彰顯的最佳範例。新宮建於古河床上，相對而言造成的破壞不大，但古城遺跡在近年軍事衝突中可就沒這麼幸運，大片地區被夷平，開闢成為「硬地」以供重型車輛和直升機使用，交通工具又對埋在地下的遺址結構以及某些地面上的建築物造成極大損害。為了闢出一片直升機降落區，軍隊將亞歷山大軍隊留下的吉古拉特瓦礫堆以及赫菲斯欽的火葬堆全部搗毀清除，這在考古學上造成的損失無以計數。遊行大道的路面數千年來保存良好，尼布甲尼撒、大流士、亞歷山大皆曾由此信步走過，他們的名字銘刻於路上磚瓦，如今卻被駛過的坦克車和重型車輛破壞無遺。

1 位於伊朗西部的下札格羅斯山（Zagros Mountain），最早是埃蘭人的首都，後來的波斯帝國、塞琉古帝國以及波斯薩珊王朝都以其為都城。
2 位於現在的土耳其西部，是古國呂底亞王國（Lydia）首都，在波斯帝國、羅馬帝國、拜占庭帝國時代也是重要大城。
3 「呼羅珊」是歷史地理名詞，指的是波斯東北部地區，但也可以指包括阿富汗北部的較大區域。
4 起源地不詳，曾建立卡賽王國並統治巴比倫，政治力量沒落後的卡賽人主要居住在洛雷斯坦（位於今伊朗境內）山地（Luristan）。
5 原居地為現在伊朗的極西部與西南部一帶，以蘇沙為其首都。波斯帝國早期歷史深受埃蘭文化影響，但其語言現已失傳。

6 閃米語系族群，似乎原居於兩河流域東南邊緣的沼澤地，出現於西元前第十世紀晚期到第九世紀早期之間，到了西元前第六世紀中期逐漸與巴比倫人同化。
7 巴比倫國王，驅逐外來統治者後自立為王，但後來似乎又臣服於亞述。747-734 B.C.。
8 歷史上新巴比倫王朝的建國者，他在亞述國力式微後統一巴比倫城一帶，並重新以該城為首都。658-605 B.C.。
9 意即「屋宇高廣之廟」，祭祀巴比倫主神馬杜克（Marduk）。
10 上古美索不達米亞常見的巨型建築結構，基本上是以斜坡或階梯的方式堆高，愈往上愈縮減，神廟位於頂端平台上。
11 傳說中的亞述女王，她將遭亞述軍隊毀滅的古巴比倫城重建，並築起高牆保護城市。
12 波斯帝國阿嘉美尼德王朝（Achaemenid）第三任國王，將波斯領土擴展到顛峰，又稱「大流士大帝」。
13 阿嘉美尼德王朝第四任國王，意圖征服希臘但失敗，518-465 B.C.。
14 亞歷山大麾下主要將領之一，在他死後與其他諸將瓜分帝國，取得其中的西亞地區，建立塞琉古王國。358-281 B.C.。
15 希臘化時代的巴比倫學者、馬杜克神廟祭司，活躍於西元前第三世紀前期。
16 這裡指的是Antiochus I Soter，「救主」安條克一世，塞琉古王朝第二任國王，324-261 B.C.。
17 羅馬帝國史上「五賢帝」之一，將羅馬帝國疆域拓展到史上最大的程度，53-117。
18 伊拉克軍事獨裁者，入侵科威特引發波灣戰爭，其政權後來被英美聯軍推翻。1937-2006。

尼尼微
NINEVEH
亞述大王的宮與廟

朱利安・里德
Julian Reade

哥本哈根大學（University of Copenhagen）近東研究榮譽教授，曾任牛津大學（University of Oxford）溫萊特學人（Wainwright Fellow）與倫敦大英博物館助理典藏員。他曾在伊拉克和阿曼主持發掘工作，著作等身，題材包括中東地區歷史、地理、思想體系、藝術和建築（例如《亞述雕刻》〔*Assyrian Sculpture*，再版於一九九六年〕），中東與希臘和印度的關聯，以及現代歷史研究法與對古代態度的演變。

現在上帝的話傳給阿米泰（Amittai）之子約拿（Jonah），說：「起身吧，往大城尼尼微去，高呼責備那城，因他們的邪惡為我所知。」

——〈約拿書〉1:1-2

任何熟讀《聖經》的人都聽過尼尼微，它象徵東方異域景色裡的無限財富與無限腐敗，對於這城我們實際上所知甚少，於是更添想像空間。詩人拜倫（Lord Byron[1]）寫過一部戲劇，以傳說中的尼尼微末代國王、柔弱嬌氣的薩丹納帕路斯（Sardanapalus[2]）為主角；至於歐仁・德拉克洛瓦（Eugène Delacroix[3]）與約翰·馬丁（John Martin[4]）等畫家，則用顏料描繪此城轟轟烈烈的末日。

撇開幻想不談，真實的尼尼微已在考古學家努力之下重見天日，出土部分大多是一座座巨型土丘，俯視伊拉克北部摩蘇爾城（Mosul）熙來攘往的郊區。底格里斯河沿著尼尼微其中一側城牆流過，過去曾有做買賣的筏子沿河而下經過摩蘇爾，從土耳其朝著波斯灣而去。尼尼微北面與東面是一望無際的平原，上面農村星羅棋布，向遠方庫德斯坦（Kurdistan[5]）的群山延伸而去。往西看，低矮丘陵斜展於美索不達米亞沙漠側邊，養著大批駱駝與綿羊的阿拉伯遊牧民族世居於此。尼尼微的重要性在於其占盡地利，它是天造的十字路口，四面八方的人都聚集在此交易貨物，順便蜚短流長。

此地最早的人居聚落出現於西元前六千年之前，村鎮以伊絲塔大神廟為中心向外發展。伊絲塔可說是亞述版本的阿芙蘿黛蒂（Aphrodite[6]），她是掌管愛、戰爭與非理性情感的女神。近東許多地方都信仰「尼尼微的伊絲塔」，沙姆希阿達德一世（Shamshi-Adad I[7]）攻陷尼尼微之後，以當時流行的巴比倫樣式為她重新建造一座神廟，時間約在西元前一七五〇年。廟牆與其它亞述公共建築相同，以日晒泥磚砌成，每隔一段時間必須維修才能常保如新。儘管如此，這座氣象恢弘的殿宇仍能矗立長達千年。

縱然此地女神之名傳揚天下，但尼尼微並非一直都是亞述首都。直到辛那赫里布（Sennacherib，在位時間為西元前七〇四年至六八一年）即位成為亞述王，他才決定在這裡為自己打造一座世界級的都城，畢竟亞述帝國已是當時中東地區史上最壯大的帝國，新都必須反映其規模與豐富性。受這個帝國直接或間接控制的區域，從土耳其中部延伸至波斯灣、自伊朗中部延伸至塞普勒斯以及埃及邊境，不久之後亞述大軍還踏入尼羅河谷，把努比亞歷代國王雕像搶回尼尼微公開展示。尼尼微城裡，形形色色的人摩肩接踵，大鬍子士兵、從宮廷裡出來的油頭粉面太監、商人與傭兵、農人與奴隸，大都來自遠方，說的話也南腔北調。

辛那赫里布用一道十二公里長的城防巨牆圈起尼尼微，牆上開啟十八道城門，並將市區隔成三部分。王宮與伊絲塔神廟等主要公共建築位於固若金湯的要塞裡，此處現在名為「庫雲吉克」（Kuyunjik）。另一座城砦是軍隊駐紮處，武器庫也在此，這裡現存一座中古時代留下的清真寺。該寺是由教堂改建，底下據說是《聖經》中被鯨魚吞噬、呼籲尼尼微人悔過的先知約拿墳墓所在。城中其餘區域包括住宅區與工業區，還有縱橫交錯的道路，嘗試侵占公用路面者必遭重罰。此外，亞述人在古亞美尼亞一帶（即烏拉爾圖王國〔Urartu[8]〕）用兵時見到運河設施，回來後以此為本建起宏大的運河網絡，尼尼微即位於其樞紐。尼尼微的運河從五十公里以外的札格羅斯山地運來清水，王宮花園、市民的果園與農地都賴此灌溉。庫雲吉克其中一間宮殿牆上石質橫幅描繪的就是石造輸水道，這座輸水道至今仍有部分殘跡可見。

辛那赫里布的宮殿與伊絲塔神廟並肩而立，傲視全城，當時號為「無與倫比宮」：史上從未有這般宮殿，至少在亞述地區是如此。建築物長五百公尺，寬度將近二百五十公尺，不只是王族居處，也有政府機關在內。各主屋和庭院牆上都以石質橫幅為飾，內容宣揚辛那赫里布的功績，包括他對外征戰的勝利，以及製作、運送龐然大物的人頭牛身有翼石像作為有魔力（抵擋外患、疾病與厄運）的守護神等事蹟。宮殿一側廂房有高大雪松木柱，另一側則是特為王后所建。辛那赫里布讚美自己的王后是「最完美的女性」，還說希望能與她健康幸福共度此生。亞述王室銘文主要都在記載戰事，這是其中少有真情流露的片刻。

英國考古學家A．H．拉雅德（Austen Henry Layard[9]）在一八四七年至一八五一年間探勘宮殿部分區域，估計發現七十一間房間、將近二哩長的牆面雕刻橫幅，還有二十七扇以巨牛或巨大人面獸身像守衛的門，另外還包括了數以千計的楔形文字黏土板。辛那赫里布的孫子亞述巴尼拔（在位時間為西元前六六八年至六三一年）試圖建立一座圖書館，欲將巴比倫與亞述的所有傳統科學與文學資料蒐集於此，這項壯舉是未來亞歷山卓大圖書館與現代各個大型圖書館的先聲。亞述巴尼拔也在庫雲吉克為自己蓋了另一座宮殿，宮牆雕飾橫幅上出現了包括王族野宴和獵獅活動等寫實景象，這種做法前所未見。

這座國際大都會享有的繁華不到百年。和史上許多掌權家族一樣，亞述王族內部一再同室操戈，帝國結構因此變得脆弱，無力面對內憂外患。歷經數年戰火，來自伊朗的米底人（Medes[10]）聯合巴比倫人（應當還有其他盟軍）在西元前六一二年攻陷尼尼微，至今人們仍能在城門內找到死難將士的遺體。宮殿與伊絲塔神廟皆遭火焚，連同亞述歷代南征北戰掠奪來的珍寶一起化作灰燼，倖存下來的人民在斷垣殘壁裡過活，但他們也並未留下太多痕跡。希臘軍人色諾芬（Xenophon[11]）在西元前四百年路過尼尼微，發現此地已成鬼域。

後來，尼尼微重拾其商業都市的重要性，但終究被位於底格里斯河對岸（西岸）的摩蘇爾所取代。人們一直記得尼尼微位於何處，只是要等到十九世紀中期，歐洲來的旅行家與考古學家才探測出地底下還殘存多少古城遺跡。伊拉克考古學家在二十世紀努力修復城裡某些主要建築，從太空看向地球時也能辨識出這座古城的城牆，可悲的是，尼尼微城如今又再一次深陷戰區之中。

1 George Gordon Byron，英國浪漫詩人，作品大器囂張，為支持希臘獨立運動而死於斯，代表作有長詩《唐璜》（*Don Juan*，未完成）和短詩〈她在美中行〉（She Walks in Beauty），1788-1824。

2 古希臘作者克忒西阿斯（Ctesias）的《波斯史》（*Persia*）中說他是亞述王國最後一任國王，描述他為頹廢墮落的人物典型；但其他史料則證明此人應為虛構。

3 法國浪漫派畫家，被視為法國浪漫運動領袖，其風格強調鮮明顏色與動感，1798-1863。

4 英國浪漫派畫家，作品常以宗教和歷史為主題，畫面巨大而富有戲劇性，1789-1854。

5 意即「庫德人的土地」，歷史上此區域大約包括札格羅斯山脈西北部與塔羅斯山脈東部。

6 希臘神話中代表愛、美、享樂與生育的女神。

7 亞述國王，征服敘利亞、安納托利亞、以及上美索不達米亞的許多土地，1809-1776。

8 鐵器時代古王國，勢力範圍在亞美尼亞高原，文化受兩河流域影響，和《聖經》裡的「亞拉臘」（Ararat）是同一個地方。

9 英國考古學家、楔形文字專家、藝術史學家與外交官，重要事蹟包括發掘尼尼微和另一座亞述古城尼姆羅德（Nimrud），1817-1894。

10 上古伊朗地區的民族，建立米底亞王國，其宗教後來發展成為波斯帝國國教「祆教」。

11 希臘史學家與軍人、蘇格拉底的學生，著有記錄當代史事的《希臘史》、《回憶蘇格拉底》等書。430-354 B.C.。

迦太基
CARTHAGE
腓尼基與羅馬城市

亨利・赫斯特
Henry Hurst
劍橋大學古典考古學名譽高級講師，對上古城市特別關注，從一九七四年在迦太基工作超過二十五年，對該城港區進行深入研究。他曾在英國格羅斯特（Gloucester）發掘羅馬時代與中古時代遺跡，亦曾在羅馬中心進行發掘工作，並將發掘成果加以發表。

必須摧毀迦太基。

——老加圖（Cato the Elder[1]），約西元前一五〇年

歷史上，迦太基曾兩度成為世界最壯觀的大城，兩次都令所謂的「西方」備感威脅，第一次是與蒸蒸日上的羅馬勢力敵對，第二次則是與羅馬世界所擁抱的新宗教為敵（在吉朋〔Gibbon[2]〕看來，羅馬接受這個新宗教就是誤入歧途）。

第一座迦太基城年紀只比羅馬城大一點，傳統認為它是在西元前八一四年由來自推羅

（Tyre[3]）的殖民者所建，因此在文化上綜合了來自地中海東岸與北非的影響，其居民則使用腓尼基語。迦太基城扼東西地中海之間交通要道，因此逐漸成為商業重鎮，宰制西地中海所有貿易，包括從西班牙供應金屬的重要生意。西元前第三世紀，面對羅馬崛起，迦太基人以領頭家族之一的巴卡氏（Barcids）為首，在西班牙建立起領土帝國。帝國範圍包括卜塔赫那（Cartagena[4]，意即「新迦太基」），第二次布匿戰爭（Punic War[5]，共有三次）中，巴卡家族最負盛名的後裔漢尼拔就是從這裡出發征討羅馬。漢尼拔幾乎取得最後勝利，但最後仍在西元前二〇二年的札馬會戰（Battle of Zama[6]）被擊敗。第三次布匿戰爭讓加圖的願望成真，迦太基於西元前一四六年毀滅。

第二座迦太基城是羅馬帝國的行政都市，奧古斯都（Augustus[7]）「協和」政績的樣板；維吉爾（Virgil[8]）在《伊尼亞斯逃亡記》（*Aeneid*[9]）第四卷中就以黛朵（Dido）和伊尼亞斯（Aeneas）的故事來慶賀迦太基（重新）建城。儘管它就矗立在第一座迦太基城原址上，但距離老城灰飛煙滅已過百年，西元前一四六年的這座新城在實體上已是完全不同的城市。然而，文化的延續性極其強韌。西元第五世紀早期，聖奧古斯丁（St. Augustine[10]）對此地天后（Caelistis[11]）信仰不僅不受禁止、甚至廣為流行的情況非常憤慨，這顯示迦太基在羅馬物質文化的表象之下仍掩藏著前羅馬時代的精神核心，古腓尼基女神阿斯塔蒂（Astarte[12]）所化的天后／塔尼特（Tanit[13]）崇拜依舊根深柢固。

兩座迦太基城皆雄踞突尼斯灣岸，地利優勢令人垂涎；除此之外，它們在規劃上的類似處也十分醒目。二城都以有次序、技術先進的都市形態為其特徵，皆有棋盤狀的街道規劃與四方形的街區。布匿時代的迦太基以柏薩山丘（Byrsa hill）上的衛城為中心朝四方放射發展，但羅馬時代的都市計畫則將秩序推展到極致，整座城被蓋成一片筆直規律的網格，完全不管自然地勢的高低變化。四百年後，該城政府擴建市區時仍蓋出一模一樣形狀大小的街區，齊齊整整貼著原有街區安放，為此還將原本土地上那些不符合規則的房子全部拆毀。西元第四世紀的世界地理書《無名世界誌》（*Anonimy Orbis Descriptio*）對此記上了一筆，顯示該城那一板一眼的規劃在當時也十分引人注目。

這種在籌劃建設時崇尚抽象原則的態度，也可見於布匿時代迦太基的海軍兵工廠，其作法是在海岸平地上挖出一個環形的內港，港中央留下一個與環狀水域同圓心的島嶼。《伊尼亞斯逃亡記》對此處大書特書，而其名稱「寇松」（Cothon）也成為人工內港的代名詞，後來圖拉真為羅馬皇家港口「波圖斯港」（Portus）增建的六角形船塢亦是仿效此處而來。

關於迦太基人民，現存文獻裡站在他們立場、為他們說話的並不多。所謂「布匿人的信用」（Punica fides）意思跟「背信老英」（Perfidious Albion）相去不遠，這是羅馬人說到布匿時代迦太基人時愛用的俗語；同時他們也對迦太基的殘忍宗教信仰表示厭惡。在基督教學者眼中，這些古老迦太基的羅馬傳人仍舊不願安分守己，且被見不得人的宗教活動所奴役。然而，這座迦太基城市的樣貌就足以破除所有流言蜚語，最早「發現」古城廢墟的其中一人——巴可利（El Bekri）[14]——在西元十一世紀寫下了最後的註腳：「若有人畢生每日都前往迦太基，花時間去看這座城，他每日都會發現前所未見的新奇蹟。」

1 羅馬史學家、元老院議員，政治上採保守立場，反對希臘化文化，234-149 B.C.。

2 Edward Gibbon，英國歷史學家、國會議員，《羅馬帝國衰亡史》是其名作，對教會組織多有批評，1737-1794。

3 腓尼基人建立的古城，位於現在的黎巴嫩南部沿岸。

4 位於現在西班牙南部地中海沿岸。

5 迦太基與羅馬爭奪地中海霸主地位所進行的三次戰爭，最後以羅馬的勝利作結。「布匿」指的就是迦太基人。

6 發生於現在突尼西亞一帶的陸戰。

7 原名屋大維（Octavius），奧古斯都是其尊號，他繼承凱薩成為羅馬統治者，並獨攬大權成為羅馬第一任有實無名的皇帝，開啟羅馬帝國時代，63-14 B.C.。

8 奧古斯都時代的羅馬詩人，其《伊尼亞斯逃亡記》在當時被視為羅馬精神與傳統的代表，70-19 B.C.。

9 描述特洛伊英雄伊尼亞斯在城陷後率領人民逃亡，歷盡艱苦終於來到義大利建城定居，完成他的天命。第四卷內容寫迦太基女王黛朵苦戀伊尼亞斯，卻因伊尼亞斯的天命而無法成雙，最後悲憤自殺。

10 早期基督教神學家、拉丁三大教父之一，其思想對後世西方基督教與西方哲學有深遠影響，354-430。

11 羅馬時代許多不同女神都被稱為「天后」，其中包括迦太基女神塔尼特（阿斯塔蒂）。

12 月亮女神，上古時代伊絲塔女神在希臘化時代的型態，尤其是指迦南（Canaan）人與腓尼基人的信仰對象。

13 迦太基人崇拜的女神，等同於腓尼基人原本信仰的阿斯塔蒂。

14 西班牙回教徒、地理學與歷史學家，著述內容包括阿拉伯半島與歐洲、西部北部非洲的歷史地理考察，1014-1094。

雅典 ATHENS

民主起源地

貝塔妮・休斯
Bettany Hughes

為曾獲獎的歷史學家、作家與主持人，擔任倫敦國王學院（King's College）研究員，將職業生涯投注於史學與古典學的研究和提倡工作。她所製作的電視節目包括《雅典人》、《斯巴達人》、《特洛伊的海倫》和《摩爾人統治歐洲的時代》。其著作包括被翻譯為十種文字的暢銷書《特洛伊的海倫：女神、公主、娼婦》（*Helen of Troy: Goddess, Princess, Whore*，二〇〇五年），以及廣受好評的《一杯毒蔘酒：蘇格拉底、雅典人和理想生命的追尋》（*The Hemlock Cup: Socrates, Athens and the Search for the Good Life*，二〇一〇年）。她目前研究的課題是伊斯坦堡文化史。

我們城市如此偉大，全世界的物產都被吸引到港口來。因此對雅典人而言，外國水果雖是珍品，但也與土產一樣常見。

——修昔底德（Thucydides[1]），西元前第五世紀晚期

公園裡有骷髏頭，這是件很嚇人的事，然而雅典「阿哥拉博物館」（Agora Museum）的貯藏室內卻有許多裝滿骷髏頭的櫃子。今日的阿哥拉是「雅典娜（Athena）之城」中心一處飛滿蝴蝶的保護區，我們在「阿塔羅斯柱廊」（Stoa of Attalos[2]）漫步，經過西元前第五到第四世紀

的法院那高低不平的遺跡，以及保存完整的赫菲斯托斯神廟（Temple of Hephaistos[3]），浸淫於古典雅典黃金時代的榮光裡。我們伸長了脖子要看帕德嫩神廟（Parthernon）的巨柱，以及「亞略巴古」（Areopagus，希臘文為 Areios Pagos，意即「大丘」）那打磨光滑的裸岩，雅典智者曾端坐於此召開議會。只是，一邊信步前行一邊讚不絕口時，我們很容易忘記身邊的一切其實只是一層層遙遠過往的幽靈。以實際上的阿哥拉為例，這個人來人往的鬧區，這個製造出民主、高級藝術與「希臘奇蹟」的地方，過去曾經是片墳場。

希臘人從三千五百多年前就在雅典居住，但此地其實在八千多年前就已有人煙。青銅時代的邁錫尼希臘人在衛城築起防禦工事，現今這些城防仍清晰可見，發掘者的鏟子仍能挖到他們的箭頭、香水瓶甚至髑髏。接著「黑暗時代」（這是用詞不當的典型例子）降臨希臘，各部族紛起爭霸，專制政權、獨裁政權、寡頭政權，不知這座占盡地利的城鎮最後大權落入誰手。阿哥拉那怵目驚心的遺骸提醒我們莫把古代雅典浪漫化，此乃心靈之地，這城給了我們動人心魄的美、給了我們最具啟發性、最高貴深刻的思想成就，但這裡也是個悲傷的地方，是考驗與苦難之地。

地理優勢讓雅典一開始就搶占先機，據說智慧女神雅典娜和海神波賽頓（Poseidon）還曾互相爭奪此城。雅典城四面環山、易守難攻，土地盛產文明發展所需原料——大理石、石灰岩、陶土、銀礦——且距離大海只有魚躍之隔，海運貿易一向是雅典財富來源，至於海盜的威脅則微乎其微。波賽頓於是落選，聰明的雅典娜勝出，人們欣迎這位女神永久入住，坐落於一塊白堊紀晚期紅紋石灰巨岩上的「高城」——衛城。

西元前五〇七年，衛城出了件稀奇的大事。雅典平民突然發起暴動，大舉攻入衛城，這是他們有史以來第一次萬眾一心，成為政治上的一股力量；其目標是藏身衛城裡的斯巴達國王，此人是雅典貴族、暴虐無道的伊薩哥拉斯（Isagoras[4]）之盟友。能讓一整片土地全造了反，想必有不得了的緣故，而雅典民間在此之前已然隱隱騷動。由於對貴族家族阻撓議事的權力感到憤怒，立法者梭倫（Solon[5]）於是推動一系列變法（約西元前五九四、五九三年），削減那些「不擇手段貪得無厭之人」的權力，並讓更多雅典人獲得參政權。雅典在西元前第六與第五世紀所經歷的這些改革，皆是以正義與智識的哲學基石為本，引領雅典娜之城踏上一條與眾不同的道路。這是世界最早的真民主——在「民主」（希臘文的demos-kratia）這個詞被發明之前就已實行——其團結性與自決精神在此處有血有肉地落實。

到了西元前四七九年，希臘人成功擊退地廣力強、雄霸東地中海的波斯帝國入侵，這更讓雅典城精神振奮。一夕之間，這初生之犢的民主在人們眼中似乎變得無所不能。市民在新落成的宙斯伊洛瑟李奧柱廊（Zeus Eleutherios，意即「自由之神宙斯」）昂首闊步，雅典人並以民主之名經營起帝國政策。雅典將軍（Strategos，民選出來的軍事領袖）伯里克利斯（Perikles[6]）鼓勵雅典人要「像情人一樣」珍愛他們這座戴著紫羅蘭冠冕的城市，菁英分子還為自己的孩子取名為「德模克拉特斯」（Demokrates）。在西元前第四世紀，「德模克拉媞雅」（Demokratia[7]）已經被尊為女神的名號。

雅典至此已成希臘世界的經濟中心，新獲得的權力在都市血脈內搏動。議會裡，鞋匠與貴族並肩而坐，這些新民主的新成員每兩年投票一次決定參戰與否。人口數量翻了一倍不止，路旁蓋起一排排簡陋住宅（有的只比棚子好不了多少）。妙語如珠的柏拉圖（Plato[8]）曾說希臘人住得像「池邊青蛙」，但這些青蛙可是個個爭先恐後想跳上雅典這片鍍金荷葉呢。

阿哥拉不再是死者安息地，它變得生氣勃勃。這兒有僅供裝飾用的噴泉，時不時會舉辦音樂表演，士兵在此操練，人們在芳香四溢的祭壇獻上供品給不朽的神明，行政官員也舉行聚會，為民主生活的大小事項定下規矩。西元前第六與第五世紀期間，這裡的市場蓬勃發展，堆成山的無花果與鴉片、新鮮的魚獲、剛從織布機上取下的布、東方來的薰香油，各色貨品跟奴隸一起待價而沽。空氣中飄盪著剛挖出的金屬礦藏與新鑄銀幣的刺鼻氣味；而那戶外爐子上燉著的肉菜、湯裡摻的東方調味料，則在食客舌尖留下辛香。

我們都想像雅典是座大理岩與石頭的城市，但這地方在全盛期間卻特別有著花的韻致。男人女人從阿提卡（Attica[9]）的平原與山間湧入，工匠、石匠與畫家有意或無意的把鄉野風情也一併帶進都市。百合花在建築石刻上綻放，花瓶上有人搖著橄欖樹，柱頂楣梁上是一片斧鑿出來的綠蔭；艾利丹諾河（Eridanos[10]）與伊利索斯河（Illyssos[11]）如今在地面上已看不見，但當時仍在陽光下自在流淌。城市各處都會舉行祭典儀式，還有那一年一度的艾盧西斯祕儀（Mysteries of Eleusis[12]），少女們頭戴月桂葉和葡萄藤編成的花冠，或是手執香氣四溢的雪松木火炬，慶祝季節的轉變，為這時令添姿加彩。人們在阿哥拉種起一排排的懸鈴木來遮蔽豔陽，碑林如雨後春筍般在城裡各個角落冒出，上面銘刻民主議會的工作內容與決議。

來自帝國各處的影響，自然也在雅典播下知識的種子。小亞細亞西岸的科學家、西西里的雄辯家、色薩利（Thessaly[13]）與馬其頓（Macedonia[14]）的哲學家齊聚一堂，誰能想像當時是如何喧囂？雅典人甚至有個字彙「thorubos」來描述這種鬧嚷嚷的情況，在街道、議事廳、議會集會場、阿哥拉，以及著名的「宴談」（symposia）上都能聽到各種意見與各種異議滿天飛。「宴談」一詞因為柏拉圖與亞里斯多芬（Aristophanes[15]）等人的著作而永垂不朽，那是個觥籌交錯、鴻儒談笑的場合，有人吟唱詩歌，也有人致力於經營自己的晉身之階。

好音悅耳，好景悅目，現代考古發掘成果愈益顯示古雅典是個多麼花俏而珠光寶氣的地方。雕像的塗色有種市集般的熱鬧氣氛，一件件晚宴餐具精光閃亮，廟宇和街角林立的神像、半神像眼睛裡寶石熠熠生輝，還有披著橙黃面紗的娼妓斜倚在青樓的門口。

某些雅典人在一處處（依規定分類的）煙花區放浪形骸，但其他雅典人則是以簡樸節制的生活態度而著名，伯里克利斯就是一個代表。此人心靈所想的是阿納克薩哥拉（Anaxagoras[16]）與蘇格拉底（Sokrates[17]）那富有哲理的談話，是戲劇之雅（他年輕時曾是埃斯庫羅斯〔Aeschylus[18]〕的贊助者），還有他身邊那位慧詰的高級妓女阿斯帕齊婭（Aspasia[19]）。他將精力都消耗在建築事業上，用宏偉建設畫出雅典城的新天際線，衛城山門（Propylaia）就出自他的策畫，其他像伊瑞克提翁神廟（Erectheion）、勝利女神神廟（Temple of Athena Nike）大概都是他計畫的一部分，甚至還包括以綠、藍、金三色裝飾，有如孔雀般炫目的雅典建築之最——祭祀著雅典娜的帕德嫩神廟。

今日，帕德嫩神廟對於雅典城內的旅行者來說，仍是無法忽視的存在，它在早晨煥發光芒，在傍晚投下巨大陰影，永恆靜定，像是重複曝光的過時照片。伯里克利斯的建設大業之後又過五百年，普魯塔克（Plutarch[20]）驚奇地寫道：「它們在短時間內建起，但卻能屹立長久……

完美無瑕，每一座現在看來都像是方落成的全新事物……好似某種永遠盎然的生命、不與歲月同變的精神，在創造這些建築的時候注入了其中。」

然而，民主與帝國的纍纍結實隨後都被烈火燒盡。斯巴達（Spartan[21]）偶爾會與雅典並肩作戰，但大部分時間都互相敵對，該城兵力於西元前四〇四年越過雅典著名的城牆、攻陷衛城。人們說，那時吹著長笛的女孩在帝國餘燼上翩然起舞。

重生的新芽生長著，德模舍尼斯（Demosthenes[22]）之流的演說家讓雅典再度成為世界矚目之地，雅典人後來也曾短暫重行民主制度。但從後見之明看來，這些不過是黃金時代邁向死亡途中短暫的迴光返照。伯里克利斯自己曾說，雅典城將會名垂青史，因為它「統治的希臘人比其他任何希臘邦國都多」。雅典人並無意為現代人的民主政治提供一個健全、善意而平等的基礎，他們這實驗性的社會情態頗不安定，常出現明顯的自相矛盾，十分發人深省。但這些素質不會讓他們的成就黯淡一分，反而更是錦上添花。

對雅典城致敬的最佳方式，就是謹記那些汗水塵垢與紫羅蘭花香，就是認識創造與維護民主政治必須面對的掙扎、知曉世界頂級藝術能夠成真背後的貪腐。此地並非烏托邦，它那所有複雜的悅樂與恐懼、它的感官饗宴與靈魂哲思，以及它的盛與衰，雅典黃金時代正是這樣告訴我們何謂「生而為人」。

＊部分引用出處：Thucydides, *History of the Peloponnesian War*, 2.38.1; Plutarch, *Life of Perikles* 13

1 古希臘雅典的歷史學家與軍事將領，代表作為《伯羅奔尼撒戰爭史》（*History of the Peloponnesian War*），記述雅典與斯巴達兩大勢力相抗的過程，以嚴謹態度蒐集考核史料，並以政治軍事史為重。

2 由希臘化時代的帕加馬（Pergamon，位於安納托利亞西北部）國王阿塔羅斯二世（Attalos II）所建。

3 希臘神話中鐵匠與工藝之神。

4 雅典貴族，與同為貴族的克利舍尼斯（Cleisthenes）爭權，後者受到多數民眾支持，伊薩哥拉斯於是引進斯巴達軍力打倒政敵獨攬大權，但最後失敗。

5 雅典政治人物，立法改革雅典亂世中的政治、經濟以及道德亂象，長期而言可謂為雅典民主奠下基礎，638-558 B.C.。

6 雅典黃金時代重要政治人物，將以雅典為首組成對抗波斯的「提洛同盟」（Delian League）改造為雅典帝國，且在伯羅奔尼薩戰爭（Peloponnesian War）前期統帥雅典，495-429 B.C.。

7 此字在希臘文中就是「直接民主」（相對於「代議民主」）的意思。

8 古希臘哲學家，蘇格拉底的學生、亞里斯多德的老師，西方哲學思想奠基者，著作內容包含形上學、知識論、倫理學、美學、政治思想等等，構成一套全面體系，二十世紀的英國哲學家懷海德（Whitehead）有稱「整部西方哲學史不過是為柏拉圖作註腳」，428/427-348/347 B.C.。

9 歷史地理名詞，即雅典所在的半島區域。

10 流經古雅典城阿哥拉一帶的小河。

11 流經古雅典城牆外的河川，現在大部分河道都被引入地下。

12 崇拜狄米特（Demeter）與裴瑟芬（Persephone）兩名女神的宗教儀式，內容象徵生命一代又一代的傳承。

13 位於現在希臘中部偏北的地區。

14 希臘半島東北部的地區，後來成為馬其頓王國（亞歷山大大帝的國家）的基礎。

15 古希臘喜劇作家，作品內容諷刺雅典人民日常生活，446-386 B.C.。

16 古希臘哲學家，主張宇宙萬物皆由帶有不同性質的「種子」（類似原子的概念）所構成，而「理性精神」（Mind of Reason）為種子的分合運作之本，510-428 B.C.。

17 古希臘哲學家，主張道德來自知識，探討理想與現實之間的關聯，並以「蘇格拉底辯證法」（要求個人逐項檢驗自己觀念中的每一環節是否合理、整體是否一致）施教，後來被控以「腐壞雅典青年思想」而遭雅典法庭判處死刑，470-399 B.C.。

18 古希臘三大悲劇作家之一，史上第一個正統「悲劇」創作者，作品有《波斯人》（*The Persians*）、《阿加曼儂》（*Agamemnon*）等，523-456 B.C.。

19 伯里克利斯的情婦，是雅典藝文界的活躍人物，與伯氏育有一子，470-400 B.C.。

20 古羅馬傳記作家，重要著作為《希臘羅馬名人傳》（*Parallel Lives*），46-120。

21 位在希臘南部的古典城邦，與雅典齊名，採行軍國主義。與雅典結盟對抗波斯入侵，之後雙方反目成仇，引發伯羅奔尼撒戰爭。

22 雅典政治人物與著名演說家，後來因為反抗亞歷山大失敗而自裁，384-322。

臨淄 LINZI

中國戰國時代

W・J・F・珍納
W. J. F. Jenner
學者、作家與翻譯者，研究中國歷史與文化超過五十年。他的著作包括《洛陽回憶》（*Memories of Loyang*，一九八一年）、《歷史霸權：中國危機的根源》（*The Tyranny of History: The Roots of China's Crisis*，一九九二年）和許多翻譯作品。

凡不守者有五：城大人少，一不守也；城小人眾，二不守也；人眾食寡，三不守也；市去城遠，四不守也；蓄積在外，富人在墟，五不守也。

——墨子，西元前第五世紀

西元前第五到第三世紀之間，中國的大城是以木材和泥土所造，它們並未留下什麼殘跡，只餘一些城牆和夯土宮殿基座，但卻為未來中國的都市發展立下雛形。

「戰國時代」名副其實，是個傾舉國之力進行總體戰的時代。西周王朝在西元前七七一年滅亡，華夏世界自此失去了能有效控制天下的中央權威。原屬於周朝的封建國度開始彼此兼併，其中某些成為幅員廣闊、具有獨立性的國家，國內出現圍牆環繞的大型都市。戰國諸雄必須善用一切資源，確保自己能在亂世中存活，當時七大強國的首都都是深溝高壘的要塞，足以讓來犯的軍隊束手無策，變成一場消耗戰。各國朝廷在大都市裡提倡官僚系統，藉此登記全民戶口、徵稅、或徵調百姓服勞役兵役，一般人民則完全沒有參政資格。

戰國時代的大型都城令早期中國城市相形見絀，其中三座城可測量的城牆部分分別圈繞十五到十八平方公里不等的面積，分別是齊國首都臨淄（位於現在的山東省）、趙國首都邯鄲（臨淄西方約三百二十公里處），以及雄霸長江中下游的楚國之首都潁都（臨淄西南方九百公里處）。燕國首都之一的下都[1]（位於北京西南方）是當時全中國規模最大的城牆都市，大小至少是西周時代燕國都城的二十倍，比臨淄大了整整一倍。那時大部分城市都有內外兩重城牆，以內城牆為主，城內人口可能有十萬以上。各國國內也有其他較小但仍有模有樣的城牆都市，農業與商業的革命性發展是這些城市得以興起的背景；鑄鐵農具讓農民生產出更多糧食，於是造成人口增加，經濟也迅速成長。

除了城牆與城門之外，恢弘首都內最重要的建築莫過於統治者的宮殿群，殿宇本身就被圍牆環繞，與城裡其他地方隔絕。王宮近處是中央政府各司，大批官吏在此紀錄檔案、發布治理國家的命令。所有都城都駐有大軍及一部分全國最精銳的部隊，平民百姓居住的區域也有圍牆可供防禦。

敵國入侵之時，城內全民皆被動員禦敵。攻城戰對攻守雙方來說都是可怕夢魘，《孫子兵法》

的作者就說攻城是萬不得已而為之的下策，「修櫓轒轀，具器械，三月而後成；距堙，又三月而後已。將不勝其忿而蟻附之，殺士卒三分之一，而城不拔者，此攻之災也。」（譯：準備攻城器具就要三個月，建造讓士兵能爬上城牆的土堆又要三個月。如果主將耐不住性子，下令士兵像螞蟻一樣猛攻，他就會損失三分之一的兵力，最後可能還是攻不下城。）

戰爭中受害最大的就是工匠階層，他們必須無償為國製造各種軍用物品，許多匠人都加入墨家陣營。墨家是具有反正統性的政治組織，以西元前第五世紀思想家墨子的學說為宗，希望掌權者停止壓榨民脂民膏供自己逸樂，並反對侵略戰爭。墨家成為守城專家，成員被派到各處幫助受攻擊的城市抵擋外侮。《墨子》一書詳細指導守城方略，包含如何動員城民與各種戰術戰技，比如反隧道戰術與毒氣武器的使用。

政治思想家和周遊列國的謀士求見戰國君王，獻上富國強兵、鞏固王位之策，希望自己能受到重用。某些國王廣招各門各派學者前來首都，舉例來說，齊國臨淄就建有「稷下學宮」可供名士住宿。戰國時代百家爭鳴的學術盛況，最後孕育出官僚威權式的統治原則與實務知識，成為中國接下來兩千多年的政治指導方針。

商賈與貿易對於大城市的繁榮不可或缺，市場受國家控制，所有商業行為被嚴密監督。某些商販發展出一套經商之道，與孫子等人的軍事學說有相應之妙。每座都城皆處於密密麻麻的商業路線網絡之中，藉此與其他數百座城市相連。「周朝」徒有虛名，其兩都之一的東都雒邑（後來的洛陽）此時已幾無政治地位，但卻以貿易中心的身分持續躋身大都會之林。雒邑人民缺乏強有力的國家為後盾，除了靠自己的智力求存外別無他法，他們經商的足跡遍及整個華夏世界。

城牆不足永恃，燕下都南邊一座貴族墓旁排列著十四個大坑，裡面掩埋約三萬顆頭骨，幾乎都是十八到三十五歲之間的男子。這些人大概是西元前第四世紀晚期燕國內戰[2]失敗一方的士兵，以及隨之入侵燕國而被俘的外來敵軍；他們被選來為墓主殉葬，而墓主本人應當也是這場政爭的早期受害者。

大約在這個時代，著名的謀士蘇秦對臨淄城大加讚頌，舌燦蓮花描繪一幅生動的城市生活即景。他估計該城有七萬戶居民，每戶至少有三名青壯男子能從軍：

> 臨淄甚富而實，其民無不吹竽、鼓瑟、擊筑、彈琴、鬥雞、走犬、六博、蹴踘者；臨淄之途，車轂擊，人肩摩，連衽成帷，舉袂成幕，揮汗成雨。

（譯：臨淄財貨富足、實力堅強，人民都愛演奏竽、瑟、筑、琴這些樂器，也愛鬥雞、賽狗、玩六博棋或是踢球。臨淄城的道路上，車子多到輪軸互相碰撞，人多到摩肩接踵，擠得衣服相連有如帷帳。若大家張開雙手，袖子就能連成一塊天幕；若大家伸手擦汗，甩下來的汗珠簡直有如下雨。）

1 位於現在的河北省易縣。燕國主要首都為「薊城」（位於現在的北京），下都是一個具有軍事作用的陪都。

2 燕王噲在西元前三一八年將軍政人事大權全部交給相國子之，導致太子起兵反叛。太子最後敗亡，但齊國趁機大舉入侵燕國，後來在其他諸國壓力下才不得不退兵。

亞歷山卓

ALEXANDRIA

埃及的希臘化首都

亞蘭·B·羅義德
Alan B. Lloyd

斯旺西大學（Swansea University）古典學、上古史與埃及學學系研究教授，曾任埃及探索學會（Egypt Exploration Society）主席和《埃及考古期刊》（*Journal of Egyptian Archaeology*）編輯多年（一九七九年至一九八五年）。有許多以埃及與古典相關題材為主題的著作，特別專精於古埃及晚期。

這城市的公共區域和王宮建築都最最美麗……每一任國王都醉心於體面鋪張，禁不住要為公共建設多添一些裝飾，當然也會自掏腰包來打點自己的住宅……因此，我們可以引用詩人的話，說「這兒屋宇相連」。

——斯特拉波（Strabo[1]），西元前第一世紀／西元第一世紀

亞歷山大大帝在西元前三三一年建立亞歷山卓，即迅速成為地中海世界主要都市之一，並維持此優勢長達九百多年。某一層面來說，這城是亞歷山大占領埃及之後打造的紀念碑，但他

建城的目的遠不止於此。此城經濟條件非常優越，與埃及內地和更內陸的地方都能互通，且其所在地是開拓地中海與紅海貿易的絕佳基地。除此之外，這位年輕帝王還有另一項更隱微的動機：亞歷山卓的位置象徵一道向北而望的堅定視線，注視對象是希臘文化與政治生活的傳統中心，也就是東地中海的小亞細亞和愛琴海一帶。亞歷山大只來得及表達他對此城的期望，隨即繼續踏上征服波斯帝國的路途，但他在埃及的繼承者卻自此以這些概念來自我認知、自我期許，他們最關注的仍是北方那個世界，亞歷山卓也因此始終具有濃厚的地中海色彩，延續至今。

托勒密一世（Ptolemy I）的時代，亞歷山卓成為埃及首都。托勒密是亞歷山大麾下將領之一，在亞歷山大死後諸將瓜分帝國時，占得埃及與其鄰近領土，於西元前三〇六年正式登基為王。他所創建的托勒密王朝代代相傳，最後在西元前三〇年隨著精明的克麗奧佩特拉女王（Cleopatra[2]）一起亡逝。亞歷山卓此後仍是埃及行政中心，直到阿拉伯人在西元六四一年攻下埃及為止，從此命運逐漸走下坡，等到十九世紀才出現轉機。

亞歷山卓街道規劃為棋盤狀，北是地中海，南有瑪瑞奧湖（Lake Meriot），中間的狹長地帶就是該城坐落之處，因此城南城北都有港口可供利用。西邊城牆外有一片蓋滿華麗花園的墓地，墓地往東就是「羅哈克提斯」（Rhakotis），是埃及人居住的區域，再往後走就是該城核心的希臘區／王族區，具可看性的建築物多集中於此，至於城的最東邊則是猶太人區。這個種族分隔的情況是該城制度上極大弱點，常是造成衝突的亂源，有時甚至演變為一發不可收拾的暴動。

岸邊的法洛斯島（Pharos Island）與市中心以堤道（被稱為Heptastadium）相連，形成兩座港口，東邊是主港，西邊是尤諾斯托港（Eunostos）。主港東面的安蒂霍多斯島（Antirrhodos）

和其對岸都有無數壯麗宮殿，其中一座為克麗奧佩特拉所有。以上古時代標準而言，亞歷山卓的人口數量多得不可思議，在西元第一世紀已有約十八萬男性公民，而這意味實際上的總人口數還遠高於此。

托勒密王朝前期君主將首都經營成為一個展示場，用來炫耀王朝的富貴、權勢和異國情調，壓倒希臘世界的任何一個地方。如此這般，亞歷山卓變得如一座大劇院，用來上演「托勒密大典」（Ptolemaieia[3]）之類的大規模王室節慶，令人注目於托勒密帝國的榮耀。海軍艦隊以此城各港口為本營，其龐大船艦皆以頂級工藝打造，舉世聞名；它們不但是可觀的軍事資本，更能於地中海各地用來宣揚托勒密王朝國威。亞歷山卓作為海軍要塞的重要性有史以來從未消減，現在此城仍有軍艦停泊港內，蔚為風景；但在古代，此地最讓訪客一見難忘的不是軍力，而是建築奇景。由於地震與長年淤積，該城當初的宮殿區如今已經沒入海底，但水下仍有為數可觀的遺跡被保存下來。這些遺跡混合了希臘與埃及風格，反映了托勒密王室操弄埃及異域風情以為己用的心思。

城中心的王室墳塚本身就是個奇觀，但亞歷山大大帝竟也長眠於此，實可謂輝煌之上再添輝煌。亞歷山大死後本要運回馬其頓安葬，但托勒密卻在半途將遺骸奪到埃及。墓園旁建築群就是博物館與附設的圖書館，這些機構協同一氣，成為希臘羅馬世界的教育學習、文學創作與科學探索的源頭活水。其他王朝或國家經常加以仿效，但沒有一處能達到這般成就。博學家有埃拉托斯特尼（Eratosthenes[4]），作家有昔蘭尼的卡利馬科斯（Callimachus of Cyrene[5]，「亞歷山卓文學」對後世影響深遠，他是讓此派能夠成型的功臣）和羅德島的阿波羅尼奧斯（Apollonius of Rhodes[6]），天文學家有阿里斯塔克斯（Aristarchus[7]）、語法學家和評論家則有拜占庭的亞里斯多芬（Aristophanes of Byzantium[8]），他們都是托勒密時期培養出的一代人傑。

由於這些偉人的成就，亞歷山卓的學術機構亦成為托勒密王朝手中利器，強化此城和王室自身的體面。進入羅馬時代之後，此處仍是求知者的聖地，因為許多知識界的大人物都在這裡，包括了不起的實驗科學家希倫（Heron[9]）以及新柏拉圖主義（neoplatonism[10]）哲學家普羅提諾（Plotinus[11]），還有鼎鼎大名的克勞狄烏·托勒密烏斯（Claudius Ptolemaeus，即「托勒密」Ptolemy[12]），他在地理學、天文學與占星學上的成就對古典晚期和中古時代都有深遠影響。

基督教的興起也未對此城學術地位造成任何打擊，它成了早期基督教最初四大牧首區（Patriarchate[13]）之一，並且還有克烈門（Clement[14]）與奧瑞堅（Origen[15]）等大家，藉由他們的著述立說，該城很快轉化為基督教神學思想與教義論辯的重鎮。基督教興起早年深受教義紛爭所擾，亞歷山卓也在其中扮演重要角色。城中猶太人口在智識上亦做出長足貢獻，讓此城學術重鎮之名更富內涵，尤其他們在西元前第二世紀中葉完成了《舊約聖經》的希臘文譯本《武加大譯本》（*Septuagint*），而斐洛·尤狄厄斯（Philos Judaeus[16]）的著作更是為此錦上添花。

不是只有王族區才看得到宏偉建築，埃及區的人們也有氣勢恢弘的塞拉皮斯神殿可引以為傲，殿裡奉祀亞歷山卓守護神塞拉皮斯，屋宇刻意蓋得高聳，從遠方海面上便清晰可見。基督教盛行之後，許多異教寺廟紛紛被關閉或另作他用，甚至遭到摧毀，而後被教會的基層單位所取代，這座神廟也難逃此劫。

然而，這座城最耀眼的珍寶還是法羅斯島的燈塔。這是上古世界七大奇觀之一，托勒密一世在位期間於法羅斯島東端動工，托勒密二世繼位後方才落成。它不僅具備航海上的實用價值，也是托勒密王族用來塑造形象的工具，讓那些從北方進入該城的訪客大飽眼福。這類建築賦予全盛期的亞歷山卓無上顯耀，但若要問最後的結論，仍必須說此城作為文化與科學重鎮的角色才是它最大的歷史成就，也是它最應得到後人感念的功績。

＊部分引用出處：Strabo, *Geography*, 17.1.8, trans. H. L. Jones (Cambridge, 1930) and *Ammianus Marcellinus, History*, 22.16

---

1 古希臘地理學家與歷史學家，代表作為《地理》（***Geographica***），紀載當時所知世界各地的歷史與風土民情，64/63 B.C.-24 A.D.。

2 托勒密王朝最後一任君王，前後試圖借助羅馬強人凱薩與安東尼（Mark Antony）之力復興埃及，但最後被屋大維擊敗，與安東尼雙雙自盡。

3 四年一度的大慶典，紀念托勒密王朝歷代先王。

4 希臘化時代數學家、地理學家、詩人、天文學家、音樂理論家，史上第一位計算地球周長的人（結果十分精確），曾任亞歷山卓圖書館館長，276-195/194 B.C.。

5 希臘化時代詩人、評論家、學者，將亞歷山卓圖書館藏分門別類編成一部《卷錄》（***Pinakes***，今已失傳），是後人研究古希臘文學的重要依據，310/305-240 B.C.。

6 希臘化時代作家，代表作是《阿爾戈號英雄遠征記》（***Argonautica***），描述傑森（Jason）與阿爾戈英雄尋找金羊毛的故事。活躍於西元前第三世紀前半。

7 希臘化時代天文學家與數學家、史上第一個推算出地球繞日模型的人，310-230 B.C.。

8 希臘化時代學者，以研究荷馬史詩而著名，對其他希臘文學名作也有鑽研，257-185/180 B.C.。

9 羅馬時代工程師與數學家，被視為希臘化時代科學成就的代表人物，以其在科學實驗上的創舉而著名。10-70。

10 東羅馬帝國的教會分區，查士丁尼大帝（Justinian）首先將「宗主教」（patriarch）的名號賜予羅馬、君士坦丁、安提奧、亞歷山卓、耶路撒冷五城主教，使其地位與其他城市主教不同。「牧首區」即是宗主教所管轄的區域。

11 新柏拉圖主義代表人物，主張宇宙出自完美上帝的輻射，否定物質的真實性，靈魂能藉禁欲冥思而復歸上帝，204-270。

12 羅馬時代科學家，其著作總結希臘化時代天文學與地理學知識，並融合亞里斯多德的自然哲學，主張地球為宇宙中心，100-170。

13 東羅馬帝國將領土劃分為五，設立五個基督教信仰中心，使其掌管區域內的宗教事務。

14 又稱為「亞歷山卓的克烈門」，是基督教早期教父（Church Fathers），其神學主張融合希臘化時代哲學與猶太教、諾斯替教派等內涵，150-215。

15 克烈門的學生、基督教早期教父，以柏拉圖哲學為基礎詮釋神學，但某些觀念後來遭正統教會駁斥為異端，184/185-253/254。

16 希臘化時代的猶太神學家，試圖整合猶太教神學與希臘哲學，20 B.C.-50 A.D.。

麥羅埃

MEROË

努比亞王城

羅伯・莫寇特
Robert Morkot

艾希特大學（University of Exeter）考古學資深講師。他的研究興趣包括地中海世界與東北非洲，特別是埃及、努比亞、蘇丹和利比亞一帶。其著作包括《黑法老：埃及的努比亞統治者》（*The Black Pharaohs: Egypt's Nubian Rulers*，二〇〇〇年）、《古埃及戰爭史辭典》（*Historical Dictionary of Ancient Egyptian Warfare*，二〇〇三年）和《簡介埃及人》（*The Egyptians: An Introduction*，二〇〇五年）。

象島（Elephantine[1]）南邊地界為努比亞人所居……陸行四十日，搭另一艘船水行十二日，即可抵達名為「麥羅埃」的大城，據稱是衣索比亞人的首都。那裡有一名宙斯神使，當地人依從其指示發動戰爭。

——希羅多德，西元前第五世紀

對於希臘人與羅馬人來說，麥羅埃是個充滿浪漫想像的地方，是片遙遠而陌生的土地，恰恰位在他們熟悉的世界之外，卻又能透過交通聯繫。早在一七七二年，旅行家詹姆士·布魯斯

（James Bruce[2]）經過此地時，就已注意到有廢墟存在，並準確猜測這應該是麥羅埃遺址；但要到十九世紀早期，藉著旅人和學者的著作出版，當地廣闊的金字塔墓地才受到西方世界注意。

這座上古都市位於尼羅河東岸，就在現在的尚迪（Shendi[3]）附近，亦即朝尼羅河與阿特巴拉河（Atbara[4]）匯流處往南走一段距離之處。往東去，兩河之間的地界在上古是一片林木繁茂的非洲草原，大象、長頸鹿與其他野生動物在此優游；相較之下，牠們今日分布的區域則是大幅南移。這塊土地仍處於雨帶範圍，麥羅埃居民在此放牧牛隻。麥羅埃城的社會一部分是以牧牛業——類似現在的馬賽族（Masai[5]）與丁卡族（Dinka[6]）——與定居農業為基礎，當地文化是個複雜的混合體，揉合原住民「古實人」（Kushite[7]）傳統與來自埃及的強烈影響，尤其是宗教與建築等高級文化的部分更充滿埃及色彩。

麥羅埃是遠近地區的轉口貿易中心，對埃及而言是「舶來品」的輸入管道，從波斯時代開始，經過托勒密王朝時代，直到羅馬時代依然如此，主要貿易貨品為象牙、黑檀木、薰香與奴隸。據希羅多德紀載，有衣索比亞（古實）士兵被送往波斯王薛西斯麾下，參與遠征希臘。麥羅埃與古典文明主要地區的地中海世界有著這些連繫，因此也能在西方傳統中被記上一筆。

目前發掘出來最早的麥羅埃遺址，年代約在西元前一千紀早期，但麥羅埃的歷史其實應當更為悠久。西元前第八到第七世紀，古實王國迅速擴張，麥羅埃是其主要核心。城鎮東方丘陵脊梁上建有一片高級墓園，金字塔型的墳塚錯落其中，埋葬著古實王族地位較低的成員。王室文獻內容顯示，麥羅埃在西元前第五世紀已是王族主要居城，但直到西元前三百年才成為王陵所在地（之前是在更北方的那帕塔〔Napata[8]〕附近，位於尼羅河第四道激流處）。金字塔墓園後來持續增長，直到西元前第四世紀中葉才告停。

要將古城麥羅埃的模樣重建出來並非易事，一部分是因為開掘作業進行的範圍非常有限，此外，該城發展時應當是以無規則的狀態向外蔓生，且人口密度不高，城區間混雜著各式各樣住宅，某些是方正的泥磚屋，某些則是圓錐形大草屋。遺址發掘工作集中於「王城」的部分，這是一片廣大的方形區域，由高聳石牆圍繞，內有宮殿與神廟的構造，還有一座很稀奇的建築，考古學家原本將其命名為「羅馬浴場」，但學者現在認為它應該是座噴泉神殿（Nymphaeum[9]）。

「王城」原本位在河中島上，但隨著時日遷移，島嶼東面的河道逐漸乾涸，水流被導向他處。王城高牆旁聳立龐然神廟，祭祀埃及那位有著公羊頭的神祇阿蒙，祂也是麥羅埃的守護神之一。神廟建築為典型埃及風格，入口的塔門（pylon）上有巨型石塔，門內是柱廊環繞的中庭，以及柱廳和內聖堂。一條遊行大道通向神殿正門，道旁陣列公羊像及其他較小型的神祠。

王城內街道兩側可見富麗堂皇的大型住宅，構造上至少有兩層樓。人們在一座規模較小的神廟裡發現彩繪石膏碎片，描繪「甘達其」（Kandake，麥羅埃王后的稱號）與外國俘虜。神廟地板底下還有一尊比真人大的青銅奧古斯都皇帝頭像，這是麥羅埃軍隊在埃及前線攻城掠地時從亞斯文（Aswan）搶回來的戰利品，希臘史學家斯特拉波的著作裡記錄了這場軍事衝突。西元前二十三年雙方簽訂和約，此後羅馬與麥羅埃之間商業大興，將此城推送上它的鼎盛時期。麥羅埃城裡蓋起一系列新神廟，王國內其他城鎮也跟著沾光動土。

西元第三世紀，羅馬帝國在經濟與政治上都面臨重重困境，麥羅埃城也受到牽連，與羅馬同時衰亡。諾巴提亞人（Nuba[10]，來自努比亞）的入侵，以及衣索比亞高地上逐漸壯大的阿克蘇王國（Aksum[11]），似乎是讓麥羅埃城邁向末日的主因。

＊部分引用出處：Herodotus, *Histories*, II: 29, trans. G. Rawlinson (New York, 1862)

1 尼羅河中島嶼，位於亞斯文一帶，古代是埃及與努比亞的邊界。
2 蘇格蘭旅行作家，花費十幾年遍遊北非與衣索比亞，探勘藍尼羅河（Blue Nile，尼羅河兩大源流之一）上游，1730-1794。
3 位於蘇丹南部的城鎮。
4 北非河流，源頭在衣索比亞，於北蘇丹中部注入尼羅河。
5 居住於現在肯亞北部與坦尚尼亞南部的民族，以牧牛為主業。
6 居住於尼羅河兩岸的民族，以牧牛和農耕為主業。
7 埃及新王國衰落後，古實人在努比亞一帶建國，範圍約在現在的蘇丹與南蘇丹。
8 上古努比亞城邦，位於現在蘇丹北部凱利邁鎮（Karima）。
9 獻給水精（Nymphs）的神廟，尤指居住在噴泉裡的水精。
10 又稱Nobatia，古典時代晚期在努比亞南部興起的勢力。
11 興起於西元第一世紀末的非洲國家，範圍約在現在的厄立垂亞（Eritrea）和衣索比亞北部提格雷州（Tigray），於第十世紀衰亡。

耶路撒冷

JERUSALEM

信仰之城

馬丁・古德曼
Martin Goodman

牛津大學猶太研究教授、牛津大學希伯來與猶太研究中心（Oxford Centre of Hebrew and Jewish Studies）研究員，著作頗豐，包括《羅馬與耶路撒冷：古文明之爭》（*Rome and Jerusalem: The Clash of Ancient Civilizations*，二〇〇七年）。

猶大（Judaea[1]）是位處依杜默雅（Idumaea）和撒馬利亞（Samaria）之間的廣闊土地，分作十個小國；耶路撒冷曾是東方最著名的城市，所在地為「十國之一的」歐林（Orine）。

——老普林尼，西元七〇年代

西元七〇年左右，義大利博學家普林尼留下這些文字，就在泰忒斯（Titus[2]，後來成為羅馬皇帝）率領羅馬雄兵毀滅耶路撒冷不久之後。耶路撒冷雖是東方名城，居民大多說著亞拉姆語（Aramaic[3]）和希伯來語，但它從西元前三三〇年被亞歷山大大帝占領之後，便習於接受來自西方的影響。城內人口幾乎清一色是猶太人，該民族擁有源遠流長的歷史記憶（保存在希伯來《聖經》中），但他們的命運在這數百年來愈益與羅馬糾葛不清，尤其是大龐培（Pompey the Great[4]）在西元前六十三年圍攻此城之後。

《聖經》內文諭令猶太人將耶路撒冷視為人間獨特無倫的地方，上帝意欲在此處接受人們獻上的牲禮、祭酒與馨香。西元前第一世紀晚期，猶太國王希律（Herod[5]，他是接受羅馬政府任命的猶大統治者）大幅擴建當地原本的聖殿，極盡壯麗奢華之能事。現在還殘留的只有西牆以及聖殿所在的部分平台結構，但仍足以讓觀者為之歎服。

聖殿主宰著這座城市，群眾有事皆集結於此，早期基督教之類的思想運動支持者也會在這裡聚會、吸收新血。祭司為世襲階級，每天都有特定一群祭司負責代表猶太民族舉行既定的獻祭儀典，從日出直到日落，同時也有源源不絕的信徒以私人立場前來獻祭。周圍環繞的柱廊下，一群群信眾帶來牲口作為祭品，並將攜帶的硬幣換成推羅銀幣（Tyrian Shekel[6]）來繳納宗教獻金。這敬神的韻律日復一日規律重現，一年只有逾越節（Passover[7]）、七七節（Pentecost[8]）與住棚節（Tabernacles[9]）這三次例外，聖殿在這些日子裡會被洶湧而來的朝聖者擠得水洩不通，出現一種實實在在的「世界性」色彩，如同接待聖路加（St. Luke[10]）在〈使徒行傳〉裡所說的「來自天底下每一個國度的虔誠猶太人」。這類宗教節慶也是政治上容易發生變亂的時候。

西元六十六年，猶太人在逾越節期間發動革命，導致耶路撒冷在四年後遭到毀滅。在此大約三十六年前，拿撒勒（Nazareth[11]）人耶穌也是在同樣的節慶裡遭羅馬總督龐提烏斯·彼拉多（Pontius Pilate[12]）下令處決。信仰的激情狂熱雖導致情勢動盪不安，但也讓耶路撒冷身處劣勢環境卻能繁榮興盛。這座城所在地區物產並不豐隆，也未與任何自然形成的通商道路比鄰，因此它的財富完全需靠外地資金注入，也就是出自虔信之心所奉上的供獻。

到了西元第一世紀中期，國際規模的朝聖活動刺激耶路撒冷興起建設風潮，城內大部分地區搖身一變成為希臘化與羅馬風格建築的壯觀展覽。新建的輸水道讓人民能將居住區域擴展到北郊，出現名為「貝澤薩」（Bezetha）的郊區。千年前人們擇了一片山陵地建城，使得該城不大可能推展都市計畫，但狹窄街巷兩旁的樓房卻都有馬賽克與壁畫，頗類似於同時代的龐貝城。「羅馬和平」（Pax Romana[13]）不僅帶動朝聖風氣，更對國際貿易大有助益，滅亡之前的耶路撒冷似乎也是與羅馬帝國共生共榮的一部分。

然而，表象並不能代表實情。約在西元前三〇年，希律王試圖將體育競賽、舞台表演、（希臘式的）賽車和（羅馬式的）狩獵等流行娛樂引進耶路撒冷，卻遭到態度冷漠的當地人公開反對，說這些活動觸犯了祖先規矩。大眾之間有種清教徒般的氣氛，人們普遍相信物質上的淨化強烈象徵著精神上的淨化，考古學家便發現儀式用的浴場是當時耶路撒冷一個顯著特色。

猶太人對自己的宗教習俗無比固執，這點海外皆知，龐培正是因此選在安息日（Sabbath[14]）進攻耶路撒冷。猶太人對律法的詮釋有不少分歧，像法利賽（Pharisees[15]）和撒都該（Sdducees[16]）這些派別對教義的認知就有天南地北的差異；至於在耶路撒冷城外東方數哩庫姆蘭（Qumran[17]）發現的《死海古卷》（*Dead Sea Scrolls*[18]），作者在其中某些書卷的觀點又與以上兩派皆不同。儘管如此，每一個猶太人對於律法本身都是全心崇奉。西元七〇年八月，遭羅馬軍隊圍攻的耶路撒冷已經無力再守，但守城者在這般信仰情懷的激勵下，情願戰到最後一刻，與城偕亡。

直到西元七〇年，耶路撒冷在第一世紀大部分時間裡都間接受羅馬統治。羅馬透過由高級祭司為首的菁英階級控制該城，這些祭司則由羅馬總督或某一個希律王的後裔（得到羅馬授權之後）來選派。羅馬帝國僅在猶大行省進駐些微兵力，若發生暴亂就必須向遙遠的敘利亞借調駐軍南下平亂。西元六十六年，一系列事變如滾雪球般發展成戰爭，耶路撒冷就是革命的震央。尼祿皇帝（Nero[19]）從敘利亞派來當時籍籍無名的將軍維斯帕先（Vespasian[20]）鎮壓亂事，大軍將耶路撒冷團團圍住。

尼祿在西元六十八年末自殺身亡，維斯帕先則是在六十九年六月由屬下將兵黃袍加身，此後耶路撒冷之戰在羅馬人眼中出現了全新意義，那就是藉此樹立自己在羅馬社會裡的威信。七〇年的逾越節前夕，維斯帕先之子泰忒斯開始對城牆展開一波又一波的攻擊，當時的猶太祭司約瑟夫斯（Josephus[21]）記錄此事造成的可怕後果：「這城徹徹底底被夷為平地，後來造訪此地的人都無從知曉這裡曾經有人居住。」

縱然實際的城市遭到消滅，耶路撒冷仍繼續活在人們想像之中。此後數年，猶太人仍殷殷期盼聖殿能得重建，直到拉比猶太教（Rabbinic Judaism[22]）發展出一套新神學，認為儘管人們無法繼續在聖殿獻祭，但禱告與善行在某種程度上能取代此事。對基督教徒而言，耶路撒冷的毀滅也有獨特象徵意義，代表上天對那些棄絕基督福音者的懲戒；和猶太人一樣，他們也在看著，等待著「新耶路撒冷」在世界末日現身人間。

＊部分引用出處：Pliny the Elder, *Natural History*, 5.70

1 現在以色列南部山區地帶，南邊是依杜默亞，北邊是撒馬利亞。

2 羅馬皇帝，即位前以軍事戰功聞名，但登基兩年後即因急病過世，39-81。

3 閃族語系的一個分支，其字母是希伯來文字和阿拉伯文字的前身。

4 羅馬共和晚期的政治軍事領袖，與克拉蘇（Crassus）和凱薩組成三巨頭寡頭政治統治羅馬，最後與凱薩相爭而敗亡，106-48 B.C.。

5 羅馬統治時期的猶太國王，在歷史上的評價歷來頗有爭議，《新約聖經》描述他為殘暴不仁的君主，74/73-4 B.C.。

6 推羅發行的銀幣，當時羅馬帝國境內通行貨幣之一，耶路撒冷聖殿當局規定必須以推羅銀幣來繳納聖殿稅（Temple Tax）。

7 猶太人的重大節日，長達七天，紀念猶太民族在摩西領導下離開埃及、脫離奴隸身分。

8 希伯來文為 Shavuot，是以色列地區慶祝小麥收成的節日，也紀念上帝在西奈山（Mount Sinai）將《妥拉》（*Torah*，也就是《舊約聖經》被稱作《摩西五書》的前五部）賜給猶太民族。

9 希伯來文為 Sukkot，紀念猶太人出埃及後在沙漠中流浪四十年的節日，家家戶戶於戶外搭起簡陋草棚，節慶期間在內飲食。

10 據說是保羅的門人之一，早期基督教神學家認為他是《新約聖經》中〈路加福音〉和〈使徒行傳〉的作者。

11 以色列北部大城，《新約聖經》中所載耶穌故鄉。

12 羅馬帝國猶太行省第五任總督，36-39。

13 指羅馬帝國最初二百年期間，這段時間帝國境內相對安定，也較少發動向外擴張的軍事行動。

14 猶太教教儀，規定每七天有一天為聖日，必須放下工作休息。基督教與回教都有類似教義。

15 猶太教中的傳統派，接受後世學者對《妥拉經》的詮釋，以及《舊約聖經》中「先知書」、「著作」（包括雅歌、詩篇、約伯記等部分）等文獻在教義解釋上的地位。

16 猶太教中的基本教義派，認為《妥拉經》是唯一可被接受的神意啟示來源。

17 位於現在以色列境內的考古遺址。

18 指庫姆蘭洞穴裡發現的古代經卷手抄本，包括目前發現最早的希伯來文《舊約聖經》版本，以及其他未被納入正典的宗教文獻。

19 羅馬皇帝，好大喜功而手段強橫，後來地方勢力反叛且與羅馬城裡應外合，逃亡的尼祿最後選擇自盡，37-68。

20 羅馬皇帝，尼祿死後羅馬陷入內戰，最後由維斯帕先收拾起政權，於西元六十九年登基，死後順利傳位於其子泰忒斯，9-79。

21 猶太歷史學家與聖人傳記作家，原本是猶太軍官，戰後歸順羅馬。其猶太史學著作特別強調第一世紀的部分，是研究當時猶太教與早期基督教的重要史料。37-100。

22 西元第六世紀以來猶太教信仰的主要形式，由之前的法利賽一派發展而來；「拉比」是猶太教中解釋、傳授教義律法的學者導師。

羅馬 ROME

奧古斯都的石城

奈傑・波拉德
Nigel Pollard

於斯旺西大學教授羅馬史和考古學，其研究重點為羅馬帝國，特別是東方省份和羅馬軍隊所扮演的角色。他出版的作品包括《羅馬時代敘利亞的士兵、城市和人民》（*Soldiers, Cities and Civilians in Roman Syria*，二〇〇〇年）和《羅馬軍團全書》（*The Complete Roman Legions*，與瓊安・貝瑞（Joan Berry）合著，二〇一二年）。

奧古斯都知道這座城在建築上實在不配作為羅馬帝國首都，且易受火災與洪水傷害，因此將她（羅馬）的外貌大幅改善，於是能理直氣壯地誇耀：「我初識的羅馬是座磚城，我留下的羅馬是座石城。」

——蘇埃托尼烏斯（Suetonius[1]），西元第二世紀早期

當屋大維卸下軍閥身分，在西元前二十七年接受「奧古斯都」（意即「受尊崇者」）稱號，成為我們稱之為「皇帝」的專制統治者，那時的羅馬早就是從英倫海峽到埃及亞斯文這片

龐大帝國的首都。依據傳說，此城歷史到當時已有七百餘年，就算在奧古斯都時代，巴拉丁諾山（Palatine Hill）上仍保存著與建城者羅慕盧斯（Romulus[2]）有關的遺跡。羅馬的財富與權勢吸引人們從帝國各處前來——移民、商旅、遊客和奴隸，造成城中總人口將近百萬，這是工業革命之前歷史上人口數最高的都市聚落之一。然而，這城浮面上的景象卻掩蓋了統治階級的軍事與政治霸氣。

羅馬是座向四方綿延發展的都市，過程中未有中央或長期計畫作為導引，而是共和式政治制度的產物，此制下個別掌權者任期只有一年。城市披蓋於山丘上（傳統說法是七座，但實際數量多於此，且早在古代就有所謂「七座山」是哪七座的爭議），漫溢出「塞維安城牆」（Servian Walls[3]）之外，此牆在二百年前曾英勇抵擋漢尼拔大軍。

羅馬某些公共建築確實想要做出一副壯麗華美的模樣——大部分是神廟，且很多是靠軍事勝利所得財富蓋起來的，但大多數建物都以色調沉悶的灰華石（tufa）搭建，上覆以灰泥，和希臘世界的大理岩神廟神殿根本無法相比。希臘城市早就個個具備可長久使用的劇院設施，但在羅馬卻是創新之舉，原因據說是羅馬人害怕自己所代表的傳統德行遭到侵蝕。龐貝城劇場是羅馬世界的第一座大劇院，當時落成也才只有二十年。角鬥士競賽和獵獸表演，這類大眾娛樂對我們來說簡直是古羅馬的代名詞，但當時卻只在廣場或其他公共空間舉行，周圍繞以臨時搭建的木柵；著名的大競技場還要再等一百年才會動土。奧古斯都登上大位之時，龐貝城的圓形劇場已經蓋好五十年，但羅馬什麼都沒有；我們現在所知的羅馬主要運動競技場地，那時只有舉辦賽車用的馬克西穆競技場（Circus Maximus[4]）已經頗有樣子，其賽道與座位設置都呼應著天然谷地地形。

羅馬廣場為天下第一城的市民活動中心，同樣也是數百年來不斷增建的成果，而非單一計畫之下的建設。它位處卡比托利歐山（Capitoline Hill）山腳下的低谷，祭祀至高無上朱庇特（Jupiter[5] the Best and Greatest）的神廟也在此，是羅馬世界的信仰中心。廣場是一片接近矩形的露天空間，兩側是長方形會堂（處理司法事務的場所）、其他行政機構，以及更多的神廟。

城市裡有錢有勢的上流階級聚居在巴拉丁諾山上，住的是金碧輝煌的廣廈大屋，但城中高密度的人口只能擠在骯髒危險、建材低劣的套間房屋裡，這些泥笆牆建築物（wattle and daub[6]）既易著火又易塌陷，奧古斯都時代的建築學作者維特魯威（Vitruvius[7]）就對它的存在怨嘆不已。工業時代來臨之前，火災是任何城市所面臨最可怕的災厄，羅馬也遭到它週期性的大規模肆虐。當時並無完備的消防設施與人員，而擁有私人救火隊的大戶人家可能會先逼住戶低價賣出自己正在燃燒的房產，才肯派人開始滅火。輸水道長年以來向市區供應清水的瑪西亞水道（Aqua Marcia）已有百歲高齡，這座建築學上的奇蹟從二十四公里外的地方送來活水，運上卡比托利歐山之巔。在此同時，臺伯河（Tiber[8]）卻仍時不時氾濫成災，淹沒市區裡的戰神廣場（Campus Martius）等低窪地帶。

周圍郊野的農業生產力早就不敷羅馬人口所需，必須依賴西西里和北非進口的穀物。海盜、內戰與惡劣天候都能造成糧運不繼，因而導致民眾暴動。暴力是羅馬生活中常見的一環，國家在前一個世紀動不動就發生內戰，羅馬城內也常可見敵對政治派系在街上打群架；暴力也是解決私人恩怨的手段，更是雞鳴狗盜之徒的人生道路，法律甚至允許主人公開刑虐奴隸。在「聖界」（pomerium，具有宗教意涵的城市邊界線）之外，有貴族人家的墓園在通衢大道旁競事鋪張、互別苗頭，有一般老百姓火葬儀式的冉冉黑煙，也有釘在十字架上遭到處刑的奴隸，他們的屍體最後會跟那些窮困潦倒的自由人一樣，被扔進亂葬墳坑。

奧古斯都掌權之後，羅馬並未一夕之間脫胎換骨，而是開始逐漸發展為具有世界帝國風範的大城。新任皇帝著力於美化市區、改善公共行政，由於他的權力堅實穩定（從西元前三十一年至西元十四年，就任皇帝四十五年）、實際上是獨裁者的身分，還有國庫與私人的鉅額財富任他運用，因此事情順利不少。也因為這樣，他具有從長計議的本錢，不像共和時代那些任期只有一年（或其他年限）的前輩們；更何況他本人活得夠久，能看著這些長程計畫開花結果，與其被刺殺的養父朱利烏斯·凱薩（Julius Caesar[9]）大不相同。奧古斯都對羅馬城市結構貢獻卓著，甚至在自己的《功業碑》（Res Gestae，奧古斯都親自撰寫的自傳式墓誌銘）上將此事與畢生戰功一起大書特書，他那壯觀的水泥陵墓位於戰神廣場北端，碑文陳列於此昭示大眾。

在內政方面，奧古斯都重要政策之一是重振宗教力量，而他修葺舊廟（僅在西元前二十八年就修了八十二座廟）、營建新廟的用意正在於此。表面上這個宗教復興政策充滿保守氣息，但神廟建築的風格可一點都不守舊，就連古老的卡斯托神廟（Castor[10]，崇拜希臘雙子卡斯托與勃魯克〔Pollux〕，早在西元前第五世紀已有香火）都用雪白光潔的大理石整修得煥然一新，這些大理石都來自羅馬人新開發的托斯卡尼（Tuscany[11]）卡拉拉（Carrara[12]，與魯尼港〔Luni〕比鄰）採石場。若回到當年，應可見神廟模樣有如生長在高台上的巨柱森林（至今尚存三根），每一根都頂戴奢華的科林斯式柱頭（Corinthian[13]），雕上仿爵床科植物（acanthus）的葉子做為裝飾花樣。

新蓋的神廟也同樣是創新、張揚的大手筆建築物，其中包括巴拉丁諾山上祭祀奧古斯都自身守護神阿波羅（Apollo[14]）的那一座，以及「復仇戰神殿」（Mars Ultor，奧古斯都以此發誓為被害的凱薩復仇）；最後一座神廟是計畫中「奧古斯都廣場」（Forum of Augustus）建設的一部分。這座新廣場與舊有羅馬廣場漸進衍生式的發展大異其趣，除了提供市民更多進行經濟與司法活動的場所之外，它還以大規模的雕刻展示讓外地訪客一覽羅馬過往榮耀，以及奧古斯都所屬朱利安家族列祖先賢的歷史地位，一路追溯到傳說中的特洛伊英雄伊尼亞斯與其母維納斯女神（Venus[15]）。

舊羅馬廣場亦成為奧古斯都政治與王朝野心展現之處，同時被整頓為一個更有秩序的新空間。其北端立起一座新的演說台，南邊原本是火葬朱利烏斯·凱薩之處，之後矗立起祭祀他的新神廟，與演說台位於同一軸線上。奧古斯都還蓋了新的元老院，但共和時代舊有政治建築的地位都大不如前，反映當時帝王專制的政治真相；大會堂、凱旋門等象徵性的新建築取而代之，昭告著奧古斯都的大權及政治價值觀。戰神廣場有了更多代表奧古斯都這個年輕王朝的名勝，除了萬神廟（Mausoleum）以外，還有一個由「奧古斯都和平祭壇」（Ara Pacis Augustae）和巨型日晷組成的建築群。日晷指針是從埃及擄來的一座方尖碑，紀念奧古斯都征服克麗奧佩特拉與她的王國。

至於羅馬市民的基本需求，奧古斯都並未忘懷。羅馬城數百年來都只有暫時性的娛樂設施，現在卻突然出現兩座劇院，其中一座紀念奧古斯都的女婿馬塞盧斯（Marcellus[16]），另一座則是奧古斯都屬下將軍巴爾布斯（Balbus[17]）所建。此後羅馬歷史上再也沒有新的劇院，全靠這兩座服役至今。城裡也有了第一座石造競技場，是以奧古斯都的將軍斯塔提留·陶魯斯（Statilius Taurus[18]）之名所造，但在西元六十四年被火焚毀（最終被大競技場取代），連歷史悠久的馬克西穆競技場都加以裝潢擴建。奧古斯都還為節慶場合與大型表演買單，其傳記作者蘇埃托尼烏斯就說他執政期間表演活動的數量、種類與場面之大都是史所未見，包括戲劇演出、角鬥士競賽、獵獸表演、體育競技，甚至還在人工湖裡舉行過一場海戰演習。依據奧古斯都自己的紀錄，在八場角鬥士大會中，觀眾總數便達到一萬人，另外在二十六場表演裡總共屠殺三千五百隻野獸。

在另一個比較不那麼外顯的層面上，奧古斯都也改善了羅馬，那就是公共行政的部分。他將羅馬分作十四個行政區域，各有行政長官。他設立常備機構來管控重要民生事務，例如糧食供應、道路，以及臺伯河岸整治工程。他還創立了常置的消防隊，其首長由皇帝欽點。水泥在當時是新發明的建材，維特魯威認為這東西遠勝泥笆牆而大力推廣，應用在愈來愈多各式各樣建築上頭，其中還包含大型多層樓房。奧古斯都的親信阿格里帕（Agrippa[19]）將整座城的排水系統大事翻修，還在下水道裡四處划船考察，成為人人傳說的逸事。阿格里帕還建造了宏偉的大澡堂，由新建的維爾戈水道（Aqua Virgo）供水，並在遺囑裡將這座設施交托公家開放使用，成為奧古斯都後繼者建造皇室大澡堂時參考的範本。

很多事情不會立即改變，暴亂、洪水與火災仍舊經常發生，大多數羅馬人的生活也依然汙穢、危險而充滿暴力。但無論如何，這座城的確逐漸改頭換面，愈來愈具備世界大都會的架勢風采。皇帝必須對羅馬城與羅馬市民負責，這是奧古斯都樹立的典範，許多後繼者也都依此而行。歷史不斷往前進，羅馬先是成為一座基督教信仰的首都，又成為統一義大利的新首都，再變成法西斯主義（Fascism[20]）之都。但奧古斯都對羅馬的影響從未因此被消磨，他留下的遺產至今仍歷歷可見。

＊部分引用出處：Suetonius, *The Twelve Caesars, Augustus*, 28, trans. Robert Graves (London, 1957)

---

1 羅馬史學家，為從凱薩到多米提恩（Domitian）連續共計十二位羅馬統治者立傳，即《羅馬十二帝王傳》（*De vita Caesarum*），69-122。
2 傳說中與其雙胞兄弟雷慕斯（Remus）共同建立羅馬城的人物。
3 約於西元前第四世紀建造，高處可達十公尺，基部有三點六公尺厚；西元第三世紀被更外圈的奧勒良城牆（Aurelian Walls）取代。
4 進行戰車賽車用的場地，早在羅馬共和時代前期就已具雛型。
5 羅馬神話裡的天神與雷神、諸神之王，與希臘神話裡的宙斯（Zeus）相等
6 建築方式的一種，先以木材或藤條編出牆面，再以灰泥裹覆。
7 羅馬建築師與工程師，著有《建築十書》（*De Architectura*），生於西元前八〇至七〇年間，約在西元前十五年之後逝世。
8 義大利第三長的河流，羅馬城位於其東岸，長久倚靠此河供水。
9 羅馬軍事將領與政治強人，為羅馬征服高盧（現在西歐以法國為中心的廣大地區），在內戰中擊敗龐培獨攬大權，但遭元老院忌憚而被刺身亡，著有《高盧戰記》（*Commentarii de Bello Gallico*）。100-44 B.C.。
10 希臘神話中斯巴達王后與宙斯之子，與雙生兄弟勃魯克（擁有不死之身）情感甚堅。卡斯托戰死後，勃魯克願放棄自己不死的能力換取卡斯托重生，天神感動而將他們提到天界成為雙子座。
11 位於現在義大利中部地區，以自然景觀和人文歷史聞名，被視為西方文藝復興的發源地。
12 羅馬人在西元前第二世紀早期征服該地，之後開始開採藍色與白色大理石，至今當地的大理石仍是世界知名的石材。
13 古典建築柱頂的一種形式，比例纖細、裝飾性高。
14 希臘與羅馬神話中的主神之一，有太陽神、音樂之神、預言之神與醫療之神等性質。
15 羅馬神話中主管愛、美、豐收與勝利的女神，由希臘的阿芙蘿黛蒂女神變化而來。
16 奧古斯都的外甥，與其女朱麗亞（Julia）成婚，英年早逝，42-23 B.C.。
17 出身西班牙的羅馬軍事將領，活躍於西元前第一世紀。
18 羅馬軍事將領，在屋大維與馬克．安東尼宣戰時選擇屋大維一方，活躍於西元前第一世紀。
19 羅馬軍事將領與建築師、奧古斯都的密友與女婿，在與克麗奧佩特拉和安東尼的海戰中立下大功，64/62-12 B.C.。
20 政治意識型態的一種，融合專制政體、大眾政治與民族主義，盛行於二十世紀中葉。

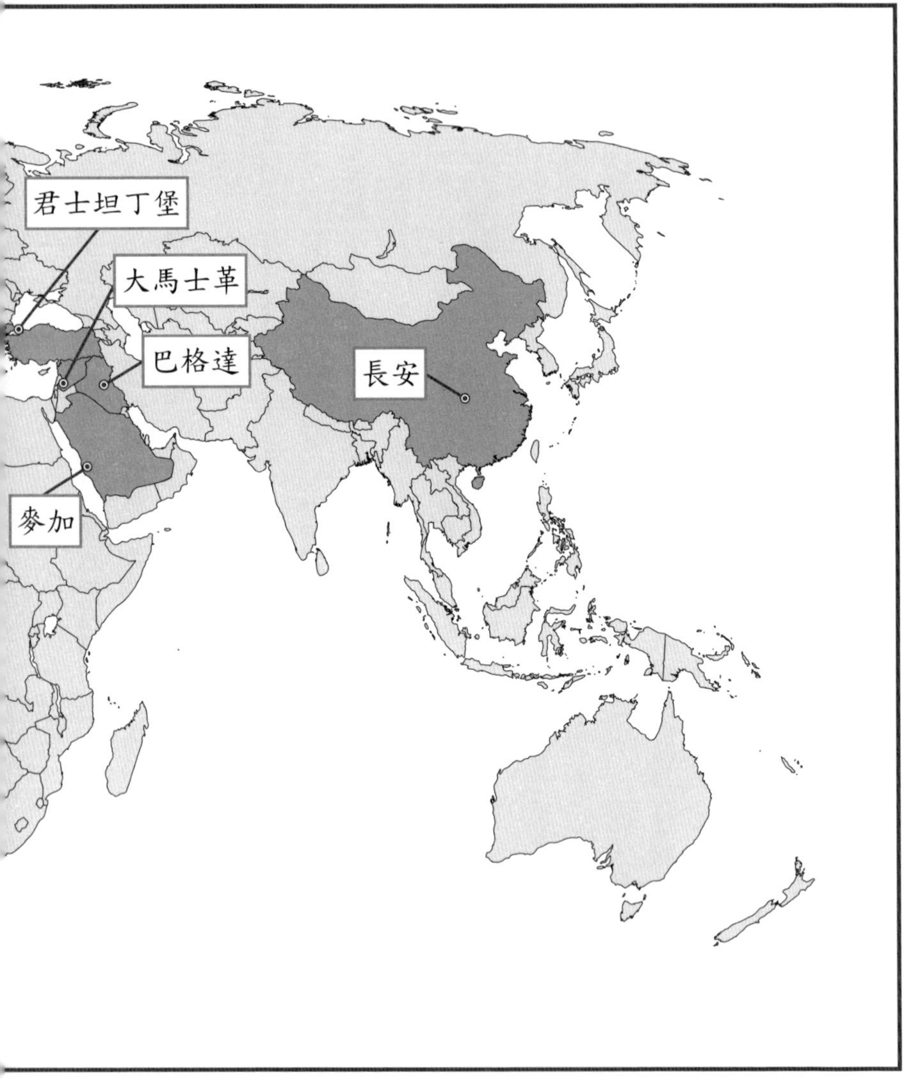
君士坦丁堡
大馬士革
巴格達
長安
麥加

西元第一千紀

西元第一千紀

此章介紹在基督教紀年的第一個千年裡綻放光華的八座都市，但其中只有一座是基督教城市，這個絕無僅有的代表就是君士坦丁堡。難道基督教世界裡再找不出別的都市了嗎？羅馬不行，它在這數世紀間只比滿是瘴癘的沼澤好不了多少，那裡的教皇——除了極少數特例，比方第五世紀的大教皇利奧（Leo the Great[1]）和第六世紀的大教皇格雷哥里（Gregory the Great[2]），其餘大都是無名小卒，甚至可能還等而下之；到了第九、第十世紀，一連串登上這個大位的人物竟被後世史學家總稱為「教皇娼婦政體」（Papal Pornocracy[3]）。

上述情事在博斯普魯斯海峽可謂聞所未聞。君士坦丁大帝在三三〇年將自己所建的君士坦丁堡奉獻給聖母瑪利亞，他身後一千一百年間，每一個繼承皇位者都是比一般人更接近天界的「亞使徒」（Equal of the Apostles[4]），這些人與其所有臣民的日常生活更是處處都被信仰態度所薰染。那時西歐正是野蠻人橫行的時代，指引求知的光芒盡皆死滅（僅有零落幾間修道院裡還有微火殘存），但這光芒在拜占庭卻燦爛如日中天，現在可以讀到的希臘與拉丁文獻，大多都有賴於君士坦丁堡諸位學者、書記與抄寫員才能保存下來。最後，拜占庭帝國還留給我們許多藝術與建築作品，都是無價之寶。第六世紀早期，查士丁尼皇帝花費五年半的時間造出聖智堂，至今它仍是世界上的偉大建築之一。當拜占庭藝術家創作馬賽克、壁畫與聖像時，其使命是要呈現上帝神威；這對凡人來說近乎苛求，但這些人總能一而再，再而三地漂亮達成任務。

相對而言，西方正處於「黑暗時代」，那裡的教會對一切科學或民俗相關事物都充滿猜忌，使得黑暗中更無光明希望。回教就沒有這種疑心病，阿拉伯人在數學、物理、醫學、地理學、天文學和建築學上都獨領風騷；回教的視覺藝術創作受到宗教限制，不便以人像作為題材，但他們在抽象設計方面的成果卻是一枝獨秀，尤其書法作品成績最為傲人。因此，本章有堂堂四座城市屬於回教文化範圍：麥加——先知的誕生地與回教第一聖寺所在；大馬士革——烏瑪雅王朝首都，直到阿拔斯王朝在七五〇年推翻烏瑪雅勢力之前，此地都能用以微觀回教天下；巴格達——阿拔斯哈里發以此為新的政治中心，君臨回教世界五百年；最後一個則是哥多華，烏瑪雅流亡王族艾布杜·拉赫曼在此建起宏偉的清真寺「美茲齊達」，於第八世紀末葉完工，當時是普天之下最華奢的清真寺建築。

讀者可能會對這裡介紹的兩座中美洲古代都市較不熟悉，即鐵奧蒂華坎的大金字塔「太陽」與「月亮」——最近有本導覽手冊上說「此乃施行心臟切除術的場所」——是墨西哥最令人驚奇的風景之一；不過我們常常只記得這裡是個舉辦活人獻祭的大型場地，而忘了它也是個人來人往的繁華都市，在四百年的歷史中都是美洲最大城。提卡爾位於現在的瓜地馬拉，規模不如鐵奧蒂華坎，但另一方面馬雅人卻是前哥倫布時期（pre-Columbian[5]）最聰明的民族（與印加人並列），他們那極富戲劇性的建築遺跡仍能讓人嘆為觀止，更別說他們的藝術作品和象形文字銘刻有多麼美妙。

若說鐵奧蒂華坎是美洲第一城，那長安就是世界第一的大城，其人口超過百萬。今日人們大多數只知道它後來的名字「西安」，那些前往參觀赫赫有名秦始皇陵兵馬俑的遊客，鮮少有人明白這兒也是大唐盛世的首都所在。姑且這麼說，如果一個人要在第七世紀出生，最幸運的莫過於降生於當時的長安城了。

1 教皇利奧一世，在神學上奠定基督論中「神人二性完美融合於一體」的說法；曾與匈奴王阿提拉會面，成功勸說對方退出義大利，400-461。
2 教皇格雷哥里一世，從羅馬大舉派出傳教士到被異教徒日耳曼人占領的西歐各地傳教，且留下許多富有影響力的神學著作，540-604。
3 十九世紀日耳曼新教神學家所使用的說法，意指此時間諸多教皇都畜養並聽信情婦。
4 東正教給予某些特定聖人的稱號，認定這些人的地位可以與直接追隨耶穌的使徒相比。
5 指歐洲人的政治與文化勢力大舉進入美洲之前的時代，但實際上可用來描述所有美洲原住民文化（直到它們消失或被同化之前）。

鐵奧蒂華坎

TEOTIHUACAN

時間與水流動之境

蘇珊・托比・伊凡斯
Susan Toby Evans

賓州州立大學（Penn State University）人類學教授。她研究墨西哥古代文化，特別是阿茲特克人，其著作《古代墨西哥：考古與文化史》（*Ancient Mexico: Archaeology and Culture History*，第三版出版於二〇一三年）獲得美國考古學學會（Society for American Archaeology）好書獎。她對阿茲特克王宮與宮廷生活的研究成果，發表於她和喬安・匹爾斯柏里（Joanne Pillsbury）合編的《新世界古代宮殿》（*Palaces of the Ancient New World*，二〇〇四年）一書。

眾神的初始……就在這鐵奧蒂華坎。

——薩哈岡的伯納第諾（Bernardino de Sahagún[1]），一五六九年

鐵奧蒂華坎不只是眾神誕生之地，也是時間最初出現的地方，偉大城市衰敗後很久很久才留下的紀錄如是說。全盛期（約在一〇〇年至五〇〇年之間）的鐵奧蒂華坎受到四方尊崇，連東方一千六百公里遠處的馬雅文化都對它景仰不已。這座城是「世界大都會」，不論在現代意義或古老宗教意涵上都是；它是天界與冥府交會之處的「宇宙軸心」（axis mundi），也是結

構繁密的多種族都市，城內一片片區域有來自不同地方的人民聚居，他們的故鄉可能是東南方三百五十公里遠的瓦哈卡（Oaxaca[2]）阿爾班山（Monte Alban[3]），也可能是東面二百公里遠的墨西哥灣低地。城裡商販把貨物運到上古墨西哥與中美洲各地聚落去販售，這城的徽記也被他處統治者拿來象徵自身權威，效用歷經時光而不減。

鐵奧蒂華坎的規模正如其影響力，其分布面積超過二十平方公里，在西元四〇〇年時可能已有十萬人口，是美洲最大的都市，直到一五一九年才被阿茲特克帝國（Aztec empire）的首都鐵諾奇蒂蘭超過。鐵奧蒂華坎主要道路與建築的方位配置，甚至其精確的大小與比例，都顯示建造者仔細考量過應該如何配合自然環境，以及它在精神宇宙中的位置。從都市計畫的角度看來，鐵奧蒂華坎那縱橫規矩排列著的金字塔與屋宅單元頗具現代性，相較之下，新舊世界其他許多城市都充滿彎彎曲曲的街道，兩者差異顯著。棋盤格道路呈斜角狀，因應當地天然山坡地形，能有效引導順坡下流的雨水通過城市進入泉線（spring line[4]），天之水與地之水匯合於此處運河系統內，並由國家控管的水神廟加以聖化。鐵奧蒂華坎的市區發展與此地宗教演變糾纏不清，大範圍的公共建設改變了該城與最必須卻也最缺乏的資源——水，在物質與精神上的關係。

這座發展完備的城市，其統治者與建築師可能是想把它蓋成能供神靈居住的都市結構，但谷地裡最原始的聚落其實很晚才出現，且規模不大，因為此地氣候實在不宜人居。該地位於現代墨西哥市東北方約四十公里處，海拔高達二千二百四十公尺，天候乾寒、霜期頗長，雨量稀少卻又猛暴，在山坡上沖刷出深溝。若要讓此處成為種植玉米（當地主食作物）的良田，則需要精心的設計來固定土壤。然而，人們後來竟紛紛離開那些更適合耕種的地區，湧入鐵奧蒂華坎谷地定居。人口外移地區的一個例子，是西南方較為溼暖的地帶，也就是現代墨西哥市所在地，那裡最大的聚居中心奎奎爾科（Cuicuilco[5]）被雄偉火山群峰的陰影籠罩，但火山爆發的熔岩在約兩千年前深深淹沒該城；現代人為了發掘它那二十公尺高的金字塔還必須使用手提電鑽（jackhammer）。

這場災難之後，鐵奧蒂華坎人口數量飛升，學者大多認為奎奎爾科的難民變成了鐵奧蒂華坎的勞動主力，當時逐漸升起的大金字塔建築就是出自這些勞工的血汗。鐵奧蒂華坎的建築師指揮工人，依照地勢以及天界景象規劃出胸中藍圖，還要考慮如何將胡亂溢流的雨水導引到它該去之處。宏偉的南北軸線被後代其他文化稱作「死者之路」，走向稍稍偏東北方，與從太陽金字塔底部洞穴看向西方地平線、沒有遮蔽的一條視線成垂直，這種布局可能是在紀念西元前三一一三年八月十一日的天象，那是鐵奧蒂華坎人、馬雅人與其他中美洲民族所推算出宇宙開始的日子。

月亮金字塔是此城最古老的遺跡，雄峙死者之路北段，中段則是太陽金字塔的天下，其餘的巨大遺跡則在南段形成建築群，橫跨大道兩側。這兩處相對應的大場地面積共占零點五平方公里：東邊的羽蛇神金字塔被稱為「休達地拉」（Ciudadela，意即「堡壘」）的構造圍繞，與西邊的大院遙遙相望。一條貫通東西軸線的筆直大路延伸數哩，穿過這兩處建築，與死者之路垂直交會。

三座巨型金字塔神廟的建築工程耗費數百年，期間大部分人口都住在簡陋破屋裡。這些金字塔與其附屬構造之龐大，已然呈現當局如何大力投資於建築事業，但它們只能代表所付出勞力的一小部分。動工前，南部建築群原址竟是谷內最大河（現在被稱為聖胡安河〔Rio de San Juan〕）河道流經之處；人們將這條河共計零點五公里長的部分加以改道，其中一半的新河道都與城裡格線相符；運河化的河流橫斷死者大道，將南部建築群的北方邊界包在臂彎裡，然後轉向南，再向西流過半公里的距離。這段東西向河道是城市西邊入口，訪客由此進城後，迎面而來的就是羽蛇神金字塔正面外觀，七層台階撐持著神廟，臺階上雕刻彩繪羽蛇泳姿，淺浮雕的水流與運河波光相映成趣，令人目不暇給。

鐵奧蒂華坎的金字塔是喪葬用建築物，其史上最後這一座金字塔更是代價奇昂，主體下方埋了數百名活人祭品。落成僅僅數十年，它的外觀就受到損傷，而後加了一個極其簡陋的設計來掩飾，彷彿是想要消去它作為偶像崇拜殿堂以及為它所殘害的人命等等記憶。對鐵奧蒂華坎來說，羽蛇的重要性依舊，但城裡也發生大幅度的改變，包括面對精神與經濟力量的新立場。

這座城開始將精力用在實務上，包括讓居民有屋可住，以及整頓市內與農業用水道系統的工程。當時建造了約二千座有圍牆的住宅房舍，依照城中格狀系統安排。這些宅院大致上呈四方形，一邊平均長六十公尺，外牆無窗，將圍繞天井被分割成一群群單層房舍的內部構造保護住。宅院的施工品質良莠不齊，住戶所享用物資的優劣也天差地別，其中最大的一座──「死者之路大院」，可能是該城的行政宮殿──一邊就長達三百公尺。到了社會階層的最底端，人們住的則是露天空間周圍擠塞相連的小房間，城南邊界處的「特拉亭格」（Tlajinga）就是一個例子。至於那些施工精良的公寓，比方說札夸拉（Zacuala）、「鐵蟠提特拉」（Tepantitla）與

「鐵提拉」（Tetitla），它們的大小與品質都介於上述兩種極端之間。這類的建築單元可能住著祭司，例如「奎札帕帕洛特」（Quetzalpapalotl）和「休達地拉」。

輸水渠道不僅繞著建築物流淌，也從它們中間通過，充分顯示該城都市計畫之縝密。下水道設施不僅有益於居民健康，也能為灌溉系統（水源出自城中泉眼）盡一份力。也正因此，當地農田收成比起山坡高處完全仰仗雨水的田地高出數倍。這些活動都發生在該城人口增長的時期，把城內糧倉塞得滿滿的。

鐵奧蒂華坎呈現的藝術主題也有所改變，從象徵降雨的羽蛇神轉移到象徵泉水和統治者權力的美洲豹身上，這在公寓建築的壁畫上清楚可見，而壁畫都以各種超自然生物以及華服盛裝的文官與神官為主角。鐵提拉區一幅壁畫描繪一隻美洲豹身著展示權力的各種服飾，面朝著一座建在泉眼上的水神廟；不論是美洲豹衣著或是神廟裝潢，都以巧妙手法結合各種稀罕珍貴材料，這些材料在中部美洲（Mesoamerica[6]）普遍具有圖像式的代表意義。帝王寶座上披著美洲豹皮，翡翠圓盤在上古墨西哥是貴重原料中最貴重者，神廟與美洲豹頂上都有熱帶珍禽鳳尾綠咬鵑（quetzal）頎長綠羽做的羽飾。

翡翠、美洲豹皮和鳳尾綠咬鵑羽毛都是行商從遠地運來鐵奧蒂華坎的貨品，用來交易該城自身物產（比如在中部美洲到處都很值錢的綠曜石）。商人也將鐵奧蒂華坎風格的陶器販賣出口，其中某些刷上灰泥的彩繪作品可說是微縮版的壁畫。此外商人也是思想的傳播者，例如循環的時間觀念、君權的合理性，以及主要神祇的神威。馬雅低地的幾處文化中心——特別是提卡爾和科潘（Copán[7]）——在西元四〇〇年之前都直接受到鐵奧蒂華坎影響，說不定還曾有與鐵奧蒂華坎相關的人當上統治者。這類外來擾動時間都持續不長，但在鐵奧蒂華坎衰落之後，馬雅人仍舊還在借用鐵奧蒂華坎象徵權力的符號與物品，延續數百年。

西元第六世紀的一場大火是鐵奧蒂華坎衰亡之始，死者之路兩旁的重要建築物都遭火劫。不知此事是肇因於內部叛亂或外部入侵，總之該城命脈所繫的信仰儀式核心區域遭到慘重傷害。城中人口急遽減少，剩下的都聚居到邊緣區域幾個住宅區裡，這些小聚落往後仍繼續存在數百年，成為圍繞著「鐵奧蒂華坎」此一世界遺產的現代村鎮。

＊部分引用出處：Sahagún, Fray Bernardino de, *The Origin of the Gods. Book 3 of the Florentine Codex*, trans. And notes by A. J. O. Anderson and C. E. Dibble (Santa Fe, 1978 [1569])

1 西班牙方濟會教士，前往「新西班牙」（現在墨西哥一帶）傳教，詳細記錄原住民文化風情，並將《聖經》譯成阿茲特克語文，1499-1590。
2 位於現在的墨西哥南部。
3 薩波特克人（Zapotec）的宗教祭祀遺址，約建於西元前第五世紀，興盛期間約在西元前第一世紀。
4 指地下水水平面。
5 位於墨西哥谷地東南區域的考古遺址，是墨西哥高地地區目前已知最早的文明，約興盛於西元前七五〇年至西元一〇〇年之間。
6 文化上的地理分區，是從墨西哥中部到尼加拉瓜、北哥斯大黎加之間的區域。
7 位於宏都拉斯（Honduras）西部的馬雅文明遺址，約興盛於西元第五到第九世紀之間。

提卡爾
TIKAL
馬雅文明的熔爐

西蒙・馬丁
Simon Martin
賓夕法尼亞大學博物館（University of Pennsylvania Museum）美洲部門副研究員。他的專長是史學研究和整合文獻與考古資料，與尼可萊·葛路伯（Nikolai Grube）合著《馬雅帝王與女王編年史》（*Chronicle of the Maya Kings and Queens*，再版於二〇〇八年）。

在我們經過的高山上有各型各色的老建築，大部分我都能看得出來是一間間房間。儘管它們蓋得很高，我又沒什麼力氣，但還是努力爬到它們上頭（費了好一番工夫）。它們的形制像是修道院，有小小的迴廊跟許多蓋著屋頂的居室……內壁以灰泥塗白。

——安德黎斯·德·阿凡達諾（Andrés de Avendaño），一六九六年

餓個半死、乾渴不已，而且還搞不清楚自己到底身在何處，方濟會（Franciscans）修士安德黎斯·德·阿凡達諾就是在這種情況下於馬雅叢林內偶然發現巨大遺跡，時為一六九六年。儘

管阿凡達諾路過的地區有好幾處各自獨立的荒城殘跡，他留下的描述（如上文所引）與提卡爾最符合。他很可能是史上第一個親眼見到提卡爾城的歐洲人。

現今，提卡爾與它那極具代表性的建築物已經成為古代馬雅文化的招牌。從書籍封面到紙幣，隨處可見坡度陡峭的金字塔尖端穿出雨林樹冠層的圖片，如此充滿異域情調的形象，甚至曾被最早的《星際大戰》電影所採用。提卡爾是現在瓜地馬拉足堪自豪的國家象徵，也愈來愈是現代馬雅人的認同之所寄，如今他們已經受到法律允許，可以在該城遺址舉行儀式、奉獻供品。

要等到十九世紀，關於提卡爾的完整報告才終於問世。賓夕法尼亞大學博物館的團隊在一九五五年於此處展開工作，那時該城絕大部分仍尚屬未知。經過十四季的田野調查，遺址的規模與複雜程度終於得到確認，深深壕溝帶領人們發現它的早期歷史，地圖製圖計畫也已標出其外緣所在；後續由瓜地馬拉政府執行的挖掘方案，更為原本取得的知識增加深度與廣度。當時造出的地圖在後來發揮大用，推翻了人們長久以來將此地視為「儀式中心」的認知，顯示它不是個只有一堆神廟與少數居民、孤立於雨林之中的場所；相反的，這裡其實有數千屋宅，從核心向外放射。這是典型的「低密度都市化型態」（low-density urbanism），此後整個馬雅世界不斷發現類似遺跡。為數可觀的人口並不住在茂密雨林裡，而是處在一片種滿玉米、豆類和南瓜的農業風景裡，其中應該還混有果園和栽植有用木材的林地。

人類在提卡爾可能住了一千八百年，它的生命大約始於西元前八〇〇年至六〇〇年之間的某個時候，那時它只是高壟上的兩座小村莊，以及另一座位在沼澤邊緣的村子。要到西元前三〇〇年之後，壟頂上才出現有模有樣的建築結構——北衛城上的大型平台與平坦廣場，還有「失落世界」建築群（Mundo Perdido[2]）——象徵著提卡爾舉足輕重的地位。儘管如此，它在接下來數百年內還是比不上納克貝（Nakbe[3]）、廷塔爾（Tintal[4]）、米拉多（El Mirador[5]）。這些大城市；直到二〇〇年，美洲進入所謂的「古典時代」，提卡爾才真正揚眉吐氣。此事代表馬雅文化的重大轉變，許多主要聚落遭到遺棄，一批新的特徵——尤其是記載著歷史文獻的建築物——現身於倖存下來的城市裡，提卡爾就是其中之一。

北衛城發展成為提卡爾諸王陵，前方的大廣場則變成它在古典時代的活動中心。從第七世紀到第八世紀，神廟金字塔紛紛矗立起來，某些還是王室用的祭葬廟，為該城勾勒出一道更鮮明的天際線。同時，市內也蓋起一系列寬廣堤道，連接城中距離遙遠的各個單元。大廣場南側是主王宮「中央衛城」，充滿著房間與圍起來的庭院，不斷被歷代人們加以改建。其他大型建築群——可能是貴族家庭的住宅——與中央衛城一起圍繞內核，形成環狀。再向外一段距離就可看到繞著城市外圍的土木工程，那是廢土堆築成的壁壘與其前方的一道壕溝，長度約莫二十五公里。儘管這溝壘設計表面極具防禦性，但卻有許多缺口，而且南面整個空開。這套工事顯然是為了因應非常時期才開始建造，而且尚未完成就遭棄置。

此地的石灰岩紀念碑與特色建築物上常可見銘文雕刻，但要直到一九七〇與一九八〇年代，這些文字在相當程度上被有效解讀。我們現在已能重建提卡爾歷史大要，並將其內容與考古紀錄連結起來。考古學家追溯提卡爾古典時代王朝歷史，判定它大約起源於一〇〇年左右，開國君主為亞埃肅（Yax Ehb Xook[6]），他之後至少有二十八名子孫後裔繼承寶位。關於早期君王我們所知甚少，但在第十四任國王洽托伊洽（Chak Tok Ich'aak[7]）在位期間，該城與墨西哥中部的遙遠強權鐵奧蒂華坎之間看來有不少聯絡。數處銘文都提到三七八年的某一天，有個叫西亞卡（Sihyaj K'ahk'[8]）的人來到此地，還說到洽托伊洽之死，這些記載似乎顯示提卡爾傳統政權在那時遭到推翻。一年後，新國王在西亞卡的庇護下登基，圖像裡兩人都清楚身著中墨西哥服裝；我們還發現，大約就在這個時代，當地開始出現大量鐵奧蒂華坎風格的藝術品與器物。這位第十五任提卡爾王，他父親的名字極具鐵奧蒂華坎色彩，說不定就是遠方那座大都市的主人呢。

在此之後，提卡爾迎來將近兩百年的繁榮昌盛，且顯然成為當地的一方霸主。不過這位霸主並非全無敵手，第二十一任國王瓦強卡威（Wat Chan K'awiil[9]）在五六二年就打了一場悽慘敗仗。此事最大的得利者（或許也正是主謀）是神祕的「蛇國」，該國首都似乎本來位於濟斑徹（Dzibanche[10]），後來在第七世紀早期遷移到卡拉克穆（Calakmul[11]）。為了重振聲威，提卡爾展開漫長的鬥爭之路，終於在第二十六任國王赫掃強卡威（Jasaw Chan K'awiil[12]）率領下於六九五年大敗卡拉克穆，中興雪恥。赫掃之子伊金強卡威（Yik'in Chan K'awiil[13]）又領軍擊垮卡拉克穆兩大盟友：艾爾祕魯（El Peru[14]，七四三年）與納蘭荷（Naranjo[15]，七四四年），顯然還把兩城國王都俘虜回來，自此提卡爾進入第二次的黃金時代。

只是，還傳不到一兩代人，提卡爾的地位就再度搖搖欲墜，和以往不同的是，這次是整個區域大範圍的蕭條，到了第九世紀早期終於一發不可收拾。當地人口自此急遽減少，一切建設工程與紀念碑設置都告停，只有邊緣幾個小城區還持續著人文活動，在這些小地方據地為王者個個自行豎立起侏儒版的石碑，還都拿提卡爾王家的頭銜來自稱。過了很久很久以後，到了八六九年，終於又有一座最後的紀念碑落成於提卡爾大廣場，但那時這城已是尸居餘氣，大約九〇〇年後就再無人煙（除了幾個占據空房棲身的家庭以外）。

今日的提卡爾坐落於一個小小的國家公園裡，為當地吸引不少觀光財源。這些訪客與他們貢獻的經濟活動是否能拯救提卡爾所在的這片廣大熱帶雨林？目前尚未可知，但前景看來並不樂觀。放眼提卡爾以外，瓜地馬拉北部這個幅員遼闊，棲息著美洲豹、貘、金剛鸚鵡和其他許多新世界特有物種的自然保護區，正受到伐木與開墾清地等活動夾攻而迅速消失。鏈鋸聲或許仍然距離太遠而難以聽聞，但只要風勢不巧將遠方煙霾吹來，這象徵破壞的煙霧就能籠罩整座提卡爾遺址。

＊部分引用出處： Avendaño y Loyola, Fray Andrés, *Relation of Two Trips to Peten*, trans. Charles P. Bowditch and Guillermo Rivera (Culver City 1987)

1 天主教修會之一，由阿西西的聖方濟（St Francis of Assisi）在一二〇九年創立，主張安貧服從與勤樸傳教的精神。
2 提卡爾城內規模最大的儀式用建築群。
3 位於瓜地馬拉貝登省（Petén Department）的馬雅遺址。
4 位於瓜地馬拉貝登省的馬雅遺址，約興盛於西元前三世紀到西元第二世紀，
5 位於瓜地馬拉貝登省，當地規模最大的大型馬雅遺址，約興盛於西元前三世紀到西元第一世紀。
6 提卡爾的「大王」（Ajaw，馬雅象形文字中呈現的一種頭銜），約活躍於西元九〇年前後。
7 三六〇年繼位，死於三七八年一月十五日。
8 除了提卡爾以外，此人人名還出現在附近其他馬雅遺址中，據信應是鐵奧蒂華坎的軍事將領，生卒年不詳。
9 可能是在西元五三七年繼位，508?-562。
10 位於墨西哥東南猶加敦半島上的大型馬雅考古遺址。
11 位於墨西哥東南坎佩切州（Campeche）的馬雅考古遺址，深藏於貝登盆地（Petén Basin，涵蓋瓜地馬拉貝登省與墨西哥坎佩切州的土地）密林中。
12 六八二年五月三日繼位，死於七三四年。
13 七三四年十二月八日繼位，可能死於七四六或七六六年。
14 位於瓜地馬拉貝登省聖佩德羅河（Río San Pedro）河畔的的馬雅遺址，在提卡爾西方約六十公里處。
15 位於瓜地馬拉貝登省莫潘河（Mopan）河畔的的馬雅遺址，在提卡爾東方約五十公里處。

君士坦丁堡

CONSTANTINOPLE

東方的基督教首府

約翰・朱里斯・諾維奇
John Julius Norwich

著有諾曼時代西西里、威尼斯、拜占庭和地中海世界等地區的地方行政史論，其著作主題還包括阿索斯山（Mount Athos）、撒哈拉、英國文學、莎士比亞史劇、十九世紀威尼斯與教廷等。回憶錄《入境從俗》（*Trying to Please*）出版於二〇〇八年。他從一九七〇年開始，每年編輯文摘小冊《聖誕笑談》（*A Christmas Cracker*），曾定期為電視與講座製作歷史紀錄片，曾任倫敦最古老藝術品經銷商科爾納吉（Colnaghi）董事長，現在是「瀕危威尼斯」基金會（Venice in Peril Fund）與世界文化遺產基金會英國分會（World Monuments Fund Britain）的榮譽董事長。

皇帝親自徒步率領這支肅穆隊伍，指揮人們畫下界線，作為未來首都的邊界基準。界線愈畫愈長，助手們個個看得驚奇萬分。

——愛德華・吉朋（Edward Gibbon[1]），一七七六年至一七八一年

當西元後第一個千禧年即將告終，君士坦丁堡是當時世界上最大也最富盛名的城市。對許多人來說，這座城簡直有如童話，西歐人口中只有極少數人有幸眼見此城，但它那天方夜譚一般的財富可是人人皆有耳聞：壯麗輝煌的教堂與宮殿、華貴莊嚴的慶典儀式，以及歷代皇帝的

天顏龍威，人們都說其尊貴與追隨耶穌的十二使徒不相上下。

與西方的羅馬、米蘭，東方的亞歷山卓、安提阿（Antioch[2]）比起來，這座城並不古老。它由君士坦丁大帝在三三〇年建立作為羅馬帝國的新首都，此事距離當時還不到七百年。君士坦丁一向不喜羅馬，認為自己這個急速發展的基督教帝國，容不下那裡流行的共和主張與異教傳統，且該城也愈來愈與東方希臘化世界發展性的新思潮脫節。他憑藉直覺明白文明重鎮的趨勢已無法扭轉地移至東方，義大利成了落後之地。

古早以前，希臘人曾在拜占庭建立殖民地，之後則成為新首都的最佳地點。它是通往亞洲的大門，雄踞一座寬廣三角形地岬的最東端，南邊受到普羅龐提斯（Propontis，現稱「馬摩拉海」〔Sea of Marmara〕）的沖刷，東北面緊鄰一條既寬且深而可航行的水道（約八公里長），稱為「金角灣」（Golden Horn），被大自然塑造成宏偉港口與難攻不落的天險。要從海上攻擊此城難上加難，馬摩拉海本身就受兩條長而窄的海峽拱衛，分別是往下連接地中海的赫勒斯滂（Hellespont，今稱達達尼爾海峽〔Dardanelles〕）以及朝上通向東北方黑海的博斯普魯斯海峽（Bosphorus）。儘管如此，敵軍船隻仍可能設法突破這些天然防線，為此人們拉起一條巨大鐵鍊橫跨金角灣咽喉處，可以隨時拉高或放下。

君士坦丁堡真正需要防衛之處是它面對陸地的西側邊界，其高聳入雲的城牆於第五世紀早期初建，從馬摩拉海一直延伸到金角灣上游處，在現代仍是人間最驚人的城防工事。牆上黃褐條紋的高塔傷痕累累，有的甚至已碎裂坍塌，以壯烈之姿見證它們在一千六百年間經歷的猛烈攻勢。這座城在歷史上只被攻陷過一次，那是在一四五三年，該場敗仗敲響了拜占庭帝國的喪鐘。

從君士坦丁遷都伊始，奇特的歷史之輪已開始運作：羅馬帝國被移植到東方希臘化世界之後，自己逐漸也變得希臘化了。查士丁尼皇帝在五三〇年左右重編羅馬法，用的仍是拉丁文，但這種語文其實已經逐漸凋零，查士丁尼可能是最後一個能說一口流利拉丁文的東羅馬皇帝。奧古斯都與哈德良的老帝國名義上仍活著——拜占庭人始終稱自己的國家為「羅馬帝國」，也一直自視為「羅馬人」——但實質上已面目全非。希臘文一直都是當地民眾的語文，很快地也就變成宮廷與政府使用的官方語文。於是，在第一個千禧年到來之前，君士坦丁堡早已成為一個徹頭徹尾的希臘城市。它也是一座虔誠的基督教之城，城裡教會口頭上尊崇羅馬教皇，實際上卻遵循東正教儀式。

皇室信仰中心是聖索菲亞大教堂（St Sophia，即「聖智堂」），奉獻的對象不是聖女索菲亞而是「聖智」（Holy Wisdom），由查士丁尼皇帝（Justinian[3]）在五三二年的血腥暴動之後所建。這場暴動不僅摧毀位於原址的老教堂，也讓城中心化作一片冒著濃煙的灰燼。聖智堂在九八九年那場毀滅性的大地震之後，經歷一番大規模重建，但仍是基督教世界裡最龐大的宗教建築物（直到十五世紀塞維爾大教堂興建之後，這個頭銜才易手），也是世上難得一見的建築奇觀。它那淺盤狀的圓頂，邊緣有四十個窗戶穿透內外，比任何建築史上的前例都要寬廣太多、高聳太多。往東北方走一點就是查士丁尼建造的聖和堂（St Eirene），重要性僅次於聖智堂，但同樣美輪美奐。聖西吉文與巴庫斯教堂（SS Sergius and Bacchus）不如前兩座教堂那般顯赫，但它落成的年代最早，同時也是義大利拉文納（Ravenna[4]）聖維塔教堂（S. Vitale）模仿的對象，現在已是名為「小聖索菲亞」的小型清真寺。

在君士坦丁堡，宗教的重要性無與倫比，對每一個拜占庭人都如空氣般不可或缺。「如果你找一個人換零錢，」尼撒的聖格里高里（St Gregory of Nyssa[5]）寫道，「他會跟你說一段關於『受生』（Begotten）與『非受生』（Unbegotten）的哲學小論[6]。」神學論辯無時無地不在開展，城中賽馬場（Hippodrome）有數支出賽隊伍，分別由不同政治派系贊助，其中藍隊與綠隊的對立甚至含有神學背景，像是基督究竟具有分開的神性與人性，抑或這二性是合為完美一性。這些爭執通常無傷大雅，但卻也曾導致偶像破除運動（iconoclasm[7]）這樣的災難，無數聖像、壁畫與馬賽克在第八與第九世紀間遭到破壞。此外，隨著一個又一個世紀過去，君士坦丁堡與羅馬之間的差異也愈益顯著，兩個教會終於在一〇五四年徹底分道揚鑣。

「大皇宮」（Great Palace）從君士坦丁大帝的時代就傲立於城市東北角，與聖智堂和賽馬場比鄰。鄂圖曼帝國在原址上建起「托普卡匹皇宮」（Topkapi Palace），與大皇宮位置基本相同，但占地規模卻遠遠不如前身。和托普卡匹皇宮一樣，大皇宮不僅僅是皇家宮殿，而是一片大型複合建築群，包括大約二十棟各自獨立的建築物、幾座教堂，甚至還有它自己專用的港口。這些建築之一是馬格瑙拉宮（Palace of the Magnaura），第九世紀時狄奧斐盧斯皇帝（Theophilus[8]）在此安裝他那著名的機械玩具——一株黃金造的懸鈴木，枝椏上站滿寶石小鳥，每隔一段時間就會開口歌唱。另一座建築物是尼亞教堂（Nea，意即「新教堂」，但現已不存），由狄奧斐魯斯之後第二任皇帝巴西爾一世（Basil I[9]）建造，從遠方海上就能望見這座教堂的鍍金圓頂群；它中心大堂圓頂上是一幅奪目炫麗的「基督普世君王」（Christ Pantocrator[10]）馬賽克，堂裡的聖幛（iconostasis[11]）由金銀打造並鑲嵌寶石。百年後，科穆寧王朝（The Comnenus）諸位皇帝會在布雷契奈（Blachernae）為自己打造一座富麗堂皇的新宮，巍峨宮牆延展直入金角灣深處。不過，在一〇〇〇年時，巴西爾二世（Basil II[12]，人稱「保加利亞屠夫」）仍以老皇宮為朝廷。

至少，對於當時小康以上的人家而言，君士坦丁堡大概是個比天下任何都市都適宜居住的地方。因為富裕，也因為它位在世界商路的十字路口，幾乎任何你想得到的商品都能在店舖或市場裡找到；這裡的大街夜不熄燈，而且夏季有源源不絕的清水供應，這點總是讓來訪者嘆為觀止。早在三七五年，瓦倫斯皇帝（Valens）已經建起一座碩大無朋的輸水道，一千五百年來持續為市區供水。這座輸水道今日尚有整整半公里長度留存，橫跨現在的「國父大道」（Atatürk Boulevard）。水送進市區後必須加以貯存，城市裡有好幾座精良的蓄水槽是專為此用途所造，其中最古老的一座被稱為「賓比爾狄瑞可」（Binbirdirek，一千零一柱蓄水槽）在君士坦丁大帝那時就已存在；但最壯觀的則是查士丁尼的「葉瑞巴譚·薩瑞」（Yerebatansaray，沉沒地底之宮）差不多位在聖智堂正對面，至今仍是伊斯坦堡奇觀之一。

在一〇〇〇年，巴西爾二世未來仍有四分之一世紀的王位好坐；這人貌醜、骯髒、鄙陋無文、幾近病態的吝嗇、對外在的權力表彰毫不關心，一點都不像個拜占庭人，但卻能牢牢掌控、指揮著教會與國家的每一處分支，他也是拜占庭帝國史上才氣縱橫的軍事將領之一。他不具個人風采、缺乏群眾魅力，也不討人喜歡；這個無友無朋的單身漢只在乎他治下帝國是否強大、經濟是否繁榮，無怪乎他在位期間正是拜占庭的黃金時代。

***部分引用出處**：Edward Gibbon, *The Decline and Fall of the Roman Empire*, chap. 17, p. 224 (1776 -89)

1 英國歷史學家，代表作為《羅馬帝國衰亡史》（*The History of the Decline and Fall of the Roman Empire*），1737-1794。

2 位於土耳其最南端的城市，由塞琉卡斯在第四世紀末所建，成為能與亞歷山卓媲美的古代東方商業大城與軍事重鎮。

3 拜占庭帝國皇帝，在位期間試圖收復西羅馬帝國失土（成果有限），並編定羅馬法大全《查士丁尼法典》，成為後世大陸法系的典範，483-565。

4 位於北義大利的都市，四〇二年成為西羅馬帝國首都，四七六年被東哥德人（Ostrogoth）攻占，到了五四〇年又被拜占庭帝國收復，直到七五一年落入倫巴底人（Lombard）之手。

5 基督教早期神學家，對三位一體教條的建立與「尼西亞信經」的內容多所貢獻，335-395。

6 「受生」指的是「被創造的」，「非受生」則是說其存在不受任何事物主宰、支持、貢獻。

7 此處指第八到第九世紀之間拜占庭皇室下令毀壞宗教人物形象的作法，支持者認為偶像導致迷信，反對者則說偶像能導引信徒深思信仰。

8 拜占庭皇帝，最後一個支持破除偶像運動的君主，御駕親征對抗阿拉伯勢力入侵。出生於八〇〇年至八〇五年之間，死於八四二年。

9 拜占庭皇帝，農民出身，後來從米海爾三世（Michael III）手中篡奪權位成為皇帝。雄才大略的明主，在位期間重振君權與國力，並使文藝興盛發展，811-886。

10 又譯「基督全能者」，Pantocrator 出自希臘文，可以翻譯成 Almighty 或 Ruler of All 兩種涵義。

11 東正教教堂特有的構造，是隔開中殿 (nave) 與內殿 (sactuary) 的一道牆或屏幕。

12 拜占庭皇帝，在位期間平定內亂與外患，經過長年征戰終於徹底宰制保加利亞，958-1025。

麥加 MECCA

回教聖城

亞伯拉罕（Abraham[1]）說……主啊，我讓一些子孫在祢聖宅附近的荒涼谷地定居，以便他們能恪守正信。

——《可蘭經》，第十四章

多莉絲・貝倫斯—阿柏塞夫
Doris Behrens-Abouseif

擁有開羅美國大學（American University of Cairo）、漢堡大學（University of Hamburg）和佛萊堡大學（University of Freiburg）學位。她曾在美國開羅大學、佛萊堡大學和慕尼黑大學（University of Münich）教授回教藝術，二〇〇〇年進入倫敦大學亞非學院（School of Oriental and African Studies），獲得納瑟・D・卡里里（Nasser D. Khalili）回教藝術與考古教授職銜。目前在哈佛大學（Harvard University）、德國柏林大學（University of Berlin）與班堡大學（University of Bamberg）、比利時魯汶大學（University of Leuven）擔任客座教授，也是美國開羅大學的「優異客座教授」。她有數本關於回教藝術與文化史的著作，其中著名者有《鄂圖曼統治下埃及的自我調節》（*Egypt's Adjustment to Ottoman Rule*，一九九四年）、《阿拉伯文化中的美》（Beauty in Arabic Culture，一九九九年）以及《馬木留克的開羅：一個建築與文化的歷史》（*Cairo of the Mamluks. A History of Architecture and its Culture*，二〇〇七年）。

麥加城，坐落於崢嶸山陵之間的高谷，從歷史初期就是阿拉伯半島上的主要城市。它是先知穆罕默德的出生地，這事實使其獲得最高的名聲與權威，但其實從上古以來它一直是座聖城，依據《可蘭經》所言，麥加的神廟「卡巴」（Ka'ba）——意即「立方體」——是由先知亞伯拉罕所造。這座神廟年代的確可能比城市還要古老，但目前沒有任何考古證據能證明此事。聖泉滲滲（Zamzam）離卡巴神廟不遠，可能是該地被選為廟宇基址的原因，此泉在這乾旱炎熱的地區不啻為天賜福音。

卡巴神廟聳立在稱為「哈蘭」（Haram，阿拉伯文指「神聖」之意）的聖域中央，這是一片有圍牆的露天區域，總體構成一座清真寺。卡巴本身是一個型態肅穆的無窗立方體，高十五公尺，四邊不等長，但皆在十到十二公尺之間，四個角對準東西南北，入口則開在東北方。「黑石」是一顆以銀框固定的隕石，置放於卡巴之內。

麥加在第六世紀下半成為商業重鎮，商人與南來北往的駱駝商隊交易，有的商隊在地中海與印度洋之間往來（途經敘利亞），有的經過南阿拉伯和葉門前往阿比西尼亞（Abyssinia[2]）。城內社會由各部族聯盟組成，沒有中央政府，「古萊希」（Quraysh[3]）從第五世紀以降就是當地第一名門，也是先知穆罕默德出身的家族；該族是勢大的商賈，足以控制全城，並擔任管理神廟之職。

穆罕默德約在五七〇年生於麥加的商業家族裡，依回教傳統說法，上天在六一〇年前後向穆罕默德揭示《可蘭經》內容，那時他正在一個名叫卡蒂雅（Khadija[4]）的女商人手下工作（兩人後來成親）。新宗教起初並不受歡迎，某些人畏懼此事會造成政治與社會上的改變而群起反對。穆罕默德在六二二年與追隨者一同逃往北邊的麥地那（Medina[5]），這場「聖遷」（hijra）史事成為回教曆法的起始點。在麥地那的日子裡，穆罕默德與麥加勢力相對抗，最後終於在法斯之戰（Battle of Fath）後占領麥加城，將它變成回教地盤。麥地那此後仍是回教徒的新首都，但麥加——尤其是它的卡巴神廟——則成為「基卜拉」（qibla），也就是回教徒禱告所朝的方向，且回教教義所定的「五功」（five tenets[6]）之一，就是信徒一生必須至少去麥加朝聖（hajj）一次。

穆罕默德在六三二年逝世，其後四大正統哈里發（caliph[7]）以麥地那為本營來治理日益擴張的回教社會，但其中的歐麥爾（'Umar[8]）和奧斯曼（'Uthman[9]）兩位哈里發都在麥加建設堰堤，防止暴雨釀成洪災。六六一年至七五〇年間，烏瑪雅王朝（Umayyad Caliphate）以大馬士革為首都，不過它的首任哈里發穆阿威亞（Mu'awiya[10]）出身於麥加，對該城與其腹地格外重視，後繼的烏瑪雅哈里發也都如此。然而，穆阿威亞之子雅季德（Yazid[11]）繼位後並未得到古萊希家族支持，反叛者祖白爾（Abd Allah Ibn al-Zubayr[12]）在麥加集結勢力、自號為哈里發，對雅季德的權威提出挑戰。卡巴神廟在戰亂中被火焚毀，後來必須重建。

第八世紀早期，瓦利德哈里發（al-Walid[13]）在原本開放的聖域周圍建起迴廊，使它成為我們今日所見的模樣。現代的麥加已然大幅改頭換面，但此前它的顯著特徵就是那些鄰接大清真寺拱廊的住屋與祈禱室。一直以來，人們都依照（所認知的）穆罕默德時代的原初模樣去維護、修復卡巴神廟，這是回教聖蹟中絕無僅有的例子。每年到了朝聖季節，披覆在卡巴神廟上的帷幕都要依照古老傳統加以更換。

身處烏瑪雅王朝之中，麥加貴族在政治上已然喪失任何真實作用，他們開始享受回教帝國擴張所帶來的財富，發展出高尚的社交生活，鎮日與詩人、音樂家為伍。阿拔斯王朝（Abbasid Caliphate[14]）的哈里發，以及繼承其後的馬木留克（Mamluk[15]）和鄂圖曼（Otoman[16]）統治者，都樂意拿出大把錢財資助麥加，讓此地神廟更能發揮朝聖聖地的角色。回教統治者與贊助者出錢建造安養院、學院和宿舍（給那些有心要過宗教生活的人居住），並為朝聖人群提供基礎設施與住處。麥加當地居民愈來愈慣於被中央政府供養，自己幾乎不發展什麼經濟活動，除了那些與朝聖有關的生意以外。

這裡從來不是哈里發的王城，也未曾成為一國首都，但麥加長久以來都有獨一無二的地位，直至今日依然。

＊部分引用出處：The Koran, 14, translated by N. J. Dawood (London 1990)

1 《舊約聖經》中猶太民族的先祖之一，與上帝之間有特殊關連，在基督教與回教教義中也有其地位與作用。
2 歷史上衣索比亞帝國的名稱（其統治者為阿比西尼亞人，因而得名），一一三七年建國，王室在一九七四年遭政變推翻。
3 麥加大族，具有掌理卡巴神廟的權力；回教傳統認為只有古萊希家族出身者才有資格繼承哈里發之位。
4 穆罕默德之妻，也是他的第一個女性追隨者，被回教徒敬稱為「信徒之母」。與穆罕默德兩人一夫一妻的婚姻持續二十五年，在她死後穆罕默德才另娶多妻。555/567-620。
5 回教第二大聖城，位於現在的沙烏地阿拉伯。
6 回教信徒所需遵守的五大基本原則，其他四項為證信（公開誦念「清真言」表白信仰）、禮拜（一天祈禱五次）、齋戒（齋戒月內日出到日落間禁食）、天課（捐獻）。
7 回教世界政教合一的領導者稱號。
8 回教世界第二任正統哈里發，穆罕默德生前追隨者之一，於六三四年繼位。584-644。
9 回教世界第三任正統哈里發，穆罕默德生前追隨者之一，於六四四年繼位。579-656。
10 烏瑪雅王朝的創立者，穆罕默德生前追隨者之一，後來起兵反對第四任正統哈里發阿里（Ali）奪取政權。602-680。

11 烏瑪雅王朝第二任哈里發，在位僅三年就逝世，647-683。

12 早期回教團體中貴族階層的代表，被某些人視為第五任正統哈里發，六九二年死於與雅季德對抗的戰爭中。624-692。

13 烏瑪雅王朝的哈里發，於七〇五年繼位，在位期間大幅擴張哈里發的統治區域，668-715。

14 承繼烏瑪雅王朝之後（七五〇年）的回教哈里發政權，中心在現在伊拉克的巴格達，後來因蒙古入侵而衰，最後亡於鄂圖曼土耳其人之手（一五一七年）。

15 十三世紀興起於埃及的回教政權，從阿拔斯哈里發處取得「蘇丹」稱號，最後也亡於鄂圖曼土耳其入侵（一五一七年）。「馬木留克」是「奴隸兵」之意，組成政權者基本上是來自各地奴隸出身的軍人或傭兵，不是指特定的王室家族。

16 土耳其烏古斯部族（Oghuz）在十三世紀建立的帝國，於十六到十七世紀勢力達到頂峰，但在十八世紀之後走下坡，一次大戰中與德國結盟，戰後領土遭到分裂，殘餘核心部分轉型成為現在的土耳其共和國。

大馬士革

DAMASCUS

綠洲都市的輝煌

巴納比・羅傑森
Barnaby Rogerson

從年輕時就旅行四方，著有《先知穆罕默德》（*The Prophet Muhammad*，二〇〇三年）、《先知穆罕默德的後裔》（*The Heirs of the Prophet Muhammad*，二〇〇六年）、《旅行家的北非史：從迦太基到卡薩布蘭卡》（*A Traveller's History of North Africa: From Carthage to Casablanca*，二〇〇八年出新版）、《末代十字軍》（*The Last Crusaders*，二〇〇九年），以及摩洛哥、賽普勒斯、伊斯坦堡和突尼西亞等地的旅遊導覽書。他與妻子羅絲・白林（Rose Baring）共同經營伊蘭德書局（Eland），並出版旅行文學經典著作（www.travelbooks.co.uk）。

大馬士革已經看盡人間一切，而她的生命仍延續著。她曾注視過一千個帝國的白骨，還要再見到另外一千個帝國的墳墓，然後壽終。

——馬克・吐溫（Mark Twain[1]），一八六九年

大馬士革坐落在聖山卡西翁（Kassion）的山腳下，放眼望去盡是黃沙，這滿目荒瘠的山陵裡竟如奇蹟般奔湧出一道水流，滋潤這處城市。此城東方是廣闊高原，名為敘利亞沙漠，上面銘刻著商隊踏出的上百條道路。商人們朝東北方謹慎擇路而行，前往幼發拉底河岸的大城小

鎮，與整個亞洲的商貿交通相接，至於指向東方與南方的道路則會抵達埃及、葉門或通往印度的海港。巴拉達河（Barada river[2]，古代稱為亞巴拿〔Abana〕）水量如此豐沛，不僅供應城市用水，還能灌溉滿是果園與芳香花園（scented garden）的綠洲土地，讓大馬士革能在這個奇特地點求存。

對於那些蜂擁至當地寺院朝聖的回教訪客來說，大馬士革是「天堂馨香」之城，著名的摩爾（Moors[3]）旅行者伊本·朱貝爾（Ibn Jubayr[4]）寫道：「如果人間有天堂，那無疑就是大馬士革；如果天堂在天界，那大馬士革就是它在地上的對應。」先知穆罕默德年輕時曾路過此城，但他只是在城內四處看看就已滿足，並未受到其間聲色逸樂誘惑。

大馬士革的居民認為這是世上最古老的城市，他們說該隱（Cain[5]）在卡西翁山的山坡上殺死亞伯（Abel），亞伯拉罕也是在這裡受到上帝顯現的異象所感召，就像那迫害基督徒的掃羅（Saul）在前往大馬士革的路上，被改造為早期教會的創建者之一聖保羅（St. Paul[6]）。此地有祭拜他們的古老神殿，還有施洗者聖約翰（St. John the Baptist[7]）的首級等聖物、回教先知呼德（Hud[8]）之墓、穆罕默德兩個女兒齋娜布（Zaynab[9]）與露卡伊亞（Rukayyah[10]）的墳塚，更別說那三人遮面者、七人遮面者、四十謝赫（sheikh[11]）以及回教傳說裡永遠保持警戒的不朽綠騎士卡地爾（El-Khidr[12]）之隱密神祠。一千多年以來，每年都有大批執行回教五功之一「朝覲」（到麥加朝聖）的信眾，集結於大馬士革城牆外，預備穿越沙漠前往麥加（史上最後一次這樣的車隊隊伍在一八六四年出發，此後朝聖客都改走海路，搭船沿紅海而下前往吉達〔Jeddah[13]〕）。考古專家在埃勃拉（Ebla[14]）、阿瑪那（Amarna[15]）與馬里（Mari[16]）等地宮殿圖書館發掘出的物品，證實大馬士革的歷史古老到多麼不可思議的程度，不論是埃及或美索不達米亞的出土文獻上都有這城市的名字——「地馬須克」（Dimashq）——和現在阿拉伯文對它的稱呼一模一樣，而人們用「太陽」（al-Shams）的口語說法稱呼此城可能也同樣古早。

從一開始，大馬士革就深諳隨著政治風向折腰之道，並將精力都投注於貿易、文化、生活與宗教等方面。該城並不同上古世界那些強權攀附深交，而是與古代黎凡特（Levant[17]）其他商業中心攜手，例如佩特拉（Petra[18]）、貝魯特（Beirut[19]）、杜拉—歐羅波斯（Dura-Europos[20]）、埃梅薩（Emesa[21]）、巴勒貝克（Baalbek[22]）、巴美拉（Palmyra[23]）和阿帕米亞（Apamea[24]）；可嘆的是，其他這些城鎮大都不具備大馬士革這樣能夠求生且能夠長存的條件。

此城是個不規則的四方形，周圍有九座城門。城內以一條宏偉的遊行大道貫穿，和許多敘利亞城市的構造一樣，也就是〈使徒行傳〉裡所說的「直街」，羅馬人稱之為 Via Recta[25]，阿拉伯人則說這是「長市」（Souk al-Tawil）。西方城門（稱為 Bab al-Jabiye）過去曾是獻給朱庇特的建築物，由此進城後沿直街走到底，就會抵達東邊那座歷史悠久的「太陽之門」（現在稱為 Bab Sharqui，意為「東門」）。較往北處有另一道寬廣的遊行大道，朝向城市心臟處的聖域而去。聖域內本有一座祭祀「哈達大王」（Baal Hadad[26]）的古老神廟，後來演化成為繁複壯麗的建築群，希臘化時代人們在此崇拜宙斯，到了羅馬時代則崇拜朱庇特。西元第二世紀晚期，羅馬皇帝色提米烏斯·塞維魯（Septimius Severus[27]，他那智冠群倫的妻子出身於古老敘利亞高級祭司世家）重建了神廟周遭的柱廊、走道以及「神聖圍地」（temenos[28]）。第四世紀末的皇帝狄奧多西（Theodosius[29]）拆毀神廟，原地蓋起一座獻給施洗者聖約翰的大教堂，但塞維魯的建設有些仍能被保留至今。

以祆教立國的波斯帝國薩珊王朝（Sasanid empire[30]），以及信仰東正教的拜占庭帝國，二者屢屢在交界處兵戎相見，儘管如此，敘利亞仍能在中古早期繁榮一時，這從當時布斯拉（Bosra[31]）、哈馬（Hama[32]）和阿勒坡（Aleppo[33]）諸城市周圍那些衛星小鎮的石造房屋密度之高就可證明。從第六世紀晚期到第七世紀早期，希拉克略（Heraclius[34]）與霍斯勞二世（Chosroe II[35]）率領兩大帝國相互爭戰，殺得日月無光，之後是一場天翻地覆的權力大洗牌，將大馬士革的歷史推往全新階段。

六三四年，騎兵兵團突然閃現於中東。他們是阿拉伯半島中部阿拉伯部族聯盟熔鑄出的精兵，尊崇先知穆罕默德的教誨而成為信仰的一體，更對戰利品有著無比渴望。大馬士革從來與商隊貿易密不可分，自然能知道阿拉伯沙漠裡發生了什麼事，而在敘利亞諸多城市中頭一個張開雙臂歡迎新征服者的到來。兩年後，大馬士革南方不遠處成為「雅爾木克之戰」（Battle of Yarmuk[36]，六三六年）的戰場，戰火延燒三日，拜占庭部隊在一場仲夏沙暴裡全軍覆沒，證明了大馬士革當初的決定頗為睿智。

當一道新前線沿著塔羅斯山脈（大約就是現在敘利亞與土耳其之間國界線）出現，更確立大馬士革在新時代裡的崇隆地位。此城不僅控制直接通往麥加與麥地那等回教都市的沙漠商道，且距離新邊界不近不遠，既不直接受威脅，又能即時對前線動靜做出回應，因此被阿拉伯人當作中央大本營。此外，大馬士革還擁有能掌控敘利亞北部沙漠高原的絕佳地理位置，那裡可是世界最佳騎兵軍馬的產地呢。於是，該地區其他舊有權力中心，很快就在大馬士革的陰影下顯得黯淡無光。

穆阿威亞是回教第二任正統哈里發歐麥爾所欽點的敘利亞軍區主帥，大馬士革在他的掌理之下日益繁榮。此人雖是才華煥發的軍事領袖，但他能出頭卻是件值得玩味的事。他的父親是阿布・蘇富揚（Abu Sufyan[37]），穆罕默德創立回教前麥加異教勢力的領導者，許多曾在拜占庭軍中服役的將官和阿拉伯傳統貴族都投其麾下。當穆阿威亞的表兄奧斯曼在六四四年被推選為回教第三任哈里發，他的權勢更是水漲船高，足以在後來挑起對抗回教第四任正統哈里發阿里（Ali[38]）的內戰。阿里在六六一年遇刺身亡，穆阿威亞作為（正在急遽擴張的）回教帝國領袖的身分於是得到確認。烏瑪雅王朝疆域西達突尼西亞、東至阿富汗，而大馬士革就在不到三十年間，從一個敘利亞地方城市鯉躍龍門變為泱泱大國首都。

烏瑪雅時代的大馬士革宮廷煥發國際氣象，學富五車的官員來自拜占庭帝國或波斯薩珊王朝的舊有統治階級，有的來自葉門或埃及，與阿拉伯古老部族王廷裡的歌女、詩人和游牧獵人混雜來往。大馬士革的聖約翰（St John of Damascus[39]）是精通多國語言的學者，也是那個時代文明成就的標誌之一，其父是為烏瑪雅王朝效命的基督徒，擔任財政官員。另一個當時留下的文明寶藏是大馬士革的「烏瑪雅大清真寺」（Great Umayyad Mosque），由瓦利德哈里發（七〇五年至七一五年）所建，其址本來是一座基督教大教堂，在改建之前一直是基督徒與回教徒一起使用的禮拜場所。

為了建造大清真寺，這位哈里發投注整整七年的帝國稅收，重新利用該處古老的神聖園地，並將拜占庭工藝建築技術與先知穆罕默德第一座「家屋清真寺」（house-mosque）的傳統融於一體。絢麗奪目的黃金馬賽克讓畫中田園景色好似活了起來，這風景圖不只從巴拉達河河畔景色取得靈感，更是想要呈現《可蘭經》第十三章給予信徒的許諾：「這就是神許給義人的樂園；裡面有河流流過；水果絕不失味；蔭涼絕不缺乏。」

七五〇年，阿里一派終於對穆阿威亞的烏瑪雅王朝展開復仇，每一個烏瑪雅王室成員都遭追捕格殺，他們的屍體被焚燒、王宮被拆毀、墳墓被剷平，連白骨都被輾成齏粉，只有烏瑪雅大清真寺——早期中古世界的偉大奇觀之一——逃過毒手。一夜間，皇城大馬士革退化回歸敘利亞的商業都市，巴格達則竄起成為回教新首都。到了十一世紀，大馬士革再度得到天命眷顧。那時東征十字軍的殘暴不仁（尤其是耶路撒冷屠城一事）迫使千萬難民逃往大馬士革，冀望該城城牆與全新的要塞防線能庇護他們。未來，大馬士革將要三度遭受十字軍圍攻且全身而退，並在埃米爾（emir[40]）薩拉丁（Saladin[41]）再次收復聖地後加以重整。

＊部分引用出處：Mark Twain, *Innocents Abroad* (Hartford, 1869)

1 美國作家，代表作有《湯姆歷險記》（*The Adventures of Tom Sawyer*）與《乞丐王子》（*The Prince and the Pauper*），文筆幽默但富有道德意識，是十九世紀末美國文壇重要人物，1835-1910。

2 流經大馬士革的主要河流，發源於前黎巴嫩山地（Anti-Lebanon Mountains），在大馬士革分支為七條支流，最後消失在沙漠裡。

3 所謂「摩爾人」指的是中古時代伊比利半島、西西里、馬爾他等地的回教徒，後來這個詞也被用來指稱阿拉伯人。

4 回教地理學家、旅行家與詩人，出身於伊比利半島，其遊記描述往麥加朝聖途中見聞。1145-1217。

5 該隱與亞伯是《舊約聖經》〈創世紀〉中亞當與夏娃的兒子，上帝喜愛亞伯的供品而厭惡該隱所獻，該隱因嫉妒而殺害亞伯。

6 基督教教義的奠基者，詮釋耶穌生前言行並建立神學體系，被視為使徒之一（但並非十二使徒）；《新約聖經》全書共二十七部，其中有十四部被認為是保羅所作，5-67。

7 《新約聖經》中記載為耶穌施洗的人，屬於當時猶太人中主張彌賽亞將要降臨的一派，四處遊方傳教，後來在三十一年前後遭希律王斬首。

8 《可蘭經》中記載上帝派遣呼德前往警告阿拉伯部族「阿德」（Ad），但阿德人卻唾棄呼德，最後遭到上帝滅族。

9 穆罕默德與卡蒂雅所生長女，598-629。

10 穆罕默德與卡蒂雅所生次女，601-624（以上是主流說法，但回教什葉派認為這兩人原本只是卡蒂雅的養女，在卡蒂雅婚後才被穆罕默德收養）。

11 阿拉伯語中常見的尊稱，常指部落的首領或長老。

12 《可蘭經》裡的人物，上帝正義的僕人，擁有極大的智慧。

13 沙烏地阿拉伯西部大城市，位於紅海濱。

14 位於敘利亞西北部的考古遺址，興盛於西元前三千紀與西元前二千紀前半。

15 位於埃及中部的考古遺址，埃及第十八王朝法老阿克那頓（Akhenaton）推動宗教改革時所建立的新首都，在他死後不久即遭棄置。

16 位於敘利亞東部的考古遺址，建城約在西元前二九〇〇年，於西元前第三世紀廢棄。

17 歷史地理名詞，範圍並不精確，狹義可指現在的敘利亞一帶，廣義可指地中海東岸所有國家和島嶼。

18 約旦南部的古城，特徵是在岩壁上開鑿出來的大型建築，建造年代可能早至西元前第五世紀。

19 黎巴嫩的首都與最大城市，位於該國中部地中海沿岸，最初是腓尼基人的殖民地，關於當地最早的歷史記載出現於西元前十四世紀。

20 敘利亞東部的考古遺址，位於幼發拉底河西岸的斷崖絕壁上，原本是塞琉古帝國建於邊界的防禦堡壘，控制沿幼發拉底河通行的商業交通以及東西向貿易路線。

21 現在名為「霍姆斯」（Homs），敘利亞西部城市，位於連接敘利亞內地和東地中海的奧龍特斯河（Orontes River）河岸，兩千年來都是北敘利亞農產集散地。

22 位於前黎巴嫩山地的古城，附近是肥沃谷地，且位處推羅到巴美拉之間的道路上，但起初是以宗教中心的身分現身於史冊。

23 敘利亞中部古城，最早出現於西元前兩千紀，是絲路上的商業大城，其財富權力在西元第三世紀鼎盛一時，但後來遭羅馬吞併。

24 敘利亞西北部奧龍特斯河河畔古城，位於通往東方的商業要道上，也是希臘化與羅馬時代的軍事、宗教中心。

25 拉丁文中「直街」的說法。

26 上古兩河流域信仰裡的暴風雨與雷電之神。

27 古羅馬軍事將領（後來成為皇帝），出身於北非，於西元一九三年奪權登基，結束「五帝之年」（一年之內五任羅馬皇帝死於非命）的動亂期，145-211。

28 獻給神的一塊土地，特地圈圍起來防止人們進入或被作為它用。

29 最後一任同時統治東西羅馬的羅馬皇帝，確立基督教為羅馬帝國國教，347-395。

30 波斯地區（現在的伊朗）在回教興起前的最後一個王朝，在二二四年至六五一年之間雄踞中亞，與拜占庭帝國並列當時世界的一等強權。

31 敘利亞南部古城，在羅馬與回教政權之下都是當地行政中心，但在鄂圖曼土耳其帝國時代逐漸沒落。

32 敘利亞中西部的城市，位於奧龍特斯河河畔，在古典時代是位處希臘與東方之間的商業重鎮。

33 敘利亞西北部城市，在古典時代是敘利亞北部規模僅次於安提阿的大城。

34 拜占庭皇帝，六一〇年繼位，訂立希臘文為帝國官方語文，擊敗長久以來的邊患波斯，但隨即必須面對回教勢力的威脅，575-641。

35 波斯薩珊王朝皇帝，曾一度打下拜占庭大片土地，甚至圍攻君士坦丁堡，但攻城失敗後就兵敗如山倒，最後其子發動政變奪權弒父。後世的波斯文學將他美化為英雄人物與情聖，570-628。

36 拜占庭帝國與回教正統哈里發之間的戰役，回教勢力大獲全勝。

37 麥加古萊希家族的族長，起初強烈反對穆罕默德的主張，但後來成為回教徒，為回教的軍事擴張效命。560-650。

38 回教主流派遜尼派（Sunni）視他為第四任正統哈里發，少數派什葉派（Shi'ite）則認為他是直接繼承先知穆罕默德的第一個「伊瑪目」（Imam，相對於哈里發的回教政教領袖）。他在六五六年繼承哈里發之位，回教世界隨即爆發內戰，594-661。

39 當時著名的博學家，著作包括神學、哲學、法學等，東正教早期教父之一，在「偶像破除運動」中為偶像的使用辯護，675/676-749。

40 阿拉伯國家與阿富汗等地使用的稱號，可以指軍事統帥或貴族。

41 黎凡特一地率領回教徒對抗十字軍的主將，建立阿尤布王朝（Ayyubid dynasty，以埃及為腹地的回教王朝，1171-1260），1137-1193。

長安
CHANG'AN
中國唐朝首都

熊存瑞
Victor C. Xiong

西密西根大學（Western Michigan University）中國史教授，曾發表許多關於中國中古時代的文章，並擔任學術期刊《中國中古早期》（*Early Medieval China*，一九九四年至一九九九年）和《中國史學家》（*Chinese Historians*，一九九五年至一九九九年）編輯。著有《隋唐長安：中國中古都市史研究》（*Sui-Tang Chang'an: A Study in the Urban History of Medieval China*，二〇〇〇年）、《隋煬帝：其生涯，時代和遺產》（*Emperor Yang of the Sui Dynasty: His Life, Times, and Legacy*，二〇〇六年）和《中國中世紀歷史辭典》（*A Historical Dictionary of Medieval China*，二〇〇九年）。

百千家似圍棋局，十二街如種菜畦。遙認微微入朝火，一條星宿五門西[1]。

——白居易（七七二年至八四六年）

「關中」位於渭河谷地中央，也就是現在中國的陝西省南部地區，坐落此地的長安，正是盛世唐朝（六一八年至九〇七年）的首都。城牆圍起八十四平方公里的面積，第八世紀早期城內人口估計超過百萬，它是當時全世界最大的城市，也是中國至高無上的權力中心，更有著生氣蓬勃的文化與商業活動。

唐朝興起之前，已有三個王朝定都關中：西周（西元前十一世紀至西元前七七一年）、秦朝（西元前二二一年至二〇六年），以及西漢（西元前二〇六年至西元九年）。關中的戰略地位在漢朝時顯而易見，此地有山隘等天險為恃，要抵擋來自東方的敵人易如反掌；以肥沃的渭河谷地為根本，西南有物產豐富的四川盆地，以此為據可興兵征服中原，甚至是整個華夏世界。

新朝（西元九年至二十三年）是一個類似過渡期的朝代，夾於東西漢之間，在傾覆之後，長安隨之喪失首都地位，新建國的東漢將都城遷到洛陽（位於現在的河南省）。東漢滅亡後數百年內中國陷入分裂，期間長安偶爾會被一些割據部分中國的「朝代」立為首都。

五八二到五八三年正當隋朝（五八一年至六一八年）開國之際，隋文帝在漢長安的東南方營建新都，名為「大興」（出自隋文帝早年的封號「大興公」）。隋滅唐興之後，大興也被改名為「長安」，後來人們將其稱為「唐長安」或「隋唐長安」，以與漢朝的同名都城區別。

長安的營造以兩脈傳統為根本：第一，設計者遵循古老習慣將宮殿（「宮城」）置於都市最北處；第二，當他們在配置各種不同機能分區時，試圖依照《易經》中六條陽爻（完整橫線）組成的乾卦構造加以布局，與橫貫城市基址的六條土崗相應。然而這兩個傳統之間卻有衝突，遵循第二項原則布置之下，市場南方的區域就變成了《易經》中稱為「飛龍在天」的「九五至尊」之位，於是設計者在該處建起佛寺道觀各一座，藉此鎮壓可能出現的帝王之氣。

此城外形長方，街道房屋如鐵格井然有序，是典型中古時期中國大都市的模樣。皇帝起居處在宮城中央，緊鄰著南邊的政府機構（「皇城」）。從皇宮與政府區往南，城市中心設有兩座市場，其餘空間則被超過一百個住宅里坊占據；每一個「坊」都是自成一格的迷你城市，裡面道路縱橫交錯，外有坊牆環繞，上開坊門連通內外，作為住宅的坊與整個城內街道畫出的棋盤構造規整相合。縱貫南北的中央大道始於北方宮城，強化了全城格局的對稱特質，它在宮內是一條想像的中軸線，主要建築都沿著它設置；而後以實體街道之姿在南方宮門重新現身，延伸進入皇城範圍。大道往南的部分被稱為「朱雀大街」，將城市從中分為左右兩半。長安城的布局從隋朝到唐朝基本相同，主要的差異是唐朝增建了兩處新宮，一個是位於城北、於城市本體外部增設的「大明宮」，另一個是由城東北處半個坊所改建的「興慶宮」。

六〇九年，隋朝統治期間，城內人口估計稍微低於五十萬；後來由於隋末唐初的動亂，無論是此城或是全國人口數量，想必都有所減少。長安居民人數在七四二年達到一百萬之數，但後來又因安史之亂（七五五年至七六三年）及其餘波的毀滅性影響而銳減，可能要到第九世紀前期才回復亂事之前的規模。

阿拉伯旅行家伊本·瓦哈卜（Ibn Wahab[2]）大約是在八七〇年代晚期拜訪長安，他特別注意到滿溢清波、岸邊有綠樹與櫛比鱗次高屋的水渠，還對這城範圍之廣、中央大街之寬、以及人口之多驚嘆不已。從文獻和考古資料可知，長安最顯著的特色就是空間廣闊，宮城南邊的橫街與朱雀大街是城裡最寬廣的兩條大路，分別有四百四十一公尺和一百五十到一百五十五公尺寬，況且當初建都時城牆所圈的範圍就已遠多於實際可能利用的部分。這裡從來不曾出現人口擁擠的問題，只有在兩座市場的某些角落可能會見到商鋪侷促地擠成一堆。

城內房屋有各種大小、各種等級，最大者是大明宮的含元殿，長七十六公尺寬四十一公尺，但它也僅是分布在長安城三座宮殿群中的皇宮建築之一。坊中富豪權門通常擁有敞闊宅邸，隋代兩名皇子都各有一間與坊同大的別墅，唐朝皇親府邸以外最大的宅院屬於一代權將郭子儀（六九七年至七八一年）所有，占地十三萬七千九百七十平方公尺，住著郭子儀與他的隨從親戚共三千人。在社會階層的另一端，平民百姓則住在地價較便宜的城西與城南，屋舍簡樸，一般住家通常由主廳和兩翼廂房構成，由植有樹木和蔬果的園子圍繞。

唐長安曾款待過諸多文化巨人，杜甫（某些人認為他是中國史上最偉大的詩人）、李白（出身中亞的浪漫詩人）、白居易（唐朝最受歡迎的詩人），以及畫家閻立本[3]、李思訓[4]（山水畫大師）和吳道子[5]。作為典型的世界都會，許多外國人都選擇長安作為長期定居之所：景教（Nestorianism[6]）、摩尼教（Manicheanism[7]）、祆教（Zoroastrianism[8]）、印度怛特羅密教（Tantrism[9]）的教徒，來自朝鮮與日本的留學生，還有粟特（Sogdian[10]）的商人。異邦來客中身分崇隆者，包括波斯王子卑路斯（Firuz[11]，薩珊王朝皇帝伊嗣俟三世〔Yazdgerd III[12]〕之子）、日本的阿倍仲麻呂[13]、朝鮮新羅王國的崔致遠[14]（以上兩人皆是斐然學者，且都曾在唐朝朝廷為官），以及印度的佛教僧侶善無畏（Subhakarasimha[15]，將怛特羅密教帶到中國）。

長安原本擁有啟蒙開明的文化氣氛，卻因道教皇帝唐武宗[16]（在位期間為八四〇年至八四六年）推動的一系列滅佛毀釋政策而遭敗壞，日本僧侶圓仁[17]在當時親眼目睹官方對廟產與僧尼採取的嚴酷手段，感到難以置信。唐末發生黃巢之亂，長安在八八一年遭到兵禍而元氣大傷，此後再也不曾復原。其後人們仍試圖為此城注入新生命，但無人能料到末日在九〇四年突然降臨，當時藩鎮朱溫[18]決定往東遷都，於是下令將長安的皇宮建築、政府機構和民居全部有系統地摧毀。

＊部分引用出處：translation after Arthur Waley, *The Life and Times of Po Chu-I, 772-846 A.D.* (New York, 1949)

1 〈登觀音臺望城〉。

2 生卒年不詳，出身古萊希家族，約在八七〇年代抵達長安。

3 唐初著名畫家，擅長繪畫當代與歷史人物肖像，名作有〈古帝王圖〉、〈步輦圖〉等，610-673。

4 盛唐著名畫家，畫風華麗，中國山水畫北宗「金碧山水」之祖，〈江帆樓閣圖〉據傳為其作，651-716。

5 盛唐著名畫家，民間畫工出身，好以佛道教人物為創作題材，名作有〈孔子像〉、〈八十七神仙卷〉等，680-759。

6 基督教異端思想的一派，主張者為君士坦丁堡主教涅斯托留（Nestorius，386-450），強調基督人性與神性分離（相對於正統教義主張基督神人二性完美結合為一體），四三一年該派被判為異端之後其信徒逐漸脫離正統教會，流傳到中國後被稱為景教。

7 起源於波斯薩珊王朝的宗教，創教者為出身伊朗的先知摩尼（Mani，216-276），主張善（光明的精神世界）、惡（黑暗的物質世界）對抗的二元宇宙論。

8 上古兩河流域宗教，據說是伊朗先知索羅亞斯德（Zoroaster）所創，最早出現於西元前第五世紀，後來被波斯帝國取用為官方宗教。崇拜主神阿胡拉—馬自達（Ahura-Mazda），主張世界是善惡二元力量相抗，但在末日時善神會得到最後勝利。

9 融合印度教與佛教的祕傳思想，起源於西元第一千紀，對西藏本土宗教「苯教」有所影響。

10 中亞古文明，根據地約在現在的烏茲別克與塔吉克一帶，撒馬爾罕為其主城。

11 波斯王子，在薩珊王朝滅亡後向唐朝求援，唐朝於是在現在阿富汗一帶成立「波斯都督府」，任命卑路斯為總督，後來又封他為右武衛將軍。生年六三六，卒年不詳。

12 波斯薩珊王朝末代皇帝，與回教勢力相抗但最後慘敗，逃亡途中遭當地人殺害，在位期間六三二年至六五一年。

13 日本奈良時代的遣唐使之一，曾考中唐朝進士，中國名字為「晁衡」，於玄宗、肅宗、代宗三朝為官，698-770。

14 統一新羅時期的朝鮮士大夫與詩人，曾在唐朝留學多年且通過殿試，回國後試圖推動改革但未果，晚年趨向佛教，857-10th century。

15 佛教密宗僧侶，將密教經典之一的《大日經》（全名《大毗盧遮那成佛神變加持經》）傳來中國，637-735。

16 唐朝第十八代皇帝，信奉道教，又為充實國庫而大力打擊不必納稅的佛寺僧尼、沒收廟產，814-846。

17 日本佛教天台宗的祖師之一，曾前往中國學習佛法，著有《入唐求法巡禮行記》，794-864。

18 唐朝藩鎮，參與黃巢之亂而後投降唐朝，被唐僖宗賜名朱全忠。後來他殺害唐昭宗、廢唐哀帝自立，建立五代十國的「後梁」，晚年遭其子朱友珪所殺，852-912。

巴格達
BAGHDAD
阿拔斯王朝盛世

巴格達城在底格里斯河左右兩岸各成一個半圓形……郊區無數，裡面滿是園林、花木、別墅、美觀的人行道，以及美輪美奐的清真寺和澡堂，從兩邊河濱往外延伸好長一段距離。

雅谷特・哈馬維（Yaqut al-Hamawi[1]），——一二二四年

多莉絲・貝倫斯—阿柏塞夫
Doris Behrens-Abouseif

擁有開羅美國大學（American University of Cairo）、漢堡大學（University of Hamburg）和佛萊堡大學（University of Freiburg）學位。她曾在美國開羅大學、佛萊堡大學和慕尼黑大學（University of Münich）教授回教藝術，二〇〇〇年進入倫敦大學亞非學院（School of Oriental and African Studies），獲得納瑟・D・卡里里（Nasser D. Khalili）回教藝術與考古教授職銜。目前在哈佛大學（Harvard University）、德國柏林大學（University of Berlin）與班堡大學（University of Bamberg）、比利時魯汶大學（University of Leuven）擔任客座教授，也是美國開羅大學的「優異客座教授」。她有數本關於回教藝術與文化史的著作，其中著名者有《鄂圖曼統治下埃及的自我調節》（*Egypt's Adjusment to Ottoman Rule*，一九九四年）、《阿拉伯文化中的美》（Beauty in Arabic Culture，一九九九年）以及《馬木留克的開羅：一個建築與文化的歷史》（*Cairo of the Mamluks. A History of Architecture and its Culture*，二〇〇七年）。

穆斯林世界的光輝與成就，在西元第八到第十三世紀之間臻至高峰，巴格達不但是這段期間的回教首都，更代表了阿拉伯回教文明古典時代的集大成；此外，《天方夜譚》（*Thousand and One Nights*）裡許多故事也發生在哈里發哈倫·拉希德（Harun al-Rashid[2]）統治之下的此城中。和所有回教城市一樣，巴格達的發展與其統治者的權力、命運起伏休戚相關，它在一二五八年遭蒙古鐵騎蹂躪，在回教信仰與阿拉伯世界的歷史都造成一段空缺，後者所受影響尤著。

七六二年，阿拔斯王朝第二任哈里發曼蘇爾（al-Mansur[3]），在底格里斯河西岸建起巴格達城。推翻大馬士革的烏瑪雅王朝之後，阿拔斯家族意欲將帝國核心東遷，使其接近位於伊朗和伊拉克一帶的自家根據地。曼蘇爾審慎考量戰略、氣候與經濟各方面因素之後擇定建城位置，並將這座首都稱為「和平之城」，象徵人間的天堂。歐洲來的訪客常把它跟巴比倫混淆，但它可是全新的回教基地（順道一提，「巴格達」的名稱在回教出現之前就已存在，是當地一個小型聚落的名字）。

關於這座城，阿拉伯中古史學家為我們留下詳細的風情描述及史事資訊。它蓋在深溝高壘的圓城周圍，這是上古近東就已出現的城市型態；圓城中心是一條精采紛呈的大道，哈里發的王宮也在此處，上面有一個泰山般的綠色大圓頂，高達四十八公尺，一尊長矛輕騎兵像立於最頂端；王宮旁邊則是大清真寺和政府機構。

中央建築群外圍街道網絡——連接最外城防磚牆上的四個等距城門——經過精心設計，讓不同階層的住宅「各得其所」，並留出市場與空地。圓城南邊大片區域是商業區，北邊則是軍營所在，曼蘇爾和他後代帝王還在底格里斯河東岸建起宮殿與駐軍處，以浮橋和西岸相連。最初只有圓城圍有城牆，但哈里發穆斯塔因（al-Musta'in[4]，在位期間為八六二年至八六六年）經歷軍隊嘩變之後，亦下令為東岸城市增建城壘。該地有一系列運河，是上古時代開鑿來連接底格里斯河與幼發拉底河，現在則是巴格達城的清水來源。這些運河上面搭著石橋，是巴格達市區特有的風景，更為城裡的社會生活扮演著重要角色。其他還有一些運河藏在地底下。

內戰在八一四年爆發，哈倫·拉希德的兩個兒子——馬蒙（al-Ma'mun[5]）和阿米恩（al-Amin[6]）——兄弟鬩牆，原本擁有王城地位的圓城變成一片廢墟，後來逐漸被四周雜亂的都市區域吸收融合。

為了避免巴格達人民與新引進的土耳其軍力產生衝突，哈里發穆斯塔因在八三六年將權力中心轉移到新城薩邁拉（Samarra[7]），讓巴格達擔任阿拔斯王朝首都的歷史中斷了一陣子。阿拔斯朝廷在八九二年再度回到巴格達，此後哈里發就以東岸其中一所宮殿為住所，該地逐漸發展成為首都裡具有類似「皇城」一般規模的區域，由好幾座建築物和住宅組成，裡面有庭院、水池、花園，甚至還有座動物園。一〇九五年，哈里發穆斯塔齊（al-Mustazhir[8]）建牆環繞宮殿建築群，未來數百年這牆仍持續被維護、翻新。

以範圍而言，阿拔斯時代的巴格達與君士坦丁堡可謂並駕齊驅。現代史學家估計當時巴格達面積約在五千到七千公頃之間，但對於人口數量大家的意見就不太一致，從二十八萬到一百五十萬的說法都有。一百五十萬這個數字是來自史料中說到城裡有一千五百座「哈曼姆」（hammam），也就是澡堂；一座澡堂能供二百個家庭使用，每個家庭差不多以五人計。在那個時代，其他回教大城市可能只有一座集會用的大型清真寺，但巴格達卻有整整六座。

巴格達是聚集當時一切頂尖事物的大都會，統治階級的貴族、軍事建設、官僚、商人、工匠、知識分子與學者共同塑造出它那豐富的都市文化。上述這些人全都是城裡國際化、多樣化人口的一部分，畢竟這是一個倚靠伊朗勢力支持而成功奪權的阿拉伯哈里發王朝，後來又有賴中亞的土耳其兵作為軍力主幹，並且吸收了原居當地的基督教徒、猶太教徒和祆教徒，而它所享有的威權和財富更足以讓人們從四面八方前來這裡，吸引力甚至擴及回教世界以外。

哈里發和朝中官員對文化活動多有贊助，使得巴格達成為宗教與人文的學術中心，奠定此後數百年回教文明的模樣。神學、法學（特別是回教遜尼派〔Sunni〕的哈納菲〔Hanafi[9]〕與漢巴里〔Hanbali[10]〕兩大學派）、史料編纂、文法研究、自然科學、純文學（belles-lettres[11]），還有美術工藝都在這裡蓬勃發展，並從城裡向整個回教世界傳播。

「智慧宮」（House of Wisdom）是馬蒙（在位期間為八一四年至八三三年）所創建的學術機構，此處率先進行古希臘科學著作的翻譯。教學與研究活動在清真寺或私宅裡進行，還有好幾間公共或半公共的圖書館可供使用，這些圖書館由顯要或學者贊助，作為宗教與世俗兩方面的求知論道之地。此城也是當時的醫學重鎮，有好幾間創立於第九到第十世紀之間的醫院。

巴格達不僅是中古回教世界的知識中心，也是其商業的樞紐。這裡市場之繁榮、產品之奢華，是《天方夜譚》中許多故事的靈感來源。此城昌隆的經濟一方面奠基於腹地的豐裕農產，一方面則由於它位處一個巨型商業網絡上，這網絡範圍超越回教帝國，一直延伸到印度洋、中國、非洲、大西洋和歐洲等地。其市場依照不同行業規劃分區，並有管理員監督，所販賣的商品來自世界各地；這些市場同時也是製造業與金融業的中心。

第十世紀前半是巴格達的全盛期，哈里發在底格里斯河畔的華麗宮殿裡過著高雅生活。九四五年，統治西伊朗的什葉派政權白益王朝（Buyids）占領巴格達，剝奪哈里發的權位；但這些人到了一〇五五年又被同樣來自伊朗的塞爾柱土耳其人（Seljuks）驅逐，回教遜尼派政權再度被擁立。尼札姆·穆爾克（Nizam al-Mulk[12]）是第三任塞爾柱蘇丹馬力克·沙赫（Malikshah[13]）的大宰相，他在一〇六七年於巴格達設立「馬德拉沙」（madrasa）這個機構，作用之一就是倡導遜尼派信仰。馬德拉沙是提供教育和住宿的官方設施，從此時開始散布到整個回教世界，成為神學研究的正統學院。

安達露西亞的旅行者伊本·朱貝爾在一一八五年造訪巴格達，那時該城運勢已然走下坡。洪水、火災、民眾暴動與教派紛爭都對這座中古都市造成損害，但斷送光輝歷史的最後一擊發生在一二五八年：巴格達陷於蒙古人之手，蒙古統帥旭烈兀[14]下令處死最後一任哈里發，將阿拔斯王朝送入歷史。今日，圓城已經沒有留下任何可供辨識的殘痕，偉大的王朝時代僅有少數遺跡留存至今，包括一座宮殿、兩座據說是哈里發納塞爾（al-Nasir[15]，在位期間為一一八〇年至一二二五）的陵墓、兩座由他在一二二一年重建的城門，以及哈里發穆斯坦席爾（al-Mustansir[16]）在一二三二年所設的馬德拉沙。

＊部分引用出處：Yaqut al-Hamawi, *Dictionary of Countries*, 1224, from W. S. Davis (ed.) *Readings in Ancient History: Illustrative Extracts from the Sources*, 2 vols (Boston: 1912-13), vol. II, 365

1 阿拉伯傳記作家與地理學家，其百科全書式的著作《地理辭典》（***Kit b mu'jam al-buld n***）和《作家辭典》（***Mu'jam al-udaba'***）在當時阿拉伯世界中享有盛名，1179-1229。

2 阿拔斯王朝第五任哈里發，在位期間是回教世界科學、藝術、文學、宗教各方面都發展至鼎盛的黃金時代，763 or 766-809。

3 第一任哈里發薩法赫（as-Saffah）的哥哥，阿拔斯王朝實質上的開國君主，在位期間真正奠立其政權的穩定性與政府組織，714-775。

4 阿拔斯王朝第十二任哈里發，此時阿拔斯王朝勢力已然中衰，前一任哈里發過世後土耳其軍人擁立穆斯塔因，阿拉伯傳統勢力反對而發動兵變，但隨即遭到鎮壓，836-866。

5 阿拔斯王朝第七任哈里發，在阿米恩立自己兒子為太子之後起兵叛變，在位期間重新展開與拜占庭之間的戰爭，786-833。

6 阿拔斯王朝第六任哈里發，在父親哈倫．拉希德死後繼位，後來被馬蒙麾下將軍活捉處死，787-813。

7 位於伊拉克中部、巴格達西北方一百二十五公里處的都市，坐落於底格里斯河東岸。

8 阿拔斯王朝第二十八任哈里發，在位期間遭遇第一次十字軍東征，1078-1118。

9 遜尼派四大法學學派之一，主張執法者對於經典中無法尋得答案的問題應以理性邏輯（最後則是當地習俗）做出決斷。

10 遜尼派四大法學學派之一，採取較嚴格的基本教義派路線，不接受執法者以習俗或自己的判斷來解決經典條文未曾提及或態度模糊的問題。

11 亦稱「美文」，源於法語，強調文字在功能性（如新聞、論述等）之外的藝術性質。

12 塞爾柱帝國宰相、波斯學者，有關於統治學問的著作傳世，1018-1092。

13 塞爾柱帝國宰相，1055-1092。

14 成吉思汗第四子拖雷之子，大幅拓展蒙古帝國在西亞的勢力，後來建立伊兒汗國，1218-1265。

15 阿拔斯王朝第三十四任哈里發，試圖重振長久以來受到異族軍人宰制的哈里發朝廷權威，頗有成效，1158-1225。

16 阿拔斯王朝第三十六任哈里發，1192-1242。

哥多華

CÓRDOBA

摩爾西班牙的光輝首都

哥多華有四樣優點遠勝世界各大首都，裡邊有河上的那座橋，以及那座清真寺……但最偉大的事物就是知識，而那正是哥多華第四樣頂尖之處。

——馬卡里（al-Maqqarī），十六世紀早期

多莉絲・貝倫斯—阿柏塞夫
Doris Behrens-Abouseif

擁有開羅美國大學（American University of Cairo）、漢堡大學（University of Hamburg）和佛萊堡大學（University of Freiburg）學位。她曾在美國開羅大學、佛萊堡大學和慕尼黑大學（University of Münich）教授回教藝術，二〇〇〇年進入倫敦大學亞非學院（School of Oriental and African Studies），獲得納瑟・D・卡里里（Nasser D. Khalili）回教藝術與考古教授職銜。目前在哈佛大學（Harvard University）、德國柏林大學（University of Berlin）與班堡大學（University of Bamberg）、比利時魯汶大學（University of Leuven）擔任客座教授，也是美國開羅大學的「優異客座教授」。她有數本關於回教藝術與文化史的著作，其中著名者有《鄂圖曼統治下埃及的自我調節》（*Egypt's Adjusment to Ottoman Rule*，一九九四年）、《阿拉伯文化中的美》（Beauty in Arabic Culture，一九九九年）以及《馬木留克的開羅：一個建築與文化的歷史》（*Cairo of the Mamluks. A History of Architecture and its Culture*，二〇〇七年）。

哥多華的燦爛歲月始於七五〇年。大馬士革的烏瑪雅王朝滅亡後，艾布杜·拉赫曼王子（'Abd al-Rahman[2]）逃過血洗全族的大屠殺，在流亡地西班牙建立起一個新的哈里發王朝。阿拉伯人在第八世紀早先已經征服哥多華，宣告此地為回教西班牙「安達露斯」（al-Andalus[3]）的首都。烏瑪雅王朝在哥多華延續壽命，直到一〇三一年該城展開六十年的共和國時代，之後又為新王朝穆拉維德（Almoravid dynasty[4]）所有，一一四八年再改朝換代為穆瓦希德（Almohad dynasty[5]）王朝。一二三六年，哥多華落入卡斯提爾的斐迪南（Ferdinand of Castile[6]）之手，這是他「收復失地運動」（Reconquista[7]）的成績之一，而哥多華作為地中海世界主要都市（不論屬於基督教或回教）的歷史就此告終。

將近五百年來，尤其是在第十世紀的時候，哥多華可是文明薈萃之地，無論是政治的和平或寬容程度大概都超越當代其他城市。它是個文化大熔爐，十萬居民混雜各色人種，包括阿拉伯人、柏柏人（Berbers[8]）、伊比利人（汪德爾人與西哥德人）和猶太人。哈里發的朝廷裡盛開璀璨的文化之花，讓那時歐洲各國首都皆相形失色。正如另一方的巴格達朝廷一樣，這裡也吸引了許多外國學者，激盪出科學、醫學、哲學、詩歌與藝術的卓越成就。第十世紀晚期的統治者哈克汗二世（al-Hakam II[9]）在城裡建起史上規模最大的回教圖書館之一，館藏估計超過四十萬卷。這裡的市場以琳瑯滿目的奢侈品聞名，特別是紡織品、珠寶、皮件、武器和象牙雕刻；書市是當時一絕，同時也是印刷與出版中心。稍後，安達露斯那位影響深遠的哲學家與博學家伊本·魯世德（Ibn Rushd[10]，一一二六年至一一九八年，基督教世界稱他為「阿非若」〔Averroës〕）也是在此居住工作。今天還存留在地表上唯一一個哈里發時代夠分量的遺物——除了該城城牆以外

——就是被稱為「美茲齊達」(Mezquita)的大清真寺,它現在已是基督教的主教座堂。

美茲齊達是艾布杜·拉赫曼一世(在位期間為七五六年至七八八年)登基三十年後所建,用的是舊有聖文生教堂的基址,為此他把教堂給拆了(然後授權給基督徒去別處另蓋一座新的)。這座清真寺在他死前一年終於落成,後代哈里發四度擴建此處,證明這座宏偉建築對王朝統治者的重要性,它是西班牙回教政權的典範之作。普天下只有大馬士革清真寺能與它競美,而它和這個好敵手同樣遵循先知穆罕默德時代的傳統而建——有一個大型庭院,祈禱堂貼著庭院其中一邊建造。

這座清真寺的建築風格結合敘利亞烏瑪雅王朝與西班牙當地的兩種風格,祈禱堂上層疊的拱型令人想起西班牙的羅馬時代輸水道,其馬蹄形的輪廓則是延續西哥德人古風。裡面許多造型各異的柱子和柱頂是從舊建築上搶下來的戰利品,來源遠達君士坦丁堡、亞歷山卓和尼姆(Nîmes[11])。最終完工後,祈禱堂內有十九道與主牆垂直的側廊,類似教堂的中殿,中央較寬的廊道則通向禱告用的龕室。起初庭院並沒有拱廊,四邊也沒有宣禮塔,艾布杜·拉赫曼二世('Abd al-Rahman II[12],在位期間為八二二年至八五二年)將清真寺範圍朝南邊拓展;艾布杜·拉赫曼三世('Abd al-Rahman III[13])又將庭院加大,在北牆上增設一座方形宣禮塔,這座塔也是現在的教堂尖塔之一。哈克漢二世(在位期間為九六一年至九七六年)的擴建工程讓這座清真寺成為卓異的建築大作,他把祈禱堂的縱深增加到一百〇四公尺,內有氣宇恢弘的三重禱告龕室,上面是三個肋紋圓頂,拜占庭工匠所製的玻璃馬賽克為其添彩生輝。九七八年,宰相曼蘇爾(al-Mansur[14])在建築物北邊添上八道側廊,使拱廊整個變寬,庭院也相應加大。

美茲齊達不僅發揮身為清真寺的宗教功能,同時也扮演著政治集會所、法庭和教育機構等角色；它旁邊聳立著王族宮殿與行政中心「阿爾卡薩堡」（Alcázar）。一條南北向的主要大動脈貫通整座城市，連接河流。市區範圍漫出城牆外，城牆有一百三十二座高塔、十三座城門，為艾布杜·拉赫曼一世所建，他還在城西郊區蓋了另一座宮殿。牆外其他宮室與郊區向各方迤邐延展，只有朝河的一側受到限制；河流與城牆之間有個名叫「阿雷西費」（Arracife）的碼頭能充作公用廣場，用來舉行大眾娛樂活動或展示政治權威。艾布杜·拉赫曼三世在哥多華西邊六公里開外的馬地納特札拉（Madinat al-Zahra）建立起宮殿與行政中心，呈現市區往西側的發展有多麼驚人；至於東邊則有曼蘇爾在馬地納札希拉（al-Madina al-Zahira）建造另一處宮城。

基督徒占領哥多華之後將美茲齊達改為教堂，一五二三年又在它的正中央蓋了一座有屏幕、祭壇及唱詩班座席的合唱壇（coro[15]），將整棟建築內景破壞無遺。跟整體相比，合唱壇所占空間的確不大，要忽視它的存在去欣賞原本的建築形貌並非難事，但我們確實會對皇帝查爾斯五世（Charles V[16]）這句話心有戚戚焉。他寫給哥多華當局的信裡如此說：「你們在這裡蓋的東西，不論是你們或任何人都能找到別的處所來建造，但你們卻這樣摧毀世上獨一無二之物。」

摩爾時代的哥多華城牆與城門都被保留下來，基督教徒征服該地後再建的諸多教堂與皇宮也極富當地特色。然而，十九世紀歷史學家羅德里哥·阿瑪多·得洛里奧（Rodrigo Amador de los Rios[17]）的說法至今仍十分貼切：「哥多華，蕭條扼緊了它，但在這陣痛裡猶渴想著過往榮華。」

＊部分引用出處：Robert Hillenbrand, ' "The Ornament of the World" : Medieval Cordoba as a Cultural Centre', *The Legacy of Muslim Spain*, Salmia Khadra Jayyusi (ed.) (Leiden & New York, 1992), p. 18

1 出身於阿爾及利亞的學者，整理集結前代文人關於回教統治下伊比利亞半島歷史的文獻，1578-1632。

2 烏瑪雅王室旁支子孫，第十任哈里發的後代，在哥多華復興烏瑪雅王朝勢力，成為哥多華大公（Emir of Cordoba），731-788。

3 指中古時代回教徒統治的伊比利半島區域，包括現在西班牙與葡萄牙絕大部分地區，第八世紀全盛期其勢力甚至伸入現在的法國南部。

4 北非柏柏人在十一世紀建立的回教政權，以摩洛哥為中心，範圍涵蓋西北非與安達露斯，一一四七年滅亡。

5 柏柏人內部發起的宗教改革運動，在一一四七年推翻穆拉維德王朝，一二一二年被斐迪南與伊莎貝拉逐出西班牙，後來逐漸解體滅亡。

6 卡斯提爾最有政績的君主之一，藉由軍事與外交手段從回教徒手中取得西班牙南部大片領土，1199/1201-1252。

7 指回教徒占領伊比利半島之後，基督教徒試圖收復該地的這段歷史。

8 北非民族之一。

9 後烏瑪雅王朝第二任哈里發，與伊比利半島北部的基督教勢力達成和平協議，並發展國內農商、贊助學術。915-976。

10 回教神學家，主張萬事萬物遵循上帝創造的因果法則運作（相對於無時無刻受到神意控制），提倡亞里斯多德的學說，著作還包括法學、地理、音樂等。

11 法國南部地中海濱城市，古羅馬時代已是大城。

12 烏瑪雅系的第四任哥多華大公，對文藝與建築多有贊助，792-852。

13 烏瑪雅系的第八任哥多華大公，即位後自封為哈里發，與當時的阿拔斯王朝與北非的法蒂瑪王朝鼎立成為世界三大回教哈里發王朝，889/891-961。

14 後烏瑪雅王朝第三任哈里發希沙姆二世（幼年繼位）的宰相，架空哈里發、掌握政治實權長達二十四年，938-1002。

15 西班牙教堂建築中的構造，即一般教堂的唱詩班席，但通常規模大而繁複。

16 西班牙皇帝、神聖羅馬帝國皇帝（查爾斯一世），在美洲與亞洲也擁有殖民地，西班牙於此時開始被稱為「日不落國」，1500-1558。

17 西班牙史學家、考古學家與律師，曾任馬德里的國家考古博物館館長，1849-1917。

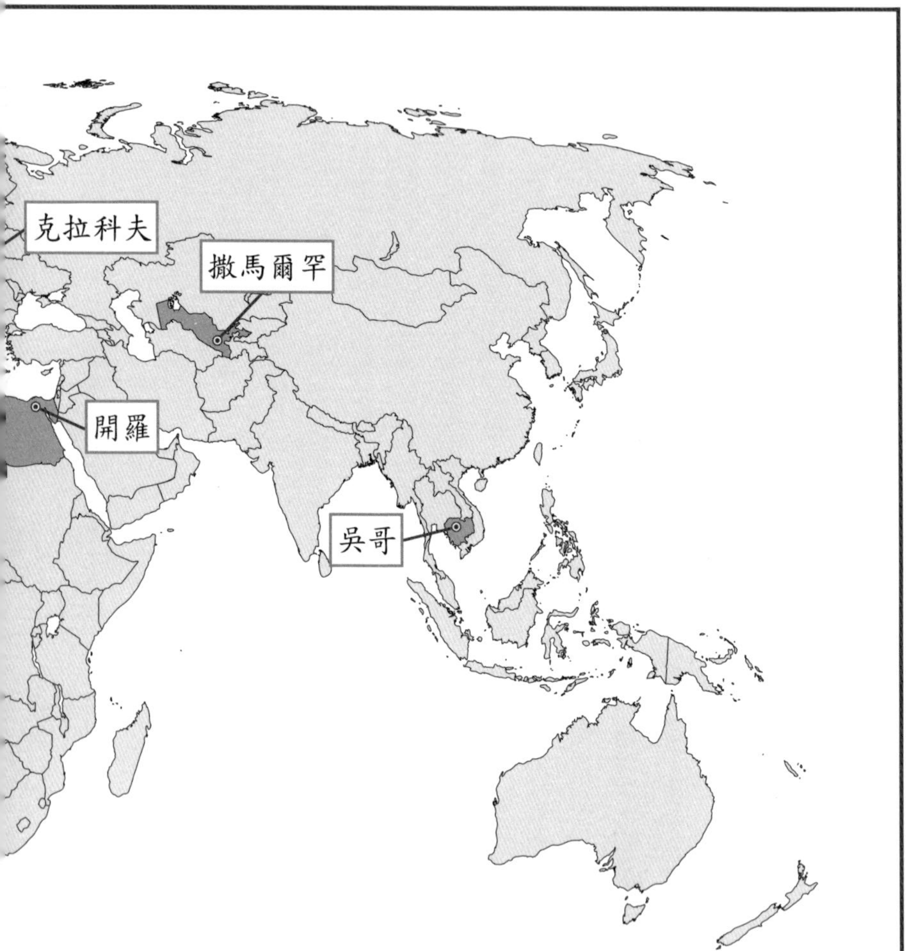
克拉科夫
撒馬爾罕
開羅
吳哥

中古世界

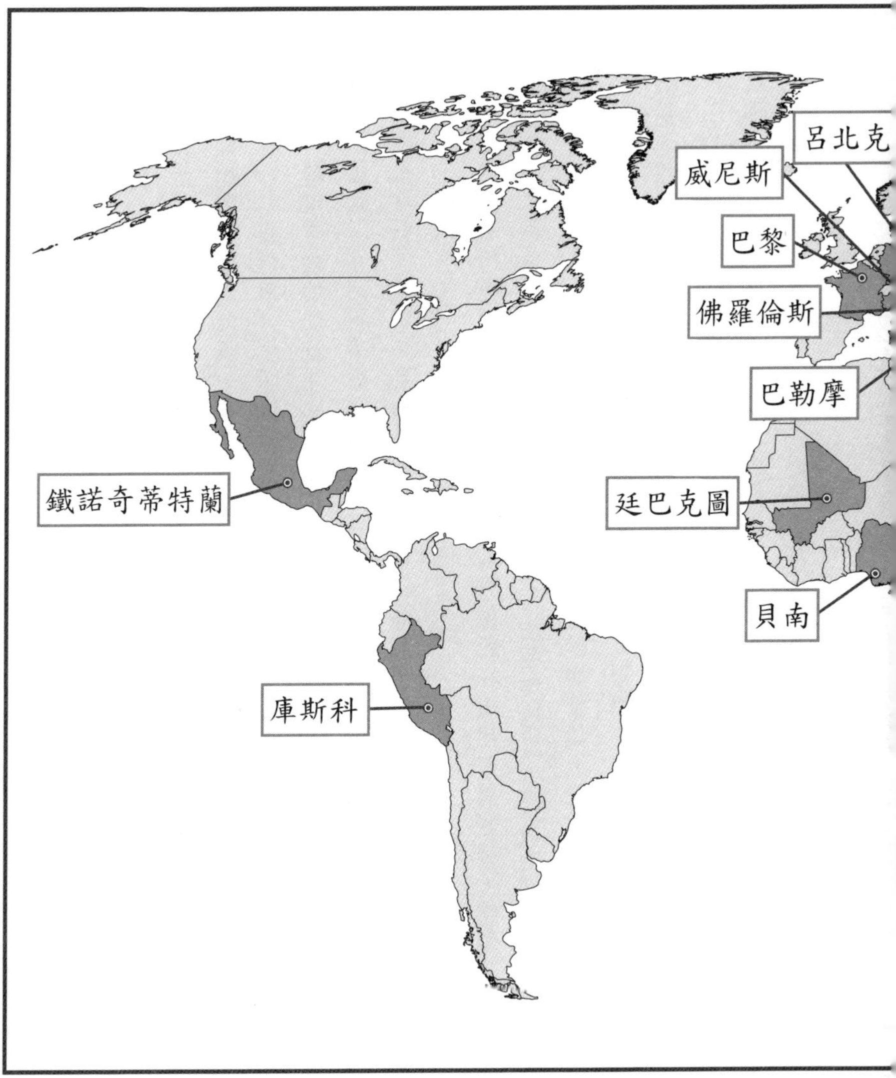

中古世界

當故事說到西元一千年的時候，地球上五大洲裡的其中四個已經出現了大城市，這些城市在接下來五百年間都欣欣向榮的發展。光是在北義大利，文藝復興早期的重要城邦——以威尼斯和佛羅倫斯為代表——就對西方文明做出它們獨到而無與倫比的貢獻；往南方走，西西里島上那如彗星般璀璨卻轉瞬即逝的諾曼王國，則前無古人後無來者，結合了地中海三個偉大文化——拉丁、希臘、阿拉伯。在阿爾卑斯山以北，中古巴黎是個生氣勃勃的大都會，呂北克和漢薩同盟其他城市則在俄羅斯、斯堪地那維亞和波羅的海各處敲開商業大門，當時歐洲最大國的首都——克拉科夫——的大學更吸引學生從歐洲各處前來。

對地理學家而言，歐洲已經不再充滿謎團，商人與使節在這裡四處旅行，繪製出來的歐洲地圖也大致精確。另一方面，卻沒有人著手為其他幾塊大陸製作地圖，因為人們僅知它們存在，卻幾乎不曾加以探索。在非洲，就連那時已是回教的一等學術重鎮，並擁有數座壯美冠絕天下清真寺的開羅，都鮮有西方旅行者踏足。至於貝南和廷巴克圖兩座非洲城市，它們在歐洲人心中幾乎只是個傳說。然而，正如本書接下來的篇幅將呈現的，歐洲人的無知並無損於這兩座城市的偉大。

另外兩座美洲城市——鐵諾奇蒂特蘭與庫斯科——也是如此，它們的名字在歐洲從未有人聽聞，畢竟整個美洲大陸都得等到中古時代最後十年才被歐洲人發現。古阿茲特克首都到了現在，幾乎不留片磚隻瓦，只除了約四十年前在墨西哥市主教座堂旁邊發現的大神廟金字塔；但你只要讀讀卡斯提爾的貝爾納·迪亞茲所記載的西班牙征服史，就會對這城曾經的輝煌了然於心。庫斯科也是劫後餘生，遭遇過西班牙征服者的摧殘與地震破壞，但留存下來的印加老建築還是不少——附近的薩克塞華曼，更能清楚展現印加石匠巧奪天工的技藝——足以讓我們相信這裡曾是一座光輝過人的城市。

有個詩人為本章另一座城寫了首詩：

夜裡欣然策騎，從泉眼出行，
陰影自沙上過，何其龐然，
鈴鐺在寂靜內輕柔地響，
沿這金色道路去向撒馬爾罕。

就算不看詹姆斯·埃羅伊·弗萊克（James Elroy Flecker[1]）的詩句，世上也沒有幾處地名能這般引人遐思，這座既是首都也是王陵的城市，是帖木兒自大張狂的創作。人們無法想像中亞大草原上竟可能出現大都市，更別說是當時最富裕豪奢的一座城。現代撒馬爾罕大多數地區都被蘇聯時代簡陋粗鄙的建築所侵蝕，但它在十五世紀的美能讓訪客屏息，那美的痕跡至今猶存。

最後我們要說說吳哥，它隱藏密林深處，數百年來不為歐洲旅人所知，直到距今一百五十年前才被發現。或許基於此因，或許也因為規模龐大，這座古城從未遭受蓄意破壞。它最大的敵人就是周遭叢林，樹木將地基掘鬆、將建築物一劈為二，偶爾還會像巨蟒一般實實在在地把房屋吞噬入腹。吳哥城兼有印度教與佛教，在其極盛期吸引成千上萬朝聖者前來。然而，今日它也如其他古城一樣，必須忍受那破壞力更強的觀光業，以及夜間出沒的盜賊——城裡愈來愈多小型裝飾雕像被鋸走，一週後就流落到曼谷的古董店裡。

1 英國詩人與作家，受十九世紀法國高蹈派（Parnassianism）影響，1884-1915。

吳哥
ANGKOR
高棉的光榮之城

麥可．D．寇依
Michael D. Coe
耶魯大學（Yale University）查爾斯．J．麥可寇迪（Charles J. MacCurdy）人類學教授榮譽職，著有《吳哥與吉蔑文明》（*Angkor and the Khmer Civilization*，二〇〇四年）和許多討論中美洲考古學與文字系統的著作，並著有回憶錄《最終報告》（*Final Report*，二〇〇六年）。

這些非凡成就……建造過程中，人們似乎是將耐心、能力與天分發揮到了極致，只為將他們權力與文明的證據留給後人知曉。

——亨利．穆奧（Henri Mouhot[1]），一八六四年

自從法國探險家亨利．穆奧在一八六〇年代「發現」吳哥之後，這座位於柬埔寨西北的中古時代城市就令西方人遐思不已。那時的吳哥大都仍被濃密叢林掩埋，但現場壯觀的神廟廢墟已足以讓穆奧和其他旅者神往猜測此地的建造者，又是什麼導致它的滅亡。這座城的現代名稱「吳

哥」是梵文名詞negara的高棉語（Khmer[2]）說法，意為「都城」；它的古名其實叫作耶輸陀羅宇羅（Yashodarapura）——「光榮之城」。在闍耶跋摩七世（Jayavarman VII[3]）的治理下，這座城迎來鼎盛時代，成為一個涵蓋大部分東南亞陸地的帝國之政治中心，「光榮之城」當之無愧。

吳哥位處於坡度和緩的平原上，北邊與西北邊是荔枝山（Kulen hills），南邊則有東南亞最大的淡水水域洞里薩湖（Tonle Sap）。洞里薩湖湖水極淺，受到發源於荔枝山的溪水以及湄公河一條支流滋養，每當五到十一月中的雨季就漲成大湖，到了冬天乾季又迅速縮減，水位僅剩下雨季時的四分之一。高棉人至今仍從這湖裡捕得豐富漁獲，而當年的吳哥居民主要也是從這裡取得蛋白質來源，但稻米仍是他們最重要的糧食。

吳哥在西元八〇二年之後建城，那時闍耶跋摩二世（Jayavarman II[4]）自封為「轉輪王」（意即「宇宙之王」），並在現在吳哥的東南角一塊地方建立起首都。他與後繼君王在那裡建起國有的神廟，祭祀對象包括神明——特別是王族繼承的守護神濕婆（Shiva）——以及祖先，神廟布局遵守印度教正式傳統，中央磚造或石造的大廟象徵須彌山（神話中眾神在喜馬拉雅山上的故鄉），周圍有四座較小的廟殿陪襯，排作五點梅花形[5]。每一處神廟群都被直線構成的護城河圍繞，代表須彌山四周的宇宙之海。

第九世紀將近結束之時，耶輸跋摩一世（Yashovarman I[6]）將此城行政中樞向西北方遷移約二十公里，並且囂張地以自己的名字為這座重新建構過的城市命名（耶輸跋摩的意思就是「光榮所守護者」）。

到了十二世紀早期，蘇利耶跋摩二世（Suryavarman II[7]）建起吳哥窟（Angkor Wat），這大概是世界上規模最大的宗教建築，在許多人眼中也是全世界最美麗的宗教建築。吳哥窟主祀毗濕奴神（Vishnu，印度教「生住滅」三大神中主掌「住」者），吳哥逐漸沒落後，此處一直由佛教僧侶維護，始終都有許多虔誠的印度教徒與佛教徒來此朝聖。從吳哥時代至今，信徒同樣地由西側徒步前來，踏著堤道穿越護城河，進入呈四邊形的三重迴廊第一重。朝聖者會在最外圍沿著順時鐘方向巡行，觀賞描繪印度史詩《羅摩衍那》（*Ramayana*[8]）與《摩訶婆羅多》（*Mahabbrata*[9]）裡的情節，以及訴說著開天闢地故事的絢麗浮雕。五點梅花形中央是一層又一層不斷重疊的高塔，過去可能曾覆以黃金；這是神明的聖殿，也是神明的模樣，由婆羅門祭司主持，而這些人是神靈和信眾之間的橋梁。

我們對這座城的知識，有一部分來自現存唯一目擊者的紀錄，作者名叫周達觀，是十三世紀末來自中國首都北京城的商業使節，在吳哥待了約一年。他那生動活潑的回憶錄中所描述的「城市」並非整個吳哥，而是其中的核心「大吳哥城」（Angkor Thom），也就是闍耶跋摩廣大領土的政治與宗教中心。大吳哥城呈正方形，每邊三公里長，有護城河與高牆環衛。城牆共開五座大門，高度足以讓大象與象背上的乘客通過；牆頂還立有城塔，塔上雕著神祕的笑臉。根據周達觀所言，西方大門（西邊是不吉利的方位）是處決用的刑場。四方形正中央就是闍耶跋摩的國寺「巴揚寺」（Bayon），由數座四面石塔和儀式小間構成龐大而複雜的寺院，其中大部分都代表大乘佛教信仰。周達觀說，該寺中央佛塔全部覆滿黃金，塔基安放八座金佛。

巴揚寺西北方向的區塊就是王宮。石砌的恢弘神廟建來是為容納永恆神祇，但國王的邸宅則是以無法永恆的木材所蓋的龐大院落，屋頂瓦片泛著黃光，主要房舍則以鉛瓦鋪頂。要判斷王宮大小可以參照以下數據：除了國王的五個王后和她們的侍從，還有三千到五千名「嬪妃與宮女」、官吏、宮廷舞者與樂師，以及超過兩千名白天入宮工作、晚間歸家的婦女。王宮內院裡有五座王室浴池和一座家廟，據說國王每晚都要入廟與「蛇公主」同寢。國王的朝堂是典型東南亞風格，有一面環飾鏡子的金框窗戶；國王身著華麗朝服，頭頂金冠，脖子上戴著三斤多的珍珠，手鐲與戒指也是黃金打造。對那些匍匐於龍顏之前的求告者而言，國王的形象必定無比莊嚴威武。國王出宮時會佩帶黃金聖劍，這是守護柬埔寨的鎮國之寶。

王宮東方大門前是一座巨大閱兵台，上頭的淺浮雕是戰象與象夫們；國王與妻兒在此檢閱國家大事，例如軍隊、民眾遊行，甚或是煙火表演，還有一年一度帝國人口普查時，每一戶家長都要逐個通過這裡。此建築物北側構造被稱為「瘋王臺」（Leper King Terrace），現在一般認為此處是王族舉行火葬的地點。

闍耶跋摩七世是柬埔寨最孜孜不倦的建築師，也是大乘佛教力量無窮的護法。他生前在大吳哥城內建了三處以壕溝與宮牆圍繞的建築群，其功能基本上就是研究佛學的「大學」，其中每一處都住著數千僧官、無數寺中雇員（包括舞者）、平民、奴隸等，全都靠著國王賜下的封地稅收來維生。舉例來說，富可敵國的塔普倫寺（Ta Prohm）享有三千多個村莊的歲入，這些村莊可能散布在帝國各處。

儘管缺乏貨幣，貿易似乎並不因此受阻。周達觀用了不少文字描述住在城內的商賈，這些人看來大多數都是中國人，巴揚寺的浮雕上甚至還活靈活現描繪著中國商人的住宅風情。雖然湄公河下游水道不利於航行，跨國貿易仍舊興盛，出口的當地土產有珍貴的翠鳥羽毛、犀牛角、象牙，換來中國製造的絲綢和青瓷等商品。

這究竟是個什麼樣的城市？它的居民都住在哪裡？吳哥六座巨型蓄水池的用處到底為何？一百年來，考古學與藝術史的研究都以神廟和銘刻內容為主，對上述問題始終無法提出解答。不過最近有人以地面與雷達探測配合挖掘工程，揭示出吳哥大部分百姓都住在用柱樁支撐的茅草屋裡，附近就是人工池塘（正如周達觀所說），住宅區與稻田錯落分布。整片地區是個廣闊而低密度的都市區域，蓄水池則是由國家主掌的龐大運河灌溉系統的一部分，讓該地全年都能夠種植稻米。然而，這一切為何在六百年光輝盛世後淪落為斷垣殘壁？此事仍是未解之謎，我們只能推斷，自然環境惡化與泰族（Thai[10]）入侵者在軍事上的步步進逼，想必都造成重大影響。

***部分引用出處：** H. Mouhot, *Travels in the central parts of Indo-China* (London, 1864)

1 法國博物學家與探險家，將吳哥窟介紹給西方世界認識的主要功臣，1826-1861。
2 高棉族（柬埔寨地區的主要民族）使用的語言。
3 高棉帝國國王，史學家認為他是史上權力最強大的高棉國王，平生篤信佛教，1125-1218。
4 高棉帝國建國者，統一各方分裂勢力，並使柬埔寨脫離爪哇的統治，770-850。
5 即骰子上「五」這一面的圓點排列方式。
6 高棉帝國國王，將首都遷到吳哥。在位期間為八八九年至九一〇年。
7 高棉帝國皇帝，吳哥窟的主要建造者，在位期間為一一一三年至一一四五年或一一五〇年。
8 印度史詩，描述王子羅摩與公主西塔（Sita）之間的愛情故事。
9 印度史詩，描述兩大家族之間的戰爭，內容對印度的宗教與哲學都有深刻影響。
10 東南亞民族之一，主要分布在泰國。

巴勒摩
PALERMO
地中海的諾曼寶石

約翰·朱里斯·諾維奇
John Julius Norwich

著有諾曼時代西西里、威尼斯、拜占庭和地中海世界等地區的地方行政史論，其著作主題還包括阿索斯山（Mount Athos）、撒哈拉、英國文學、莎士比亞史劇、十九世紀威尼斯與教廷等。回憶錄《入境從俗》（*Trying to Please*）出版於二〇〇八年。他從一九七〇年開始，每年編輯文摘小冊《聖誕笑談》（*A Christmas Cracker*），曾定期為電視與講座製作歷史紀錄片，曾任倫敦最古老藝術品經銷商科爾納吉（Colnaghi）董事長，現在是「瀕危威尼斯」基金會（Venice in Peril Fund）與世界文化遺產基金會英國分會（World Monuments Fund Britain）的榮譽董事長。

國王的宮殿在環城山丘上排作一列，好似女子繞頸的珍珠，他在花園與庭院裡自如休憩。多少王宮、建築、瞭望塔與觀景樓皆為他所有……多少修道院蒙他贈與豐饒土地，多少教堂有他賜下的金銀十字架！

——伊本·朱貝爾，一一八四年至一一八五年

若要論到十二世紀中期的歐洲城市，誰最耀眼，巴勒摩必定榜上有名。諾曼人征服西西里時，此地已是熙來攘往的商業都會，人口可能有二十五萬，光清真寺就有堂堂三百座，教堂的

數量也差不多，還有能工巧匠麇集的無數市集街道。整座都市不僅四面環著伊本·朱貝爾描述的山陵，還有許多公園和遊樂園，以及回教世界令人熟悉的噴泉流水潺潺濺濺。

南義大利打從一〇一五年左右就有諾曼人蹤影。那時一群諾曼朝聖者前往阿普利亞（Apulia[1]）的蒙泰聖安傑羅（Monte Sant'Angelo[2]），卻被一名倫巴人的使者找上，該名使者向這些諾曼人提出一筆極其誘人的交易：如果他們願意帶來幾百族人襄助倫巴人對抗占領該地的拜占庭勢力，這裡的廣大地產就任他們瓜分。大利當前，勢不可擋，之後五十年內，年輕的冒險者紛紛策馬越過阿爾卑斯山，往南進入義大利尋求發達的機會。到了一〇五〇年，阿普利亞與卡拉布利亞（Calabria[3]）已被他們掃蕩太平；教皇利奧九世（Leo IX[4]）在一〇五三年率軍討伐諾曼人，卻在敗退後遭到生擒，他的下下任繼承者尼閣二世（Nicholas II[5]）則封諾曼領袖羅伯·吉斯卡（Robert Guiscard[6]）為公爵，封地包括阿普利亞、卡拉布利亞，還有西西里。

當時從來沒有半個諾曼人曾踏足西西里島，但這道冊封詔令無異於邀請函。羅伯與其弟魯傑羅（Roger[7]）在一〇六一年進攻該島——五年後他們的表親就要在黑斯廷斯會戰（Battle of Hastings[8]）旗開得勝。然而，希臘人與阿拉伯人混居的西西里島對付起來卻分外棘手，這對兄弟直到一〇七二年才打到巴勒摩，而征服者威廉（William the Conqueror[9]）只花了幾個禮拜就平定英格蘭。但真要說起來，征服西西里的後續故事可比英國發生的事情精采得多，長期而論，只有設法讓這裡語言各自不同、宗教也各自不同的三種民族能夠或多或少融合為一國國民，這場征服戰爭的勝利才有意義。羅伯返回在義大利本土的公爵封地之後，這個超人般的任務竟在兩個人手中順利完成，那就是魯傑羅一世和他的兒子魯傑羅二世（Roger II[10]）。

父子之間天差地別，魯傑羅一世是個徹頭徹尾的諾曼人，但有個義大利母親、出生在西西里的魯傑羅二世，則是帶有東方色彩的南歐人；魯傑羅一世有了「大公爵」的頭銜就已心滿意足，但魯傑羅二世非得稱王才甘心。一一二七年，魯傑羅二世繼承其兄於義大利本土的領地，三年後，也就是一一三〇年的聖誕節，他在巴勒摩主教座堂（Cathedral of Palermo）被加冕為王。多虧了一場有爭議的教皇選舉，魯傑羅二世在兩名人選中擇弱者支持，以此換取對方下詔承認自己王位的合法性。他加冕的這一天，巴勒摩的黃金時代於焉開始。

開宗明義地說，這個王國可是被治理得井井有條。希臘人當時是舉世無雙的水手，他們負責組成最重要的海軍，並以巴勒摩那完美的天然港口為基地。海軍總司令實際上就是當朝首相，事實上Admiral這個字就出自於諾曼人統治的西西里，以阿拉伯文的emir al-bahr（即「大海埃米爾」）為本。阿拉伯人順理成章掌握財政大權，畢竟他們的數學成就在當時獨步全世界；另一方面也因為這座島恰恰位在地中海這個南北縱橫、東西交錯的十字路口與情報交換所的正中央，地利絕佳，是故西西里與巴勒摩很快就富有到「白玉為堂，金作馬」。從留下的建築遺跡可以看出，魯傑羅國王要得起頭等珍品，稍微遜色的都看不上眼。其中最令人擊節讚嘆者，莫過於巴勒摩王宮裡的帕拉提諾禮拜堂（Palatine Chapel，又稱Cappella Palatina），這是魯傑羅二世在一一四〇年代所建，完美呈現這場諾曼—西西里奇蹟的精華。

禮拜堂以西歐建築為範本構思雛形，中央中殿、兩旁各置側廊，並有階梯通往高壇。不過牆上卻貼滿了拜占庭風格的馬賽克，顯然是從君士坦丁堡延請技藝最精的希臘工匠所製，而鐘乳石狀的木造屋頂則是純然的回教手藝，東方式的細木工傑作，不知匠師是來自哥多華或大馬士革。儘管有些離題，但不得不提西西里島上最動人心魄的藝術絕唱：它不位於巴勒摩，而是在沿海往東一段距離的地方，由魯傑羅所蓋的切法盧主教座堂（Cathedral of Cefalù）中「基督普世君王」巨型圓頂馬賽克，在許多人心中，這也是基督教藝術裡呈現救世主模樣的至高佳作。

這位國王不只是慷慨的藝術贊助者，他在巴勒摩的朝廷之盛之華亦冠絕十二世紀歐洲。中古時代研究科學最重要的兩種語文，分別是希臘文與阿拉伯文，這在北方歐洲根本無從學習。學者欲研讀希臘文者可能會往君士坦丁堡去，欲通曉阿拉伯文者可能會擇安達露斯定居，但若有人希冀兼而得之，則唯有巴勒摩是他的目的地。在一一四〇年代，魯傑羅已在此備下住所，讓來自基督教世界與阿拉伯世界各處的頂尖學者、科學家、醫師、哲學家、地理學家和數學家安居。隨時光流逝，這位國王也愈來愈喜愛與這些知識分子為伴。

魯傑羅二世在一一五四年過世，王國隨即江河日下。他的兒子「惡人」古列莫（William the Bad[11]）縱然人品實在不惡，但也缺乏其父的精力或遠見；古列莫之子「好人」古列莫（William the Good[12]）同樣跟自己的名號完全不稱，除了熱愛建造以外全無祖父的風範。他在蒙雷阿萊（Monreale）蓋的大教堂距離巴勒摩僅僅數哩，牆壁上馬賽克面積足以畝計，世上再找不出另一處教堂迴廊如此地令人愛賞，其建築成就幾堪與帕拉提諾禮拜堂或切法盧主教座堂相提並論。無奈古列莫與其妻喬安娜（Joanna of England[13]，英王亨利二世之女）膝下空虛，王位最後傳給他的姑姑，也就是魯傑羅的女兒康斯坦莎（Constance[14]）。康斯坦莎她的丈夫後來成為神聖羅馬帝國皇帝亨利六世，於是西西里這個諾曼王國也就被納入帝國版圖。王朝的終局不是被滅亡而是被放棄，國祚僅有六十四年。

巴勒摩自此不復當年模樣，它把亨利與康斯坦莎的兒子佛里德里克（Frederick[15]）揉鑄成為神聖羅馬帝國最偉大的皇帝，以及文藝復興君主典範（比真正的文藝復興時代還要早了兩百年），但後來它也逐漸潦倒。當西西里成為那不勒斯王國（Kingdom of Naples）的一部分，巴勒摩亦失去首都地位，再也不曾得回這頭銜。現在的巴勒摩本質上是座巴洛克都市，美麗依舊但已破爛不堪，令人神傷。不過，此地的地理環境——當地人稱之為「金貝殼」（Conca d'Oro）——仍然可喜可愛，西西里議會也依然在魯傑羅國王的老宮殿內議事；或許，或許，往事並非皆已成灰。

＊部分引用出處：*Ibn Jubayr Travels*

1 義大利半島南部形似「鞋跟」的地區，鄰近亞得里亞海與愛奧尼亞海，早在邁錫尼時代就被希臘人殖民，擁有深厚傳統。
2 於十一世紀建城，城內的「大天使聖米迦勒聖殿」（Sanctuary of Monte Sant'Angelo）是當時重要的朝聖地，相傳聖米迦勒曾在此三度現身。
3 義大利半島南部位於「靴尖」的地區，從西元前第八到第七世紀之間出現許多希臘人的殖民地。
4 日耳曼地區出身的教皇，在位期間一〇四九年至一〇五四年，1002-1054。
5 推翻僭教皇本篤十世（Antipope Benedict X）成為教皇，並試圖與支持本篤十世的諾曼人修好，在位期間為一〇五九年至一〇六一年，990/995-1061。
6 諾曼軍事領袖，以足智多謀著稱，1015-1085。
7 諾曼軍事領袖，在一〇七一年成為第一任西西里伯爵（Count of Sicily），其直系子孫統治西西里直到一一九四年，1031-1101。
8 在英國南部黑斯廷斯一帶發生的戰役，「征服者威廉」於此擊敗盎格魯—薩克遜國王哈洛德（Harold），展開他吞併英格蘭的過程。
9 諾曼地公爵威廉一世，率軍入侵英格蘭，在英國建立起諾曼人的征服王朝，1028-1087。
10 魯傑羅一世的幼子，一一〇五年成為西西里公爵，一一三〇年被他所支持的僭教皇克雷二世（Anacletus II）封為西西里國王。
11 第二任西西里國王，「惡人」之名是出自支持古列莫政敵的歷史作者筆下，1120-1166。
12 第三任西西里國王，由於在位期間國內相對安定而被後世稱為「好人」，1153-1189。
13 西西里王后，古列莫死後改嫁土魯斯伯爵雷蒙六世（Raymond VI），1165-1199。
14 神聖羅馬帝國皇帝亨利六世（Henry VI）的皇后，1154-1198。
15 神聖羅馬帝國皇帝，頗富學養，帝國領土在此時達到極點，但政教衝突也變得嚴重，1194-1250。

開羅

CAIRO

回教文明中心

我們在一四八一年六月十七日（禮拜天）抵達開羅。我來此本是為見識開羅人與他們所行所為，但如果要敘述這裡的財富和人民，就算用這一整本書都寫不完。我發誓，就算把羅馬、威尼斯、米蘭、帕多瓦（Padua[1]）、佛羅倫斯和另外四座城市全部加在一起，它們總共的錢財與人口也比不上開羅的一半。

沃爾泰拉的拉比梅舒拉姆（Rabbi Meshulam of Volterra[2]）

——一四八一年

多莉絲・貝倫斯—阿柏塞夫
Doris Behrens-Abouseif

擁有開羅美國大學（American University of Cairo）、漢堡大學（University of Hamburg）和佛萊堡大學（University of Freiburg）學位。她曾在美國開羅大學、佛萊堡大學和慕尼黑大學（University of Münich）教授回教藝術，二〇〇〇年進入倫敦大學亞非學院（School of Oriental and African Studies），獲得納瑟・D・卡里里（Nasser D. Khalili）回教藝術與考古教授職銜。目前在哈佛大學（Harvard University）、德國柏林大學（University of Berlin）與班堡大學（University of Bamberg）、比利時魯汶大學（University of Leuven）擔任客座教授，也是美國開羅大學的「優異客座教授」。她有數本關於回教藝術與文化史的著作，其中著名者有《鄂圖曼統治下埃及的自我調節》（*Egypt's Adjustment to Ottoman Rule*，一九九四年）、《阿拉伯文化中的美》（Beauty in Arabic Culture，一九九九年）以及《馬木留克的開羅，一個建築與文化的歷史》（*Cairo of the Mamluks. A History of Architecture and its Culture*，二〇〇七年）。

馬木留克王朝統治下的開羅乃是回教世界之心，也是阿拉伯哲學家伊本·赫勒敦（Ibn Khaldun[3]）所稱的「不可思議之都」。作為首都，它所屬的蘇丹國範圍不只埃及，還延伸到敘利亞（包括安納托利亞南部大片區域）與漢志地區（Hejaz[4]，聖城麥加與麥地那都在其中）。蒙古人在一二五八年踏平巴格達，自此開羅成為阿拔斯哈里發的王廷所在，儘管此時哈里發已經只是個空殼子，開羅的王都身分也僅存象徵意義，但它仍因此贏得回教世界精神與文化上的領導地位。它和古早的埃及國都孟斐斯一樣，位處尼羅河三角洲南端，坐落於上下埃及接壤地，也就是重要商道所經之處。其財富來自印度洋與地中海之間的珍貴香料轉運買賣，此外，它還盤踞在肥沃黑土帶上，受到尼羅河每年氾濫的滋潤，因此農業也是主要生計之一。

事實上，我們今天所知的開羅城是由兩個分開的基址發展而來，一個是福斯塔特（Fustat），是六四一年阿拉伯人剛征服埃及時最初建立的首都，後來周遭發展出許多衛星都市；另一個是福斯塔特南方的卡希拉（al-Qahira），為法蒂瑪王朝在第十世紀所建的宮城。後者在馬木留克王朝逐漸長成羽翼豐滿的大都市，將福斯塔特比了下去。福斯塔特建於尼羅河濱，但卡希拉位置更偏東，沿著尼羅河延伸出的卡里運河（Khalij，流經福斯塔特北方）而建。薩拉丁在十二世紀建造堡壘，將兩處都市中心連接起來，即便如此，這兩座城市從未全然融合。福斯塔特變成以工業為主的郊區，還擁有一座連結開羅與上埃及的尼羅河河港；卡希拉則是王族想要大興土木時最偏好的地區。從福斯塔特—卡希拉雙都結構演變為馬木留克時代的大都會，開羅的演進過程始終被統治階層在宗教上與世俗建設上的大力贊助所支配。

馬木留克軍人在一二五〇年奪得大權，並以擊退十字軍與蒙古人的戰功來宣示其統治的合法性，此後得以專心致志資助宗教活動，其全面性與排場規模都有前不見古人的氣魄。他們傾注財力所捐建的清真寺、學院、修道院和其他慈善機構，使得建築工業大為興盛，水準之高比以往更上層樓，同時都市範圍也隨之大幅擴展。據估計，開羅在馬木留克王朝末年已經成長為原本的五倍大，人口將近五十萬。從馬木留克掌權之前，這裡就已是個國際化的大熔爐，除了主要的回教居民以外，還有基督教徒（科普特正教會〔Coptic[5]〕）與較少數的猶太教徒，再加上種族為土耳其人或北高加索人（Circassian）的馬木留克士兵、蒙古人、敘利亞人、非洲人、安納托利亞人、伊朗人與中亞地區民族。

在這光輝的馬木留克時代，開羅最出色的一點，即此地貴族階級和其都城之間非比尋常的關聯。從十三世紀下半葉到十四世紀早期，這些蘇丹跟埃米爾似乎彼此競爭著，要在古老法蒂瑪王都卡希爾一條名為「貝因·卡斯雷恩」（Bayn al-Qasrayn）的街道上建起發揚信仰的重要建築；其中蓋拉溫蘇丹（Sultan Qalawun[6]）的建築群包含一座陵墓、一座學院和著名的醫院（稱為「馬里斯坦」），一直到十九世紀早期，這裡都是埃及現代化之前主要的醫學中心。

納瑟爾·穆罕默德蘇丹在位期間（一二九四年至一三四一年）是開羅歷史登峰造極之時，他的執政期不僅特別長且還是太平盛世，此人又對建築和都市發展頗有熱情。他和屬下埃米爾合作，建起無數個精雕細琢的清真寺作為新市區的核心，以此擴大都市區域。尼羅河河道此時不斷往西移動，直到十四世紀才停止，過程中留出大片土地可供建設之用。納瑟爾在運河上蓋起更多橋梁來連接西岸地區與主城，運河連接池塘，它們在夏季被尼羅河水淹滿，其他時候則是被綠色植物覆蓋，宜人景色吸引居民在周圍建造屋宅，更成為一般人散心、打發時間的好去處。

此外，開羅的飲用水也是由運河提供。城郊出現一處處的廣場與練兵場，可供舉行儀典和節慶，這些都是納瑟爾的成績。

納瑟爾時代大興土木的內容還包括城東與城南墓場，諸位埃米爾在那裡造起寺院殿宇，與他們宏大的陵墓相伴。薩拉丁的堡壘在納瑟爾手中改頭換面，出現一座座新宮殿與新寺廟。這座堡壘可能是中古世界所有類似建設裡面規模最大的一個，它這時已經變成了麻雀雖小五臟俱全的都市，有宮殿、政府機關、兵營、民居和商店，並扮演著商業集散地的角色，吸引馬市與武器市場在此開張，供應軍事貴族、一般軍人、王侯的宮廷和清真寺所需。著名的回教旅行者和作家伊本·白圖泰（Ibn Battuta[7]）描述當時的開羅，說它是「城市之母……廣闊鄉野與豐饒地土的女主，樓房棟宇多如繁星不可勝數，無比華美榮盛」。

帖木兒（Timur[8]，又稱 Tamerlane）在一四〇〇年入侵敘利亞，使得馬木留克王朝的經濟受到重大打擊，此時開羅又面臨一系列自然災害與政治變局，城裡許多住宅區和市場都遭廢棄或變得破敗。儘管如此，統治階級的建設熱情與建築的品質卻都未曾稍減。在整個十五世紀裡，一個個蘇丹、埃米爾不斷在開羅城這片織錦上添加裝飾。舉例而言，法拉杰·伊本·巴庫克蘇丹（Faraj Ibn Barquq[9]）的沙漠陵園就是頭一座位於城外的王室建築，亦是那時代卓越的建築物之一。穆阿雅德·謝赫（Al-Mu'ayyad Shaykh[10]）在北邊城郊沿運河岸蓋了一處新的遊樂公園（但在其執政期間就已不存），還鼓勵臣子在周遭蓋房子居住，這樣他在遊園時就能常與朝臣相伴。他還在法蒂瑪時代的蘇威拉城門（Bab Zuwayla）附近建造寺院，並在房頂高高豎立兩座宣禮塔，這塔現在仍是開羅地標。

卡伊特拜（Qaytbay[11]，在位期間為一四六八年至一四九六年）不只在墓場蓋了自己的瑰麗清真寺與回教學校，其土木工程紀錄中最大特徵，就是大規模重建該城宗教與世俗重要建築物。他將原有房產加以修復、再造，使其水準更上一層樓，同時也讓此城內部經濟結構重獲生機。當這位蘇丹全心投注於開羅的建築遺產上，他屬下有權有勢的埃米爾也各自雄心勃勃地推動市區改造。首相亞須巴克·馬赫迪（Yashbak min Mahdi[12]）和國防部長阿茲巴克（Azbak[13]）分別在城北與城西的空地上逐個蓋起清真寺、宮殿、公寓樓房與店鋪。到了馬木留克王朝末年，高里蘇丹（al-Ghawri[14]）還在市中心造出一處獨樹一格的墳墓區，周圍環繞市場與商業建築。開羅的主要市場集中在法蒂瑪時代所稱的「卡希拉」，沿著主要幹道與它向堡壘延伸的部分分布，公寓大屋和清真寺底下都擠滿了店面與攤販；提供商隊居住的大旅舍也會把一樓當作市場，或讓匠人開作坊，較高的樓層則用來居住或當作工作坊。

馬木留克蘇丹王朝在一五一七年告終，被鄂圖曼人征服而滅亡，但它的統治者已將開羅塑造成為當代最大最富裕的城市之一，並賦予許許多多回教建築珍寶。時至今日，在開羅狹窄的街道上，仍有來自各個時代的古蹟林立雜處。而就開羅數百年來歷史的延續性和都市結構的密度而言，它的確是人間獨一無二之地。

＊部分引用出處： Meshulam of Volterra, *Massa*, ed. A. Yaari (Jerusalem, 1948), p.50

1 位於義大利北部的城市，古羅馬時代建城，十一世紀獲得自治市地位。
2 十五世紀義大利佛羅倫斯的猶太商人與旅行家，曾前往巴勒斯坦並記下沿途見聞。
3 出身北非的阿拉伯史地學家，被視為現代社會學與人口學的先驅，1332-1406。
4 現在沙烏地阿拉伯西部濱海長條區域，是阿拉伯半島上人口密集的地區之一。
5 屬於東正教的一支，但從第五世紀以來一直與其他教會有所區別，以亞歷山卓大主教（頭銜為「科普特教皇」）為宗。
6 即後面提到的納瑟爾．穆罕默德蘇丹，1285-1341。
7 中古時代著名的回教旅行家，曾造訪當時回教世界大部分地區，1304-1368/1369。
8 土耳其化的蒙古族後裔，征服波斯與中亞一帶建立帖木兒王朝，1336-1405。
9 出身北高加索的馬木留克蘇丹，在長久亂局後登上王位，重新收拾旁落的大權，與其子孫統治時期被稱為「布爾吉王朝」。死於一三九九年。
10 馬木留克蘇丹，一四一二年登基，死於一四二一年。
11 布爾吉王朝第十八任蘇丹，在位期間集權中央並安定國內政治經濟局勢，1416/1418-1496。
12 頭銜為埃米爾，1424-1480。
13 頭銜為埃米爾，生卒年不詳。
14 倒數第二任馬木留克蘇丹，在位期間為一五〇一年至一五一六年。

撒馬爾罕

SAMARKAND

帖木兒欽選之城

柯林・蘇布隆
Colin Thubron

旅行文學作家與小說家，旅行地點和著作以他所稱「我們這一代被教導應畏懼的」俄羅斯、中亞和中國為主，其著作《西伯利亞之旅》(*In Siberia*，一九九九年）和《絲路暗影》(*Shadow of the Silk Road*，二〇〇六年），並曾多次獲獎。

我所聽聞一切讚美撒馬爾罕的話語，內容盡皆真實不虛。

——亞歷山大大帝，西元前三二九年

對人們來說，撒馬爾罕這個名字就像「廷巴克圖」或「元上都」一樣，代表著遙遠傳說之地的某個都城，心中的世界地圖畫到那裡時都變得模糊不清。直到撒馬爾罕衰落已久、退入中亞孤寂沙漠深處，它仍能激揚起韓德爾、歌德、馬羅和濟慈的無限綺思，將黃金鋪就的道路、異域暴君的故事化作永恆。

所有偉大城市裡，就屬撒馬爾罕距離海洋最遠，它依憑絲路這條人流之河而生。此地最早的居民是來自伊朗的粟特人，這一族出身的商賈後來成為中亞商業霸主，而撒馬爾罕正是他們最富有的都市。亞歷山大大帝在西元前三二九年占領此城，稱讚它美得無與倫比。粟特族有自己的文字、文化富有深度，據說他們是教導中國人琉璃工藝與葡萄栽培方法的老師。

西元七一二年，撒馬爾罕落入阿拉伯人之手，但此後他們又獲得一個新的身分：造紙業中心（使用中國戰俘傳授的技術），這項工藝以這裡為起點逐漸傳往西方。數百年來，這座城面對侵略者總能從災禍中重生，成吉思汗在一二二〇年入城燒殺擄掠，但五十年後馬可波羅就說這城雖元氣大傷但已有復興徵象，不久之後，四處旅遊的伊本·巴圖塔仍舊將它列於世上最佳城市之中。

然而，這些輝煌往事都還比不上未來將至的榮光。一三六六年，撒馬爾罕屈身於帖木兒的鐵騎之下，這位原本名不見經傳的土耳其—蒙古人酋長體格雄壯但卻有殘障，因此得到「跛子帖木兒」的稱號（Timur-i-leng），此即西方人稱他為Tamerlane的由來。這座城是他最初也最心愛的戰果，亦是他擇定的首都。帕米爾山地逐漸破碎消落為今日烏茲別克的沙漠地帶，撒馬爾罕便坐落於此，城池橫跨產金沙的澤拉夫尚河（Zerafshan[1]），至今依然，河邊果園茂密，出產的蘋果、甜瓜與石榴天下聞名。周遭綠草地和山丘上滿布葡萄園、野味和肥壯牲畜，棉花與小麥的收成年年豐足。

從這處人間天堂出發，帖木兒率軍東征西戰橫掃亞洲三十餘年，途經的所有國家與都市都慘遭蹂躪，大馬士革、伊斯法罕（Isfahan[2]）、巴格達、德里皆被屠掠，金帳汗國（Golden

Horde[3]）與鄂圖曼土耳其人被打得一敗塗地，一千七百萬餘生靈殞命。但他總會歸來撒馬爾罕，從文明上邦帶回工匠與戰利品，用這些數百年傳統淬煉出的技藝來修建、妝點一座絕世都城。

撒馬爾罕從古時的一座高原堡壘漸向西南擴張，周圍有八公里的城牆與護城河環繞。帖木兒在位三十五年，該城的建設狂潮於此期間從未止歇。六條幹道穿過別莊果園，通往宏偉城門，他不可一世地以自己所征服各國王都為這些莊園命名，往下經過處於清真寺與回教學校之間的噴泉廣場，以及眾多花園和大旅舍，最後在雷吉斯坦廣場（Registan）裡高大敞闊的圓頂市場裡會合。清真寺與陵墓之內，從占領地波斯來的造磚工人與陶匠辛勤勞動，他們頭頂上那土耳其藍的圓頂天花板或帶肋紋或平滑，有如朵朵蒼雲。波斯的建築師、畫家與書法家，敘利亞的吹玻璃工與絲綢織工，印度的銀匠與珠寶匠，還有源源不絕被俘擄的科學家和學者都來到此處；至於皇宮、國庫和檔案庫裡，則充滿安納托利亞製槍工人與盔甲工人的喧囂聲，為下一場戰爭預作準備。

說到城裡，以及整個帝國的行政，政務官與軍中將帥基本上是土耳其—蒙古人，財政和民政則由幹練的波斯官僚系統執掌。撒馬爾罕城可謂是一座集結各行專業的寶山，百姓來自各個種族、擁有各種信仰，有奴隸也有自由人，有阿拉伯人、波斯人、摩爾人、印度人、亞美尼亞人，還混雜著少數不同宗派的基督教徒。在此同時，當時人間已知的所有物產，從中國玉石、印度香料到俄羅斯的毛皮，全都經由絲路流入市集中。

不克數年，撒馬爾罕已經成為與「宇宙中心」、「靈魂花園」、「世界之鏡」等美稱相配的城市，然而它從來不是一座「大」都市，面積比起同時代的唐長安，甚至巴黎都要遜色。卡斯提爾使節羅薩雷斯·克拉維約（Gonzales de Clavijo[4]）來訪時深懾於此地財富，但也說它只比塞維爾（Seville[5]）大一點，人口約有十五萬人。此城並非以規模取勝，而是它那宏闊的國際氣象——必須倚靠強大權力才能獲得——使人驚嘆連連。

史上或許從未有這樣一座全靠一人之力造就的城市。成吉思汗彷彿帶著恨意一般將文明剷平消滅，但兩百年後的帖木兒則驅脅藝術與科學來成就自身榮耀，好像是渴望著將普天下的文化功業濃縮保存於撒馬爾罕，以此城來紀念自己，或許也是以此獻給上帝。

靠近市中心處有他最不同凡響的偉大建築計畫，即名為「比比·哈努姆」（Bibi Khanum）的王家清真寺，四十九公尺高的宣禮塔如摩天之針。數千能工巧匠被送往工地，九十五隻印度象用來搬抬大理石至定點，工地總監因為把大門蓋得太矮，竟被帖木兒下令處死。年老半殘的帖木兒乘著轎子在建築工地憤怒地指手畫腳，還把肉塊扔給討自己歡心的工人，他的建築師在恐懼之下迅速將清真寺完工，以致帖木兒未死之前這座建築已出現裂痕。

然而，這座城所倚靠的統治者卻長年不在城內，就算從戰場風塵僕僕歸來，帖木兒仍要在城牆外紮營安頓，他骨子裡就是個游牧人。在其十六座花園別宮中，宮室與亭台都覆著中國瓷瓦，或是描繪他戰場情場兩得意的壁畫，但畫面內容一點宗教情懷也無；建築四周環繞廣袤園地，馬匹甚至會在裡面走失。他會在其中一座別宮張起無數大帳接見使節，牆壁與天花板都是輕飄飄的絲絹，上墜名貴寶石。西班牙的克拉維約還提到金製的桌子和鑲嵌珍稀珠寶的酒瓶，並說野蠻人的宴會上有大皮盤子盛裝羊頭與馬腰腿，重到得放在地上拖行。

好景不常，一四〇五年帖木兒在侵略中國的征途上逝世，帝國隨即四分五裂。成吉思汗打下的天下被他的子孫分產而治，但這些汗國仍能攜手維持一百多年的「蒙古和平」（Pax Mongolica[6]）；帖木兒的帝國國運卻全繫於它那生性猜忌的統治者之手，於是帖木兒之死使得全地一片混亂、人人不知所措。

儘管如此，數百年後世仍能受到撒馬爾罕的澤惠。這城的顯赫地位在帖木兒孫子兀魯伯親王（Ulug Beg[7]）治理下延續了一段時間，兀魯伯是個天文學家，他所設的天文台共發現二百多顆新恆星。同時間，帖木兒之子沙哈魯（Shah Rukh[8]）與其後世繼承人都在赫拉特（Herat[9]）的宮廷裡過著逸樂生活，留下精妙的微型畫、詩歌，以及傷痕累累的建築奇觀遺跡。總之，撒馬爾罕在一五〇〇年落於烏茲別克人手中，帖木兒的來孫巴布爾（Babur[10]）逃離該城，成為印度蒙兀兒帝國的開國皇帝，並再度興起帖木兒帝國式的圓頂建築，其登峰造極的完美之作正是泰姬瑪哈陵。

今日，在撒馬爾罕那些蘇聯時代的公寓國宅裡，古蹟圓頂如幻夢般倏地閃現人們眼前。兀魯伯的回教學校在雷吉斯坦廣場（寇松勛爵〔Lord Curzon[11]〕稱之為「世上最高貴的公共廣場」）旁邊發出光芒，殘破不堪的比比·哈努姆也正在重建中。更壯觀的景色是在那只有帖木兒王族與特獲賞賜的埃米爾才能使用的墓地，它們連著神聖階梯的彩陶大門仍舊燦爛閃耀，帖木兒的陵寢也保存下來，一塊全世界最大的玉石，覆蓋帝王長眠之處，美得令人驚豔。

1 發源自帕米爾高原的中亞河流，尾端消失在烏茲別克一帶的沙漠中。

2 伊朗中部城市，十六到十七世紀期間在薩法維王朝（Safavid）統治下成為世界最大都市之一。

3 又稱「欽察汗國」，成吉思汗死後將領土分割給諸子，長子朮赤早死，其子拔都得到西北亞一帶土地（十三世紀）。十四世紀末遭到帖木兒入侵，後來逐漸分裂為許多小型地方政權。

4 卡斯提爾（Castile）國王亨利三世（Henry III）派到帖木兒帝國的使臣，後來將自己旅途紀聞出版，1412。

5 西班牙南部都市，羅馬時代建城，曾被穆拉維德與穆瓦希德王朝統治，後來被納入卡斯提爾王國。

6 史學家參考「羅馬和平」（Pax Romana）造出來的詞，指橫跨歐亞的蒙古大帝國區域內在十三到十四世紀間境內經濟、政治與交通的安定發展。

7 沙哈魯之子、天文學家與數學家，他在撒馬爾罕建立的天文台是回教世界當時最精良者。1394-1449。

8 帖木兒第四子，父親死後繼承皇位，保住帖木兒帝國在波斯與河中地區（現在的烏茲別克全境與哈薩克西南部）的領土，1377-1447。

9 位於阿富汗西北的城市，中古時期呼羅珊地區的重要都市，位於中東、中亞與南亞商路的交會點。

10 蒙兀兒帝國建國者，勢力範圍在現在北印度與中亞一帶，1483-1530。

11 英國保守黨政治人物，曾任印度總督，1859-1925。

巴黎
PARIS
集哥德式建築之大成

克里斯・瓊斯
Chris Jones
紐西蘭坎特伯里大學（University of Canterbury）歷史學系高級講師、皇家歷史學會（Royal Historical Society）研究員，主要研究領域是中古編年史、身分概念與政治思想。其出版作品包括《帝國之蝕？中古晚期法國人們對西方帝國與其統治者的知覺探討》（*Eclipse of Empire? Perceptions of the Western Empire and its Rulers in Late-Medieval France*，二〇〇七年）。

我以上帝的五聖傷起誓，巴黎是個偉大的不得了的城市！那兒有座我極為渴望的教堂，我要叫人用獨輪車把它運到……倫敦，原模原樣。

——法國諷刺詩中給英王亨利三世（Henry III[1]）的台詞，一二六〇年代

十四世紀早期的巴黎人若要將此處誇為基督教世界第一城，他們的說法也不無道理。這裡的統治者自信滿滿，挑戰基督教最高精神權威的教皇之後卻能全身而退，城裡藝術與建築的哥德風情使它在西歐地景之中特為顯眼。此外，比起歐洲其他學術中心，巴黎大學亦有如旭日高

昇，掩蓋眾星光芒。但這一切並非亙古不變，在此之前一千年的光陰裡，巴黎在歐洲歷史上只是個沒沒無聞的小地方。

巴黎起源於基督誕生前約二百年，那時名為「巴黎士」（Parisii[2]）的部族在塞納河一座小島上定居下來，這座島就是後來的西堤島（Ile de la Cité）。征服此地的羅馬人稱呼此城為魯特西亞（Lutetia），那時它的範圍已從島上擴張到河流兩岸，在當時想必也接待過某些不凡人物，比如西元前五十三年朱利烏斯·凱薩本人就曾踏足此處。大概又過四百年後，羅馬帝國最後一名異教統治者「叛教者朱利安」（Julian the Apostate[3]）就是在這城內被擁立為皇帝，麾下軍隊將他抬到盾牌上高呼萬歲。但巴黎儘管在第四世紀後期逐漸知名，卻連個省會都不是，在羅馬時代始終是個落後地區，除了一點點商業交易功能以外再無別的。

當羅馬人逐漸從西部省分撤退，這座城也隨之萎縮，僅剩下塞納河中一座築有城防的島嶼而已。蠻族人進入，填補羅馬人留下的權力真空，巴黎則屬於其中法蘭克人的勢力範圍。此時它在法蘭克梅羅文加王朝（Merovingian[4]）的統治下享有短短一段時間的重要地位，但後來又逐漸衰落，再加上維京人的劫掠，使得這裡基本上成為一座棄城。要等到十二世紀，巴黎才又脫離這無人聞問的境遇。

巴黎命運的轉折絕大部分操之於法國卡佩王朝（Capetian[5]）的國王手中。他們從十二世紀開始決定以這裡作為王族主要居所，朝廷與朝臣的存在刺激了巴黎經濟發展，也使其成為法蘭西王國政治運作的中樞。舉例來說，聖殿騎士團（Order of the Temple[6]）歷史裡慘烈的最後幾幕就是在這裡上演，騎士團末代大團長（Grand Master）雅克·德·莫萊（Jacques de Molay[7]）被控以異端罪名，判決有罪後遭處火刑，而這一切都在法王腓力四世（Philip IV[8]）的操控之下，也是他將聖殿騎士團推向末日。十年前這座城見證了法蘭西王國所召開的第一場議會，腓力當時正與教廷衝突，意欲以此在國內尋求支持。不過，對於巴黎人而言，王廷的作用不只是讓他們能夠接近最新政治動態，正是因為王廷存在，這個既存的貿易據點才被轉化成為與國王相稱的首都。

定都巴黎初期，法王腓力二世（Philip II[9]）難以忍受這裡街道又髒又臭，他最早的作為之一就是下令把市區道路全鋪上路石（一一八六年）。另外，那時掌握諾曼第的英國統治者正蠢蠢欲動，腓力二世對此深感憂心，因此與塞納河右岸的商人聯手，展開一系列防衛城牆的建設來圍住整個巴黎市區。這些城牆完工於一一九〇年至一二一五年之間，但現在幾乎沒被保存下來，只有巴黎某座停車場地下室裡能夠見到一些遺跡，還有一處位在公共運動場邊緣不起眼的地方。上述防禦工事中最特出的就是羅浮堡，這座巨大城堡位於城市西緣，臨河而建，如今已深埋在羅浮宮博物館底下。

腓力二世的後代國王也繼承了他改造巴黎的企圖，腓力四世的「大宴堂」（Grand'salle）今日僅有較低幾層留存，而這只是其中一個例子。這片廣闊園子裡有每一代法國君王的雕像低頭凝望那些處理政務的人，讓丹的約翰（Jean de Jandun[10]）說它們外觀「栩栩如生，乍看之下還以為是活人」。

所有在巴黎進行的王室建築計畫，沒有一項比得上聖禮拜堂（Sainte-Chapelle）那樣氣魄宏大。這座王家禮拜堂蓋在西堤島上的宮殿群中間，是為了供奉路易九世（Louis IX[11]，號為「聖路易」〔Saint Louis〕）帶回的聖物——基督頭上的荊棘冠。禮拜堂在一二四八年完工，建築結構以開闊高聳的彩繪玻璃窗為主角，一千多幅畫面的內容包括《聖經》故事以及聖物被運往巴黎的過程，令人嘆為觀止。此一建築的設計元素受到歐洲各地紛起仿效，而這光之殿堂的視覺饗宴讓英王亨利三世心醉神迷，同時代某個幽默之士因此寫下本篇開頭引文，暗示說他想把這禮拜堂搬回倫敦去。

王宮占據西堤島西端，島東則有聖母院大教堂來制衡彼方的王室威權。哥德風格的聖母院動工於一一六三年，和聖禮拜堂一樣以絢麗的彩繪玻璃窗聞名，此處玫瑰窗乃是一絕。

許多因素的結合使得巴黎在中古後期聲名顯揚，但若問讓它真正享譽國際的是什麼，那答案就只有：大學。在十二世紀裡，這間由主教座堂附設的學校，日益擁有求道問學之所的美名，吸引全歐學者前來，最早一批大人物中就有彼得·阿伯拉（Peter Abelard[12]）。他顯著名聲一部分來自他與女學生哀綠綺思（Héloïse[13]）的悲戀故事，另一部分出於他對邏輯學研究的貢獻。這對戀人的愛情史由於阿伯拉遭受宮刑——哀綠綺思的叔父施加於這位倒楣學者的報復行動——而更添戲劇性，成為轟動一時的話題。

從十二世紀進入十三世紀，教堂學校裡的師生逐漸取得獨立地位，這座新生的大學擁有王室與教廷兩方支持，成長為塞納河左岸的重要地標。隨著學生人數增加，學院也一座座開始出現，其中最著名的一間建立於一二五四年，以其創建者——索邦的羅貝特（Robert de Sorbon[14]，在王宮擔任神職）——命名。一旦巴黎確立它身為歐洲學術首府的地位，基督教世界的種種問題都被帶到此處交由學者解釋，教皇若望二十二世就以自身的慘痛經歷發現巴黎神學家竟連他都敢批評。只要覺得某個教皇的主張不夠正統，他們舞弄筆刀時絕不留情。

學生與學者人數大增，市內不少生意也因此受惠，其中最與大學共存共榮的，莫過於製書與賣書的行業，不過造紙工人、繕寫員與裝訂工在巴黎迅速增長的人口中只占很少數。阿伯拉在十二世紀初期抵達這裡時，城內居民大概只有三千人左右，二百年後這個數字已經上升到二十萬，成為當時西方最大的都市。

除了負責抄寫、裝飾書籍的匠人之外，那時巴黎人也以雕刻工、畫匠、盔甲匠，特別是麵包師傅為榮。大學裡一名教授在一三二三年記道，這些烤麵包的人「擁有極其優異的天賦……他們烤出來的麵包之可口精緻讓人不敢置信」。這位教授正是讓丹的約翰，他也對城內多不勝數的房屋數量驚嘆，市場裡販售商品之豐富也令他咋舌。巴黎的經濟充滿活力，靠著商人的活躍扎下根基，塞納河提供的商機被他們利用得徹徹底底。但還有個人更是孕育巴黎商業的功臣，即此地最尊貴的居民——國王陛下。一一八二年至一一八三年間，法王腓力二世在河右岸清出一塊地（犧牲了原居此處的猶太族群權益），主導建造被稱為Les Halles的室內市場。

巴黎這烈火烹油的風光，從十四世紀中葉開始黯淡，首先是遭受黑死病襲擊，接著又有英國大軍兵臨城下。然而時至今日，位於現代巴黎心臟的聖母院主教座堂仍無比醒目，提醒人們這裡在中古時代是如何顯赫。

＊**部分引用出處**：after 'Song of the Peace with England', in T. Wright, *The Political Songs of England from the Reign of John to that of Edward II* (new ed., Cambridge 1996); Jean de Jandun, 'A Treatise of the Praises of Paris', ed. & trans. by Robert. W. Berger, in *Old Paris: An Anthology of Source Descriptions*, 1323-1790 (New York, 2002)

1 英格蘭國王，在位期間試圖收復其父在法國原有領土但失敗，1207-1272。

2 鐵器時代的凱爾特（Celtic）民族，居於塞納河畔。

3 羅馬帝國第六十三任皇帝（君士坦丁的後繼者），也是希臘哲學家，反對當時流行的基督教，試圖提倡羅馬傳統價值與原本的信仰，331/332-363。

4 法蘭克人建立的王朝，始於第五世紀中葉，統一高盧全境，但在第八世紀被卡洛琳王朝（Carolingian）取代。

5 法國王朝，在九八七年至一三二八年間統治法國，將王權逐漸從國王直屬領土推廣到法國全境，使得法國漸形成一個完整國家。

6 一一一九年為了保護去聖地朝聖者所成立的宗教性質騎士團，一三一二年被教皇宣布解散。

7 聖殿騎士團最後一名首領，率領騎士團保衛賽普勒斯、對抗埃及馬木留克王朝，後來在法國被以異端罪名逮捕處刑，1243-1314。

8 法國卡佩王朝的國王，為了鞏固王權而試圖控制國內教士、與教廷對抗，1268-1314。

9 卡佩王朝的國王、第一個以「法國國王」而非「法蘭西人之王」自稱的國王，在位期間大幅擴張王權，1165-1223。

10 法國哲學家與神學家，倡導亞里斯多德的學說，1285-1323。

11 卡佩王朝的國王，改革法國司法制度，兩度親自參與十字軍遠征，其虔誠的信仰也反映在生平作為上，1214-1270。

12 法國經院哲學家與神學家，當代研究邏輯最著名的學者，1079-1142。

13 法國學者與作家，對語文頗有造詣，留下與阿伯拉的通信集。生年不詳，死於一一六四年。

14 法王路易九世的宮廷神職人員、索邦學院的創建者與教師，1201-1274。

呂北克 LÜBECK

漢薩同盟諸城

威廉・L・烏爾班
William L. Urban

在伊利諾州蒙默斯（Monmouth）的蒙默斯學院（Monmouth College）任職李・L・摩根（Lee L. Morgan）史學與國際研究教授。他是波羅的海地區的專家，尤其專精於北方十字軍和條頓騎士團，並著有許多與這些主題相關的文章與書籍。

Ihr seid Herren（汝等乃是貴人）。

——查爾斯四世致呂北克市議會，一三七五年

特拉維河（Trave river[1]）河中這座島嶼早有人居，後來霍爾斯坦伯爵阿道夫二世（Adolf II of Holstein[2]）才在上頭蓋起城堡與圍牆城市，時為一一四三年。它位在南北交通的十字路口，擁有讓漁民與商人通向波羅的海（Baltic Sea）的天然良港，是商業發展的絕佳地點。然而，也正是這些得天獨厚的條件使它受到敵人羨嫉，一而再、再而三遭到摧毀。

大難果然不遠，阿道夫伯爵這座呂北克城建好不到兩年，就有一部分遭鄰近溫德人（Wends[3]）焚毀。再過兩年，傳教士韋策林（Vicelin[4]）成為附近歐登堡（Oldenburg[5]）的主教，成功使溫德人改信基督教，這讓伯爵大人得以吸引移民前來，其中包括遠自佛蘭德斯地區（Flanders[6]）的農民與市民。一一五八年，強大的薩克遜公爵「獅子亨利」（Henry the Lion[7]）奪下此城，不僅讓呂北克商人進入北日耳曼地區活動，幫助歐登堡主教遷移到這座城內，還讓這裡組成最早的地方政府。一一八〇年以來的政治鬥爭，讓呂北克人先是成為腓特烈・巴巴羅薩皇帝（Frederick Barbarossa[8]）的臣民，然後又轉移到丹麥國王治下。只有在丹麥勢力衰微之後的一二二六年，呂北克才成為帝國內的自由市，此後市民得到自治權力，能自行鑄幣並自由進行貿易。

呂北克的商人先航行到波羅的海東岸，那裡的十字軍正為了打下普魯士（Prussia[9]）與利沃尼亞（Livonia[10]）而奮戰，商船下一站是瑞典，然後是俄羅斯。船上載運佛蘭德斯的紡織品以及日耳曼的鐵，還有呂北克附近鹽礦出產的鹽。他們經由陸路與漢堡（Hamburg[11]）貿易，透過海路與不來梅（Bremen[12]）做生意，賣的是波羅地海和挪威的魚、俄羅斯的蠟與皮草、波蘭的穀物，以及普魯士的木材。他們在哥特蘭島（Gotland[13]）上的商港維斯比（Visby）學到合作的好處，這個國際商人組織從一三五六年起就時常在呂北克集會共商眾人之事，參與組織的會員城市承諾秉持以下原則互相對待：秤重誠信不欺、抽稅時手下留情、收取市場費用必須合理、允許對方的商人在本地治辦房屋倉庫，並開放銀行、醫療處所與教會給他們使用。波羅的海沿岸冒出的新城市紛紛學用「呂北克法」（Lübeck law[14]），眾城攜手之下力量更大，再加上呂北克錢幣成為該區域主流貨幣，使得這座城的威權蒸蒸日上，成為排名僅次於科隆（Cologne[15]）的日耳曼第二大城市。

「漢薩同盟」並不是一個定義嚴謹的組織，其成員從七十到一百七十個城市之間不等，它們得意洋洋地稱自己是「漢薩自由市」；名稱最早出現於十三世紀中期，但要到後來才逐漸流行。只有當必須集體行動時，成員們才會聚在一起商量，而它們不但有辦法擊退海盜、阻撓那些對其商船抽稅的企圖，對付可能的競爭者毫不留情。這些城市裡，人們不論行會生活或貿易行為都以專利／專賣權為尚，非得獨攬到自己手上。經商不可不談信貸，集資合夥生意能減低個人承擔的風險，貿易夥伴之間相互通婚也是常事。漢薩商人在外國土地上建立起「工廠」（稱作Kontore，即外地商人所設的貿易站），連帶旅館、教堂、倉庫都一應俱全；他們在諾夫哥羅德（Novgorod[16]）、倫敦、卑爾根（Bergen[17]）、科隆、布魯日（Bruges[18]）和其他城市擁有一塊受保護的隔離區域，免遭當地人侵害或當地法律欺壓。

十四世紀的呂北克到處都是多層磚造公寓、厚重堅固的倉庫，以及裝飾華麗的教會和福利院，供餐的大型酒吧與旅館，供給市民與外來訪客的需求。市政廳是公共生活的焦點，也是北方文藝復興[19]的建築傑作，內部裝潢與家具都富有貴氣。呂北克的市場裡滿是攤販小舖，市內某些街道名稱明明白白告訴人們這兒做的是什麼生意——魚販街、銅匠街、屠夫街、造鐘街，不勝枚舉。每種行業都有自己的行會，市議會的二十四名成員就是由這些行會推選出來，再從裡面選出四名市長。

此地偶爾會有勞資糾紛，工人抱怨商人在交易中獲取不公平的暴利，也不滿他們掌握政治大權。工人所言都是實情，但卻也是這些城市為了維持獨立富足而不得不走上的路。

查爾斯四世（Charles IV[20]）在一三七五年秋季拜訪呂北克，為期十一天，成為呂北克人傳頌不絕的自豪往事。查爾斯是政壇老手，其力量與意志超越當時人們所記得的任何一位神聖羅馬帝國皇帝，但他此時非常需要錢。市民對皇帝的來訪頗為擔心，一是他帶來的隨扈陣容壯盛，若讓他們全部進城不知道會惹出什麼事情；此外這位皇帝也喜歡蒐集聖物，萬一他開口索取的話，市議會得怎麼辦？查爾斯試圖討好議會成員，但這些議員聽了他要錢的話之後，只用些好聽的說法敷衍過去。他們讓皇帝住在市政廳，然後蓋了座連接市政廳與對面樓房的有頂空橋，而那棟樓也就是皇后所住的地方。傳說人們會跑來橋下探頭探腦，想著說不定能看到皇帝從窗子越過空橋去找皇后，一晚皇后把皇帝鎖在窗外，結果圍觀群眾愈聚愈多，逼得皇后不得不開窗讓皇帝進去。最後皇帝的確要到了錢，但並不是他原本期望的數字。

沒有什麼事是永恆的，漢薩同盟也是如此，它難以保護所有成員不受地方領主侵害，而每損失一座城就削減了同盟勢力，使它更無力護衛剩下的城市。這些城市能以封港禁運作為殺手鐧，也有自己的海軍，但無法經營陸軍；況且，他們也發現不可能在市場上完全封鎖對手，亦不可能與英格蘭和荷蘭的較大型船隻競爭，這些都是致命的弱點。宗教改革帶來更大壓力，包括齋戒期間人們對漁獲的需求減少，而且許多城市都在三十年戰爭裡慘遭兵災。漢薩同盟最後一次正式集會，發生在一六六九年，到了十九世紀只剩下呂北克、漢堡和不來梅仍能維持自由市的身分。

湯瑪斯·曼（Thomas Mann[21]）的《布頓伯魯克世家》（*Buddenbrooks*）也寫到呂北克最後數

十年的獨立時光，這是一部描寫十九世紀生活的小說，副標題為「一個家族的凋落」。不過這裡的人們，對於市民往日功業和漢薩同盟的驕傲仍清楚可見，一個例子是德國國家航空公司「漢莎航空」（Lufthansa）之名，讓人想起漢薩同盟仍是海洋之王的那些日子。現在的呂北克是聯合國世界遺產，也是觀光勝地。

---

1 德國什列斯維希—霍爾斯坦（Schleswig-Holstein）地區的河流，注入波羅的海。
2 法蘭克王國諸侯，1128-1164。
3 歷史名詞，指住在神聖羅馬帝國境內（以日耳曼人為大多數）的西斯拉夫民族。
4 日耳曼出身的主教，在西北德一代傳教成績卓著，死後得到教廷封聖，1086-1154。
5 德國西北部城市，歷史上是歐登堡大公國的首府。
6 歷史上多指現在比利時境內使用荷語的地區（比利時北部）。
7 薩克遜公爵與巴伐利亞公爵，當時是日耳曼勢力最大的諸侯，但後來被敵對的霍亨史陶芬王朝（Hohenstaufen）壓制，1129/1131-1195。
8 神聖羅馬帝國皇帝，被史學家評為帝國史上最偉大的皇帝，在政治軍事兩方面都極有成就，1122-1190。
9 歷史名詞，位於波羅的海東南岸地區，現在分別為波蘭與俄羅斯所有。
10 歷史名詞，位於波羅的海東岸地區，現在分別為拉脫維亞與愛沙尼亞所有。
11 位於德國北部的港口都市，漢薩同盟重要成員，現在是德國第二大都市。
12 位於德國西北部的漢薩同盟都市，經由威悉河（Weser）通北海。
13 位於瑞典東南方的島嶼。
14 呂北克城成為自由市後的憲法，代表該市脫離王權控制得到自治權，後來成為波羅的海沿岸商都在政治上自立後採取的憲法標準。
15 德國西部城市，日耳曼地區萊茵河流域的文化中心，漢薩同盟成員。
16 俄羅斯西部城市，十四世紀時是諾夫哥羅德共和國（Novgorod Republic）的首都。
17 挪威西南部城市，十一世紀開始發展商業。
18 比利時西北部城市、佛蘭德斯地區的大城。
19 指歐洲阿爾卑斯山以北地區所經歷的文藝復興運動，受到義大利文藝復興人文主義所啟發。
20 神聖羅馬帝國皇帝，在位期間通過法案承認日耳曼地區的政治現狀，保障諸侯權力，1316-1378。
21 德國作家，作品富有史詩情懷與象徵手法，對當代德國與歐洲社會多所批判，1875-1955。

克拉科夫

KRAKÓW

北方文藝復興都市

亞當・札摩伊斯基
Adam Zamoyski

史學工作者，曾出版三本人物傳記與數本歐洲歷史相關書籍。作品包括《和平的儀式：拿破崙敗亡與維也納會議》（*Rites of Peace: The Fall of Napoleon and the Congress of Vienna*，二〇〇七年）、《華沙一九二〇：列寧失敗的歐洲征服戰》（*Warsaw 1920: Lenin's Failed Conquest of Europe*，二〇〇八年）、《波蘭史》（*Poland: A History*）和《恐懼的幻影：革命的威脅與鎮壓自由，一七八九年至一八四八年》（*Phantom Terror: The Threat of Revolution and the Repression of Liberty 1789-1848*）。

托倫（Toruń）生下我，克拉科夫則以智識淬鍊我。

——哥白尼

中古時代晚期的克拉科夫既是歐洲第一大國首都，也是磁石一般的王朝權力核心，王朝勢力範圍北至波羅的海、南通黑海、西達亞得里亞海，東部邊境距離莫斯科僅有數百哩。城中主廣場的規模反映政治勢力之雄厚，這是全歐最大的市場，裡面有一座十二世紀的勃艮第羅馬式教堂、一座十四世紀的日耳曼哥德式教堂，以及一座哥德全盛期混合式的市政廳，周遭盡是富商大賈的府邸，風格好似義大利諸城市的宮殿建築。法伊特·史托斯（Veit Stoss[2]）的三聯雕刻是北方文藝復興傑作，也是聖母瑪利亞教堂中的主角，但這座方濟會教堂的壁畫卻也清楚呈現喬托（Giotto[3]）的影響。街上人們穿著打扮流露法國、佛蘭德斯、日耳曼、義大利與鄂圖曼風情，耳畔能聽到各式各樣語言，包括德語、義大利語、亞美尼亞語、意第緒語（Yiddish[4]）、魯塞尼亞語（Ruthene[5]）和馬札兒語（Magyar[6]）。

瓦維爾山的岩石露頭雄踞維斯杜拉河（Vistula[7]）河畔，此地有兩個版本的惡龍傳說，一個說屠龍者是高貴的騎士克拉庫斯王子（Krakus[8]），另一個則說這王子原本只是個狡猾鞋匠，版本的選用端看說書者品味如何。總之，克拉科夫的起源就與這山和傳說密不可分。山上有著第十世紀的城堡與大教堂遺跡，並且在九六五年就有記錄顯示這座城是重要的貿易中心。它在一〇四〇年成為波蘭王國名義上的首都，但要直到號為「大帝」的卡齊米日三世（Kazimierz III[9]）於一三三三年繼承王位，克拉科夫才真正風光起來。那時整個波蘭也都迎來了好日子，除了氣候轉暖對農業進展十分有益，在一三四八年至一三四九年間肆虐歐洲，令某些地區人口減半的黑死病幾乎繞道而行；由於瘟疫造成女巫狩獵的風潮，許多地方的猶太人遭受迫害而大舉移民到波蘭，為該國帶來不少利處。

卡齊米日國王為經濟起飛鋪設好一切條件，頒布成文法、調節貨幣、投資內政建設。克拉科夫出現好幾座新建築和新的城牆，一三六四年更設立了大學。這所大學比布拉格的查理大學（Charles University）晚十四年創校，是中歐史上第二所大學，比日耳曼地區大部分大學都要古老。

匈牙利國王「安茹的路易斯」（Louis of Anjou[10]）是卡齊米日的外甥與王位繼承人，身後由女兒雅德維加（Hedwig/Jadwiga[11]）繼承波蘭國王頭銜。雅德維加與立陶宛大公（Grand Duke of Lithuania[12]）成婚，這段婚姻讓波蘭與東方廣袤土地開始有了關係，使國家躋身強權之列。她的丈夫以瓦迪斯瓦夫二世（Władysław II[13]）的名號統治波蘭，不僅在一四一〇年於格倫瓦德之戰（Battle of Grunwald[14]，又稱「坦能堡之役」〔Tannenberg〕）大敗條頓騎士團（Teutonic Knights），五年後他派出的使節還在天主教史上重要的康士坦斯大公會議（Council of Constance[15]）上扮演主要角色。英格蘭國王亨利五世（Henry V[16]）對他有著英雄惜英雄之情，瓦迪斯瓦夫之子卡齊米日四世（Kazimierz IV[17]）接見鄂圖曼蘇丹穆拉德二世（Murad II[18]）的使者時，還佩戴著嘉德勳章（Garter[19]）。歷史進入下一個世紀，後裔齊格蒙德·奧古斯特（Zygmunt Augustus[20]）登基，他出身米蘭史佛莎家族（Sforza[21]）的母親，是法王法蘭索瓦一世（François I[22]）的表親，也與神聖羅馬帝國皇帝查爾斯五世（Charles V）血緣不遠。齊格蒙德曾考慮過與瑪麗·都鐸（Mary Tudor[23]）聯姻，不過後來娶了哈布斯堡家族（Habsburg[24]）的公主為妻。

十五世紀中期，克拉科夫已經是個文化熔爐，居民人數不到一萬五千，規模並不算大，但人口組成的多樣性卻豐富得不可思議。此後百年內，這裡的智識、文化與政治活動蓬勃發展如百花齊放，奠定它在歐洲文明主流的穩固地位。許多波蘭人出國留學，其中一人在一四八〇年成為索邦學院院長，到了一五〇〇年，波蘭留學生已經占帕多瓦大學學生比例的四分之一；另一方面，克拉科夫大學也吸引國外學者前來，而學者的出身地可能遠在英格蘭與西班牙。義大利人文主義者聖吉米尼亞諾的菲利波·布納柯西（Filippo Buonaccorsi of San Gimignano[25]，人稱「卡利馬科斯」〔Callimachus〕）一四七二年來此擔任教職，發現自己透過精良的郵政系統竟能與羅倫佐·德·麥地奇（Lorenzo de' Medici[26]）和皮科·德拉·米蘭多拉（Pico della Mirandola[27]）時常通信往來。一四七三年克拉科夫又設了印刷廠，比威尼斯晚四年、但比倫敦早了三年，讓布納柯西不愁書籍缺乏。日耳曼人文主義者孔拉德·塞爾蒂斯（Conrad Celtis[28]）一四八八年也來到此處，他所創設的文學學會竟有女詩人成為會員，在當時非比尋常。

塞爾蒂斯則是被克拉科夫大學數學與天文學教授的名聲吸引而來，這兩門學科令許多人心嚮往之，相信它們是通往終極真相之鑰，據說浮士德博士（Dr Faustus[29]）也曾在此地問學。另一位爭議性沒那麼大的學者在一四九一年入學，他就是來自托倫的年輕學生——尼古拉·哥白尼，其波蘭文名字是Mikołaj Kopernik，未來則以Copernicus之名（Kopernik的拉丁文寫法）將自己在天文學上的發現整理出版。

克拉科夫大學裡由迴廊環繞的「大學院」（Collegium Maius）建立於一四九四年，是牛津學院的北歐版複製品，佛蘭德斯與北日耳曼的影響也可見於克拉科夫其他地方，特別是某些哥德式教堂以及城牆城門等建築。不過，到了十五世紀晚期，力量最強的一股風從南方吹襲而來，匈牙利是其來處，但最根本的源頭在義大利。

統治波蘭的雅捷隆王朝（Jagiellons[30]）領土既與威尼斯共和國接壤，那麼義大利與波蘭之間有頻繁往來似乎也是理所當然，不僅是新一代的人文主義者，就連文藝復興的藝術都如江河般灌注入波蘭。一五〇二年，王儲齊格蒙德（Zygmunt[31]）結束義大利之旅歸來，並帶回一位佛羅倫斯建築師佛蘭契斯柯·費歐倫汀諾（Francesco Fiorentino[32]）；四年後，他登基為齊格蒙德一世，並委託費歐倫汀諾重建瓦維爾山上那座哥德風格的王家城堡。費歐倫汀諾死後，另外一名出身佛羅倫斯的巴托羅謬·貝瑞齊（Bartolomeo Berecci[33]）接手工程。此人為齊格蒙德一世修建的陵寢禮拜堂（一五三一年完工），是阿爾卑斯山以北第一座文藝復興建築，也是同類作品中的佼佼者。在這兩名佛羅倫斯人之後，還來了其他托斯卡尼建築師，將城市景觀改頭換面，並以一處處文藝復興風格的別墅點綴周遭鄉野。

到了這時，瓦維爾山上宮廷之繁華已是全歐數一數二，以鋪張的儀節和豐富的音樂生活享譽各方。除此之外，當時的中歐正經歷某些重大改變，克拉科夫也是這些變化的核心。波蘭的議會制度在十五世紀下半有著飛躍般的進展，一五〇五年通過的《無新法案》（Nihil Novi[34]）使波蘭議會（Sejm[35]）成為該國唯一立法機構。波蘭議會是波蘭此一政治民族（political nation[36]）「什拉赫塔」（szlachta[37]）貴族的喉舌，這些人不但對個人權益萬分執著，當中還包括回教徒與猶太人，怪不得波蘭的宗教改革過程遠不如他處血腥。克拉科夫成為外國宗教與政治異議分子的避風港、各派人士放言激辯之處，且當時流傳全歐的許多宗教與政治論著都是在此印行出版。

然而，促成克拉科夫逐漸衰落的主因，正是波蘭的民主發展。波蘭議會從一五六九年開始改在華沙（Warsaw[38]）開會，數十年後連王廷也遷移到那裡去，只有建築、大學、圖書館和藝術作品尚存，成為克拉科夫最重要的珍寶。

---

1 波蘭中北部城市，由條頓騎士團所建，在中古時代與文藝復興時代都是歐洲文化名城。
2 日耳曼雕刻家，作品富有感染力與情緒，是哥德後期到北方文藝復興之間的代表人物，1450-1533。
3 佛羅倫斯畫家與建築師，強調自然主義，是從哥德後期進入文藝復興時代的代表人物，1270-1337。
4 歷史上日耳曼地區猶太人所使用的語言。
5 歷史上東斯拉夫族群之一支所使用的語言，該族群約分布於現在烏克蘭、白俄羅斯與俄羅斯一帶。

6 即匈牙利語，現在匈牙利的官方語言。
7 波蘭最長的河流，發源於波蘭南部山區，注入波羅的海，波蘭境內大部分地區為其沖積盆地。
8 波蘭傳說中建立克拉科夫城的波蘭人君王。
9 波蘭國王，在位期間推行多項改革並大幅擴張國土，是波蘭的中興之君，1310-1370。
10 匈牙利與波蘭的國王，在位期間不斷向外發動戰爭，後來被民族主義者偶像化，1326-1382。
11 波蘭第一位女王，被後世視為賢君，且是在東歐推展基督教的功臣，死後被教廷封聖，1373/4-1399。
12 當時立陶宛大公國的範圍包含現在的立陶宛、白俄羅斯、烏克蘭與部分俄羅斯地區。
13 立陶宛大公、波蘭國王，為了迎娶雅德維加而改信天主教，奠定波蘭—立陶宛聯合王國在中古歐洲的權勢，1352/1362-1434。
14 波蘭—立陶宛聯邦與條頓騎士之間的戰爭，是中古歐洲規模最大的戰役之一，也是後世波蘭、白俄羅斯一帶民族英雄傳說故事的來源之一。
15 一四一四年至一四一八年間舉行的天主教大公會議，作用之一是調停波蘭王國與條頓騎士之間的爭端。
16 英格蘭蘭開斯特家族（Lancaster）的第二位國王，在英法百年戰爭中頗有戰功，1386-1422。
17 立陶宛大公、波蘭國王，在十三年戰爭（Thirteen Year's War）中擊敗條頓騎士收復博美拉尼亞（Pomerania），在國內支持議會與貴族相抗衡，1427-1492。
18 鄂圖曼帝國蘇丹，在位期間長期與巴爾幹地區的基督教領主作戰，1404-1451。
19 英國國君授予騎士的最高榮譽勳章，起源於中世紀，至今依然使用。
20 立陶宛大公、波蘭國王，在位期間面對國內天主教與新教教徒之間的衝突，1520-1572。
21 文藝復興時期統治米蘭公國（始自十五世紀中葉）的家族，後來遭西班牙哈布斯堡王朝滅亡。
22 法國瓦盧瓦王朝（Valois）的國王，帶領法國進入文藝復興時代，並持續侵略義大利，1494-1547。
23 後來的英格蘭女王瑪麗一世，信仰天主教，在位時以極端手段扭轉其父亨利八世所進行的宗教改革，並尋求與西班牙結盟，1516-1558。
24 歐洲歷史上最具影響力的王朝家族，統治神聖羅馬帝國三百餘年（1438-1740），其他如西班牙、葡萄牙、波希米亞等諸國也曾成為其屬地。
25 義大利作家，作品中主張伸張王權壓抑貴族，1437-1496。
26 義大利政治人物，佛羅倫斯共和國實質上的統治者，也是文藝復興時代主要學者與藝術家的最大贊助人之一，1449-1492。
27 義大利哲學家，提出文藝復興時代最主要的人文主義主張，1463-1494。
28 日耳曼人文主義者，1459-1508。
29 日耳曼地區文藝復興時代的著名煉金術士與占星術士，他的故事成為後世傳奇題材，代表意圖凌駕於神而失敗的狂妄人性，1480/1466-1541。
30 瓦迪斯瓦夫二世建立的波蘭王朝，波蘭國王、立陶宛大公、匈牙利國王、波希米亞國王皆是其王族頭銜，於一五七二年結束。
31 立陶宛大公、波蘭國王、西利西亞（Silesia）公爵，支持文藝發展，在位期間兼併東普魯士地區與馬索維亞公國（Duchy of Mazovia），1467-1548。
32 義大利建築師，最早將文藝復興建築風格引進波蘭的人。
33 義大利建築師，一生大部分時間都在波蘭工作，1480-1537。
34 「無新」的意思是「無共識即無新法（Nihil novi nisi commune consensu）」，規定國王頒布的所有法律必須經貴族議會通過方能生效。
35 古斯拉夫文「集會」之意，用來指稱十一世紀開始發展的波蘭王國貴族議會（以及現在的波蘭共和國下議院）。
36 相對於「自然民族」（以相同語文、文化、血統而認定的民族）的概念，指在一個政治體之下產生認同的民族。
37 指波蘭王國與立陶宛大公國中在法律上獲得特權的貴族階級。
38 波蘭首都，位於其中部的都市，原本是馬索維亞公國首府。

威尼斯

VENICE

地中海的女主人

約翰・朱里斯・諾維奇
John Julius Norwich

著有諾曼時代西西里、威尼斯、拜占庭和地中海世界等地區的地方行政史論，其著作主題還包括阿索斯山（Mount Athos）、撒哈拉、英國文學、莎士比亞史劇、十九世紀威尼斯與教廷等。回憶錄《入境從俗》（*Trying to Please*）出版於二〇〇八年。他從一九七〇年開始，每年編輯文摘小冊《聖誕笑談》（*A Christmas Cracker*），曾定期為電視與講座製作歷史紀錄片，曾任倫敦最古老藝術品經銷商科爾納吉（Colnaghi）董事長，現在是「瀕危威尼斯」基金會（Venice in Peril Fund）與世界文化遺產基金會英國分會（World Monuments Fund Britain）的榮譽董事長。

> 背信棄義的事兒在這裡無處容身……這裡不被妓女的殘忍所執掌，也不受娘娘腔的傲慢所管轄，這裡沒有盜竊、暴行或謀殺。
>
> ——皮埃卓阿雷蒂諾（Pietro Aretino[1]）致安德烈葛利提總督（Andrea Gritti[2]），一五三〇年

十五世紀揭幕之時，威尼斯正處於權力的最高峰。她在一千年前只不過是義大利本土大都市居民躲避野蠻人入侵的簡陋逃難地，如今卻成了地中海的女主人、世界第一的商業國度，遠到中亞甚至遠東都有她發展出的貿易殖民地。其海軍與商船隊皆有一等一的素質，兵工廠裡的

一萬五千名工人，能在數日裡造出一艘帆索俱全的船艦，而她的財力更是蒸蒸日上。歐洲其他地方此時仍被封建制度主宰，貴族因土地而獲得身分，商貿被視為下等事業；不過，在威尼斯這個土地只有丁點大的地方，從商卻是最有前途的出路。「商業貴族」一詞在他處都有自相矛盾之虞，但卻是描述威尼斯上層階級最精確的說法。

威尼斯何以如此成功？主因有三，第一就是安全保障。義大利本土在整個中古時期長年淪為戰場，西羅馬帝國土崩瓦解、蠻族紛至沓來的侵略，在這之後義大利半島已是政權破碎割據之地，無力可回天。教皇領土、拜占庭帝國、查理曼（Charlemagne[3]）與其後繼者的新帝國，北方大都市如米蘭、維洛那（Verona[4]）、帕多瓦等等，海權共和城邦如北邊的熱那亞（Genoa[5]）與比薩（Pisa[6]）、南邊的那不勒斯（Naples[7]）、阿瑪菲（Amalfi[8]）與加埃塔（Gaeta[9]），還有其他無數零星勢力，它們全都在義大利各據山頭爭鬥不休。然而威尼斯卻始終能置身事外，與大陸之間相隔的三公里淺水——遠比深水具有防禦作用——就是天然巨型護城河，護她全然不受眼饞的流氓鄰居侵擾，也讓她不被義大利所局限而向東方展望：朝君士坦丁堡、黑海、印度與契丹（Cathay，當時西方人以此指中國）看去，那裡有絲綢與香料、黃金與皮草、還有東方的奴隸，她的財富就藏於其中。

第二個原因是政權穩定，這都拜其精良的行政系統所賜。打從威尼斯在七二七年宣告脫離拜占庭帝國獨立以來，便選擇了共和國這條路。縱然北義大利多數大都市也都如此，但隨著時間經過，他們無一能免都成為某個大家族專權的天下——佛羅倫斯的麥第奇家族（Medici[10]）、米蘭的史佛沙家族和維斯康堤家族（Visconti[11]）、曼圖亞（Mantua[12]）的岡薩加家族（Gonzaga[13]）、費拉拉（Ferrara[14]）的埃斯特家族（Este[15]）。威尼斯卻不是如此，這裡人們對政治是否會淪落到大族專制有著近乎病態的恐懼，但要說到民主那還太早，一二九八年起共和國大議會（Maggior Consiglio）僅限貴冑家族出身者能參與，也就是名列《金書》（*Libro d'oro*）上的人才有資格。話說回來，威尼斯人確實下定決心不讓特定一人專攬太多權力，他們花費許多心血只為確保此事。於是總督（Doge，威尼斯城邦的元首）選舉的整套方法複雜到讓人暈頭轉向，更誇張的是他當選後幾乎無法行使任何有效權力，可能比現在的英國女王還不如，政務實質運作全交付諸多匿名委員會取決。然而，許多委員會從組成到解散不過數月，其決策全靠多數決訂定。正是因此，威尼斯的政治史裡沒有留下任何強人的名號，但直到一七九七年被拿破崙徹底擊敗之前，這個世上最安定的共和國，在七百年歲月裡皆如磐石般穩固。

她成功的第三個原因與前兩者不大相同，並非威尼斯自身的功勞，而是第四次十字軍東征的影響。一二〇一年，計畫參與東征者請求威尼斯派出船隊載運他們前往聖地，威尼斯不但點頭答應——在談妥代價之後——還願意派出自己的一支軍隊同往。結果這波十字軍的行動卻偏離主要目標，轉而將矛頭指向基督教城市君士坦丁堡，在一二〇四年攻破該城並將其摧毀大半，以一連串的法蘭克老粗代替被他們驅逐的東方皇帝，放任城區倖存下來的部分逐漸荒圮。半個世紀後，東羅馬皇朝重歸此處，發現眼前僅餘舊日壯盛首都的殘影。

當拜占庭遭受折損，便是威尼斯受益之時。藉著與十字軍所簽的合同，威尼斯獲得君士坦丁堡以及東方帝國的八分之三，且能在帝國全境自由貿易，同時滴水不漏地防阻其頭號敵人熱那亞與比薩來這裡分一杯羹。她在君士坦丁堡占據市中心聖智堂周圍整片地區，出了城外，從威尼斯潟湖到黑海之間，一路上連續不斷的港口都被收入囊中，包括希臘本土的西部海岸、整個伯羅奔尼撒半島、愛奧尼亞群島（Ionian Islands[16]）、席克蘭群島（Cyclades[17]）的數座島嶼、色雷斯（Thrace[18]）沿海地區，以及兵家必爭之地的克里特島。此後威尼斯總督就得了「羅馬帝國八分之三之主」的響亮封號，這名稱一點都沒有加油添醋的嫌疑。

比起十三世紀，威尼斯在十四世紀的命可就沒那麼好。兩度有市民試圖發動革命，只是這些密謀者無能的程度令人發噱；還有一個總督身敗名裂遭到處決，這可是該城史上絕無僅有的一次。黑死病在十四世紀下半葉捲土重來，以數年一度的恐怖頻率不斷爆發疫情，城裡大量人口因此喪命。最糟的是，鄂圖曼土耳其人此時已入侵歐洲，迅速占領巴爾幹半島。另一方面，威尼斯在商業上的成功仍造就了如日中天的國際聲望，在整個西歐的貿易地位更是無比鞏固，以致於能在這些地區發揮可觀影響力。

於此同時，威尼斯那暴漲的收入大部分都用來建設自己這座城市。一四〇〇年該城運河數量比今日還多（後來填平了不少），並供給類似現代貢多拉（gondola）的船隻航行。聖馬可大教堂當時只有三百年歷史，但已有四隻青銅馬兒（第四次十字軍搶回的戰利品）和一座早期羅馬式鐘樓可供炫耀——暫且不論這廣場的其他三面都還空蕩蕩的。說到市內其他地方，大部分美輪美奐的哥德式教堂與宮殿都已落成，直到再過五十年，哥德式建築才會慢吞吞地被崇尚古典的文藝復興風格所取代。

展望未來，威尼斯擁有一項足令她高枕無憂的極大優勢，其對手全都自嘆弗如，那就是威尼斯城幾乎無法被攻破的地利特質。儘管展現了陸權強國的新形象，她仍是屬於海的，是大海

——以及她在一四〇〇年掌握的三千三百艘船、三萬六千名水手——保護著她、賜與財富。除她之外，義大利沒有任何一座重要都市能號稱將近千年不曾陷落外敵之手，更無他者能以這般富裕而自豪。她比任何一個競爭者都更靠近東方市場——那一樣又一樣來自東方的奢侈品啊，歐洲人既然已經嘗到滋味，於是一而再、再而三地渴求更多。海洋既是她的家（這話不只是比喻而已），她必得將大海摸得熟透；其對手偶爾能與之匹敵，但從來維持不久。還有就是她鐵打的信用，她已建立起橫跨半個地球的貿易網絡，且還保持童叟無欺的美譽，至於精打細算的討價還價，與此並不衝突。此外，不得不提威尼斯人的特質——堅毅、勤奮、有決心，對財富是發自內心的尊崇，更有爭取它的無限野心。最後，長久經驗造就了她嚴實的紀律，由政府從上往下貫徹，這點也必須一提。

威尼斯市民認為自己是天之驕子，這是想當然耳的事！他們在政府裡或許缺乏發言權，但義大利本土居民也沒有什麼比較好的待遇。就算得不到參政權，但享受善政總比頭上壓個野心勃勃又專橫暴虐的獨裁者要好；如果付出這等代價，就能住在文明世界裡最富裕、最安全、最有秩序又最美麗的城市裡頭，他們非常樂意接受這筆交易。

＊部分引用出處：M. F. Rosenthal, *The Honest Courtesan* (Chicago, 1992), p. 31

1 義大利作家，以寫作嘲諷抹黑作品攻擊贊助者的政敵而著名，1492-1556。

2 威尼斯總督（1523-1538），致力於對抗土耳其勢力，並讓威尼斯從當時義大利諸城邦混戰中抽身，1455-1538。

3 法蘭克國王，西羅馬帝國滅亡後第一個將西歐大部分地區統一起來的政治領袖，他在位時西歐的文化發展與教育情形開始有所起色，742-814。

4 北義大利歷史悠久的大城，莎士比亞《羅密歐與茱麗葉》（***Romeo and Juliet***）的故事背景。

5 義大利西北部港市，文藝復興重要都市、哥倫布的出身地。

6 義大利中部重要城市，在文藝復興時代政教衝突中與佛羅倫斯對立。

7 義大利南部第一大城，曾為諾曼王國重鎮。

8 義大利南部城市，十二到十三世紀是地中海商業強權之一。

9 義大利中南部城市，在歷史上是重要的海軍基地。

10 義大利豪族，是十五世紀歐洲銀行界最大的勢力，也是文藝復興時代佛羅倫斯的統治者。

11 十三到十五世紀之間統治米蘭的義大利名門家族，後來被史佛沙家族取代。

12 義大利北部文化重鎮，文藝復興時代以降的音樂之都。

13 十四到十七世紀之間統治曼圖亞的義大利名門家族，出過一名聖人和十二名紅衣主教。

14 義大利東北部古城，是文藝復興時代重要的政治與文化中心。

15 源自日耳曼地區的大族，其中一支分支在十三到十六世紀間統治費拉拉。

16 位於希臘半島西邊海上（愛奧尼亞海）的群島。

17 位於愛琴海南部、希臘半島東南方的群島。

18 歷史上的地理名詞，指介於黑海、愛琴海與巴爾幹山脈之間的地區。

佛羅倫斯

FLORENCE

華貴的麥第奇家族

查爾斯・費茲羅伊
Charles FitzRoy

藝術史學家，在西歐經營以義大利為主的藝術旅行團。他曾在佛羅倫斯、羅馬及斯德哥爾摩帶過無數旅行團。著有數本書籍，包括《義大利：現代旅人的壯遊手冊》（*Italy: A Grand Tour for the Modern Traveller*，一九九一年）和《義大利揭貌》（*Italy Revealed*，一九九四年）。最新的著作是《強暴歐羅巴：提香大作的驚人歷史》（*The Rape of Europa: The Intriguing History of Titian's Masterpiece*）。

整個佛羅倫斯都獻身於藝術與樂趣，尋求的是吸引那些文人前來、蒐羅書籍、妝點城市、讓鄉間變得豐饒。

——西庇歐・阿米雷托（Scipio Ammirato[1]），一六四七年

在歷史上，佛羅倫斯占有獨特地位，這個小小的義大利城邦國家是文藝復興的起步點，自此改變我們對這世界的認知。佛羅倫斯位於托斯卡尼中部阿諾河（Arno[2]）河畔，在中古時代崛起，市區逐漸擴張到原本古羅馬聚落範圍之外。十二世紀時它已是獨立行政區，到了一三〇〇

年更位列歐洲前五大城市，其財富主要靠著銀行業與毛紡織業積攢下來。「佛羅林」（florin）這種貨幣就是因佛羅倫斯而得名，當時成為全歐通用的標準金幣。

然而，中古時期的義大利政治動盪不安，支持教皇的圭爾甫派（Ghelph）與站在神聖羅馬帝國皇帝那邊的吉柏林派（Ghibellines）長年內戰，佛羅倫斯就是圭爾甫派的主力。它的鄰居若非是霸主獨裁，就是被少數貴族壟斷的寡頭統治，但此時佛羅倫斯的中產階級已在公共生活裡扮演關鍵角色：發展中的佛羅倫斯共和國，其行政都由代表重要商業團體的公會主掌。他們每兩個月就透過選舉改換統治政府「領主會」（Signoria）的成員，其中六人代表主要公會，兩人代表其他次要公會，第九人則接任執法官（Gonfaloniere）一職。

佛羅倫斯在中古時代也是出類拔萃的文化中心，十三世紀到十四世紀有契馬布耶（Cimabue[3]）和喬托這種等級的藝術大師，以及作家但丁（Dante[4]）、佩脫拉克（Petrarch[5]）與薄伽丘（Boccaccio[6]）等響徹中古義大利文壇的名字，此三人都對古典文明學問頗有造詣。到了十四世紀晚期，佛羅倫斯已躍升為歐洲學術與藝術重鎮，此時「人文主義」（humanism）——「人為萬事萬物的衡量」——逐漸抬頭，人文主義者從研究古代世界獲得啟發，將古希臘羅馬的藝文作品尊為人類能力的極致展現；在他們眼中，佛羅倫斯不僅是羅馬的繼承者，也是捍衛自由精神的堡壘。

一四〇〇年前後，佛羅倫斯的政治與經濟權力步步高升，恰與一種新藝術風格的發展同時並行。強大的米蘭公爵在一四〇二年意圖入侵佛羅倫斯城，卻因天時人和不利而失敗，於是佛羅倫斯人便以花費巨資委託創作藝術的方式來歡慶勝利。最早出現變化的是雕刻領域，藝術家以古典名作為學習範本，創造出自然主義的新風格。十五世紀早期的佛羅倫斯藝術界以三大天才馬首是瞻，建築師布魯內萊斯基（Brunelleschi[7]）發明「透視法」（perspective）的科學原則，他投注十二年光陰研究古羅馬廢墟，是最早將古典建築形式用於當代的人，也是佛羅倫斯主教座堂（義大利文為Duomo）的建造者；雕刻家多納太羅（Donatello[8]）和畫家馬薩喬（Masaccio[9]）細心察考大自然與古典藝術，由此得到靈感創作出模樣逼真、情緒濃厚的人物像。除了藝術以外，這等新思想也瀰漫於政治界，人文主義學者寇魯喬·薩盧塔蒂（Coluccio Salutati[10]）與佛羅倫斯重要史記的作者李奧納多·布魯尼（Leonardo Bruni[11]）都曾出任佛羅倫斯共和國總理（Chancellor of Florence）。

精明狡詐的商人——科西莫·德·麥第奇（Cosimo de' Medici[12]），在一四三四年結束放逐生涯歸來，隨即成為佛羅倫斯城有實無名的統治者，直到一四六四年過世之前都大權在握。科西莫是教皇御用銀行家，利用影響力勸說與他交好的尤金四世（Eugenius IV[13]）選擇自己故鄉為一四三九年「佛羅倫斯大公會議」（Council of Florence[14]）的召開地點，這可是教皇與拜占庭皇帝約翰八世（John Palaeologus[15]）彼此會面的盛典。佛羅倫斯的人文主義者已經滿心熱情地搜羅古典文獻，儘管這場大公會議未能達成讓希臘與拉丁兩大教會聯合起來的目標，但它更鼓勵這些學者進一步鑽研古代希臘文明。才華煥發的人文主義者李昂·巴提斯塔·阿伯提（Leon Battista Alberti[16]）如此描述佛羅倫斯風氣的轉變，說中古時代原本將藝術視為神學真相的象徵性呈現，但新的人文主義觀點則是以科學性的自然主義為基礎。

老練的政客、精明的商人，除此以外，科西莫·德·麥第奇還是個眼光獨到的藝術贊助者，布魯內萊斯基、多納太羅、建築師米開洛佐（Michelozzo[17]），還有畫家如安傑利科修士（Fra Angelico[18]）、菲利波·里皮（Filippo Lippi[19]）和保羅·烏切洛（Paolo Uccello[20]）等人，全都以全新的古典式風格創作他所委託的作品。科西莫本身倒是個樸實的人，住家是典型的佛羅倫斯式大宅，外牆具有防禦性，內部則有採光用的中庭。這座宅院是家族運作的總部，一樓是處理生意的場所與僕人房；大客廳位在主樓層（piano nobile），牆上飾有壁畫與掛毯，開窗不多但全都裝滿在當時仍是貴重物品的玻璃；頂樓是廚房所在地，也有房間供家族中地位較低的成員居住。

佛羅倫斯文藝復興在科西莫的孫子「偉大羅倫佐」（Lorenzo the Magnificent[21]）慈愛統治之下達到高峰。這是一個天縱英明、多才多藝的人，他在銀行業並不成功，且一四七八年遭敵對帕齊家族（Pazzi）暗殺，千鈞一髮逃過劫難，但他的弟弟朱利安諾（Giuliano[22]）卻不幸身亡。儘管如此，他仍是受佛羅倫斯人喜愛的統治者，在外交上也能善用自身強大魅力與才華，一邊掌控佛羅倫斯政治，一邊在義大利各處扮演仲裁者。

羅倫佐是個卓然有成的詩人，也與新柏拉圖哲學家瑪西里奧·費奇諾（Marsilio Ficino[23]）和皮科·德拉·米蘭多拉交情匪淺。這兩名學者試圖將古典世界——以希臘哲學家柏拉圖的著作為主——與基督教文明結合起來。視覺藝術在羅倫佐掌權期間持續蓬勃發展，深受新柏拉圖主義影響的波提切利（Botticelli[24]）、維羅奇奧（Verrocchio[25]）、李奧納多·達文西（Leonardo da Vinci[26]）和年輕的米開朗基羅（Michelangelo[27]）紛紛創作出轟動歐洲、震驚時人的絕世佳作。

佛羅倫斯的黃金年代隨羅倫佐之死戛然而止，之後四十年只有天翻地覆的政治鬥爭，法國入侵義大利，麥第奇家族隨之在一四九四年被逐出城外。接下來四年裡，佛羅倫斯建立起神權統治，領導者是狂熱的道明會修士吉若蘭莫·薩佛那羅拉（Girolamo Savonarola[28]）；等到佛羅倫斯市民對他那極端的道德禁欲主張感到厭棄，便在領主廣場（Piazza della Signoria）上將他公開處以火刑。佛羅倫斯在一四九八年至一五一二年間再度成為共和國，但實際上不過是法國與西班牙這兩大外來勢力之間的棋子罷了。

一五一二年，以羅倫佐之子朱利安諾（Giuliano[29]）為首的麥第奇家族被請回佛羅倫斯（朱利安諾不久之後成為教皇利奧十世〔Leo X〕），但還沒來得及安穩下來，一五二七年「羅馬大劫」（the sack of Rome[30]）之後又再一次被趕走。神聖羅馬帝國皇帝查爾斯五世與麥第奇家族出身的教皇克烈門七世（Clement VII[31]）過從甚密，他派出帝國大軍圍攻佛羅倫斯，城民苦不堪言，只好再開門迎接麥第奇一族歸來。亞力山德洛·德·麥第奇（Alessandro de' Medici[32]）隨之遇襲殞命，但他那城府深沉的表親柯西默·德·麥第奇（Cosimo de' Mdeici[33]）在一五三七年接掌大位之後頗有政績，並在一五六八年被封為托斯卡尼大公（Grand Duke of Tuscany）。這個家族原本已能在義大利呼風喚雨，於十六世紀更出了三名教皇、兩名法國王后，鞏固他們在歐洲的聲望。

就算政治情勢風雨飄搖，其藝術發展仍有璀璨成果，十六世紀最初十年內，李奧納多、拉斐爾（Raphael[34]）和米開朗基羅都在佛羅倫斯進行創作。米開朗基羅那充滿英雄氣概的巨大裸像《大衛像》（David）於一五〇五年揭幕，隨即被採用為該市的象徵。瓦薩里（Vasari[35]）在他著名的《藝苑名人傳》（*Lives of the Artists*，一五五〇年）中將上述三人尊為史上藝術成就極致，是古典時代藝術巨匠之後最早青出於藍的人。他們的後繼者如蓬托莫（Pontormo[36]）、布龍津諾

（Bronzino[37]）、切利尼（Cellini[38]）和詹波隆那（Giambologna[39]）也都群集於佛羅倫斯，成為晚期文藝復興風格「格調主義」（Mannerism[40]）的代表人物，其影響遍及歐洲各地。

佛羅倫斯不僅只在視覺藝術的領域人才輩出，佛蘭契斯柯・桂察第尼（Francesco Guicciardini[41]）在一五三〇年出版了《佛羅倫斯史》（*History of Florence*）這本權威大作；尼可羅・馬基維利（Niccolò Machiavelli[42]）在《君王論》（*The Prince*）中則主張在人性本惡的基本認知下運用權力。佛羅倫斯身為地圖製圖業中心的地位早已受到舉世承認，而佛羅倫斯人亞美利哥・維斯普契（Amerigo Vespucci[43]）更首先察覺到哥倫布所發現的，其實是一片前所未知的大陸，並將這個新大陸命名為「亞美利加」（America）。

歸功於麥第奇家族最後一名直系子孫安娜瑪莉亞女大公（Grand Duchess Anna Maria[44]）的慷慨，我們現在仍能在佛羅倫斯觀賞到它所孕育的藝術鉅作，尤其是在黃金時代（所謂的Quattrocento，即十五世紀早期）的成品。安娜瑪莉亞逝世於一七四三年，死前將家族可觀的藝術收藏永久贈與該城，讓我們能藉此衡量這個小小的城邦國家、人文主義的搖籃，究竟對世界造成多麼巨大的衝擊。後世歐洲文明所承受佛羅倫斯文藝復興的遺澤，簡直不可以量計，其對古典世界的勤苦學習探究不僅造就了藝術的重生，也讓人在宇宙的中心占有一席之地。

＊部分引用出處： Scipio Ammirato, *Istorie de Firenze*

1 義大利文藝復興時期史學家，最著名的作品是《佛羅倫斯史》（*Istorie Florentine*），1531-1601。

2 義大利托斯卡尼地區的河流。

3 義大利畫家與馬賽克設計者，深受拜占庭藝術傳統影響但又能從中創新，1240-1302。

4 義大利中古晚期重要詩人，他的《神曲》（*Divine Comedy*）被稱為中古時代最偉大的詩歌作品，1265-1321。

5 義大利學者與詩人，被視為人文主義之父，其詩作成為後世抒情詩的典範。1304-1374。

6 義大利作家，文藝復興時代重要的人文主義者，著作包括《十日談》（*Decameron*）與《名媛》（*De mulieribus claris*），1313-1375。

7 義大利建築師，被視為現代工程學始祖，亦是文藝復興奠基者之一。1377-1446。

8 義大利雕刻家，利用古典藝術原則創作雕刻，發展出完整的文藝復興風格。1386-1466。

9 義大利畫家，作品寫實而富有立體感，最早使用直線透視法作畫者，1401-1428。

10 義大利人文主義者與政治人物，佛羅倫斯最重要的政治與文化領導人之一，1331-1406。

11 義大利人文主義者、歷史學家、政治人物，最早在作品中提出「上古—中古—現代」三階段歷史分期的人，1370-1444。

12 義大利政治人物，麥第奇家族在政治上掌握實權的始祖，也是當時學術、藝術與建築的重要贊助者，1389-1464。

13 羅馬教皇，一四三一年就任，在位期間政爭問題不斷，但他試圖統合東西教會的努力也使得教廷聲威重振，1383-1447。

14 為了解決天主教內異端問題與東西教會紛爭而召開的大公會議，同時也是教廷與神聖羅馬帝國等政治勢力爭奪權力的手段之一。

15 拜占庭帝國倒數第二位皇帝，一四二五年繼位，1392-1448。

16 義大利作家、建築師、語言學家、哲學家、教士，是文藝復興精神所追求「通才」形象的典範，1404-1472。

17 義大利建築師與雕刻家，被視為文藝復興建築設計的先驅。

18 義大利畫家，道明會修士，文藝復興早期的重要人物，1395-1455。

19 義大利畫家，文藝復興重要人物，1406-1469。

20 義大利畫家與數學家，在視覺透視法的研究上頗有成就，1397-1475。

21 義大利政治人物，文藝復興時代最有權力也最積極的文藝贊助者，在世時致力維護義大利各勢力之間和平相處，1449-1492。

22 與羅倫佐共同統治佛羅倫斯，被譽為當時青年才俊，1453-1478。

23 義大利文藝復興早期最具影響力的人文主義學者，第一個將柏拉圖全部作品翻譯成拉丁文的人。他創立的「柏拉圖學院」對後世歐洲學術風氣有重大影響，1433-1499。

24 義大利文藝復興早期著名畫家，作品以宗教題材為主，呈現自然寫實且具立體性的特質，1445-1510。

25 義大利畫家、雕刻家，在佛羅倫斯開設工作坊，達文西是其弟子，1435-1488。

26 義大利文藝復興時代博學家，以繪畫成就最為著名，與米開朗基羅、拉斐爾並列三大巨匠，名作包括《蒙娜麗莎》、《最後晚餐》等，1452-1519。

27 義大利畫家、雕刻家、建築師，其作品被視為文藝復興藝術成就的極致，強調生命力與神聖感，名作包括《大衛像》、《最後審判》等，1475-1564。

28 文藝復興時代活躍於佛羅倫斯的道明會傳教士，批判教會與世俗社會的腐敗、主張末世即將到來，在佛羅倫斯展開高壓神權統治，1452-1498。

29 受到西班牙支持的佛羅倫斯統治者，1479-1516。

30 神聖羅馬帝國與法國對抗之下發生的事件，在義大利與法軍作戰的帝國軍隊因為糧餉不足而譁變，轉而進攻羅馬搶奪財物。

31 羅馬教皇，在位期間頗受歐洲各大強權勢力牽制，「羅馬大劫」與英國宗教改革皆於此時發生，1478-1534。

32 第一任佛羅倫斯公爵，以高壓手段進行統治，遭家族中的政敵暗殺，1510-1537。

33 佛羅倫斯公爵、第一位托斯卡尼大公，出身麥第奇家族旁支，以軍事專制手段進行統治，1519-1574。

34 義大利畫家、建築師，風格華麗溫和，早逝但作品極多，1483-1520。

35 義大利文藝復興畫家、建築師、作家，他的《藝苑名人傳》被視為最早的藝術史作品，1511-1574。

36 義大利早期格調主義畫家，常以誇張手法呈現人物動作以表現情緒動感，1494-1557。

37 義大利格調主義畫家，師承蓬托莫，風格較其師冷靜嚴肅，1503-1572。

38 義大利金匠與雕刻家，格調主義重要人物，其自傳與詩歌作品也十分著名，1500-1571。

39 佛蘭德斯出身的雕刻家，平生多在義大利發展，作品呈現文藝復興晚期與格調主義風格，1529-1608。

40 一五二〇年至一五八〇年間盛行於義大利的藝術風格，改變文藝復興盛期均衡對稱的構圖原則，強調畫面的張力與情緒，因而其人物肢體、畫面構圖常呈不對稱或不協調。

41 義大利歷史學家與政治人物，文藝復興時代重要政治史作者之一，1483-1540。

42 義大利學者、外交官、思想家，1469-1527。

43 義大利探險家、金融家、地圖製圖家，1454-1512。

44 普法爾茨選帝侯夫人（Electress Palantine），致力於贊助藝術，1667-1743。

貝南
BENIN
西非的祖靈之城

派翠克・達林
Patrick Darling
伯恩茅斯大學（University of Bournemouth）文化與自然遺產維護學系資深研究員，曾對貝南土木工程進行深度調查，並就此專題廣泛出版作品。他也是「非洲遺產組織」的成員，該組織成立目的是向世界各地學院與大學推廣，應以積極真實態度看待非洲文化遺產。

不知為何，貝南對我有種特別強烈的魅力……去過那裡的人，無不對它留下深刻印象。

——希瑞爾・龐區（Cyril Punch[1]），一八九二年

貝南位於奈及利亞南部，人們說它是「愛之城」、「煩惱之地」、「強大歐巴（Oba）之地」或者「偉大貝南」。十九世紀晚期的歐洲人仍否認黑色非洲（black Africa）可能出現文明，但此地的青銅與象牙藝品實在美得不可方物，令他們驚異萬分。

據語言學家估計，貝南人說埃多語（Edo[2]）的祖先從八千年前左右，開始向南遷徙到雨林

地區。大約兩千年前，由於鐵器技術與大蕉農業之助，人口成長到足以維持定居聚落的程度。他們在農田周圍挖出垂直向的壕溝，阻止叢林裡的大象在夜間前來破壞，於是土地上的人工痕跡就這麼從零開始增長，締創長達一萬六千公里的人類定居紀錄。從這個紀錄可知，上地的缺乏在約一千年前激起一波西向移民潮；到了十三世紀，當時移民所建立的新聚落已涵蓋未來貝南所在地區。

移民蓋起新村落，也將一併帶來他們與鄉野間文化地景聲息相通的古老信仰，這些人若想蓋房子、種田或性行為，必得先種下永存不滅的「伊金文樹」（ikhimwin[3]）作為聖壇才能著手進行正事。土木工程打造的邊界隔開真實世界與神靈世界，只有女人才能穿越。地方信仰以成神的偉人（稱為「伊恆」〔ihen〕）為基礎，是當時諸小型部落的特徵；貝南很快接受了新移民帶來的「伊恆」，這對它突破地方性的局限獲致成功頗有助益。同時，貝南領袖也營造出強大的精神性權力基礎，其中心是所謂的「碎陶地」（potsherd pavement）和盛裝獻給大地祭品的深坑「伊哈」（iha）。

當地廣為流傳的建國神話以聖城伊非（Ife[4]）為本，貝南的碎陶地或許能將這座城與神話連結起來，且預示了十三世紀晚期歐巴王朝的出現。此一王朝的統治君主被人民視為神祇，他們擁有自己的宮廷、蛇神崇拜與其他宗教儀式，強化王朝權力的神祕性。考古學家對貝南與其敵對勢力烏多（Udo[5]）的城周土牆使用碳十四測定法，顯示兩處都是在十四世紀早期出現明顯的中央集權，與伊非在十三世紀至十四世紀中葉的古典神權時代重合，那時代亦留下了製作精良的自然主義風格青銅器與陶器。

十五世紀中期，伊維爾歐巴（Ewuare[6]）攻占貝南將其焚毀，摒棄該城原有的「伊恆」，加厚土牆並在九座城門埋下符咒，設立行政會議（稱為Eghaevbo n'Ore）與宮廷元老院（稱為Iwebo）以支持他的神王地位並舉行所需的相應儀式。他擅長分進合擊的戰術，將軍隊分作九部來包圍敵人，貝南的勢力範圍因之得以拓展；成千上萬的俘虜被交給各地酋長管轄，生產每年用來上貢的山藥與棕櫚油，這種新體制使得貝南內部結構徹底重組。

歐洲人在十六世紀對貝南多所青睞，他們記下這裡縱深足有二十公尺的驚人牆壘、城市的廣大範圍、寬闊街道上行人如織、熙來攘往的市場裡滿是食物與藥品、用蝸牛殼打磨的屋宇泥牆有如紅色大理石般發亮。十七世紀中葉的造訪者則說這兒有大約四十個活躍的行業公會，包括木雕業、染坊、織工、陶匠、鐵匠、鑄銅匠和編蓆工人等，還提到工作的全是女人，男人只是整天喝棕櫚酒、抽菸、到處閒晃。

歐巴的宮殿被六公尺高牆圍繞，占去城中大部分空間，是個由露天庭院、倉庫和守衛森嚴的後宮所組成的大迷宮，還有供數百僕役居住的地方。宮中有數座十二公尺高的尖塔，每一座都承托著青銅頭的巨蛇，或是有壯觀的青銅朱鷺在頂端展翅。長廊裡懸掛做工精美的青銅扁牌，耀武揚威地描繪過往戰爭劫掠情事，以及各種儀式大典。

十七世紀早期，艾恆布達歐巴（Ehengbuda[7]）在一場獨木舟事故中意外溺斃，後繼的歐巴不再是戰士國王，他們的身分轉而變得與每年二百多種國家慶典儀禮密不可分。精神性的內省氣氛隨之出現，人們沿著寬廣的阿克帕帕瓦大街（Akpapava Street）曝晒死者遺體，宮殿周圍排滿一列列髑髏；為了阻止英國在一八九七年的侵略，城中額外舉行無數犧牲祭典，使貝南獲致

「血腥之城」這個不公平的醜名。

英國占領貝南後，外人得以進入王宮內院祖祠禁地一探究竟：在鐵製手鈴與古老石斧之間，是引人注目的青銅頭像，呈現歷代歐巴佩戴儀式用紅珊瑚項鍊與頭飾的尊容。每個頭像上都置有龐大象牙，其精工雕琢具有超越時間意義的圖像，年年接受奉獻祭拜。西方世界對這些驚人「藝品」讚不絕口，但許多人都忽略了貝南真正的重要性所在：它是非洲最後一座在一個魔幻世界裡徹底實踐古老信仰的強大城邦王國，而這信仰的根源正是全人類對永恆的追求。

＊部分引用出處：Henry Ling Roth, *Great Benin* (Halifax, 1903)

1 英國商人與間諜，在十九、二十世紀之交常前往貝南經商並收集情報。
2 埃多人使用的語文，貝南帝國的主要語言，現在使用人口主要分布於奈及利亞埃多州。
3 即非洲紫葳，學名 ***Newbouldia laevis***。
4 位於奈及利亞西南方的城市，約魯巴族（Yoruba）古都。
5 位於貝南東方約三十公里遠的城市。
6 史學家視其為貝南王國第一任國王，藉由軍事政變奪得權位。在位期間為一四四〇年至一四七三年。
7 貝南國王，在位期間主要領軍於約魯巴地區（包括現在奈及利亞、多哥、貝南諸國的部分疆域）作戰，1578-1604。

廷巴克圖 TIMBUKTU

沙中之城

巴納比・羅傑森 Barnaby Rogerson

從年輕時就旅行四方，著有《先知穆罕默德》（*The Prophet Muhammad*，二〇〇三年）、《先知穆罕默德的後裔》（*The Heirs of the Prophet Muhammad*，二〇〇六年）、《旅行家的北非史：從迦太基到卡薩布蘭卡》（*A Traveller's History of North Africa: From Carthage to Casablanca*，二〇〇八年出新版）、《末代十字軍》（*The Last Crusaders*，二〇〇九年），以及摩洛哥、賽普勒斯、伊斯坦堡和突尼西亞等地的旅遊導覽書。他與妻子羅絲・白林（Rose Baring）共同經營伊蘭德書局（Eland），並出版旅行文學經典著作（www.travelbooks.co.uk）。

鹽出自北方，黃金出自南方，但上帝之道與智慧之寶，出自廷巴克圖。

——薩赫爾（Sahel[1]）古諺

廷巴克圖位在撒哈拉沙漠南緣，用一份歷史與兩份傳說建構而成。它被重重沙漠圍繞，但離南邊僅十五公里就是尼日河。它在十四世紀首度被外在世界看到而為人所知，那時回教曼丁哥帝國（Mandingo Empire）的統治者曼沙・慕薩（Mansa Musa[2]）前往麥加朝聖，讓人知道他擁有堆積如山、流溢如海的西非黃金且豪不吝惜施捨給歐洲人，因而成了傳奇人物。後來許多旅人、作家與外交使節動身前往尋找黃金來源地，卻都失望而歸。真實的廷巴克圖只是座泥磚造的典型薩赫爾商業城鎮，受乾燥的沙漠風暴與沙塵侵襲，和人們夢想中那隱藏在撒哈拉沙丘大荒深處的神祕黃金城大相逕庭。

中古時代出身於馬格里布（Maghreb[3]）的史學家與旅遊作者裡，出生在丹吉爾（Tangier[4]）的伊本·白圖泰、突尼斯的伊本·赫勒敦和格拉納達（Granada[5]）的李奧·阿非利加努斯（Leo Africanus[6]，原名Hassan al-Fasi）都提到過歷史上的廷巴克圖，後二人還是摩洛哥蘇丹派往該地的專員；李奧回報說：「富豪國王擁有大量金盤與金杖，其中有些重達一千三百磅；他還養了三千名馬車夫，以及無數醫師、法官、祭司和其他學有專精的人。」

十八世紀晚期，英法之間的殖民衝突甚至延燒到中非，雙方爭相深入勘查，其動機有部分是想要尋得那謎一般的黃金源頭，彼此競爭的各個學會紛紛組成探險隊出動調查。蒙戈·帕克（Mungo Park[7]）完成一份尼日河考察報告，但他自己未能抵達廷巴克圖；第一個進入該城的歐洲人是戈登·萊少校（Major Gordon Laing[8]），他從的黎波里（Tripoli[9]）向南穿過撒哈拉到達目的地，但卻在一八二六年於廷巴克圖城外慘遭謀害；一年後，法國人瑞內·卡耶（René Caillié[10]）喬裝成埃及回教徒，從塞內加爾（Senegal）前往該處，為歐洲人帶回關於廷巴克圖首份的第一手紀錄，只是這紀錄的學術價值遠比不上日耳曼探險家海因里希·巴爾特（Heinrich Barte[11]）發表於一八五四年那份有條不紊的研究報告。巴爾特在報告中呈現城中各個不同的種族社群——桑海人（Songhai[12]）、圖亞雷格人（Tuareg[13]）、富拉尼人（Fulani[14]）和曼德人（Mande[15]）；三座歷史悠久的清真寺——十四世紀建立的「津佳里貝爾」

（Djinguereber），一四四〇年建造的「西迪葉海亞」（Sidi Yahya）和十五世紀落成但起源更早的「桑科爾」（Sankore），以及摩洛哥人於十六世紀在此蓋起的「卡斯巴」（Kasbah，意即堡壘）。在此之後又過一代，法國將軍霞飛（Joffre[16]）於一八九四年占領了這座城鎮。

待法國殖民時期結束，廷巴克圖真正的歷史與財富才為人所知，也就是一座座令人目不暇給的私人圖書館，藏書全由當地讀書人專心致志抄錄、保存、謄寫累積而成。這些手稿訴說該城如何在十一世紀興起、如何從圖亞雷格牧人繞著「廷—布克圖」（Tim-Buktu，意為「沙丘裡的泉水」）紮營的老營地發展起來。此地於十一世紀百年間成長為一個貿易點，吸引北非各地回教商人前來。對這些商賈來說，廷巴克圖位於尼日河北邊沙漠裡的位置別有意義，這讓他們在此地仍能感到自己身處「回教天下」（Dar-Islam），所有關於交易、婚姻和正統宗教儀式的一般契約手續都遵循回教教規，清真寺的陰影下有人教授著《可蘭經》、聖訓（hadith[17]）、歷史、經文文法與詮釋等學問。再往南還有更大的商業都市以及政治首都，但它們都深受傳統國王崇拜的風俗所影響，人人恣飲啤酒、身披金飾，甚至還有以血為祭的可怕儀式。

這個自知自明的回教小城，立於西部非洲數百萬人聚居地的邊陲，它擁有岩鹽貿易的地利，販賣撒哈拉沙漠中央陶代尼礦場（Taoudeni）由奴隸開採的鹽礦，換得金沙、黑奴、黑曜石、象牙和鴕鳥毛。至於黃金從哪裡來？恐怕連廷巴克圖的商人自己都不知道，他們獲得的砂金，就是在接近尼日河和塞內加爾河源頭的熱帶叢林裡所洗篩出來的。

松迪亞塔·凱塔（Sun Diata Keita[18]）在一二三五年建立馬利王國（Kingdom of Mali，又稱曼丁哥帝國），廷巴克圖後來也被納入該國版圖。正是這位開國君主的孫子曼沙·慕薩（意即

「大王」）用財富讓世人開了眼界，同時也造成埃及金價暴跌。曼沙．慕薩還帶了學者、建築師和書籍手稿回來充實他的帝國；安達露斯建築師與學者阿布．伊斯哈格．薩西里（Abu Ishaq al-Sahili[19]）受他之邀，於一三二七年在廷巴克圖蓋起了桑科爾清真寺與鄰接的馬獨古王宮（Madugu）。但就算物質、精神盡皆富裕，廷巴克圖也不過是薩赫爾地區三百座城市之一，像瓦拉塔（Walata[20]）、塔蔑加（Tadmekka[21]）、卡巴拉（Kabara[22]）、第雅（Dia[23]）等地可能都是國王大臣或四處旅行的學者會到的地方。十四世紀的知識分子可謂四海為家，整座圖書館都能讓駱駝隊載著紅山羊皮書袋到處搬運，教師與學生也隨著游牧遷徙的規律四處遊走；小鎮可能因為市集或年度節慶而突然雨後春筍般，冒出望不盡的帳篷，這景象一年裡僅維持數週，其後又回歸為半空墟落。

十五世紀時，桑海的蘇丹桑尼．阿里（Sunni Ali[24]）以宗教聖戰為藉口發兵橫掃曼丁哥帝國，在一四六八年攻下廷巴克圖。百年之後，摩洛哥的阿赫馬德．曼蘇爾蘇丹（Ahmad al-Mansur[25]）派遣朱達爾帕夏（Judar Pasha[26]）率軍擊敗桑海大軍，在廷巴克圖建立起大本營，而這支軍隊的後代子孫被稱為「魯瑪」（Ruma），主掌當地政權直到十八世紀中葉為止。其後廷巴克圖在數個相爭的蘇丹之間不斷易幟，他們的權力基礎都是圖亞雷格或富拉尼騎兵，這樣的情況持續至法國人來到才告終。然而，早在數百年前，廷巴克圖這類城鎮所仰賴的貿易動脈就已被引往別處，海運在十五世紀取代穿越撒哈拉的陸路商道；葡萄牙商人踏足此地後，他們的法國、荷蘭和英國對手隨之接踵而來。廷巴克圖之所以能支撐著活過最後四百年，靠的不是黃金亦非奴隸，而是對千年回教學術傳統的自豪，以及細心保存千萬份手稿遺產的使命感。

1 指撒哈拉沙漠以南、蘇丹稀樹草原以北的地區，為半乾旱性氣候。

2 馬利帝國統治者，約在一三一二年登基，1280-1337。

3 指北非包括摩洛哥、突尼西亞、利比亞、阿爾及利亞和茅利塔尼亞等五國的廣大地區。

4 摩洛哥西北部主要都市，位於直布羅陀海峽入口處。

5 西班牙南部都市，安達露斯省省會，鄰近地中海岸。

6 出身安達露斯的外交官與作者，作品《非洲誌》（*Descrittione dell'Africa*）記載馬格里布與尼羅河流域的地理環境，1494-1554?。

7 英國醫師與探險家，被認為是史上最早深入尼日河中游地區探查研究的歐洲人，1771-1806。

8 英國探險家，1794-1826。

9 利比亞首都，位於該國北部地中海沿岸。

10 法國探險家，第一個成功從廷巴克圖探險歸來的歐洲人，1799-1838。

11 日耳曼探險家與學者，被視為史上重要的非洲探險家之一，1821-1865。

12 西非民族，使用桑海語（Songhai language），主要分布於現在的馬利（Mali）。

13 主要分布於撒哈拉沙漠中的遊牧民族。

14 主要分布於撒哈拉沙漠與薩赫爾地區的非洲民族。

15 西非民族，使用曼德語（Mande language），可分為東曼德族與西曼德族。

16 法國軍人，一次大戰前半期法軍西線統帥，1852-1931。

17 穆罕默德生前言行紀錄，不同的回教教派有不同的聖訓集。

18 馬利帝國建國者，1217-1255。

19 為曼沙．慕薩工作的著名建築師，生平不詳。

20 位於茅利塔尼亞東南部的綠洲城鎮。

21 位於馬利東北部的中古城鎮，現在已是廢墟。

22 馬利城鎮，位於廷巴克圖南方。

23 馬利中部城鎮。

24 桑海帝國開國君主，擁有強大軍事力量，生年不詳，在位期間為一四六四年至一四九二年。

25 摩洛哥薩迪王朝（Saadi dynasty）君主，擁有強大勢力，對文藝復興時代晚期歐非兩洲國際政治都有影響力，1549-1603。

26 摩洛哥軍事領袖，生年不詳，死於一六〇六年。「帕夏」是鄂圖曼帝國軍事長官的稱號。

庫斯科

CUZCO

印加皇城

布萊恩・S・鮑爾

Brian S. Bauer

伊利諾大學芝加哥分校（University of Illinois at Chicago）人類學教授，他曾出版十數本關於史前安地斯地區的書籍與專題論著，尤以對庫斯科與印加的研究最著名，其最為人熟知的作品是《上古庫斯科：印加腹地》（*Ancient Cuzco: Heartland of the Inca*，二〇〇四年）。

庫斯科是眾神的家園與居所，因此他們說這兒每一座噴泉、每一條路、每一堵牆，都包含著神話。

——胡安・波羅・德・昂迪加多（Juan Polo de Ondegardo[1]），一五七一年

印加帝國是新世界發展出來最龐大的政治勢力，也是安地斯地區一系列複雜社會組織最終的型態。它起源於祕魯中南部山區，往西部高原和南美海岸擴張，最後涵蓋了從現在哥倫比亞一直到智利的廣大領土。歐洲人在一五三二年與他們首度接觸，當時印加帝國治下有至少八百萬人民；其權力中心在國都——庫斯科城，在西班牙人抵達南美之前，這裡據說也是曾執掌大

位的十一名王朝統治者所在之處。

庫斯科位在一處廣闊且肥沃的谷地南端，在兩條小河之間發展，並在河流流經城內和城外一段距離內的河岸築堤、加以運河化，讓河水從平坦鋪石上流過，無數座橋梁橫跨河面，每年人們還會在兩河匯流處獻祭。顛峰時期的庫斯科擁有超過兩萬人口，還有成千上萬人散居在谷地各處小村。話說回來，庫斯科可不只是統治王朝的都城、印加的政治樞紐，它還代表這個帝國地理上與精神上的中心點。

在庫斯科核心處微微隆起的高地上、接近兩條小運河匯合處，就是印加帝國最著名的聖殿「科利康查」（Coricancha），西班牙人稱之為「太陽神廟」（Tempo del Sol）。科利康查的意思是「金色圍場」，因覆蓋牆面的金箔而得名；此地是城中舉辦主要皇家儀典的重心，由精準切割的石塊蓋成，印加人此一工藝可謂名不虛傳。

科利康查實際上是由好幾座祭祀著不同神明的廟宇組成，還包括許多供廟中工作者住宿的屋舍，或是用來貯藏獻神的祭品，全都被高大外牆所包圍。這些建築物與庭院共同形成一處驚人的建築群，傲踞於城市中央，從遠方即可得見。西班牙人對印加帝國最早的紀錄裡，就提到這兒塗金的牆，刺激大眾對於新世界無盡財富的想像。

對印加帝國而言，科利康查的意義無與倫比。印加人將帝國視為四大地理區的結合體，以科利康查為放射中點，因此該處就是宇宙中心與最神聖的地點。西班牙人占據庫斯科之後不久，道明會就取得聖殿所有權，並開始興建教堂與修道院。將近五百年後的今天，這座聖殿依然由道明會執掌。

庫斯科中央廣場也是重要的儀式場合，成千上萬群眾一年數度在此聚集、參加豪華慶典，也為一睹印加皇族風采。慶典包含六月與十二月的夏至與冬至節、八月與五月的玉米播種節和玉米收穫節，以及其他節日。在這些時候，庫斯科先王的木乃伊都從宮裡被抬出來，依照統治先後陳列於廣場。

中央廣場周圍有不少重要建築物，包括這些晏駕老王的舊宮殿。市中心還有許多主神各異的神廟、大量皇家倉庫，以及各形各色的政府機構與設施。這裡面有一處稱為「阿爾卡華希」（Allcahuasi，意為「神選者之家」）的宅院，裡面住著數千女性，將自己終身奉獻給國家。

庫斯科與周遭環境充斥著一個個小聖域，事實上，整座庫斯科城就是一片聖地，旅行者還會在山路上第一眼望見庫斯科的地方禱告獻祭。城附近有三千到四千座神祠，其中有很多座形成四十二條由庫斯科向周圍輻射的直線，有如輪輻，而輪軸就是科利康查。這種排列方式被稱作「庫斯科輪輻系統」（Cuzco ceque system），是近年學術界的研究題目。

城外（但仍處於庫斯科谷地內）最重要的場所是龐大的薩克塞華曼（Sacsayhuaman）建築結構，它位於俯瞰該城的陡坡上，能將谷地勝景盡覽眼中。挖掘成果與陶片表面檢測的結果顯示，該遺址年代早於印加時期，但在印加帝國統治（約一四〇〇年至一五三二年）之下被大幅擴建。數千工人數十年辛勞，造就新大陸最令人驚嘆的建築遺址之一。砌就牆垣的石塊常是多邊形，也是工業化之前世上體積最巨大的建材之一，展現出當時高度精準的切割堆砌技術，在上古文化中一枝獨秀。由於薩克塞華曼位置遠高於庫斯科，且擁有層層疊疊的牆壁，因此常被說成是座堡壘。不過，關於庫斯科的早期文獻顯示，這裡頭還有一間太陽神廟以及多不勝數的倉庫。

全盛期的庫斯科呈寬鬆格子狀布局，由大塊坊區構成，中間夾著狹小街道。坊區圍牆也是了不得的工藝成品，建材石塊割磨精湛，某些牆高度可達四到五公尺。少數坊牆留存下來，至今人們仍可見到，坊區內以前曾包含數百座較小的建築物，其中許多也是石屋。

這些小型房屋後來幾乎全被摧毀，因為西班牙殖民者將坊區瓜分占據，並以歐洲慣例改造整座城的風貌。一六五〇年一場大地震後，庫斯科大部分地區都必須重建，新的西班牙式建築就這樣直接疊在印加古老建築與廣場上面。幸好殘存下來的印加老屋還不少，足以讓該城市中心在一九八三年獲聯合國教科文組織列為文化遺產。現在每年有超過百萬遊客造訪此城，欣賞這令人印象深刻的古代遺跡。

＊部分引用出處： *Narratives of the rites and laws of the Yncas*, trans C. R. Markham (New York, [1571] 1964)

1 西班牙法官、史學家與殖民官員，早期研究印加文明的重要人物，生年不詳，卒於一五九五年。

鐵諾奇蒂特蘭

TENOCHTITLAN

阿茲特克湖中都市

蘇珊・托比・伊凡斯
Susan Toby Evans

賓州州立大學（Penn State University）人類學教授。她研究墨西哥古代文化，特別是阿茲特克人，其著作《古代墨西哥：考古與文化史》（*Ancient Mexico: Archaeology and Culture History*，第三版出版於二〇一三年）獲得美國考古學學會（Society for American Archaeology）好書獎。她對阿茲特克王宮與宮廷生活的研究成果，發表於她和喬安・匹爾斯柏里（Joanne Pillsbury）合編的《新世界古代宮殿》（*Palaces of the Ancient New World*，二〇〇四年）一書。

看到這麼多建在水中的城市村鎮……以及……通往墨西哥（鐵諾奇蒂特蘭）的諸多堤道，我們個個瞠目結舌，說這像是阿瑪蒂斯傳說（Amadis[1]）裡提到的咒術……無數巨塔……從水中升起，全以石材砌成。有些士兵甚至還問眼前所見是否為夢境。

——卡斯提爾的貝爾納・迪亞茲（Bernal Diaz del Castillo[2]），一五六〇年代

一座閃耀藍湖，湖中島嶼遍生綠玉般的柳樹，阿茲特克首都鐵諾奇蒂特蘭就位在這般景象之中，猶如一片蒼翠的天堂樂園，與西班牙征服者那塵土飛揚的家鄉城鎮有著天壤之別，也和

現在覆蓋其上的巨型都會，也就是今日的墨西哥市大不相同。和墨西哥市一樣，鐵諾奇蒂特蘭也是當時整個美洲最大的城市，市區（範圍約十三平方公里）和郊區共住有十萬以上居民。一五二一年，也就是迪亞茲跟隨科提斯（Hernán Cortés[3]）帶著西班牙部隊進入鐵諾奇蒂特蘭兩年後，這座城就在長達三月的圍城戰裡遭到毀壞，如寶石般的城市竟無法以原貌獻給西班牙國王，科提斯對此可是抱憾不已。

鐵諾奇蒂特蘭的美麗是用帝國國庫錢財所換來，帝國領土從太平洋一直延伸到大西洋，至少五百萬人必須對帝國中央納貢。要維護並擴張這個財富製造機，需要軍官、文職官僚，以及神職人員，他們大多在城裡的宮殿、倉庫和廟宇裡工作。城市正中央是儀式用的建築群，現在以其主要殿宇之名被稱為「大神廟區」（Templo Mayor precinct），連接鐵諾奇蒂特蘭所在島嶼與陸地的堤道變成了寬廣大街，從四個方位直通大神廟區。於是，大神廟所在位置就成了「宇宙中心」（axis mundi），標誌著物質世界地平面與多層天堂地獄所形成垂直軸線的交會點。

大神廟區周圍分布著該城其他重要地點，像是位處南邊、於皇帝蒙特庫佐馬二世（Montecuzoma II[4]，其較為人知的稱號是Montezuma）龐大宮殿西側，現在被稱為「憲法廣場」（Zócalo）的大廣場，這是附屬於皇宮、類似公共前廳的場所。六百朝臣每日前來此處侍候皇帝，一邊說三道四，一邊享受宮裡提供的娛樂和宴飲賞賜。憲法廣場對面是貴族與文官子弟就讀的學校。儀式區往西一點有另一座年代較老的皇宮，科提斯與其屬下就是被安置於此地，與蒙特庫佐瑪和南美貴族一同享受宮中生活，直到一五二〇年這群西班牙外交使節才變成暴力征服者。再往西一點是庫房，貯藏四方繳來的貢納；庫房所在的園子也豢養從帝國各地收集來的動物，還特地營造出有如牠們原本生長的天然環境。貼著大神廟東邊有另一座動物園，關著最凶猛的野獸。

能住在鐵諾奇蒂特蘭的都是有錢有權的阿茲特克人，其他中美政權也以與阿茲特克結盟、在城內派駐使節來顯揚自身威勢。據迪亞茲記載，「這些房屋矗立淡水湖中，有堤道通達」，屋子裡「滿是斗篷與織品……金器與羽飾」；此類物品許多是以貢品或奢侈品的形式被引進鐵諾奇蒂特蘭，但此城本身也是這些貴重產品的主要產地之一。這裡出產的精細織物，是貴族婦女和其僕役在皇宮與大宅裡工作的成果；只有富人擁有能夠妻妾成群的特權，但養妻妾卻也是一種發財之道，因為她們所織的斗篷就是市場交易媒介。其他像珠寶和羽飾等高級商品，也是高階級的專業工匠在家宅裡所製。

鐵諾奇蒂特蘭城區北邊是座較小的島城「特拉鐵洛科」（Tlatelolco），建城族群與鐵諾奇蒂特蘭的阿茲特克人血緣親密，兩城建立時間也大約相仿。特拉鐵洛科在長程貿易中獲利甚鉅，引發鐵諾奇蒂特蘭的覬覦，後來終於被吸納成為主城區的一部分。特拉鐵洛科的商人公會由互為親屬的數個平民家族組成，在經濟與外交上都具有力量。公會派出的商隊有時在與阿茲特克本無交情的地區建立起勢力，偶爾這些「先鋒商人」與當地人的互動就會演變成軍事衝突，他們甚至故意挑起事端，以便給予皇帝出兵侵略當地的口實。故里城中，商人團體以富有和封閉排外而著名，他們鮮少公開顯露自己擁有的任何財富，其兼作倉庫的豪宅外觀也是平淡不起眼，都是為了避免招來他人嫉妒。特拉鐵洛科被鐵諾奇蒂特蘭兼併之後，商人的財力與活動力依然不減，只是在時勢所需之下改對新主人效忠罷了。

「鐵諾奇蒂特蘭」其實是個組合名詞，結合數詞來描述一幅圖像，該圖像代表性之強烈使其成為現代墨西哥國旗的中央徽記：岩石中生出仙人掌，上面高踞一隻口中銜蛇的老鷹。鐵諾奇蒂特蘭的阿茲特克人聲稱他們先祖在此地目睹斯景，因而知道眼前湖沼中這些島嶼是上天許給他們的土地。回到真正的歷史，當時很可能是因為陸地上已經住不下人，這些人於是只被允許在該處棲身，統治者這樣做一方面是為了懷柔，一方面也想利用他們粗暴的精力進行掠奪式的軍事突擊。學界認為鐵諾奇蒂特蘭可靠的建城年代為一三二五年，最早的工程可能是一座夯土平台，上搭草屋，奉祀代表其守護神「維齊洛波奇特立」（Huitzilopochtli）的聖卷。一百九十六年後，經過六次重建，此處已成為讓西班牙人讚嘆不絕的大神廟，其遺跡則是今日一座考古公園中主要景點。大神廟的連串改建經歷，訴說著該城一次次因災難而更新的故事。這座城市數度遭到洪水摧毀，導致人們在一四四九年建起十四點五公里長的堤防保護都市不受湖水侵襲。一四五〇年代，連年旱災迫使鐵諾奇蒂特蘭統治階層開倉賑濟，但要求飢民以參與公共建設的勞役換糧，其中最主要的就是大神廟第四期工程（這是現代學者所下的標記）以及皇宮的擴建。宮殿在一四七五年又因地震而必須重建。一四八七年，這裡舉行了墨西哥古代史上規模最大的慶典活動，人們為此展開大神廟第五期工程，還推動了美化市容的政策。慶典有上萬人參與，其中許多人都在神廟高壇上被當作活牲獻祭。

一四九九年，市區再度受到洪水重創，重建結果就是造出讓西班牙人目眩神迷的那個鐵諾奇蒂特蘭。蒙特庫佐瑪二世的宮殿可能也是此時所造，它位於現在墨西哥「國家宮」（National Palace of Mexico）下方，使得考古發掘萬分困難。鄰近島嶼在這段期間被開發為帝王專屬的遊樂花園，科提斯在一封信裡附上歐洲一五二四年出版的一份地圖，圖上把科提斯等人畫在該城西南，並標上「宴樂之屋，蒙特祖瑪所有」（Domus ad Voluptase, D. Muteczuma），園中環境結合美感與奢華，氛圍極佳。我們能想像皇族大官的夜宴，火炬在水上投出明暗閃爍的光影，空氣裡飄著晚香玉、木材燻煙和菸草的氣味，賓客歡笑歌唱。

在一五一九年至一五二〇年之間，西班牙人也與阿茲特克人一同享受宮廷生活之樂。他們在占領墨西哥之後迅速侵奪各處土地房產，顯然瓜分地盤更能刺激這些人感到快樂。廣義來說，鐵諾奇蒂特蘭是個地利絕佳的首都，同樣原因也讓科提斯將此地重建成為新西班牙（New Spain[5]）的首都。誠然此地常有洪災，還必須從陸地運來淡水，但這裡確實易守難攻，且它位於湖中央，還有完備的運河系統布滿城內，使得交通非常便利。排水工程將環繞城市的沼澤區改造為肥沃的農田單元（也就是被誤稱為「浮園」（floating garden）的地方），土地的有限卻迫使島上居民加速都市化腳步，社會結構因而變得複雜。鐵諾奇蒂特蘭所承擔的人口與建築密度都超過周遭其他社群，城內居民或是變得在工藝上學有專精，或是成為商人、官員這類專業分工的角色。從阿茲特克時代起源至今，這座獨一無二的城市總提供懷有抱負的人一個舞台，讓他們以身為自己心目中世界首都的居民而自豪。

＊部分引用出處： *Díaz, Bernal del Castillo, B. The Discovery and Conquest of Mexico*, trans. A. P. Maudslay (New York, [1560s] 1956)

1 中古時代著名的西班牙騎士文學，全名為《高盧的阿瑪蒂斯》（*Amadis de Gaula*）。
2 西班牙軍人，參與征服墨西哥的戰爭，後來將自己的親身經歷寫成書，1490-1584。
3 西班牙征服者，將中美洲大片土地納為卡斯提爾國王所有，也是殖民中南美洲的第一代西班牙人，1485-1547。
4 阿茲特克皇帝，鐵諾奇蒂特蘭第九任統治者，最早與歐洲人有所接觸的美洲統治者，後來在阿茲特克人與西班牙來使發生衝突時被殺，1466-1520。
5 西班牙在地理大發現之後向美亞兩洲擴展的殖民地總稱，包括墨西哥、中部美洲、美國西南大部分地區，以及包括菲律賓群島在內的西屬東印度群島。

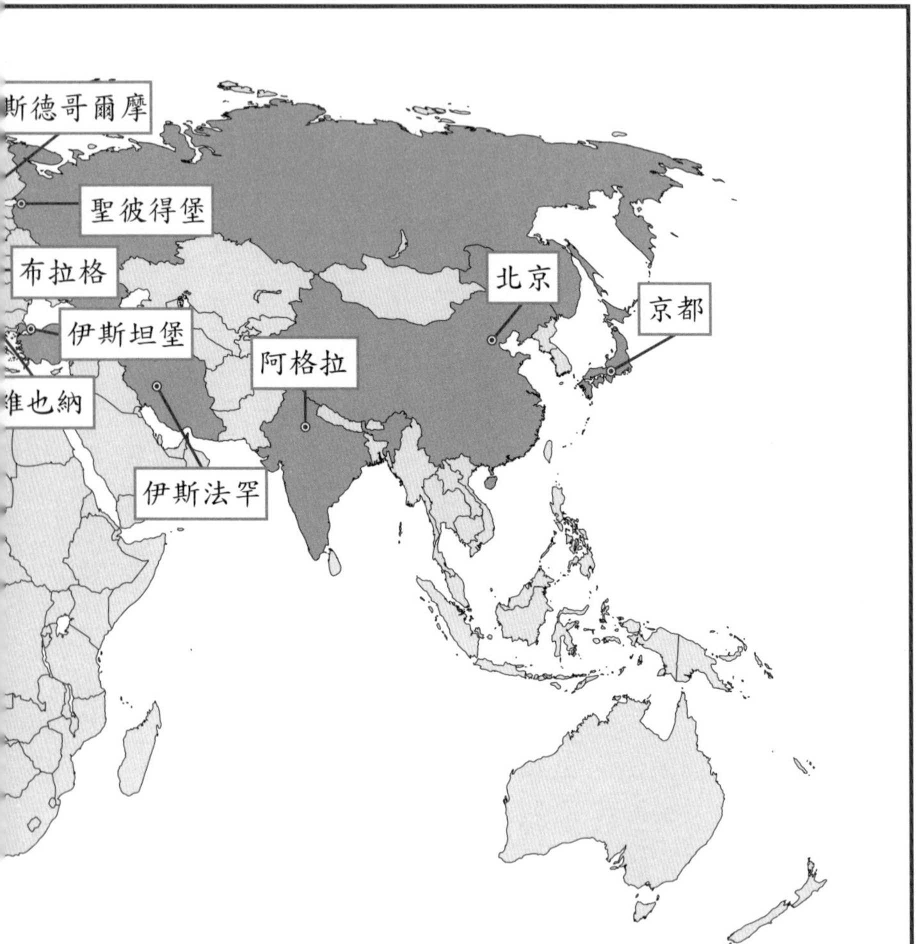
斯德哥爾摩
聖彼得堡
布拉格
伊斯坦堡
維也納
伊斯法罕
阿格拉
北京
京都

近代世界

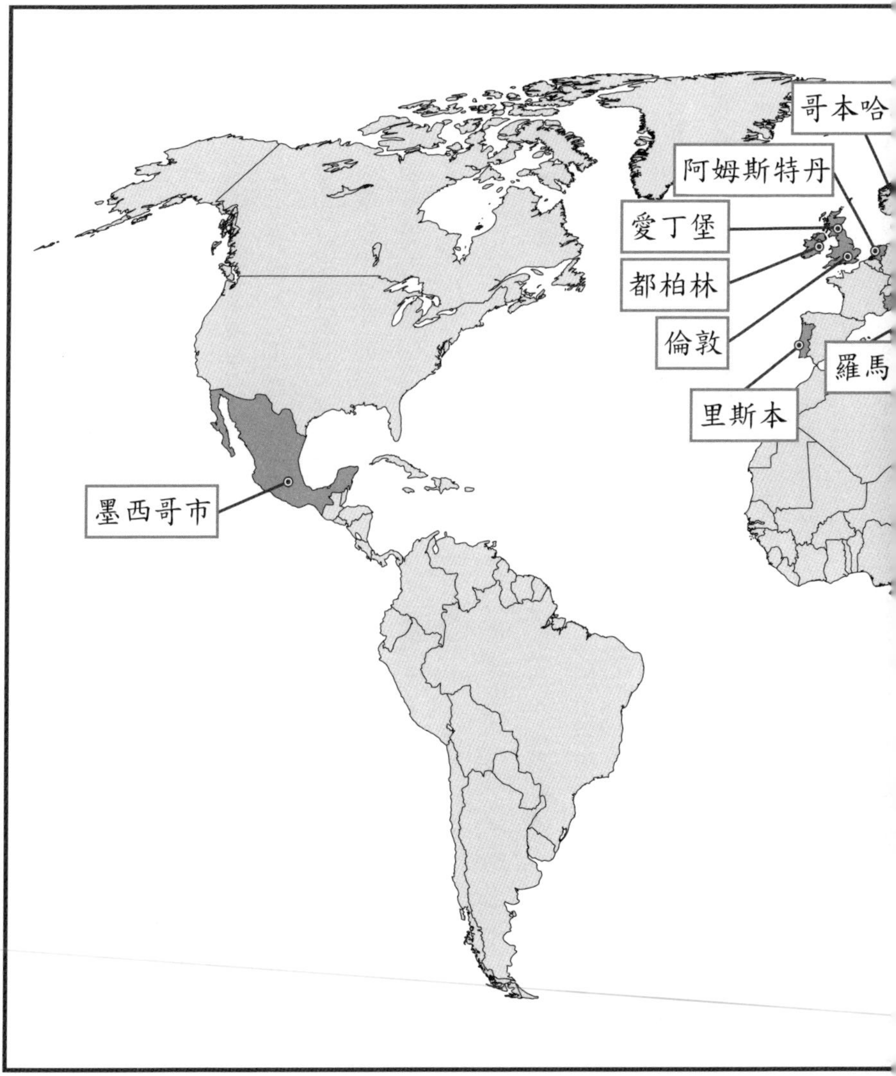
哥本哈
阿姆斯特丹
愛丁堡
都柏林
倫敦
羅馬
里斯本
墨西哥市

近代世界

約莫就在第三章跨入第四章的交界（十五世紀最末幾年），發生了兩項大事，讓世界政治史與經濟史從此改頭換面：歐洲人發現美洲大陸以及通往印度的好望角航路。歷史的重點因此出現改變，例如里斯本的重要性大幅增加，成為大航海時代的關鍵城市；地中海隨之逐漸走下坡，其作為國際航道的地位大不如前，必須等到四百年後蘇伊士運河啟用才重振聲威。

若非航海與造船技術在中古晚期突飛猛進，上述兩項大發現根本不可能達成，這些技術在之後數百年內依然不斷發展。一五〇〇年時，當水手的人都需要驚人勇氣，因為每次出航都像玩命；到了一八〇〇年，船員已能在各大洋自信滿滿乘風破浪，地圖上那些不為人知的空白處每年都會被填補一些。世界不再是個謎團，人們不再相信黃金城（El Dorado）或祭司王約翰（Prester John）之類的傳說，地球上每座大城市的名號都已為人耳熟能詳。

那麼，當時的大城市有哪些呢？且讓我們先介紹帝國上都。中古時期的歐洲人只知道兩大帝國：西邊的神聖羅馬帝國與東邊的拜占庭帝國。前者原本是法蘭克王國（建國者查理曼大帝），後來成為日耳曼人的政權，當時它是奧地利哈布斯堡家族家天下的所有物；神聖羅馬帝國真正的首都是維也納，但十六世紀晚期的煉金術士皇帝魯道夫二世把首都暫時遷往布拉格。拜占庭帝國在一四五三年被土耳其人滅亡，其舊都君士坦丁堡則存留下來，被新主人改名為伊斯坦堡並繼續沿用為首都，成為鄂圖曼帝國蘇丹的王城；普天下只有這一座城擔任帝國大都的歷史超過一千五百年。

然而當時已有第三個帝國興起，那就是俄羅斯帝國，彼得大帝在一七〇三年為新都聖彼得堡揭幕。在此同時，世界上還有四座皇都各騁風華：波斯薩法維王朝的伊斯法罕、印度蒙兀兒帝國的阿格拉、中國明朝的北京城，以及日本的京都。京都一直以來都是天皇居城，但在十七世紀經歷一場藝術文化的輝煌盛世。從歐洲往西去，當時的墨西哥市還沒當上帝國首都，墨西哥在十七到十八世紀之間仍是西班牙殖民地，但它的同名都城無論大小或富麗堂皇的程度，都能與舊世界許多首都媲美；這座城市建在大湖湖床上，過去阿茲特克首都鐵諾奇蒂特蘭曾被湖水環繞，如今已乾涸殆盡。

回到歐洲，我們先以驚奇眼光望向文藝復興時代羅馬，玩世不恭又野心勃勃的教廷在那兒為信徒樹立起一個善惡不明的榜樣。焦點漸漸向北移動，先是到阿姆斯特丹，十七世紀尼德蘭人的藝術與經商天分在此如百花齊放，其盛況幾乎空前絕後。接著來到斯德哥爾摩與哥本哈根，最後終於首度抵達英倫三島，前往莎士比亞、山謬·佩皮斯、黑死病、倫敦大火與克里斯多弗·雷恩的十七世紀倫敦城。十八世紀的愛丁堡則是亞當·斯密、大衛·休姆、羅伯特與約翰·亞當、羅伯特·伯恩斯等才傑的故鄉，他們都是蘇格蘭啟蒙運動的一分子，這場令人驚嘆的思想風潮也呈現於愛丁堡新城區優美的新古典主義建築之上。愛爾蘭的都柏林或許不是政治上一等大城，但它長久以來卻也涵育一種獨特的文化與文學素養，近年它更因加入歐盟而富裕起來。

1 傳說中統治衣索比亞的基督徒國王，其領土不但無比富裕且盛行魔法。

里斯本
LISBON
地理大發現時代

馬林・尼維特
Malyn Newitt
艾希特大學首席副校長，以及倫敦國王學院第一位查爾斯・巴克索（Charles Boxer）歷史教授。他在二〇〇五年退休，其著作共計十二本，包括《莫三比克歷史》（*History of Mozambique*，一九九五年）和《葡萄牙海外擴張史》（*A History of Portuguese Overseas Expansion*，二〇〇四年）。

Mas temo me de Lisboa
Que ó chiero d'esta canela
O reino nos despovoa.

我為里斯本而憂，它的肉桂香氣把地上的人都吸引走了。

——薩德米蘭達（Sá de Miranda[1]），約一五三三年

羅馬人在塔霍河（Tagus[2]）北岸山丘上建起里斯本，俯瞰歐洲大西洋沿岸最佳的天然港。

約五百年來它都是摩爾人的城市，卻有大量基督教徒（稱做「莫札拉比」〔Mozarabe〕）與猶太人。英格蘭十字軍在一一四七年占領該城，此後它就成為甫誕生的葡萄牙王國首都。到了十四世紀，它已是重要的商業樞紐，威尼斯人和熱那亞人都以此為基地與北歐各地做生意。

圍繞市區的新城牆共有七十七座塔、三十四座城門，只花兩年就蓋好。一三八三年當地發生對抗卡斯提爾王國的民族起義，將阿維斯的若奧（João of Avis[3]）推上王座，里斯本各公會在此事中十分活躍，城牆於當年完工，隔年他們就必須挺過卡斯提爾大軍圍城。葡萄牙在那之後以里斯本為核心成為一個發展興盛、不斷擴張的國家，唐・若奧（Dom João[4]）在市中心羅西烏廣場（Rossio）建起城壘環護的宮殿，其屬下總督努諾・阿瓦雷斯・裴瑞拉（Nun'Alvares Pereira[5]）則是卡諾修道院創辦人，院中哥德式建築氣勢懾人。城裡還有好幾座檔案館，包括葡萄牙國家檔案館（Torre do Tombo）和最高法庭（Desembargo do Paço），一四六〇年後又加入幾內亞廳（Casa da Guine，後來改為印度廳 Casa da India），也就是主掌該國海外擴張的機構。城內造船業與槍砲鑄造業也欣欣向榮，這裡更是十五世紀大部分航海探險船隊啟程的地方。

里斯本一直住著眾多身懷專業技藝的摩爾人與猶太人，他們在此蓋起清真寺與猶太會堂，且自從卡斯提爾在一三九一年發生迫害猶太人事件之後，此地的猶太人人數更因難民湧入而大幅增加。傳統上，猶太人能受到葡萄牙國王庇護，但一四九五年卡斯提爾卻要求葡萄牙驅逐猶太人，以此作為兩國王室聯姻條件。聚集在里斯本的大批猶太人並未被趕走，但是當局強迫他們受洗，並承諾未來二十年不對他們加以侵害，這些「新基督徒」於是得以繼續待在葡萄牙。然而，一五〇六年發生長達一週的暴動，期間許多猶太人被殺，曼紐爾國王（Manuel[6]）認為城中主政者應為這場亂事負責，因此大幅削減里斯本過去享有的政治特權。

瓦斯科·達伽馬（Vasco da Gama[7]）於一四九七年從里斯本出航，踏上前往印度的歷史性旅程。到了一五〇五年，里斯本已經取代威尼斯成為歐洲的東方香料集散地。此城第一位史學家達米奧·德·戈伊（Damião de Góis[8]）說里斯本和塞維爾才是「大海的女王」，刻意強調威尼斯的海權優勢已然不再。唐·曼紐爾被法王法蘭索瓦一世蔑稱為「雜貨國王」，此人一擲千金妝點首都，在一五〇〇年至一五〇五年間於水濱蓋起一座新王宮。戈伊還提到另外七座讓里斯本名列歐洲最豪華城市的巨大建築物：慈悲堂（Misericórdia）、醫院、外國大使造訪時的下榻處艾斯陶斯宮（Estaus Palace）、公共糧倉、海關、印度廳和軍火庫，其中軍火庫裡收藏四萬件盔甲，火炮足供維護葡萄牙帝國命脈的兩百艘海軍船艦配備。國王的遊行隊伍通過市街，當中有從印度帶回的大象，人們還曾試著讓一隻犀牛和一隻大象公開搏鬥，之後才把前者當成禮物送給教皇。

沿河往下走八公里就是貝倫（Belem[9]），這兒也建起一座龐大的聖徒會修道院，以及雄鎮河口的軍事堡壘。此二者都是以葡萄牙獨有的「曼紐爾式」（Manueline[10]）哥德晚期風格建成，富有異域風情。里斯本在當時還成為地圖製圖業中心，關於非洲與東方的知識通過此處流入歐洲知識界血脈中。作家如吉爾·維森提（Gil Vicente[11]）、薩德米蘭達、賈西亞·德·雷森迪（Garcia de Rezende[12]）、伯納爾定·里貝羅（Bernardim Ribeiro[13]），以及伊拉斯莫斯（Erasmus[14]）的朋友達米奧·德·戈伊紛紛來到葡萄牙宮中，讓這裡成為文學與文化活動重心，同時也是歐洲文藝復興時代使人豔羨的宮廷之一。宗教裁判所（Inquisition）設立於一五三六年，在里斯本的法庭對西非、巴西和太平洋諸島嶼都擁有司法權；自此「異端公審」（autos-da-fé）定期在首都舉行，被判有罪的犯人在王宮外大廣場遭到處決。到了一五五〇年，里斯本已不再是之前的人文主義重鎮。

奴隸貿易把大批非洲人帶到里斯本，他們在這裡受洗，並逐漸被交付城中低階的勞動工作。他們有自己的團體組織，奴隸主人則會派他們從事街頭小販或娼妓等行業，非裔人口在十六世紀中期可能已占城中人數十分之一。在外國商人（特別是義大利人）的大型僑居地裡，人人忙著在武裝商船上塞滿貨物，送它們航向東方，或是把歸來船隻所載的香料、絲綢、棉布、漆器和瓷器卸下來賣掉。

這裡對政府或教會而言，都是重要行政據點（十七世紀早期該城共有三千五百名教士，數量比碼頭雇工還多），但里斯本的獨特地位卻是靠港口而來。一五七八年，唐·塞巴斯喬（Dom Sebastião[15]）在里斯本港口召集八百戰艦組成龐大艦隊，載運部隊前往摩洛哥，但到了那裡之後卻在阿卡薩奎維爾戰役（Battle of Alcazarquebir[16]）殞命。他的繼承者樞機主教亨利（Henry[17]）在一五八〇年一月過世，沒有留下子嗣，王位於是落到西班牙國王腓力手中（Philip of Spain[18]）。在腓力的命令下，阿爾巴公爵（Duke of Alba[19]）的陸軍與聖克魯茲侯爵（Marquis of Santa Cruz[20]）的海軍會師於里斯本，僭主唐·安托尼歐（Dom António[21]）的軍力則在城外阿爾坎塔拉（Alcântara）一帶遭到驅散。腓力自此在這兒的王宮裡住下，直到一五八三年才搬走，他原本顯然想把里斯本當作廣大帝國的首都，但此地在將近十六世紀末時爆發兩場瘟疫，奪走城裡數千居民性命，也讓腓力打消念頭。

里斯本是腓力意圖成為大西洋海上霸主的計畫核心。一五八八年五月，梅第納．西多尼亞公爵（Duke of Medina Sidonia[22]）所率的無敵艦隊一百五十艘戰船，就是在此整裝航向英格蘭。

法蘭西斯·德瑞克（Francis Drake[23]）於隔年指揮英國艦隊襲擊里斯本，卻未能攻入塔霍河口；約翰·諾立斯（John Norris[24]）麾下陸軍放火焚燒里斯本郊區，但面對城防也束手無策。英格蘭在這場戰役中損失的兵員，竟與前一年西班牙無敵艦隊犧牲的人數不相上下。

後來，里斯本一直是腓力治下第二大城，是他海軍的戰略基地，也是商船前往東方的出發點。儘管瘟疫一再死灰復燃，該城人口仍不斷增加，從一五二一年的六萬五千人變成十七世紀早期的十六萬五千人。腓力在位時所蓋的數座宏偉教堂，也反映該城財力與地位，建於阿爾法瑪區（Alfama）山坡上的「城外聖文生修道院」（São Vicente da Fora）和上城區（Barro Alto）的耶穌會（Jesuit[25]）聖洛克教堂（São Roque）都將時尚的風格主義建築帶進里斯本。布吉奧堡（Fort Bugio）落成後，港口防禦更因此強化，里斯本面對海上攻擊可以高枕無憂。直到十七世紀，愈來愈多新教徒商人舉族出走，里斯本作為歐洲的東方貿易中樞地位，才被阿姆斯特丹和倫敦所取代。

＊部分引用出處： Francisco Sá de Miranda, in Rodrigues Lapa (ed.), *Obras Completas* (Lisbon, 1977)

1 葡萄牙文藝復興時代詩人，作品富有古典風格，1481-1558。
2 伊比利半島最長河流，在里斯本附近注入大西洋。
3 葡萄牙國王，保衛葡萄牙不被卡斯提爾吞併的重要人物，1357-1433。
4 即前註阿維斯的菩奧，「唐」（Dom）是敬稱，在葡萄牙用來稱呼教會高階人物或王族。下文的「唐．曼紐爾」也是同樣道理。
5 葡萄牙軍人，一三八三年至一三八五年間率兵抵擋卡斯提爾入侵的功臣，晚年成為天主教神祕主義者，1360-1431。
6 葡萄牙國王曼紐爾一世，他在位期間葡萄牙的政治與文藝都有顯著發展，並開始拓展海外帝國，1469-1521。
7 葡萄牙探險家，史上第一個發現大西洋與印度洋相通（也就是歐亞兩洲能以海路相連）的人，1460-1524。
8 葡萄牙歷史學家與人文主義者，博學多聞，富有批判精神，1502-1574。

9 現在里斯本市的一個區。

10 葡萄牙的晚期哥德式建築風格，融合哥德風格、西班牙回教建築、義大利都市建築和佛蘭德斯建築風格。

11 葡萄牙劇作家與抒情詩人，其作品對葡萄牙與西班牙文學發展有重大影響，1465-1536。

12 葡萄牙詩人與編輯，作品多以情詩和雋語警句為主，1470-1536。

13 葡萄牙詩人與作家，文藝復興時代田園抒情文學的大家，1482-1552。

14 荷蘭人文主義學者與神學家，其思想在當代影響深遠，對當時社會多有批判。1466-1536。

15 葡萄牙國王塞巴斯喬一世，抱持以基督教解放非洲回教地區的信念，1554-1578。

16 發生於摩洛哥北部的戰役，摩洛哥舊蘇丹被逼退位後與葡萄牙聯手對抗新蘇丹，最後新蘇丹得到勝利。

17 葡萄牙國王，樞機主教，繼位後意圖還俗但未得教皇同意，1512-1580。

18 西班牙與葡萄牙國王，西班牙帝國於他在位期間發展至顛峰，1527-1598。

19 本名費南多·阿瓦雷斯·德·托雷多（Fernando Álvarez de Toledo），西班牙名將，殘暴鎮壓荷蘭等地的叛亂，1507-1582。

20 本名艾拉羅·德·巴贊（Álvaro de Bazán），西班牙海軍常勝將領，1526-1588。

21 曼紐爾一世的孫子，亨利死後與西班牙國王爭奪葡萄牙王位，後來被放逐海外，1531-1595。

22 本名阿隆索·培瑞茲·德·古茲曼（Alonso Pérez de Guzmán），率領無敵艦隊進攻英格蘭的主帥，1550-1615。

23 英格蘭私掠船（得到政府許可攻擊敵國的武裝民船）船長，首度成功率領艦隊在一次航行中環繞地球，占領現在的加州為英國屬地，1540-1596。

24 英國海軍軍官，1670-1749。

25 天主教修會，十六世紀由羅耀拉（Ignatius of Loyola）創始於西班牙，重視教育、智識鑽研與傳教活動。

羅馬 ROME

文藝復興教皇群像

查爾斯・費茲羅伊 Charles FitzRoy

藝術史學家，在西歐經營以義大利為主的藝術旅行團。他曾在佛羅倫斯、羅馬及斯德哥爾摩帶過無數旅行團。著有數本書籍，包括《義大利：現代旅人的壯遊手冊》（*Italy: A Grand Tour for the Modern Traveller*，一九九一年）和《義大利揭貌》（*Italy Revealed*，一九九四年）。最新的著作是《強暴歐羅巴：提香大作的驚人歷史》（*The Rape of Europa: The Intriguing History of Titian's Masterpiece*）。

上帝把教皇的位子賜給咱們，正當好好享受。

——利奧十世（Leo X[1]）對自己當選教皇的感想，一五一三年

羅馬帝國亡於西元第五世紀，此後羅馬的重要性全靠教皇權威支撐。十四世紀時教廷遷至亞維儂（Avignon[2]），之後又出現兩派教宗互相對立，史稱「大分裂」（Papal schism，一三七八年至一四一七年），羅馬昔日榮光此時僅存殘影，更因奧西尼（Orsini[3]）與科隆納（Colonna[4]）兩大家族的血鬥而日漸衰落。直到科隆納家族出身的教皇馬丁五世（Martin

V[5]）在一四二〇年將教廷移回故鄉，羅馬才慢慢脫離它最黑暗的一段時代。

羅馬的命運在十五世紀百年間逐漸好轉，馬丁五世和繼承他的尤金四世、人文主義教皇尼古拉五世（Nicholas V[6]）重建羅馬各個教堂，修葺噴水池和輸水道，還試著清除積滿大街小巷的垃圾山。漸漸的，這座骯髒破敗的中古城市竟變成滿是文藝復興風格豪宅的綺麗都會。同時，每一任教皇也致力於恢復羅馬正統基督教唯一中心的地位，彌補教廷大分裂造成的損害。土耳其人在一四五三年占領君士坦丁堡，熱愛古物學的教皇庇護二世（Pius II[7]）還為此發動十字軍東征，但最後並未成功。

不論這些教皇個人品格如何，要重新樹立教皇的信仰權威形象並非易事。身為教皇國（Papal States）統治者，他們也被牽扯進義大利的世俗政爭，讓多數人認為他們既腐敗又昏庸。教皇傳承和王朝世襲不同，被選為教皇者通常年歲已高，繼位後必須趕緊提拔家人與追隨者，不然權力基礎很快就會隨其死亡而消失，因此導致聖職買賣和裙帶關係私相授受大為盛行。文藝復興時代許多教皇都養了私生子，且對他們大肆封賞。波吉亞家族（Borgia[8]）的教皇亞歷山大六世（Alexander VI[9]，在位期間為一四九二年至一五〇三年）是個聰明、精悍且耽於逸樂的西班牙人，他的名字成為頹廢墮落的代名詞。據信其子西薩爾（Cesare[10]）是謀害自己弟弟和妹夫的幕後主謀，關於其女琉克勒茜（Lucrezia[11]）也有不好聽的傳言（雖然可信度較低），說她毒殺了好幾個情人。

這些教皇或許品行有缺，但他們都以開明態度支持藝術創作，讓羅馬變成歐洲最偉大城市之一。其主要居所是梵蒂岡宮（Palace of the Vatican），思道四世（Sixtus IV[12]）在一四七〇年代晚期建起梵蒂岡圖書館，並聘請佩魯吉諾（Perugino[13]）、波提切利、吉蘭戴歐（Ghirlandaio[14]）和托斯卡尼其他一流藝術家來裝飾新建的西斯汀大教堂（Sistine Chapel）牆面。二十年後，平特利喬（Pinturicchio[15]）又在「波吉亞寓所」（Borgia apartments[16]）為亞歷山大六世繪製一套賞心悅目的壁畫。至於城市本身，住在這裡的貴族與高階教士建造一系列美輪美奐的文藝復興豪宅，於一四八六年動土的「文書院宮」（Palazzo della Cancelleria）就是一例，兩名樞機主教（分別是前後兩任教皇最疼愛的甥侄）一夕豪賭之後，其中一人用贏來的錢蓋了這所宮殿。

儒略二世（Julius II[17]）在亞歷山大六世死後繼位，成為藝術史上重要的贊助者之一。他在一五〇六年做了一個極其大膽的決定，授命他最寵信的建築師布拉曼特（Bramante[18]）拆除君士坦丁大帝蓋的聖彼得大教堂（St Peter's Basilica），原地另建一座規模龐大的新教堂。這是整個文藝復興時代最宏偉的一座教堂，而他還要將自己的陵墓（由米開朗基羅設計）放在建築正中央，位於氣勢磅礴的圓頂下方。一五〇八年，年輕的拉斐爾被委託替梵蒂岡宮中儒略私用房舍（稱為Stanze）繪製多幅精采萬分的壁畫；此時米開朗基羅也在不遠處的西斯汀大教堂著手進行天花板彩繪，以大量充滿生命力的人像展現《舊約聖經》情節。在歐洲乃至於世界各地，這些大師傑作都不斷啟發著後世藝術家。

羅馬在藝術上卓然有成，但在政治上卻不然。破碎不統一的義大利諸國個個富庶不已，這情況誘使法國和西班牙在一四九〇年代入侵義大利半島。教皇國不斷掙扎著要維持獨立，情況卻日益險惡；這時候西薩爾．波吉亞立了不少功勞，而強悍又有手腕的儒略二世更是下定決心要將外敵逐出義大利。

儒略二世的後繼者是出身麥第奇家族、愛好聲色犬馬的利奧十世，此人寧可使用外交手段而不願動武，在任期內（一五一三年至一五二一年）重用拉斐爾與其他追隨者，造就許多藝術經典之作。然而他為了支撐驕奢生活不惜販賣神職，聖彼得大教堂重建工程的開銷也如滾雪球般增長，這些事情引發普遍不滿，也更促進馬丁・路德（Martin Luther[19]）在日耳曼地區的活動。利奧的堂弟克烈門七世在位時，天主教與新教之間的爭端幾乎要讓教廷垮台。羅馬城在一五二七年遭神聖羅馬帝國皇帝查爾斯五世的軍隊屠掠，教皇僅以身免，眾多最具才氣的藝術家逃離此城，被稱為「文藝復興全盛期」（High Renaissance）的黃金歲月就此告終。

之後，和平再度降臨羅馬，但這場劫掠留下的陰影卻久久不散。教廷無力與西班牙的軍事優勢相抗衡，羅馬在世俗政權中的影響力也大幅削減。只是，在暗無天日的時代裡，這座永恆之城又一次展現它驚人的劫後重生力量，就像過去它在歷史上的每一次經歷一樣。藝術方面，羅馬的復興特別展現於米開朗基羅身上，他人生中最後三十年都在羅馬度過。除此之外，羅馬也成為反宗教改革（Counter-Reformation[20]）運動的精神領導者。

教皇保祿三世（Paul III[21]）出身法爾內塞家族（Farnese[22]），其生平就是羅馬歷史新方向的最佳寫照。他美貌的妹妹朱莉雅（Giulia[23]）是亞歷山大六世的情婦，而他自己年輕時不但生了好幾個私生子，還用妹妹得來的錢財蓋起恢弘的法爾內塞宮（Palazzo Farnese）。登上教皇寶座之後，他卻在一五四五年召開特倫特會議（Council of Trent[24]，持續到一五六三年才落幕），還建立耶穌會作為反宗教改革的先鋒軍。該會主堂「耶穌教堂」（Gesù）的建築師是賈可莫・巴洛濟・達・維尼奧拉（Giacomo Barozzi da Vignola[25]），教堂特別設計為傳教之用，且裡外裝飾得華麗無比，天主教勢力所及各處紛紛將它當作模範加以仿效。

保祿三世向來仰慕米開朗基羅，他說服這位老邁年高的藝術家擔任聖彼得大教堂建築師，還請他重新設計卡比托利歐山上的殿宇。米開朗基羅也在西斯汀大教堂聖壇牆上畫下那令人怵目驚心的《最後審判》（*Last Judgment*），將耶穌描繪成憤怒的裁判者，反映「羅馬大劫」之後社會上瀰漫的陰沉嚴肅氣息。出身卡拉法家族（Carafa[26]）的保祿四世（Paul IV[27]，在位期間為一五五五年至一五五九年）所行所為同樣呈現這種氣氛，他主持羅馬宗教裁判所，並強迫猶太人住進特殊集中區。

到頭來，反宗教改革運動並未將文藝復興精神徹底摧毀。儒略三世（Julius III[28]）為自己建了「朱莉雅別墅」（Villa Giulia），幾個位高權重的樞機主教也請人設計「麥第奇別墅」（Villa Medici）和位於蒂沃利（Tivoli）的「埃斯特別墅」（Villa d'Este）等處的美麗花園，以上這些十六世紀後半的建築設計都煥發強烈的古典精神。聖斐里柏·內利（St. Philip Neri[29]）創立的「司鐸祈禱會」（order of the Oratorians[30]）也強調宗教信仰中視覺藝術與音樂之美（因此名為「司鐸」），對羅馬文藝活動有重大影響。

十六世紀晚期最重要的教皇是西斯都五世（Sixtus V[31]），他於一五八五年至一五九〇年之間在任，時間不長，但已足以讓羅馬改頭換面。西斯都是都市規劃的天才，甫上任立刻重建羅馬城供水設施並修葺橋梁，然後鋪設數條長而直的大道與數座星形廣場，上建噴泉與方尖碑作為景觀焦點。教皇宮有幾處增建，米開朗基羅設計的巨型圓頂也在此時終於完工，然距離這位藝術家逝世已過二十年。西斯都在死前已將羅馬鑄造為基督教世界裡，極富現代化與美觀的城市之一。

羅馬在藝術上的優越地位一直持續到十七世紀，畫家卡拉瓦喬（Caravaggio[32]）與安尼巴勒·卡拉齊（Annibale Carraci[33]）、雕刻家貝尼尼（Bernini[34]）等天賦洋溢的藝術家創造出傳揚全歐的全新巴洛克風格。到了十八世紀中葉，羅馬又一次成為新藝術運動「新古典主義」（neoclassicism[35]）的靈感源泉，進行歐陸遊學（Grand Tour）的貴族子弟紛至沓來求學，並蒐集古典時代和文藝復興全盛期留下來的藝術寶藏，羅馬此時亦重登歐洲藝術之都的寶座。

---

1 羅馬教皇，羅倫佐·麥第奇的次子，在位時為了重建聖彼得大教堂而發行贖罪券，1475-1521。
2 法國東南部古城，位在隆河（Rhone）左岸。
3 義大利貴族家族，以羅馬為根據地，在中古與文藝復興時代頗為強盛。
4 義大利貴族家族，同為中古與文藝復興時代的羅馬豪族，與奧西尼家族爭奪羅馬政權，兩家的鬥爭直到十六世紀因教皇命令才停止。
5 羅馬教皇，他的當選象徵長達七十二年「大分裂」的結束，1369-1431。
6 羅馬教皇，羅馬文藝復興的重要人物，1397-1455。
7 羅馬教皇，著有史上唯一的教皇自傳，1405-1464。
8 源自西班牙的義大利家族，文藝復興時代興盛一時。
9 羅馬教皇，因公開承認自己有數名私生子而極具爭議性，1431-1503。
10 義大利政治人物與樞機主教，他一生爭權奪利的過程是馬基維利《君王論》的靈感來源之一，1475-1507。
11 教皇亞歷山大六世的私生女，在父兄安排下有過多次政治婚姻，1480-1519。
12 羅馬教皇，羅馬文藝復興的功臣，支持西班牙宗教裁判所但努力防止權力濫用，1414-1484。
13 義大利畫家、拉斐爾的老師，繪有《耶穌交付鑰匙予聖彼得》（*Delivery of the Keys*）1446/1452-1523。
14 義大利畫家，擅長結合宗教題材與時人時事，1448-1494。
15 義大利畫家，1454-1513。
16 指梵蒂岡宮裡為亞歷山大六世裝潢為私用的一組房間。
17 羅馬教皇，在位期間推行野心勃勃的外交政策，並大力資助藝術創作，1443-1513。
18 義大利建築師，將文藝復興藝術風格引進米蘭和羅馬的功臣，1444-1514。
19 日耳曼新教改革者，推動宗教改革的第一人，強調因信得救的觀念，對教會的腐敗與販賣贖罪券行為大肆批評，1483-1546。
20 指天主教教會為了面對新教改革而進行的一系列運動，重整神職人員的道德素養，並強化教會的儀式性、權威性與神聖性。
21 羅馬教皇，在任時積極進行教會內部改革，面對新教改革造成的衝擊，1468-1549。

22 義大利文藝復興時代的重要家族，根據地在南義大利。
23 義大利仕女、當時著名的美人，1474-1524。
24 天主教大公會議，推展教會內部改革的重大會議，被視為「反宗教改革」的起點與實踐。
25 義大利藝術家，十六世紀風格主義建築大師，1507-1573。
26 義大利貴族家族，根據地為那不勒斯。
27 羅馬教皇，在位時堅持義大利本位立場與西班牙敵對，並以強硬手段處理新教問題，1476-1559。
28 羅馬教皇，品行不佳且任內幾無建樹，1487-1555。
29 義大利教士，反宗教改革運動重要人物，一六二二年被教廷封聖，1515-1595。
30 天主教內由教士與俗人信徒組成的社團，其組織較一般修會鬆散自由。
31 羅馬教皇，力圖革除教會內貪汙無序的情況，在羅馬推行大規模建築計畫，1521-1590。
32 義大利畫家，其作品對巴洛克風格有很大影響，1571-1610。
33 義大利畫家、巴洛克藝術風格的先驅，1560-1609。
34 義大利雕刻家與建築師，作品為巴洛克風格的典範，1598-1680。
35 十八世紀藝術風格，展現理性均衡精神，圖求以古典時代的藝術作品為師。

伊斯坦堡

ISTANBUL

蘇丹之城

傑森・高德溫
Jason Goodwin

著有《地平線的統治者：鄂圖曼帝國史》（*Lords of the Horizons: A History of the Ottoman Empire*，一九九八年）和《新軍樹》（*The Janissary Tree*），後者是以十九世紀伊斯坦堡為背景的一系列偵探小說，其中最新的一部是《巴克拉瓦俱樂部》（*The Baklava Club*，二〇一四年）。

就我所知，這是舉世最快樂的國家。它擁有上帝的一切賞賜，它掌控普天下的戰爭與和平，它富有黃金、人口、船艦，以及宰制他人的能力，外國無一能與之匹敵。

——威尼斯大使的報告，一五二三年

一五四三年五月二十九日星期二，鄂圖曼蘇丹穆罕默德二世（Mehmed II[1]）策馬步入君士坦丁堡這個回教傳說裡的「紅蘋果[2]」。在人人耳熟能詳的歷史故事裡，他進城後首先前往聖智堂，在那裡下馬，掬一把塵土撒在頭上以示謙卑，然後下令將這座基督教教堂改造為清真寺。

傳統上，若圍城戰中守城者堅決抵抗，攻城方在城破之後可以屠掠該城三日，但此時這位「征服者」（Mehmet the Conqueror，穆罕默德二世的稱號）第一天夜間就下令部隊停手。那晚他在宮殿裡漫步，口中吟哦一首波斯詩歌：「艾夫拉霞（Afrasiab[3]）塔裡有貓頭鷹低鳴，蜘蛛在帝王宮中結網。」當時他二十一歲。

對伊斯坦堡（君士坦丁堡後來的名稱）來說，被鄂圖曼人占領反而為它帶來復興契機；這裡再次成為大帝國首都，一個充滿生命力、不斷向外擴張的大帝國，城中人口數量也隨之飛升。戰時逃亡出城的希臘人被邀請回歸，穆罕默德將征服歐洲各地所獲得的俘虜重新安置在金角灣，一四九二年被逐出西班牙的成千猶太人在伊斯坦堡找到新的安身處，從格拉那達撤離的阿拉伯人也跟著前來。原本追隨「征服者」的人都分到土地，主君還鼓勵他們建造清真寺或改建原有教堂，藉由這些場所將一個信仰回教的君士坦丁堡凝合起來。當時實行所謂「米勒制」（millet system），各個不同宗教的信徒都由其教團的教階體系實施自治，只有刑事案件才需上報鄂圖曼政府法庭。

一四五四年一月一日，穆罕默德親自任命東正教僧侶喬治．斯科拉里歐（George Scholarius[4]）為主教，頒布「菲爾曼」（Firman，意即聖旨）指示「無人有權惹怒或打擾他」，並將聖徒教堂（Church of the Holy Apostles）賜予他用，不過伊斯坦堡主教後來改以聖喬治教堂為座堂，至今未改。同樣的，亞美尼亞教會（Armenian Church[5]）的和瓦琴主教（Hovakim[6]）和猶太大拉比摩西．卡薩利（Moshe Capsali[7]）也與皇帝達成這種協議。加拉太（Galata）的熱那亞人聚居區防禦外牆被拆毀大半，引以自豪的瞭望塔也被迫截掉好幾碼高度，但他們還能維持某種程度的自治，也還保有進行貿易、旅行和擁有房地產的權力。此後數百年內，鄂圖曼帝國對非回教臣民所採取的政策基本上改變不多。

一四六三年，「征服者」拆除聖徒教堂以便建造自己的清真寺，這座城市的天際線此後將逐漸畫滿大清真寺的圓頂和宣禮塔，令人一見難忘，而「法提赫清真寺」（Fatih Camii）就是畫面中的第一筆。清真寺與其附屬建築遠不只是祈禱場所，更是城市中回教生活的核心。法提赫清真寺附有八間馬德拉沙（回教神學院）、一間收容院、醫院、公共廚房、商隊客棧、小學、圖書館、哈瑪（澡堂）、市場和墳場。市場規模可觀，顯示世界貿易的川流又流回博斯普魯斯海峽。寺中開設二百八十間店鋪、三十二間作坊和四間倉庫，收入都用來支應其他機構開銷。城中各處也有紳士名媛出資建造的類似建築群，每一處都代表一個城區，規模不如法提赫但功能相仿。

穆罕默德在第三丘（Third Hill，該城如同羅馬，是建在七座山丘上）的拜占庭老市場原址蓋了大巴札（Covered Bazaar[8]）這座巨型商場，也在金角灣頂處的埃由普（Eyüp）蓋起一座以清真寺為主的複合建築群。後者地點有個故事，阿拉伯人在西元六七四年至六七八年間圍攻君士坦丁堡，先知軍旗的掌旗官在此役殉難，之後人們卻奇蹟般地在這裡找到他的遺體。埃由普成為回教世界極為神聖的聖地，其地位在土耳其人眼中僅次於麥加和耶路撒冷，後來每個新任蘇丹繼位時都要在掌旗官墳墓旁進行類似加冕式的儀式：將奧斯曼之劍（sword of Osman）配於身上。

伊斯坦堡自此重啟與內陸的交通，繼續擔任鄂圖曼帝國歐洲與亞洲領地之間、黑海與地中海之間的通道隘口，並在「鄂圖曼和平」（Pax Ottomanica[9]）的保護之下太平無事，這座城不僅因此重獲生機，且迅速發展茁壯。每月都有一支龐大商隊從波斯與敘利亞前來，商隊包含兩千隻騾子和駱駝。政府歡迎西方商人入城做生意，奢侈品從當時已知的世界各個角落湧入此地，東方的絲綢與香料、北方的毛皮與琥珀，其中大多數都進了皇宮。

宏偉的清真寺、宮殿與巴札之間盡是蜿蜒巷弄，兩旁木屋林立，誰家做飯一不小心就會釀成慘烈火災，不過換個方式想，至少這兒的人家總是揭得開鍋，儘管伊斯坦堡平民住宅區亂七八糟，但政府倒是願意耗費大量心血來確保人民有糧有水。市場上貨品價格受到嚴密監控，無論是市場仲裁（market judge）或是無孔不入控制所有商業與製造業的行業公會，都以此事為己任。帝國疆域從多瑙河（Danube[10]）延伸到尼羅河、從克里米亞（Crimea[11]）延伸到匈牙利平原，這片廣大領土形成了一套複雜的系統來徵用物資、收繳供品和傳達命令，確保伊斯坦堡糧食供應無虞且價格低廉。舉例來說，巴爾幹全境在一五七七年沒有宰殺半頭羊，因為當地羊群全被趕到伊斯坦堡去了，該城在十七世紀中葉每年要吃掉七百萬頭羊，每月要吃掉一萬八千頭牛，每天要吃掉二百五十噸麵包，其中十分之一進了皇宮。年年都有兩千艘船運來穀物和其他食品，送進金角灣沿岸倉庫裡貯存。

伊斯坦堡不但富裕而且強大，這裡有海軍船塢，艦隊雄霸黑海與東地中海；這裡有傳奇新軍（janissaries）的兵營，全歐洲唯一的正規陸軍就在此處；這裡還有托普卡匹皇宮，到了穆罕默德在位的最後一年（一四八一年），其形制已經大致完備。托普卡匹皇宮俯瞰博斯普魯斯海峽，宮裡有涼亭、庭院、綠樹成列的花園，猶如一座岩上營盤，裡面是廚子、園丁、新軍兵士和文職高官組成的大軍；宮中還有一間宮廷學校，讓鄂圖曼帝國統治階級的子弟在此成長受訓。蘇丹周圍盡是繁文縟節，這是當代最富麗鋪張的王室，宮中僕役只能以手語互相溝通，以便維持一種莊嚴肅穆又令人戒慎恐懼的寂靜。朝中大臣在每天的樞密院會議處理帝國政務，蘇丹不會直接參加，而是隔著幕簾聽臣子商討。外國大使晉見蘇丹時，會有兩名皇帝近侍左右挾著他的胳膊。

不到百年時間，伊斯坦堡居民已達五十萬人，回教徒人數只比其他人口多一點，但當蘇里曼大帝（Suleyman the Magnificent[12]，在位期間一五二一年至一五六六年）開始改造首都之時，這座城已是個徹徹底底的回教都市。歷任蘇丹用起自家的金山銀山很是慷慨大方，也鼓勵臣下仿效；建造噴水池、橋梁、清真寺和學校都被視為是宗教捐獻的方式，稱作瓦合甫（vakif）。

蘇里曼有幸得到鄂圖曼史上偉大建築師之一為臣，此人名為錫南（Sinan[13]），出生在安納托利亞的基督教家庭中，原本在軍中擔任工程師已頗有成績，更在一五三八年被蘇里曼任命為皇家首席建築師。他上任頭一項工作就是建造一座「庫里耶」（külliye），也就是以清真寺為中心的宗教建築群，作為蘇里曼贈給妻子羅克希拉娜（Roxelana[14]）的生日驚喜。錫南後來又在帝國各處蓋了上百座建築，有八十五座（包括二十二座清真寺）仍聳立在伊斯坦堡，第三丘上的蘇里曼清真寺（Suleymaniye，完工於一五五七年）也是其中之一。清真寺還在建造的時候，錫南又為羅克希拉娜蓋了一座可愛的公共澡堂。他也是讓城中供水系統煥然一新的功臣。

蘇里曼一朝是帝國鼎盛時期。艾哈邁德一世（Ahmed I[15]）在一六一〇年建造的藍色清真寺以其內部精美磁磚而得名，為帝國建築史畫下一個恢弘豪華的句點。要等到十九世紀，鄂圖曼蘇丹才又開始在博斯普魯斯海峽邊上建造歐式宮殿。儘管有這般起落，伊斯坦堡仍帶著全然的高貴優雅留存至今，人們在巴爾幹半島與中東各地的老清真寺和老宅院牆上仍能看到城市倩影：一座山丘與涼亭、柏樹、宣禮塔之城，纖細輕舟（caique，鄂圖曼式的貢多拉船）劃過水面，姿態優美的懸鈴木帶著蔭涼伸展其上，好一幅人間天堂的佳景。

1 鄂圖曼帝國蘇丹，攻陷君士坦丁堡而使東羅馬帝國滅亡，被現代土耳其人視為歷史英雄，1432-1481。

2 鄂圖曼傳說中的「紅蘋果」是指他們開疆拓土所能獲得的最大戰果。鄂圖曼人起初將君士坦丁堡當作「紅蘋果」，占領該城後又將目標轉移為羅馬。

3 位於撒馬爾罕北區的古城遺址。

4 拜占庭哲學家與神學家，倡議使用亞里斯多德的哲學理論來討論神學，1400-1473。

5 全名為 Armenian Apostolic Church，基督教東正教的一個古老分支，從第六世紀就獨立於東羅馬教會之外，為亞美尼亞族所信奉。

6 亞美尼亞教會第一任君士坦丁堡大主教，當時是鄂圖曼帝國境內亞美尼亞民族的政治與精神領袖，卒於一四七八年。

7 鄂圖曼帝國境內猶太人領袖，頗受穆罕默德一世信任，1420-1495。

8 「巴札」指的是中東地區的市場或商店街。

9 指鄂圖曼帝國在十六到十七世紀之間經濟與社會均欣欣向榮的和平盛世。

10 歐洲第二長河，位於東歐，流經烏克蘭、匈牙利、奧地利等國。

11 位於黑海北岸的半島地區，在現在的烏克蘭南部。

12 鄂圖曼帝國第十任蘇丹，任期最長，帝國的經濟、軍事與文化發展在他治下都達到高峰，1494-1566。

13 鄂圖曼帝國重要的建築師與公共工程專家，1489/1490-1588。

14 蘇里曼最寵愛的妃子，後來成為其正妻，對政事頗具影響力，1502-1558。

15 鄂圖曼帝國第十四任蘇丹，終止鄂圖曼新任蘇丹繼位後殘殺手足的陋習，1590-1617。

阿格拉

AGRA

泰姬瑪哈陵之城

艾巴・科赫
Ebba Koch

維也納藝術史研究中心（Institute of Art History）教授，二〇〇一年以來擔任泰姬瑪哈陵保護協會（Taj Mahal Conservation Collaborative）建築顧問。其著作包括《世界之王：帕德沙納瑪》（*King of the World: The Padshanama*，一九九七年）、《蒙兀兒藝術與帝國意識形態》（*Mughal Art and Imperial Ideology*，二〇〇一年）和《泰姬瑪哈陵全覽》（*The Complete Taj Mahal*，二〇〇六年）。

何等城市！香氣四溢的花園，奼紫嫣紅新綻，樓房如柏樹般生長參天。

——阿布・塔禮博・卡林（Abu Talib Kalim[1]）稱頌阿格拉之詞，一六三〇年

宮廷史官阿布杜・哈米德・拉豪里（Abd al-Hamid Lahauri[2]）在夏家罕皇帝（Shah Jahan[3]，在位期間為一六二八年至一六五八年）的官方史書中記載道：「一六四三年二月六日，也就是回教曆一〇五二年，輝煌如光照的陵寢『泰姬瑪哈陵』（Taj Mahal）完工。」這是蒙兀兒（Mughal[4]）墳陵建築中最壯麗的一座，也是夏家罕摯愛的妻子孟塔芝・瑪哈（Mumtaz Mahal[5]）

長眠處，它並未坐落在特殊或顯眼的位置，反倒是與蒙兀兒王朝主都阿格拉城的都市風景融為一體。

洛迪王朝（Lodi[6]）的蘇丹在一五〇五年以阿格拉為中央政府所在地，但此城在之前已有久遠歷史。二十年後，即一五二六年，蒙兀兒王朝打下印度斯坦（Hindustan[7]）大片江山，阿格拉成為第一個首都，由是化作獨一無二的河畔花園城市。蒙兀兒人來自中亞，通過喀布爾進入印度，他們習於在住所安排設計規整的庭園，王朝開國君主巴布爾（Babur[8]）和他的追隨者於是沿著亞穆那河（Yamuna River[9]，也寫作Jamna或Jaun，後者是蒙兀兒人對此河的稱呼）兩岸開始建造園林，發揮創意將帖木兒王朝「規整花園」（formal garden）的概念應用到水濱環境。他們規劃時將主要建築安於臨河台地上，把花園放在朝陸地的方向，並以塔樓拱衛主建築。船上或是河對岸的觀者於是能將河岸這幅由涼亭、高塔、樹木與花卉組成的壯觀全景盡收眼底。

這些花園是皇族成員與高級貴族住所，而這座城也反映了蒙兀兒王朝以花園為基本居住環境的想法；若以意識型態的宏觀角度來看，這些花園還象徵著夏家罕以道治國並使印度斯坦一片欣欣向榮。夏家罕即位後將阿格拉改名為「阿克拜拉巴」（Akbarabad，意即「阿克拜〔Akbar[10]〕之城」）來紀念他的祖父，但後人並未繼續使用這個名稱。蒙兀兒王朝的阿格拉城在夏家罕時代已是亞洲數一數二的偉大城市，不僅是海陸商道上的重鎮，也是聖者、智者與學者齊聚之處。日耳曼旅行者曼德斯洛（Mandelslo[11]）在一六三八年估量阿格拉「至少是伊斯法罕的兩倍大」，其他旅人則認為這是世界第一大城。夏家罕的御用史學家穆罕默德·薩利·坎伯（Muhammad Salih Kanbo[12]）以花一般的文字描述阿格拉給當代人的印象：

海（亞穆那河）的兩岸充滿情趣，建築與花園構成天堂般的空間，它們一個挨著一個安放的方式如此巧美……花園看起來連綿不絕……對漫步天堂花園曾有的嚮往都從記憶的書頁裡抹去……尤其是，出身高貴的王公和其他著名埃米爾所擁有的闊大建築與雅緻涼亭……那畫面好似……天堂花園中的宮殿。

阿格拉的花園景觀也讓法國醫師法蘭索瓦·博尼（François Bernier[13]）驚嘆連連，他在一六五九年拜訪該城，成為蒙兀兒朝廷的最佳觀察者。博尼說，這裡雖然沒有夏家罕所建新城「夏家罕納巴」（Shahjahanabad，也就是後來的德里〔Delhi〕，一六四八年完工）那整齊寬廣的街道，但這裡「蒼翠濃密的樹蔭」完全能彌補上述缺點，「在一個氣候炎熱、地土乾裂的國度，人們的眼睛都在尋找綠意來回復精力、稍事休憩，因此這般景色特別讓人心情愉悅。」

另外兩個回教大帝國的首都也發展出類似的水濱造園：在鄂圖曼帝國的伊斯坦堡，博斯普魯斯海峽沿岸排列著皇族與非皇族所蓋的郊區花園別墅；至於十七世紀薩法維帝國（Safavid[14]）的伊斯法罕則有建於札顏達河（Zayanda[15]）兩岸的花園宅邸。然而阿格拉獨樹一格的緊密、井然有序、一致不變的規劃，與另兩處較隨性的安排大不相同，這是蒙兀兒王朝以其獨特邏輯徹底運作的成果。

蒙兀兒時代的阿格拉還有一項特點，即市郊的水濱建築區形成都市核心，從這裡往西則是大部分市區建築分布的地方。話說回來，夏家罕的確下了些工夫要發展阿格拉其他區域，他在一六三七年下令建造一座八角形的巴札（現已不存），連接起堡壘宮殿「阿格拉堡」（Agra fort）和西邊新落成的大清真寺（Jami' Masjid），這座聚禮清真寺是由夏家罕最寵愛的女兒嘉罕娜拉（Jahanara[16]）出資所建。然而，就算在上述工程全部完工之後，水濱仍是阿格拉最重要繁榮之處，蒙兀兒作家和歐洲觀察者在這片地區以外都找不到東西好寫。

亞穆那河是印度聖河之一，構成阿格拉的動脈，將所有花園連成一氣。它的河道寬闊，人們能搭船從一處花園宅邸或墳墓前往另一處，如果夏家罕要去泰姬瑪哈陵、某個皇親或貴族的家中拜訪，他也會從阿格拉堡的宮殿登船出發。此地最負盛名的花園為皇女嘉罕娜拉所有，那是她母親孟塔芝・瑪哈留給她的遺產，宮廷詩人對這花園讚不絕口，外國來的大人物也會被帶領到此參訪。一六三八年五月，夏家罕在嘉罕娜拉的花園裡以各式照明和煙火表演接待伊朗大使雅各達・貝格（Yagdar Beg）。

只有皇族和帝國中身分最崇隆者才住在水濱這一帶，但王子、皇家女性和蒙兀兒貴族所擁有的花園宅邸不能傳給子孫，這些產業在他們死後都要回到皇帝手中，皇帝可以留為己用或另賞他人。原居當地的拉賈普特人（Rajput[17]）處境比蒙兀兒貴族好一點，他們大都進入蒙兀兒政府任職，自己的房地產也能世襲。為了建造泰姬瑪哈陵，夏家罕送給齋・辛格大君（Raja Jai Singh[18]）阿格拉的四座房舍來交換所需土地，而齋・辛格出身於統治安柏爾（Amber，位在齋浦爾〔Jaipur[19]〕附近）的貴冑家族。

如果一個家族在花園裡蓋了陵墓，他們就能持續擁有該處地產，因此愈來愈多貴族開始在河邊造墳墓，避免死後產業被皇帝收走，於是造成一片墓葬景觀。當年河濱亭台樓閣如今存留的主要就是這些墳塚，其中一個特出例子是「國之棟梁」的墳墓（I'timad ud-Daula[20]，完工於一六二八年），這是賈漢吉爾（Jahangir[21]）之妻努兒·嘉罕（Nur Jahan[22]），也就是夏家罕那大權在握的繼母所建；其建材為白色大理石，上面鑲嵌彩色石料，是距離泰姬瑪哈陵年代不遠的先驅原型。這裡還有夏家罕的哥哥帕維茲蘇丹（Sultan Parwiz[23]）之墓，以及伊朗貴族阿弗札爾·汗·舍拉子（Afzal Khan Shirazi[24]）墳陵，後者門面是拉合爾（Lahore[25]）風格的磁磚馬賽克，而這位貴族生前正是拉合爾總督。另一座著名墳墓墓主是孟塔芝·瑪哈的妹夫賈法·汗（Ja'far Khan）。

在所有陵寢中，最知名、最燦爛美麗的，正是泰姬瑪哈陵。它不僅僅是矗立於花園裡的高聳陵墓，展現蒙兀兒王朝墓葬建築藝術之集大成，還是規模宏大的建築群，包含可發揮各式各樣不同功能的無數樓閣房舍。整個回教世界裡唯一與它相似的只有「庫里耶」，即鄂圖曼帝國的大型清真寺建築群，建造者也會將自己的陵墓蓋在裡頭，但庫里耶的規模較小，建築配置也較隨意。

泰姬瑪哈陵的長橢圓形基址分為兩大主要區域：墓葬區和「塵世」區，反映回教思想中精神層次與物質生活層次之間的辯證，即所謂「宗教生活」（din wa dunya）。主建築群代表墓葬的層面，包括主體陵寢和兩側清真寺、聚禮堂、花園與大門，前方有兩處附屬建築群，首先是作為過渡區域的前庭和兩旁守墓僕役住所、次要墳墓與市場街道，再往前就是徹底進入世俗世界的巴札和商隊旅社建築群。這些外部建設對主建築群同時具有實用性與形式性的意義，俗務區域的規劃與墓葬區域相呼應。若把外國旅客和商人居住的附近市區加到陵墓建築群裡頭，便更能呈現法國珠寶商和旅行者尚—巴提斯塔·塔文尼（Jean-Baptiste Tavernier[26]）所言不虛：「全天下都應見證這輝煌，並為之嘆服。」

一六四八年，夏家罕將朝廷遷到他新建的居城夏家罕納巴（德里），阿格拉自此逐漸沒落。統治的菁英階級紛紛拋下水濱都市離開，阿格拉一般百姓住了進去，河川與河兩岸變成市民生活中心，造就優異的游泳文化，各種行業、各種信仰的人們不分老幼貴賤全都熱中參與。

英國於一八〇三年取得阿格拉，但這裡的水濱花園仍然繼續衰敗。蒙兀兒時代的阿格拉市容在二十到二十一世紀已經大半被遺忘，遭到不斷擴張的現代市區所吸收。由於上游建設水壩來攔水灌溉，亞穆那河水位也不如以往，且受到嚴重汙染。河畔地區過去是城中精華地段，現在卻成了公廁，充滿垃圾和違法賭博的人群。唯一可幸的是，遊客仍能坐船沿河欣賞泰姬瑪哈陵一如往昔的模樣，藉此對這座蒙兀兒王朝的花園之城多一分了解、愛惜。

＊部分引用出處：Abu Talib Kalim, *Diwan*, ed. Partau Bayza'i (Tehran, 1957), p. 341, verse 24; Kanbo, Bahar-sukhan, fols. 248a & 248b, as trans. in E. Koch, ."The Mughal Waterfront *Garden. Koch, .Petruccioli (ed.), Gardens in the Time of the Great Muslim Empires: Theory and Design, Muqarnas Supplements* (Leiden/New York/Cologne, 1997), p. 143; F. Bernier, *Travels in the Mogul Empire: A.D. 1656els i*, trans. A. Constable (1891, repr. New Delhi, 1972), p.285; J.-B. Tavernier, *Travels in India*, 2 vols. trans. V. Ball, 2nd ed. W. Crooke (1925, repr. New Delhi, 1977)

1 蒙兀兒帝國最重要的詩人，詞句動人而富悲觀之情，死於一六五一年。
2 夏家罕時代的旅行家與歷史學家，後來成為宮廷史官，死於一六五四年。
3 蒙兀兒帝國第五任皇帝，在軍事與建築上都頗有建樹，1592-1666。
4 在十六到十九世紀前半之間統治印度次大陸的回教王朝，統治者是中亞帖木兒帝國的王族後裔。
5 蒙兀兒皇后，原名阿珠蔓·芭奴（Arjumand Banu），為夏家罕生下十四名子女，兩人感情甚篤，其封號的意思是「宮中貴人」，1593-1631。
6 一四五一年至一五二六年間統治北印度的王朝，由南亞民族普什圖人（Pashtun）掌政。
7 波斯人對於印度次大陸的稱呼。
8 蒙兀兒帝國開國皇帝，從中亞入侵印度次大陸，建立蒙兀兒帝國，1483-1530。

9 北印度河流，恆河上游支流之一。

10 蒙兀兒帝國第三任皇帝，帝國中興之主，被認為是真正奠立帝國規模與統治實權的皇帝，1542-1605。

11 十七世紀日耳曼冒險家，著有波斯與印度遊記，1616-1644。

12 蒙兀兒帝國傳記作家，為夏家罕欽點寫作自己的傳記，約卒於一六七五年。

13 法國醫師與旅行家，曾擔任夏家罕長子的私人醫師，1620-1688。

14 十六到十八世紀前期之間統治伊朗的王朝，全盛期疆域包括伊朗與中北亞大片土地。

15 伊朗中部伊朗高原上的最大河，最後注入內陸湖泊。

16 夏家罕與孟塔芝·瑪哈所生長女，才華洋溢，在夏家罕與奧朗則布兩朝都具有政治影響力，1614-1681。

17 印度傳統的戰士階級，包含好幾支不同的民族。

18 安柏爾王國統治者，參與夏家罕對中亞的軍事行動，1611-1667。

19 印度西北部城市，拉賈斯坦邦（Rajastan）首府。

20 本名米札·吉亞斯·貝格（Mirzā Ghiyās Beg），波斯流亡貴族，其女努兒·嘉罕後來成為賈漢吉爾的寵妃。「國之棟梁」是他的封號。

21 蒙兀兒帝國第四任皇帝，接續阿克拜的事業勵精圖治，1569-1627。

22 波斯貴族之女，原名梅爾妮莎（Mehr-un-Nissa），前夫死後與賈漢吉爾成婚，逐漸掌握政權，其封號努兒·嘉罕的意思是「世界之光」。1577-1645。

23 賈漢吉爾次子，與努兒·嘉罕不睦，因而在奪嫡之爭中敗退，1589-1626。

24 賈漢吉爾與夏家罕兩朝重臣，卒於一六三九年。

25 巴基斯坦東部城市，歷史上旁遮普地區（Punjab）的政治與文化中心。

26 十七世紀法國珠寶商人與旅行家，在法王路易十四（Louis XIV）贊助下出版他六度遠航波斯與印度的經歷，1605-1689。

伊斯法罕

ISFAHAN

阿拔斯沙赫與薩法維帝國

史蒂芬・P・布雷克
Stephen P. Blake

明尼蘇達大學（University of Minnesota）近代史中心高級研究員。他曾就蒙兀兒時代印度與薩法維時代伊朗等主題發表許多文章，其著作包括《夏家罕納巴德：蒙兀兒印度皇城，一六三九年至一七三九年》（*Shahjahanabad: The Sovereign City in Mughal India, 1639-1739*，一九九一年）和《半個天下：薩法維王朝伊斯法罕的社會建築，一五九〇年至一七二二年》（*Half the World: The Social Architecture of Safavid Isfahan, 1590-1722*，一九九九年）。

人們說伊斯法罕是「半個天下」，但這話只描述了半個伊斯法罕。

——伊斯坎達・蒙希（Iskandar Munshi[1]），約一六一五年

被伊朗薩法維帝國新首都的魅力迷惑的不只這位波斯詩人，像尚・夏丹（Jean Chardin[2]）之類的歐洲旅行者也把伊斯法罕視為「世界偉大城市之一」，得以和巴黎、倫敦爭豔。這座城由沙赫阿拔斯一世（Shah 'Abbas I[3]，在位期間為一五八七年至一六二九年）所建，之後城市範圍急遽擴大，城內建築也日益精采。

薩法維帝國（一五〇一年至一七二二年）是主宰近代中東與南亞的三大政權之一，另外兩個分別是印度的蒙兀兒帝國，以及統治安納托利亞、巴爾幹、黎凡特和北非的鄂圖曼帝國。王朝太祖沙赫伊斯邁爾（Shah Ismail[4]，在位期間為一五〇一年至一五二四年）是蘇菲派（Sufi[5]）薩法維耶兄弟會（Safaviyya brotherhood[6]）領袖，這是個神祕主義組織，成員多出身土耳其各部族。伊斯邁爾聲稱自己得天授命，是先知穆罕默德的女婿阿里投胎重生，也是上帝本身在人間顯現的模樣。伊斯邁爾率領對自己深信不疑的追隨者，揮軍擊敗土耳其白羊王朝（Aq Quyunlu[7]）在大不里士（Tabriz[8]）的兵力，很快獲得伊朗高原控制權。

伊斯邁爾是極具個人魅力的開國君主，但他的曾孫沙赫阿拔斯一世才是為一個成形國家奠定制度基礎的人。為了制衡來自土耳其各部族首領的軍事威脅，阿拔斯提高家族私軍中的騎兵人數，這些人的身分是附庸或奴隸，但對主君卻有強烈的個人忠誠心。擴編的護衛隊需要更多資金支撐，皇帝因此開始推行一系列經濟改革，他將部族首長領地的農田重劃到皇室私有地裡，徵召一批亞美尼亞商人販售皇帝私田出產的真絲，還跟荷蘭東印度公司、英國東印度公司分別訂立利潤豐厚的貿易條約。而他雖沒有曾祖父那種超自然氣質，但也大力傳揚什葉派伊瑪目宗（Imami Shi'ism[9]），興建清真寺與學院、任命什葉派教士擔任要職，並為回教什葉派儀式與典禮的正統性背書。

制度改革正如火如荼展開，阿拔斯此時決定營建新都。伊斯邁爾以大不里士為政權中心，他的兒子塔瑪斯普（Tahmasp[10]）將大本營搬到加茲溫（Qazvin[11]），而阿拔斯則選了伊斯法罕，因為這裡距離伊朗腹地和古城波斯波利斯（Persepolis[12]，上古阿嘉美尼德帝國〔Achaemenid Empire[13]，西元前五五九年至三三〇年」的首都）比較近。一五九〇年，伊斯法罕以舊廣場「哈倫·維拉葉」（Maidan-i Harun Vilayat）為中心開始動工，阿拔斯最初的計畫僅限於把老建築翻修維新，不過，當阿拔斯在一六〇二年擊敗烏茲別克人收復赫拉特之後，便將行政中心遷到伊斯法罕綠洲西南角一座未整理過的花園。這個新城的市中心「世界之圖廣場」（Maidan-i Naqsh-I Jahan）四邊皆有氣派宏偉的大門矗立，分別通往四座壯觀的建築物，每一座都象徵某種新改革的新氣象。

廣場西邊可見「高門」（Ali Qapu）的偉岸身影，這座五層樓高的建築有好幾種功能，它是皇宮的入口處，也是接見大使和官員的謁見廳，從陽台還能居高臨下觀覽廣場中的節目。高門後方就是皇宮本體，是一座由許多宅院、謁見廳、花園、馬廄和房舍組成的複雜建築群，其中兩處特別引人注目：作為謁見廳的四十柱宮（Chihil Sutun）和宅院性質的八重天宮（Hasht Bihisht）。華美屋廈裡侍從如雲，阿拔斯居所的規模與奢華，反映皇室推行中央集權的成績，以及朝廷對抗土耳其部族領袖好不容易贏得的勝利。

雄踞廣場北方的則是通向大巴札（imperial bazaar）的「帝門」（Qaisariya Gateway），大巴札是連接新舊廣場的一長排拱廊商場，也是此城經濟大動脈，在一六六〇年代成為現在的模樣。帝門跟高門遠遠不只是座「門」而已，它是有五個邊、近半圓形的兩層建築，內有一處噴泉庭院；門面低處覆有五彩繽紛的方形瓷磚，高處則以巨幅彩畫裝飾，描繪的是阿拔斯狩獵歸來、阿拔斯戰勝烏茲別克人、一群飲宴的歐洲人，以及一個形似射手座的圖像（伊斯法罕恰是在射手座高掛星空之時建城）；帝門底層突出的窗台上有珠寶商、金匠和布販展示著商品，每逢日落或子夜，他們頭上的陽台都有御用樂手演奏響亮軍樂，這座大門宣示著皇室在新首都蒸蒸日上的經濟活動裡不可或缺的角色。阿拔斯藉由改造經濟結構獲得更多資源，於是能著手建設道路、商店、商隊旅社，並提供城內商人、匠人與藝術家一個貨暢其流的市場，著力刺激工商業發展。

阿拔斯新廣場的另兩個大門都通往清真寺，東邊是盧特法拉謝赫清真寺（Sheikh Lutfallah Mosque），新廣場工程才剛破土它就緊接著動工，是廣場四面四座代表建築中最早完工者。盧特法拉謝赫（Sheikh Lutfallah）來自黎巴嫩，是個說阿拉伯語的什葉派教徒，也是主掌這座清真寺的教士，在禱告時帶領信徒並擔任宗教導師；他是皇帝的親信，能從帝國國庫領取一筆津貼，亦是為阿拔斯推廣什葉派伊瑪目宗的先鋒。

南邊的雄偉大門通向皇帝清真寺（Masjid-i Shah），這是阿拔斯新首都最主要的宗教建築。大門兩翼各有一座宣禮塔，建築本體往內凹陷以配合對面的帝門造型，門內圍著一個小池子，門檻上拉著鎖鏈以阻擋馬匹和其他動物通過。皇帝清真寺是新城的聚禮清真寺，也是廣場邊規模僅次於皇宮的建築群，據說總共用了一千八百萬塊磚頭和四十七萬五千片顏色鮮亮的牆磚；寺內有兩間學院、四座宣禮塔，還有仲夏苦熱時節用來避暑的一間地下室。這座清真寺是獻給回教什葉派中代表世界末日的第十二位伊瑪目「馬赫迪」（Mahdi[14]），象徵阿拔斯對大眾傳教的苦心。在指示祈禱方向的壁龕上方有個櫃子，裡面盛裝兩件聖物：阿里·禮薩（Ali Riza[15]，第八位伊瑪目）手中的《可蘭經》，以及胡塞因（Husayn[16]，第三位伊瑪目）的血衣。而覆蓋中央大殿的鑲磚圓頂，在幾哩外即清晰可見。

迅速擴張的市區，以世界之圖廣場與四邊的紀念性大建築為其中心，一六七〇年城中人口已達將近五十萬之數，伊斯法罕猶如阿拔斯新國家的頂石，其壯麗幾乎已讓詩人的誇飾詞藻不再是誇飾。末日在五十年後到來，十七世紀晚期財政問題爆發：真絲出口量減少，從印度輸入的貨品和皇室開銷卻持續增加。王朝末代皇帝沙赫蘇丹胡塞因（Shah Sultan Husain[17]，在位期間為一六九四年至一七二二年）既乏精力也無能力面對眼前困境，吉爾扎伊阿富汗人（Ghilzai Afghans[18]）在一七二二年發兵將首都團團圍住，而薩法維王朝根本措手不及。圍城戰打了六個月，期間居民與城市建設都受害慘重，最後入侵者終於破城而入並將皇帝斬首。在這片飽受蹂躪摧殘的土地上，薩法維王朝默默淡出歷史。

＊部分引用出處： Iskandar Munshi, *Tarikh-I Alam-ara-yi-Abbasi*, Iraj Afshar (ed.) (Tehran, 1955) 1:544

1 波斯史學家，出身於土克曼（Turkmen）地區，為沙赫阿巴斯一世所用，1560-1632。
2 法國珠寶商與旅行者，其遊記作品代表西方對波斯與近東地區最早的詳細認知，1643-1713。
3 薩法維王朝第五任沙赫，被視為王朝歷史上能力最強、權威最大的統治者，1571-1629。
4 薩法維王朝開國君主，在八百多年分裂後重新統一伊朗，1487-1524。
5 回教中的神祕主義支派，主張禁欲苦行。
6 十四到十五世紀在西北伊朗具有強大影響力的蘇菲派組織，原本是以遜尼派四大法學學派的夏菲伊派（Shafi'i）為思想基礎，後來加入什葉派教義。
7 烏古斯土耳其人（Oghuz Turks）組成的部族聯盟政權，在十四世紀晚期到十五世紀統治現在的亞塞拜然、亞美尼亞、東土耳其等地。
8 伊朗亞塞拜然地區最大的都市，也是伊朗歷史上古都之一。
9 什葉派主要教義的一部分，主張歷史上被他們稱為「伊瑪目」（Imam）的人物才是回教合法領袖、信徒與上帝之間的中介者。
10 薩法維王朝第二任沙赫，年幼即位，成年後繼續鞏固王朝統治力量，1514-1576。
11 伊朗北部古城，現在被稱為伊朗的書法之都。
12 伊朗中南部古城，阿嘉美尼德帝國舉行儀典用的首都（實際行政中心在蘇沙〔Susa〕）。
13 波斯第一帝國，開國君主是居魯士大帝（Cyrus the Great），全盛時期疆域從東歐巴爾幹地區一直延伸到印度河河谷，最後被亞歷山大大帝消滅。
14 什葉派相信歷史上前後有十二位伊瑪目，最後一位「馬赫迪」已經誕生但藏身世間，會在最後審判前夕出現、主持正義。
15 穆罕默德後裔，在什葉派與素尼派的政治角力下被立為哈里發繼承人，但後來遭到毒殺，765-818。
16 穆罕默德外孫，對抗烏瑪雅王朝而戰死，626-680。
17 薩法維王朝末代沙赫，早年嚴格推行宗教政策，晚年荒廢政事，1668-1726。
18 普什圖民族中最大的一支，歷史上多次統治阿富汗地區。

北京
BEIJING
城中之城紫禁城

法蘭西斯·伍德
Frances Wood

一九七七年至二〇一三年間擔任大英圖書館中國館藏部主任，曾在劍橋、北京、倫敦等地大學研讀漢學，已出版許多關於中國史與中國文化的著作，包括《紫禁城》（*The Forbidden City*，二〇〇五年）和《中國第一個皇帝》（*The First Emperor of China*，二〇〇七年）。近年發表作品包括《奧萊爾·斯坦因爵士：同僚與文集》（*Sir Aurel Stein: Colleagues and Collections*，汪海嵐編，二〇一二年）中的兩篇文章，以及與馬克·巴納德（Mark Barnard）合著的《金剛經：世界最早印刷書籍的故事》（*The Diamond Sutra: The Story of the World's Earliest Dated Printed Book*，二〇一〇年）。

> 北京城……如此驚人，城中事物如此非凡……我不知從何說起。
>
> ——費爾南·門德斯·平托（Fernão Mendes Pinto[1]），一六一四年

一望無際的華北平原上矗立著灰色巨城，任何一個在十六到十七世紀之間前往北京的旅人都會被這景色所震懾。十六世紀中葉，以探險為志的葡萄牙人費爾南·門德斯·平托宣稱自己曾在北京城待過幾個月，他描述：「環繞都市的雙層城牆以料石砌成……中國人向我們擔保，說這牆所圈起的廣大範圍裡，足足有三千八百座佛塔及寺院。」一四二〇年，波斯史學家哈飛茲·

阿布魯（Hafiz-i Abru[2]）跟隨帖木兒帝國使節來到中國參與皇宮啟用典禮，親眼看到築牆過程：

> 這是個不得了的城市……整座城牆的每一處……都有地方在施工，人們豎立起十萬支竹竿，每一支都有五十腕尺（cubit）長，用它們組成鷹架。那時方才凌晨，大門尚未開啟，所以他們讓使節團從還在建造的塔樓處入城。

北京原址早在兩千多年前就是村落，但因為明朝第三任皇帝朱棣（在位期間為一四〇三年至一四二四年，年號永樂）在一四〇九年的一紙聖旨才讓它成為城池；永樂帝將國都從南京北遷，南京舊都遺址今日仍有部分可見。

明朝開國皇帝選擇在自己當初打天下的根據地——南京——營建新都，並將幾個兒子分封到中國邊遠地區，第四子朱棣即未來的永樂帝，以北京（被滅亡的蒙元故都）為據點經營勢力。朱棣後來在一四〇三年起兵奪位，南京於戰亂中慘遭火焚。永樂帝在明惠帝（朱棣的侄兒）喪命後登基，決定將首都遷到他的軍權基地北京。此外，當時中國與蒙古邊界情勢仍舊緊張，南京距離北疆太過遙遠，但北京位處邊界南方，因此遷都也有戰略上的優點。為防備蒙古人侵襲，城池外牆在此之前早已開始施工，在元代舊城牆表面砌上新磚，並將北牆向南移動。城市南區直到一五五三年才有城牆圍繞，那時該區已經人煙密集，滿是寺院、餐館和遊藝場所。全部城牆完工後，明代北京城總共涵蓋六十二平方公里的面積。

一四〇六年，永樂帝下令收集建材以構築皇宮，不管所謂「此地氣運已隨元亡而破」的說法。

原本用來北運米糧和原料的大運河已翻修改善，讓事情進行起來更順利。山西省大約一萬戶人家在一四〇四年被移往京師充實人口，一批巨大的勞動力也隨之徵集起來，包括七千名從東南亞擄來的工匠。建築工程到一四一六年才展開，梓木、榆木、橡木和楠木從全中國各處運到首都，還有山東和蘇州產的地磚，以及舉國各地所能貢獻的紅泥、黃泥與金箔。

皇宮建築群「紫禁城」傲立於北京城正中央，南北長度將近一千公尺，位處從天壇直通北城牆的城市主軸線上。紫禁城裡有幾近九千間房間，宮城外牆塗成朱紅，殿宇皆建在雕刻花紋的白色大理石台階上，屋頂覆蓋黃瓦。耶穌會教士金尼閣（Nocholas Trigault[3]）是第一批親眼看見紫禁城的西方人，他描述這宮殿在十七世紀早期的模樣：「黃色是帝王專屬的顏色，其他人一律禁用。皇室禮服以各種設計的龍紋加以裝飾……皇宮屋頂和瓦片也是黃色，上面有各種龍形圖畫。」天安門內三大殿是皇帝處理政務的地方，後方禁宮裡櫛比鱗次的樓閣，住著數百嬪妃和服侍她們的太監。

城南天壇在一四二〇年初建，是與皇室大典最息息相關的建築物。先農壇、朝日壇、夕月壇和地壇（建於十六世紀早期）也位於此處，皇帝一年一度前往各壇祭祀。由於皇帝被視為「天子」，天壇理所當然地擁有特別重要的地位，在冬至當晚與正月時節，皇帝會搭乘象輅從禁城南行，親自往天壇主持祭禮。

永樂帝這座新都的發展可從寺廟數量的增長看出，城市北區在一四〇一年只有大概四十間廟宇，到了一五五〇年已有將近二百五十間，基本上是佛教與道教寺廟，其中也包括城隍廟和關帝廟等特殊民間信仰。寺廟不只是信仰中心，神明壽誕時有廟會，江湖藝人在此表演拋刀等雜技，有的還帶著訓練有素的猴兒或老鼠來戲耍，流動行商也到這裡擺攤。此外，廟前的廣場還會定期開放以舉行集市。門德斯·平托說到「北京有一百二十處地方每月舉辦廟會，有人估算這裡每天都有四場廟會……不同街上還有各種專門店鋪，滿箱滿櫃的絲綢、錦緞、金絲與棉麻織成的布疋、黑貂皮、雪貂皮、麝香鹿皮、蘆薈、瓷器、金銀器物、珍珠、金粉與金錠……珊瑚、紅玉髓、水晶……薑、羅望子、肉桂、胡椒、小荳蔻、硼砂、靛青、蜂蜜、蠟」，這些商品很多都是從中國其他地區走水路運來，通常要藉大運河之助；宮裡用的絲綢來自蘇州，瓷器來自景德鎮，紙則產自西山[4]。

一五五〇年的北京居民人數總共超過百萬，有錢人在城市北區的湖畔建起豪宅大院，在城外西山上又蓋別莊（華北平原有太行山從西北兩方圍繞，西山是其支脈之一）。城內寬廣主街延伸出棋盤格般的窄巷，兩旁列著一戶戶狹小灰色四合院，既多且密「有如牛毛」，這是窮人聚居的地方。每年一次，成千上萬的考生群聚京師參加會試，京中人口因而大增；從全國各地前來的商人也讓京師更加熱鬧，他們抵京後寓居於同鄉行會所建的會館。

中國明朝的影響力，從太監鄭和下西洋前往東南亞、印度與非洲所帶回的稀奇東西可見一斑，他第四次出海於一四一九年歸來，獻上獅子、豹子、單峰駱駝、鴕鳥、斑馬、犀牛、羚羊與長頸鹿，豢養於「豹房」（即皇家動物園），其中長頸鹿特別得到永樂帝喜愛。外國使節也紛紛來到北京，哈飛茲便提到日本、卡爾梅克（Kalmuck[5]）和西藏都在一四二一年派遣使者參與紫禁城啟用大典；他也記載「以青金石為柱」的三大殿啟用不到數月，便遭雷擊起火，其燃燒規模「有如十萬火炬」點著那般，三大殿很快重建，並被賜予祥瑞稱號。整個明朝，紫禁城一直看著外邦使團攜帶供品前來朝覲中國皇帝，一五二〇年來了第一位葡萄牙使節，而首位耶穌會使者利瑪竇（Matteo Ricci[6]）則在一六〇一年踏入紫禁城。此後紫禁城始終扮演天子皇宮的角色，直到一九一二年滿清滅亡為止。

＊部分引用出處：*The Voyages and Adventures of Fernao Mendes Pinto*, trans. H. Cogan in C. D. Ley (ed.), *Portuguese Voyages 1498-1663*(London, 1947), p. 154, 156; Hafiz Abru, *A Persian Embassy to China*, trans. K. M. Maitra (Lahore, 1934), pp 49–50

---

1 葡萄牙探險家與作家，作品《朝聖記》（*Peregrinação*）記錄自己海外探險的經歷，某些內容頗受史學家質疑，1509-1583。

2 波斯史學家，在帖木兒的宮廷任職，卒於一四三〇年。

3 出身於西班牙屬尼德蘭（Spanish Netherland）的耶穌會教士，一六一一年抵達中國傳教並研究漢學，1577-1628。

4 位於福建，與後文北京城外「西山」不同。

5 散居於北高加索地區的蒙古族分支。

6 義大利耶穌會修士，一五八三年抵達中國，是第一個開始鑽研中國典籍的西方學者，1552-1610。

京都 KYOTO

佳美庭園與朱紅宮殿

萊絲莉・道納爾
Leslie Downer

作家、記者與主持人，專精於日本文化與日本史。其著作包括《通往極北的狹路》（*On the Narrow Road to the Deep North*，一九八九年）、《兄弟們》（*The Brothers*，一九九四年）、《藝伎：浮世祕史》（*Geisha: The Secret History of a Vanishing World*，二〇〇〇年）、《貞奴夫人：誘惑西方世界的藝伎》（*Madam Sadayakko: The Geisha who Seduced the West*，二〇〇三年）及三本小說。

從清水寺西門眺望當今京都，你會看到白牆倉庫緊密排成長長的一列一列，這城在夏日曙光中晶亮閃耀有如雪晨。靜默的松樹與雲間迴翔的鶴顯示這時代的財富……晨間晚間，各種商家的廚房裡升起裊裊炊煙。

——井原西鶴[1]，一六八六年

我們現在稱為「京都」的城市，在千年歷史中大都被人叫作「Miyako」，也就是首都之意，只有三百多年真正名副其實，其他時間的日本統治者都以別處為權力中心。京都是天皇所居，而天皇乃天神後裔，因此京都也是座神聖城市，人們稱之為首都以表尊敬。桓武天皇[2]在七九四年建立京都，好為自己的新都城選擇一個符合風水的位址。京都位在寬廣碗形盆地中，周遭山陵滿布綠樹，東西兩面邊緣都有波光粼粼的河川流過。他將新都命名為「平安京」，取其和平安定之意，詩人則說這城有紫色山丘與水晶般的河流。京都以中國大唐盛世的國都、被理想化的長安城為摹本，街道規劃成方格狀，天皇居住的皇宮位在城北，城南則有羅城門護衛首都。

平安京滿是朱漆宮殿，貴冑皇親搭乘裝飾華麗的牛車在大道上轆轆而行，鎮日吟詩、調香、透過繁複花俏的禮節來求愛。這寶石般的文明留下一項珍貴遺產，也就是世界上第一本小說《源氏物語》，由一名宮女在十一世紀所作，內容描寫這些嬌生慣養宮中人物的生活與愛情。

一一九四年是日本武家政權的開始，平安京在軍閥奪權戰爭之下化為火海。十六世紀時，天皇過著拮据潦倒的窮苦生活，京都也只被人叫作「Miyako」。四百年戰亂後，德川家康在一六〇〇年的關原之戰擊敗敵對軍事陣營，天皇賜予他「將軍」頭銜，承認他是全日本的統治者。

和平帶來繁榮，家康以他的根據地江戶（當時只是個小漁村）為中央政府所在地，江戶很快發展成一座大都市，也就是後來的東京。然而神明之城京都仍舊保有首都名分，這裡的皇族、貴族、商人與表演者之間，形成不可思議的文化，這乃是自平安時代最盛期以來所未見的。荷蘭醫師恩格伯特．坎佛（Engelbert Kaempfer[3]）在一六九一年來訪，他所見到的是一座擁有大約三百萬人口的都市，如他所述「是日本一切工藝與行業的大寶庫」。

家康為了鞏固政權展開大規模建築計畫，命令自己的手下敗將在京都為他建造一座壯麗的城堡，奢華地使用了花格天花板、精雕橫楣與金箔牆面。二条城的設計金碧輝煌，花園面積廣大，就是為了要讓貴族看了也自嘆弗如。雖然這位暴發戶將軍絲毫不吝炫耀財富，貴族們卻走向完全不同的路。「茶會」是當時具代表性的藝術形式，強化了一種貧枯清簡的審美觀，但諷刺的是，這種審美常需耗費巨資才能達成。飲一杯茶的全套程序要從足踏卵石前往簡樸小型茶室開始體驗，客人需躬身鑽過低矮入口方能進屋；茶道用具從櫻桃木茶勺到茶碗，每一樣都是藝術作品。

桂山莊（現稱「桂離宮」）是飲茶之風的極致，此處花園號稱人間一絕。小徑繞湖延展，穿過林木與小樹叢、石燈籠、長滿青苔的小橋；山脈、丘陵、海洋，整個世界盡縮一處，每個細節都精確打造；每一棵樹、每一顆石頭都處在精心安排的位置以襯托或遮掩風景。山莊的建造者智仁親王[4]就坐在「月波樓」上，淺酌泛著苦味的綠茶。

平民百姓也在這文藝復興時代裡享受著，其文化一點兒也不精緻，粗鄙喧鬧而活力十足，並創作出日本一些流傳最久也最受歡迎的作品。時代太平以後，商人變得極其富有，但他們操的是追錢逐利的賤業，因此被視為社會最低階層。政府發布連串命令禁止人們展現財富，既然無從把錢花在房屋或衣服上，有錢人因此轉向「浮世」尋求虛幻快感，也就是遊廓、歌舞伎劇院和其他「卑劣場所」，這些地方很快成為紙醉金迷的最佳體現。商人不惜傾家蕩產，只為一親島原遊廓高級妓女的芳澤，散盡囊中最後一點錢，最後卻仍無法如願。

鴨川岸邊是永不止息的狂歡節，賣茶女能提供歌舞（甚至更多）娛樂，端看客人的荷包是否夠深。從圖畫裡可看見人們穿著節慶服裝跳舞通過街道，萬頭鑽動只為觀賞偶戲、相撲、雜耍和吞劍等表演。歌舞伎這種表演藝術在此態勢下逐漸成熟，最初是由妓女進行演出，以舞蹈和短篇喜劇吸引客人。後來因為情況太過混亂，政府下令禁止女性登台表演，於是歌舞伎成為男性專屬的行業。優伶地位比商人更低賤，但他們卻能被捧成天上明星。這鮮明而充滿生氣的文化在木板畫與滑稽作家的小說中化作永恆，作家如井原西鶴和近松門左衛門等人也是「浮世」住客，是其價值觀的倡導者與產物。

十八世紀方揭幕，江戶是地表上人口最多的城市，但京都仍牢牢掌握一切文化、格調與精神領域事務的主導權；京都新遊廓「祇園」是江戶富人尋歡作樂之處，享受迷人的藝伎陪伴。也是神靈的象徵，西方人在十九世紀中葉強迫日本解除鎖國，而當時日本人眼中最不可受外夷侵犯的城市就是京都。一八六八年，長年內戰之後，德川幕府失敗下台，日本新統治者宣布將大政奉還天皇，此後天皇移居江戶，被重新命名為「東京」的江戶也就成為國家正式首都。

無論如何，京都永遠是這國家的文化心臟，因此二次大戰時免遭被美國人轟炸的命運。現在的京都在打另一場仗——對抗鋼筋水泥的逐步入侵，比如市區新起的大型車站。然而，高牆之後，其宮殿、廟宇和庭園都還完好無損，這仍是一座被紫山與水晶川擁抱的城市，深色木屋所夾的陰暗街道上，也還有著藝伎踏踩小碎步經過。

***部分引用出處**：Ihara Saikaku, trans. in H. Hibbett, *The Floating World in Japanese Fiction* (London, 1959); Franz Kafka, *Letters to Friends, Family and Editors*, trans. R. & C. Winston (London, 1978)

1 日本江戶時代詩人與劇作家，開創「浮世草子」文體，1642-1693。
2 日本第五十代天皇，遷都平安京（也就是後來的京都），737-806。
3 日耳曼博物學家、醫師、探險家，一六八三年至一六九三年間遊歷俄羅斯、波斯、印度、東南亞與日本等地，1651-1716。
4 日本江戶時代前期的皇族，1579-1629。

布拉格
PRAGUE

魯道夫二世的魔幻城市

柯林・阿梅利
Colin Amery

世界文化遺產基金會英國分會創會董事，目前是專業建築作家與顧問。最近與他人合著有《布盧姆斯伯里聖喬治教堂》（*St George's Bloomsbury*，二〇〇八年），誌記世界文化遺產基金會英國分會修復尼古拉斯・霍克斯穆爾（Nicholas Hawksmoor）建造的教堂。他與布萊恩・庫蘭（Brian Curran）合著《聖彼得堡》（*Saint Petersburg*，二〇〇六年）。

布拉格死不放過我們倆，一個都不放。這老妖婦有爪子，人必得屈服。

——弗蘭茲・卡夫卡（Franz Kafka[1]）致奧斯卡・波拉克（Oskar Pollak[2]），

一九〇二年一月十二日

歷史上的布拉格總是處在歐洲政治十字路口，但近年來已能雲淡風輕看待自己的複雜過去。它以平靜而認命的態度展示自身之美，知道最黑暗的日子已經遠離，市民辛苦贏得的穩定未來就在眼前。人們帶著珍愛的心情，一步步將哥德式與巴洛克式的建築傑作復原，從不久之前那緩慢荒棄、凋零的景況之中拯救出來。伏爾塔瓦（Vltava[3]）河上所見建築全景之美在歐洲數一數二，但外貌決不是這城唯一值得讚嘆之處，人們也當記得它如何掙扎求存、獲得新生的故事。任何親眼目睹一九八九年十一月「天鵝絨革命」（Velvet Revolution）的人都無法忘懷那極具衝擊性的景象，七十五萬人擠滿溫瑟斯拉斯廣場（Wenceslas Square）和附近街道，排山倒海般湧過查爾斯橋（Charles Bridge），高呼 Havel Na Hrad（「讓哈維爾進城堡」）；人群拒絕散去，直到代表自由開明的政治人物瓦茨拉夫·哈維爾（Vaclav Havel[4]，從政前是劇作家）宣誓成為總統為止，這些人和布拉格一起贏得屬於他們的自由。

它被稱為「金色布拉格」其來有自，城中處處可見的赭色灰泥牆在陽光下閃閃發亮；當河中起霧，霧裡數百塔尖的美景在全歐洲可說無與倫比。布拉格在眼前演示著一座中古哥德風城市如何轉化為應有盡有的巴洛克世界，展現「反宗教改革」虔信尖兵的精神。皇帝查爾斯四世（Charles IV，在位期間為一三四六年至一三七八年）統治之下，布拉格以神聖羅馬帝國首都身分風光一時，當時留下的重要建築有著名的查爾斯橋、長久以來展現強烈存在感的布拉格城堡（即 Hrad），以及老城區林立的哥德式尖塔。

泰恩聖母教堂（Church of Our Lady of Tyn）有兩座鋸齒狀尖塔，與聖尼古拉教堂（St Nicholas Church）的光滑圓頂形成鮮明對比，兩種建築風格內含一段政治與神學的鬥爭歷史，將布拉格塑造成今日模樣。天主教與新教在中歐地區長年爭鬥不休，戰火最烈的地方就是布拉格，城裡許多地方都有紀念殉教者的事物。另一類史事也讓人想起那些受難者：捷克人處理異議分子自有一套，不是槍決他們，而是扔出高樓窗外任其活活摔死。一四二一年，新教改革者楊‧胡斯（Jan Huss[5]）的追隨者將敵對方好幾名天主教徒扔出市政廳窗外；後來，新教貴族對皇帝限制他們的權利感到不滿，在一六一八年把皇家派來的保守官僚從城堡窗戶扔出去。到了一九四八年，當時捷克斯洛伐克共和國仍然羽翼未豐，就在共產黨接掌政權前夕，共和國外長楊‧馬薩里克（Jan Masaryk[6]）從城堡附近切寧宮（Czernin Palace）的窗戶「跌落」而死。布拉格歷史上三度「拋窗事件」都是長期紛爭的揭幕式，為該城與整個中歐引來劇變。

今日布拉格中央區恰可被切成四個歷史區域，其中兩區位在伏爾塔瓦河左岸（也就是西岸）。「城堡區」（Hradcany）年代可上溯至第九世紀，位在地勢較高處，能從岩崖上俯瞰整個城市。從城堡通往河岸的較低處斜坡現在也是市區一部分，稱為「小城」（Mala Strana），此處雖是市中心，但竟然還能見到梯田式的花園與果園。東岸河流轉彎處原本有兩個小鎮，現在都已納入市區。離河較近的是「老城」（Staré Mesto），起源於十一世紀；在外圍呈彎月形環繞老城的則是「新城」（Nove Mesto），從十四世紀才開始發展。布拉格雖遭逢厄運與貧困，這些古老區域的歷史卻完好保存下來。十九世紀的布拉格添了大量無甚可觀的建築物，裡頭只有些「新藝術」（Art Nouveau[7]）和「分離派」（Secessionist[8]）的實驗作品還值得一看。幸運的是，共產主義者將夢想中規則化的天堂蓋在布拉格市偏遠郊區，城中的古色古香因此未受侵害。

布拉格的政治成就在二十世紀晚期大放異彩，與之同樣驚人的，是它在十六世紀所經歷的學術復興，即魯道夫二世（Rudolph II[9]，在位期間為一五七六年至一六一二年）一朝的非凡成就。一五七五年，波希米亞三級會議（Bohemian Estates）同意選舉結果，承認年輕的魯道夫大公為波希米亞國王，同時要求皇帝馬克西米蘭二世（Maximilian II[10]）保證讓這個皇儲兒子待在布拉格學習捷克文。到了一五八三年，魯道夫已經決定把布拉格作為皇居所在，遠離維也納也遠離鄂圖曼帝國包夾之勢的常在威脅。沒有人料到魯道夫會對布拉格城堡如此著迷，他總愛待在這裡，鮮少離開；也沒有人料到他那充滿個人風格的朝廷會變成一塊磁石，吸引歐洲各地許許多多藝術家與知識分子前來。布拉格在政治與文化上的重要性都拜魯道夫所賜，但此皇帝宮廷卻讓當時其他統治者無法理解，維也納諸位大公在一六〇六年宣稱：

> 皇帝陛下只對巫師、煉金術士、卡巴拉法師（Kabbalist[11]）這類人物感興趣，他不惜花費金錢尋找各種寶藏、探知祕密，以及使用卑鄙手段傷害敵人……還有一整座都是魔法書的圖書館，他永遠都在設法徹底消滅上帝，好讓自己將來能侍奉別的主子。

事實上，魯道夫讓布拉格充滿當時最美好的事物，他熱中於收集美術品，特地將名畫從義大利越過阿爾卑斯山運來這裡；他對精密的自動裝置很是著迷，還訂做了特製的天體模型與星圖。人才是魯道夫所擁有最貴重的資產，像是天文學家約翰尼斯·克卜勒（Johannes Kepler[12]）和第谷·布拉赫（Tycho Brahe[13]），幾乎像神話人物一樣的魔法師約翰·迪伊（John Dee[14]），還有哲學家喬達諾·布魯諾（Giordano Bruno[15]），這些人在布拉格都賓至如歸。常駐皇宮的藝術家之一是朱塞佩·亞晉波德（Giuseppe Arcimboldo[16]），他愛用水果、花朵和蔬菜來構成人物頭像，這古怪畫風正契合魯道夫那不現實的品味。魯道夫的「珍奇屋」（kunstkammer[17]）裡有各種稀奇珍貴的藏品，裡面竟包括一隻度度鳥、一根獨角獸的角，還有幾根挪亞方舟上的釘子，收藏室主人這種什麼都想要的心態，在亞晉波德的畫裡也反映無遺。魯道夫或許是個性格奇特、脾氣難以捉摸的人，但他也是帶領布拉格離開中古時代、將它送到文藝復興最前端的功臣。

時至今日，魯道夫二世在布拉格的存在感依然不減，讓這城市多了一種神祕主義與魔法迷信的氣氛，且揮之不去。沿著城堡「白塔」（White Tower）邊的圍牆就是「黃金巷」（Golden Lane）——一條布滿小小房屋的街道，只要走一回，就能親身體驗魯道夫手下煉金術士是在何處埋頭鑽研「生命之水」的奧祕，或是御用金匠如何辛勤工作好讓皇帝的收藏品更加豐富。「魔法」就是布拉格之心的代名詞，這裡也是歐洲少數幾個保存著大量未經改動古老街區和建築的地方，由此可以感受到人類在求知之路上的奮鬥。你可以從中古城堡步行到存留下來的巴洛克宮殿與劇院，那兒是莫札特歌劇《唐·喬凡尼》（*Don Giovanni*）首演之處。新捷克共和國的重生之喜，已將晚近歷史的黑暗沖散，讓布拉格成為探索歐洲城市建設可能性的最佳地點。

---

1 捷克作家（使用德語），作品融合寫實主義與奇想元素，被認為是二十世紀最偉大的作家之一，1883-1924。
2 捷克藝術史學家，卡夫卡的中學同學，1883-1915。
3 捷克共和國境內最長的河流，末端注入易北河（Elbe），被視為捷克國家的代表河流。
4 捷克政治人物，共產政權「捷克斯洛伐克」（Czechoslovakia）的最後一任總統，兩國各自建國後成為捷克共和國（Czech Republic）第一任總統，1936-2011。
5 捷克神學家、天主教教士，其思想對後世馬丁路德等新教改革家頗有啟發，1369-1415。
6 捷克政治人物，一九四〇年至一九四八年任捷克斯洛伐克外長，1886-1948。
7 十九二十世紀之交盛行的一種藝術形式，多用於建築與裝飾藝術，主張從大自然取得靈感（特別是植物花草的曲線）。
8 新藝術運動在奧地利發展出的支派，主張自由個性而無單一風格，強調讓藝術解脱歷史傳統。
9 神聖羅馬帝國皇帝，對藝術與科學發展多有贊助，在位期間爆發三十年戰爭，1552-1612。
10 神聖羅馬帝國皇帝，致力於調和帝國內天主教與新教勢力的衝突，1527-1576。

11 「卡巴拉」（Kabbala）是源自猶太教的祕傳學說，主旨在詮釋有限物質世界與「無限的一」（Ein Sof）之間的關係。

12 日耳曼數學家與天文學家，發現行星運動定律，是科學革命的關鍵人物之一，1571-1630。

13 丹麥貴族與天文學家，留下詳盡精確的天文觀察紀錄，1546-1601。

14 英格蘭數學家、占星學家、神祕主義者，終生研究占卜和煉金等學問，是介於傳統神祕學與現代科學之間的人物，1527-1609。

15 義大利哲學家、道明會修士、新柏拉圖主義學者，也是文藝復興重要思想家，1548-1600。

16 義大利文藝復興時期著名肖像畫家，1526/1527-1593。

17 收藏各種稀奇古怪或有趣事物的房間，是文藝復興以降流行於歐洲貴族之間的作法。

阿姆斯特丹

AMSTERDAM

荷蘭共和國

土耳其、基督教、異教、猶太教，阿姆斯特丹就是這樣，是各黨各派林立滋長、分裂的溫床，充滿各種想法，不管什麼樣的意見，在此皆可存可賣。

——安德魯·馬威爾（Andrew Marvell[1]），一六五三年

西蒙·夏馬
Simon Schama

哥倫比亞大學（Columbia University）藝術史與歷史大學級教授，其十五本著作包括《財富之恥：荷蘭黃金時代文化的一種詮釋》（*The Embarrassment of: An Interpretation of Dutch Culture in the Golden Age*，一九八七年）、《公民們：法國大革命編年史》（*Citizens, a Chronicle of the French Revolution*，一九八九年）、《地景與記憶》（*Landscape and Memory*，一九九五年）、《艱難航程：不列顛、奴隸與美國革命》（*Rough Crossings: Britain, the Slaves and the American Revolution*，二〇〇五年），最近出版的《美式未來：一段歷史》（*The American Future: A History*，二〇〇八年）在大西洋兩岸皆有獲獎。一九九六年發表於《紐約客》雜誌上的藝評文章曾獲國家雜誌獎（National Magazine Award），在《藝術的力量》（*The Power of Art*）系列中關於貝尼尼的影片亦獲得國際艾美獎（International Emmy）。他為英國國家廣播公司製作並主持超過三十部影片，其《美式未來：一段歷史》在二〇〇八年獲得媒體協會（*Broadcast Press Guild*）最佳紀錄片獎。他還固定為《衛報》（*Guardian*）撰寫作政治、藝術、流行音樂和美食評論，二〇〇九年開始主持英國國家廣播公司廣播第四台（BBC Radio 4）的節目《棒球與我》（*Baseball and Me*）。

阿姆斯特丹是個奇蹟，是來自另一個世紀（精確來說是一六四〇年）的空間，有如被時光之網捕捉，一條搖頭擺尾掙扎的鱈魚，但更加美麗。除了亞德里亞海潟湖裡另一座運河帝國之外，世上再無他處以如此優雅的方式讓世人觀覽過去所建造的記憶。比起威尼斯，水與歷史對阿姆斯特丹要和善得多（或說這裡的執政者比威尼斯的睿智得多）。圍海造陸之後，須德海（Zuider Zee[2]）大片海域被排乾，造就東弗萊夫蘭（East Flevoland[3]）可耕可居的土地，也讓洪水氾濫的危機自此消失；但卻帶來一大堆社會與環境的新危機，儘管阿姆斯特丹不會逐漸被海平面吞噬，但當地海洋生態平衡已經嚴重受損。這座城將人拉進時光隧道，因為阿姆斯特丹就是這樣：它幾乎在一夜之間發達起來，盛極之後卻決定守成，不再冒「登高必跌重」的險，在普天下都市之中特立獨行。阿姆斯特丹在一六〇〇年前後有三萬人口，一百年後變成二十萬，但到了一九〇〇年這人數仍是二十萬，甚至還稍稍減少。

阿姆斯特丹有著節制保守的名聲，這實在是人們的誤解。此地雖不是拉斯維加斯，但它只要有成就絕不吝於四處炫耀，好似對自己的幸運也有些不敢置信。第一篇全面性的讚歌作品是約翰尼斯·彭塔努斯（Johannes Pontanus[4]）所作，傾訴那未曾被言說的財富、聲名與自由；《阿姆斯特丹城市史》（*Rerum et Urbis Amsteldodamensium*）出版於一六一四年，那時這座城相對來說還是個不起眼的地方。過了二十四年，此城正式迎接法國太后瑪莉·德·麥第奇（Marie de Medici[5]）入住，當時法王路易十三世（Louis XIII[6]，瑪莉之子）與法國政府都被樞機主教利希留所操控，與瑪莉疏遠失和。阿姆斯特丹人搭起宏偉凱旋門，舉辦煙火表演、浮島上的化妝舞會、遊行活動與宴會來歡迎她。彼得·保羅·魯本斯（Peter Paul Rubens[7]）儘管是個佛蘭德斯天主教徒，但他所創作的一系列敘事畫在尼德蘭（Netherland[8]）藝術家中最為人擊節稱賞；這套畫作以瑪莉王太后為題，將她塑造成類似神一般，全能全知又大慈大悲。

在這裡，瑪莉王太后很快成了購物狂，老練地與商人討價還價，跟所有在黃金十七世紀前往阿姆斯特丹的人一模一樣。因阿姆斯特丹確實是當時的世界商場，王太后鳳心所欲的任何事物都不假外求，這裡有東方來的香料與陶瓷、美洲來的噴香雪茄、伊比利亞來的鋼與皮革（跟西班牙開戰是一回事，跟西班牙商人做生意又是另一回事，兩者並不衝突）、土耳其地毯、波斯絲綢、俄羅斯貂皮，甚至哪個王侯想為自家動物園添購珍禽異獸都行，就像林布蘭（Rembrandt[9]）所畫過的獅子或大象。

不過，阿姆斯特丹並不是靠奢侈品賺大錢，十七世紀歐洲人日用品市場極其龐大，這才是阿姆斯特丹可觀財富的來源。此地先是小麥、黑麥、鐵礦、鹹魚、亞麻、鹽、焦油、大麻、木材的批發中心，遠近市場都靠這裡供應，後來才成為一個買得到麻六甲（Malacca[10]）丁香和巴西綠寶石的高級商城。舉例來說，如果你來自諾里奇（Norwich[11]）或奧格斯堡（Augsburg[12]），為什麼你要特地跑到阿姆斯特丹去買東西，而不直接從產地運來貨物？因為你知道阿姆斯特丹什麼都有，而且什麼都比較便宜。此事原因何在？只要掌握商品轉運就能掌握市場，阿姆斯特丹商人深諳箇中奧妙，於是投注囤積的大量資本（阿姆斯特丹銀行於一六〇九年成立，即荷蘭與西班牙簽訂休戰協定的第一年）來打造一套環環相扣、精密無比的造船與貨運系統。他們預定整片挪威森林、大量尚未收成的波蘭黑麥，手頭窘迫的地主也樂於答應，因為能馬上拿到現金。木材、大麻這些建造艦隊的所需物資，寄存在城市北郊的衛星村鎮中，每處聚落都專精於某一部分的造船工程，贊河（Zaan[13]）畔的工廠負責木工，有的鑄造船錨、有的製作帆布裁製船帆。船體各部分用駁船載往位於愛灣（IJ[14]）與阿姆斯特河（Amstel[15]）的造船廠，船身經特別設計，只要少數船員即可操作，載貨空間也被擴大到極致。不論目的地是波羅的海、白海（White Sea[16]）或者地中海，出航一趟的開銷盡可能地降至最少，別處商船隊根本無力競爭。從此以往，全世界都得上阿姆斯特丹來取得供貨，同時被迫接受這座建造用來滿足天下胃口城市裡的各種奇形怪狀。

外人來此或許還有一個原因：追求自由。荷蘭人與阿姆斯特丹都發現營造一座世界化的大都市對生意有益，猶太人、門諾教徒（Mennonites[17]）和回教徒在其他地區必須被關在集中區，或甚至只能躲躲藏藏過活，但阿姆斯特丹卻給他們自在定居營生的空間。塞法迪猶太人（Sephardi Jews[18]）對此城貢獻尤大，他們原本在西班牙治下當著裡外不一的「馬拉諾」（Marranos[19]），如今則將鋪天蓋地、遠伸到大西洋彼岸的菸草與糖業殖民地，以及非洲馬格里布大巴札的人際與商業網絡搬到此處；阿姆斯特丹讓他們成為真正的商業貴族（這是在威尼斯做不到的），得以在一個基督教都會的核心區蓋起壯麗猶太會堂與精緻住宅。從其他方面而論，阿姆斯特丹也可稱自由之樞，人們擁有印刷出版的自由，此地也是國際書籍買賣的中心。

雅各布·凡·坎彭（Jacob van Campen[20]）的建築大作——市政廳——在一六六〇年代落成，頂端的和平少女（Maiden of Peace）手執橄欖枝伸向水壩廣場（Dam），同時圓殿亦告完工。當時，主宰著阿姆斯特丹的「攝政」世家大族（海德寇波家族〔Huydecopers〕、迪·格拉夫家族

〔de Graaffs〕、巴克爾家族〔Backer〕和寇維家族〔Corvers〕）是否以為這一切能千秋萬世長存？是否以為一個偉大的商業帝國能不受傲慢之律打擊，逃過他們常作為比較對象的那些同族，即迦太基、推羅以及威尼斯所遭遇的命運？對於這天下無敵的世界大都來說，如果「可長可久」只是生意做得好不好的問題，那他們看待自己的持久力可是很有信心。但事情並非如此，無盡財富引來鄰人嫉妒、恐懼、忌恨，就連聯省共和國（United Provinces[21]）或甚至荷蘭省（Holland[22]）境內，都有不少人對阿姆斯特丹的頤指氣使心懷怨憤。這些人希望共和國發展陸權，但阿姆斯特丹堅持以海權為重；這些人想要打造一個穩固安全的國家，卻認為阿姆斯特丹的實用主義態度是個拖累。一六五〇年，共和國最高長官威廉二世（William II[23]）乾脆直接兵臨城下要求對方聽命，幸好命運女神對阿姆斯特丹（暫時）展開笑顏。奧倫治親王的士兵因大霧迷途，這位最高長官又在圍城戰總算開打之後不久便過世，激起一場反對中央世襲政權的政變，從而將「荷蘭自由」的地方分治特色加以制度化。

和迦太基不同，這裡並非因一戰之敗突遭毀滅（不過它在一六七二年的遭遇也差不多了，該年法王路易十四率軍開進共和國領土，英艦隊又從海上攻擊）。如果在十八世紀中葉來到阿姆斯特丹，你大概會看到街上更多乞兒和流鶯，矯治所（house of correction）裡人滿為患。窮者益窮，富者卻愈愛用外國式的作風來炫耀，為自己的運河住宅修建石材門面，造出搭配山形牆與半露壁柱的法式雙開門；這群掌政的財閥愛戴假髮、愛找義大利名歌手專程來為自己表演。最重要的是，阿姆斯特丹人那大吃大喝縱情聲色的生活，基本上沒什麼變化。這地方讓伏爾泰（Voltaire[24]）的著作得以出版，但伏爾泰對此城可沒什麼好話，他說荷蘭是「運河、鴨子與惡棍」

之地。話說回來，此地的出版自由仍實實在在展現著某種豪氣、勇氣與生意頭腦。

直待法國大革命與拿破崙時期那些漫長而嚴酷的戰爭後，才暫時把這城送進一個銷煙瀰漫、黯淡艱苦的時代。黃金時代的攝政家族作夢也想不到，阿姆斯特丹後來竟遭逢貧困，成了個一窮二白的政治體，從王子變為乞丐。一七九五年至一八〇五年，巴達維亞共和國（Batavia Republic[25]）成立的那段日子裡，市民覺得自己成功從攝政者手中奪回這座城市，愛國愛鄉的歡情直如泉湧。然而真相很快顯明，阿姆斯特丹必須屈從於法國的軍事需求，樂觀氣氛消失殆盡，只剩下求生的現實困境。阿姆斯特丹曾經英雄造時勢，但在一個全民動員、武器發達的時代裡，荷蘭只能任憑歷史巨輪輾過。這座城在十九世紀成了歐洲一個溫馨小角落，鬱金香、木鞋、溜冰者、大肚爐（pot-bellied stove）、鬆餅、路邊手風琴演奏，「古雅」是命運所能加與它的最大羞辱。

第二次世界大戰之後風華再度綻現，那是何等盛況！科技革命將阿姆斯特丹從一個昏昏欲睡的小可愛，轉瞬間改造成爆發性的現代之都，古雅消失了，鮮明銳利取而代之，一眨眼躍上設計、建築、繪畫與寫作的尖端。它再一次陶醉於四海一家的情懷裡，放眼世界的同時卻不失其錯綜複雜的內在奇特性。

＊部分引用出處： Andrew Marvell, *The Character of Holland*, 1653

1 英國玄學派詩人，內戰期間曾與彌爾頓（John Milton）共事，1621-1678。

2 位於荷蘭西北的淺海海灣，屬於北海的一部分。

3 位於荷蘭中部，現在與北弗萊夫蘭（North Flevoland）結合成為弗萊夫蘭省（Flevoland）。

4 荷蘭歷史地理學家，1571-1639。

5 法王亨利四世的王后，在其子路易十三世成年前擔任攝政，1575-1642。

6 法國國王，重用樞機主教利希留（Richelieu）為首相，剷除貴族勢力提高王權，1601-1643。

7 佛蘭德斯畫家，佛蘭德斯巴洛克畫派最重要人物，1577-1640。

8 意即「低地國」，大約包含現在荷蘭國土範圍。

9 佛蘭德斯畫家，荷蘭藝術史上第一號人物，作品風格與當時盛行的巴洛克藝術大異其趣，1606-1669。

10 馬來半島南部區域，現在屬於馬來西亞，位於麻六甲海峽（Malacca Strait）一側。

11 英格蘭東部城市，英格蘭地區僅次於倫敦的大城。

12 德國南部巴伐利亞地區城市，取得自由市地位已有五百年。

13 位於荷蘭北荷蘭省（North Holland）的小型河流，流經阿姆斯特丹北方。

14 位於荷蘭北荷蘭省的海灣，是阿姆斯特丹主要濱海區域。

15 荷蘭河流，流經阿姆斯特丹市區，最後注入愛灣。

16 俄羅斯歐洲部分北部的海域。

17 基督教新教中再洗禮教派（Anabaptists，主張出生時的洗禮不算數，人應憑自己的認知與意志受洗）的一支，創始人為門諾·西蒙斯（Menno Simons，1496-1561）。

18 指十五世紀晚期以來被驅逐出伊比利半島的猶太人族群。

19 指伊比利半島上被迫改信基督教、暗地裡卻繼續信仰猶太教的猶太人。

20 荷蘭藝術家與建築師，1596-1657。

21 一五八八年至一七九五年之間存在於歐洲的國家，又稱荷蘭共和國（Dutch Republic），由脫離西班牙統治的尼德蘭各省聯合組成共和國，最後因受到法國大革命的影響而被國內民眾推翻。

22 包括現在荷蘭國內北荷蘭與南荷蘭兩省的地區。

23 奧倫治親王（Prince of Orange）、聯省共和國最高長官，領導荷蘭人反抗西班牙統治，1626-1650。

24 法國作家，啟蒙運動靈魂人物，倡導言論與信仰自由，1694-1778。

25 尼德蘭人民借助法國革命政權之力推翻聯省共和國之後所建立，後來被改制為荷蘭王國，由拿破崙的弟弟擔任國王，1795-1806。

墨西哥市

MEXICO CITY

新世界的烏托邦

費利浦・斐南德茲—阿梅斯托
Felipe Fernandez-Armesto

曾在牛津大學任教，於二〇〇〇年開始擔任倫敦大學瑪麗王后學院全球環境史教授一職，之後並取得塔夫茨大學（Tufts University）和印第安納州聖母大學（University of Notre Dame）教授職。他曾獲得殊勳，其著作贏得許多文學獎項，作品包括《亞美利加：一個半球的歷史》（*The Americas: The History of a Hemisphere*，二〇〇三年）、《自以為人：人類簡史》（*So You Think You're Human: A Brief History of Humankind*，二〇〇四年）、《尋路人：全球探險歷史》（*Pathfinders: A Global History of Exploration*，二〇〇六年）和《世界：世界的歷史》（*The World: A History*，再版於二〇〇九年）。

這城市看似鈍惰，但卻是由火山所造。

——荷西・艾密里歐・帕切科（José Emilio Pacheco[1]），一九七六年

一六九五年，當時美洲最時髦的畫家在畫中描繪墨西哥市主廣場後方一座高聳火山，提醒人們城市的壯麗隨時能被上帝抹滅。畫作中其它部分，則在誇耀這南半球最偉大城市的光彩，市集攤位與商場拱廊排成方陣，有如荒原之中印下一個秩序與幾何的圖章。廣場四面建築的宏偉，說明了那時代人們認為文明是件肅穆的事，認為自然要藉人手方能化作高貴之物。畫面前

景可見上流人士乘著優雅座車、行使繁複禮節，展露原汁原味的財富、地位與歐洲品味。一處聚集著運水工的噴泉，周遭有當地小販用茅草搭的鋪子齊齊整整、一個接一個，還有土著女性（其中許多人身穿歐式服裝）坐在時尚的洋傘下頭。

整個新西班牙殖民時代裡，墨西哥市的藝術家與作家合謀一心，創作出都市化與卓越發展的景象供世界觀看。大約在克里斯托巴·德·維拉潘多（Cristóbal de Villalpando[2]）作畫之時，編年史家阿古斯汀·德·威坦柯特（Agustín de Vetancourt[3]）將城裡大小教堂與羅馬相提並論，還說此地修道院可與里斯本比美。對他來說，墨西哥市是「新世界的首都，規模、空間、廣場與人口都大得出奇的帝國之城」，其更具爭議性的說法是將墨西哥市舉為「新耶路撒冷」，「基督教世界最虔誠也最慈愛的城市」，不只是美感上與歐洲都市並駕齊驅，甚至在道德上超越它們。

另一方面，維拉潘多的畫作也坦然呈現都市急遽發展之下的社會問題。圖畫中滿是未被同化的美洲原住民、乞丐、痲瘋病人和各種下層階級的人，他們是這座城市十萬人口中被揚棄的一群。阿茲特克霸權在一五二一年垮台，西班牙人取而代之，同樣以這個海拔二千二百八十五公尺高、位在內陸偏僻谷地中央的城市作為統治中心。對於一個海洋帝國的人民來說，必須航行數千浬，平均耗費兩個月的航程才能從家鄉來到自己征服的土地，卻選擇這種地方當首都，實在令人感到稀奇。

西班牙人把前任統治者蓋的大部分東西拆毀，一切從零開始重建，藉此強調這裡已與過往阿茲特克時期一刀兩斷，樹立起代表新審美觀（對當地人而言）的龐然大物，在此受到週期性地震搖撼的環境裡大膽使用脆弱的拱門造型，可謂豪奢至極。有三項背景因素使人們以為這種野心勃勃、不顧常理的行為仍在控制範圍內：西班牙人處於極大劣勢卻能成功占領新大陸，這顯然是天命所歸；這個地點的特殊性刺激人們做出新嘗試；同時，當地人口密度極高，能提供大量勞力。至於歐洲人把前所未見的疾病帶進美洲，對美洲人口造成毀滅性傷害的問題，在此時尚不明顯。

一五五四年，征服美洲的第一代西班牙人才剛交棒給後代，一位接受新成立大學聘任、甫來到當地的教授所寫的導覽書，就已顯示當年建設的效果。他在書中假想自己正帶著一名訪客四處探看，「愈來愈接近這城市，愈是覺得感官與精神何其狂喜！」這位虛構的訪客如是說：「房子都很高級且非常精緻，正是一座最富裕、高貴的城市應有的樣子。」車水馬龍的喧囂讓一條普通街道看來有如市場，抬頭可見殖民地總督和手下官員住家那裝飾華麗的陽台。「在我心中，」這位訪客繼續說：「新舊世界都沒有其他事物比得過這處羅馬式集會場。」作者所謂「羅馬式集會場」，也就是現在的墨西哥市主廣場。

這些誇張詞句是以真實的驚訝為基礎。當地主教座堂竟擁有完整編制的唱詩班與正宗歐洲音樂，令訪客難以置信，然而這是事實，主教座堂還能演奏一整套以當地語言寫成的聖歌，並且採用歐洲流行的複音音樂風格。當作者帶領訪客經過天花醫院、「米奈娃、阿波羅與諸位謬思的住處」，以及供西班牙印地安混血後代就讀的男校與女校，他已預見到這位客人訝異得合不攏嘴的反應。城市裡那些奇特的異國情態也逐一現身，先是當地原住民，再來是市場中販售當地食材的攤子，「都是從來沒聽過的名字！」訪客驚呼：「還有從未見識過的水果！」

作者甚至把還未建設完成一事也當作優點，他在思定樓（Augustinians' house）落成時讚嘆說：「這可以列為世界第八大奇觀。」從一五六〇年代開始，大規模建設計畫讓墨西哥市更添新氣象；十六世紀末城中街道已鋪好路面，主教座堂也在一六二〇年代重建成今日模樣。

歌頌這座城的人似乎過於天花亂墜，聽來不盡真實，但「新世界是重生更新的機會」此一想法的確非常激勵人心。神職人員夢想在此重現使徒時代的純淨基督教，市民們也幻想著重振古典歲月的德行節操，這兩種渴望引人使用古典模範與思想進行文藝復興式的城鎮規劃，這在歐洲從未真正實行過。烏托邦主義者在美洲可以實踐維特魯威式（Vitruvian[4]）的建築理想，蓋起一座街道寬而直且彼此垂直、擁有闊大廣場、各個階層使用的空間分明、完美符合幾何比例的城市。湯瑪斯·摩爾（Thomas More[5]）筆下的烏托邦位在「新世界」，但他寫作時，歐洲人還來不及知道墨西哥市的模樣。依照當時的審美價值觀，墨西哥市可說是一座盡善盡美的城市，它一直是其他殖民基地仿效的範本，包括大部分北美城市皆以它為楷模。

後續建設遵循原始計畫進行，很得當時啟蒙人士的喜愛，這些人是殖民地早期菁英的後繼者。建築師成了設計防震建築的能手，但還有一個巨大問題始終無法克服，那就是這座城四面環湖的地形使它易受洪災侵襲，地層也不斷緩慢下陷。人們數度嘗試排乾湖水卻都失敗，工程師在一七八九年歡慶「史上所造規模最龐大的水利工程」竣工，但最後發現仍舊效果不彰。

於此同時，墨西哥市在整個殖民時代都維持濃厚的藝術與科學氣息，背後原因有三：總督府位在此地、有數量龐多的基督教修會作為藝術贊助者、還有一批彼此之間競爭氣氛濃厚的貴族人物，這些高尚人士是白種征服者與當地舊有統治者的後裔，依著西班牙風俗聚居在首都，而不像一般歐洲貴族散居鄉間。亞歷山大·馮·洪堡德（Alexander von Humboldt[6]）盛讚這座都城是「歐洲人在新舊大陸上所建城市最佳美者」，他說出這話不久之後，墨西哥人就發動毀滅性的革命戰爭，最終雖然取得獨立，但也開啟了墨西哥歷史上相對而言停滯不前的時期。

＊部分引用出處：J. E. Pacheco, *Vecindades del centro*, 1976

1 墨西哥詩人與作家，被視為二十世紀後半墨西哥最重要的詩人之一，1939-2014。

2 墨西哥藝術家，墨西哥許多大教堂中的巴洛克風格名作都是他所畫，1649-1714。

3 墨西哥天主教史學家、納瓦特爾語（Nahuatl）學者、方濟會修士，1620-1700。

4 指古羅馬建築師維特魯威斯（Vitruvius，d.15BC）所主張的比例協調之建築型態。

5 英國政治人物與思想家，文藝復興時期重要人文主義者，基於信仰而反對英王亨利八世（Henry VIII）離婚，被以叛國罪處死，1478-1535。

6 普魯士地理學家、博物學家、探險家，是浪漫運動時代哲學與科學界重要人物，生物地理學的開創者，1769-1859。

倫敦
LONDON
從文藝復興到都市重生

A・N・威爾遜
A. N. Wilson
作家與記者，皇家文學學會（Royal Society of Literature）成員，曾任《旁觀者》（*The Spectator*）和《旗幟晚報》（*Evening Standard*）等報刊雜誌文字編輯。其傳記作品曾獲獎項，小說著作也頗負盛名，出版書籍包括評價極高的《維多利亞時代的人們》（*The Victorians*，二〇〇二年）、《倫敦簡史》（*London: A Short History*，新版於二〇〇五年）、《陷入愛情的但丁》（*Dante in Love*，二〇一一年）、《伊莉莎白時代的人們》（*The Elizabethans*，二〇一一年）以及最新著作《維多利亞傳》（*Victoria: A Life*，二〇一四年）。

大教堂外觀宣告完工，它如此佇立著，完美圓頂周遭有柱廊環繞，裡面的房間、頂上的球體，還有球體上方的十字架……倘若有一種時候，一個人心中充滿驕傲卻能得神諒解，便是當下雷恩的心。

——H・H・米爾曼（H. H. Milman[1]），一八六八年

十七世紀或可視為倫敦歷史的轉捩點。由於倫敦大火這場意外之災，以及許多才士奇妙地薈萃於這個時空，讓一座中古都市脫胎換骨進入現代。更何況，倫敦的轉變不只見於建築，它還成為兩股塑造未來世界的力量源頭，即資本主義與科學觀。

一六〇八年的倫敦，是迎接約翰·彌爾頓（John Milton[2]）呱呱墜地的那個倫敦，是見證莎士比亞晚年的那個倫敦，它是個小型中古城市，但人口已膨脹到無法收拾的地步（倫敦居民在一五〇〇年只有約七萬五千人，到了一六〇〇年已有二十二萬人，在一六五〇年更增為四十五萬人）。讀者可以試著想像布魯日或索爾茲伯里（Salisbury[3]）這樣的中古小鎮試圖容納現代布魯塞爾（Brussels[4]）或伯明罕（Birmingham[5]）的人口數量，而且人們還沒有現代化衛生設備可用。莎士比亞的環球劇院建於一五九九年，能讓近三千名的觀眾進場，但裡面連一間廁所或類似功能的設施都沒有。山謬·佩皮斯（Samuel Pepys[6]）在倫敦大火發生之前某篇日記裡（一六六〇年十月）記道：「下到地窖裡……我一腳踩進滿地糞便，後來發現是特納先生家的茅坑滿了，所以溢到我家地窖裡來。」近來有位經濟史學家說，十七世紀倫敦人與穢物和平共處的能力是他們如此成功的祕訣，認為這些人能善用高人口密度帶來的工商業契機，卻不曾被惡臭所擾。大約與此同時，日本人與中國人都有一套收集排泄物的完善制度，人的大便甚至小便全被運到郊外農田當作肥料。此外，東方人浪費太多時間洗洗刷刷，卻沒把這些光陰用來賺錢；相比之下，一七一〇年英格蘭肥皂銷售情況顯示，當時人口每天用量只有零點二盎司。

如上所述，十七世紀前六十年的倫敦是個骯髒擁擠的城市。約翰·斯托（John Stow[7]）在十六世紀晚期出版《倫敦誌》（*Survey of London*），當中說到「塔旁聖凱瑟琳」（St. Katherine by the Tower）教區「圍繞著、或說塞滿了小型廉價出租房和家居小屋，居民數量比英格蘭某些城市還多，英國人與外來人都有」。

就是這座人滿為患且商機蓬勃的倫敦市，踏入十七世紀逐漸前行之時，為自己染上了實實在在的新教色彩。清教徒不只掌握市內各個機構（畢竟歷史上新教改革與資本主義常攜手並進），還主宰著這裡的教會，許多英國國教的教區牧師或教區長都是弘揚喀爾文派（Calvinism[8]）的演說家，要求教眾在星期日以外其他日子也要上教堂，聆聽他們以「預選說」（predestination）的角度詮釋《聖經》經文。

自從一六二〇年至一六四〇年代之間，英王查理一世正在西敏區（Westminster）掀起一場建築上的文藝復興運動，在林肯律師學院區（Lincoln's Inn）、女王街（Queen Street）與長畝街（Long Acre）蓋起一座座帕拉第奧式（palladian）房屋，在白廳宮（Whitehall）增建國宴廳（Banqueting House），還仿照義大利廣場來規劃柯芬園（Covent Garden）。而當時為國王擔任工部總測量官（Surveyor-General of the King's Works）的正是伊尼戈．瓊斯（Inigo Jones[9]）。然而，一六四九年一月，在奧立佛．克倫威爾（Oliver Cromwell[10]）和他在倫敦市的支持者決議之下，查理一世卻要從白廳宮國宴廳樓上一面窗戶步出，踏上為了處決他而搭的高台。

克倫威爾所推動的革命進程，並未因一六六〇年王政復辟而倒退。國王雖然復位，但英國已徹底落實寡頭政治，貴族與富商共同掌權，和法國式的絕對王權大不相同。克倫威爾最為神來之筆的一項寬容政策（他確實是個寬和的獨裁者，只有面對天主教徒時例外），就是終止某份實施長達三百六十五年的飭令，不再驅逐英國境內猶太人。他在一六五五年十二月下令允許猶太人來英國居住工作，並給予他們信仰自由。倫敦第一座猶太會堂（synagogue）位在克里丘奇巷（Creechurch Lane），建造於一六五七年（對希伯來文頗有造詣的彌爾頓當時已經眼盲，也前往該處參加禮拜儀式）。另一座會堂建於貝維斯馬克斯街（Bevis Marks），會眾主要是來自西班牙和葡萄牙的塞法迪猶太人，該會堂至今仍矗立於原址。

猶太人不只把猶太教帶來英國，他們也從阿姆斯特丹這個發源地帶入信用資本（credit capital）概念，成為英國在十八世紀大幅擴張經濟與政治力量的礎石。王室為了應付法荷戰爭（Dutch War[11]）大筆開銷而發明國債，出錢的倫敦商人因此獲得權力。如果一個人在十七世紀初需要錢，他只能找高利貸（約翰·彌爾頓的父親就是幹這行的）或金匠取得實體貨幣，這些行業的人得冒著極大風險在自家存放一袋袋的錢（一六六七年法荷戰爭剛開打，佩皮斯就讓他的妻子跟僕人把能帶走的黃金都帶到鄉間去）。到了十七世紀末，另一項來自荷蘭的發明也在英國出現，那就是銀行，從此一般人家不必自行保管所有錢財。法蘭西斯·柴爾德爵士（Sir Francis Child[12]）是一九六〇年代第一代英國銀行家之一，他原本是個金匠，還曾擔任倫敦市長。

然而，真正宣告倫敦從彌爾頓童年的中古城市轉換為我們所知現代都市的事件，卻是一六六六年的倫敦大火。火災摧毀中世紀留下的聖保羅大教堂和其他大部分教堂建築，斯托筆下描述的簡陋出租房屋也全被燒光，八十七座教堂、四十四間同業公會活動中心（livery hall）、皇家交易所和市政廳盡成焦土。

倫敦市長召集專家組成委員會，每週集會，還找來三個都市測量員共同構思新城市的模樣。他們決議將窄小的舊街道拓寬，並頒布蓋房子應有的標準。十八世紀的倫敦之所以能成為世上難得一見的佳美城市絕非僥倖，其擘劃者可是歷史上屈指可數的人傑。

倫敦重建工程關鍵人物之一是羅伯特·虎克（Robert Hooke[13]），身兼天文學家、科學器材的發明家、理論物理學家等身分；至於虎克的朋友克里斯多佛·雷恩（Christopher Wren[14]）想當然耳也成了他的同事。這兩人設計了「倫敦大火紀念碑」（Monument），象徵十七世紀的倫敦從祝融之劫存活下來，紀念碑頂上是熊熊金色火焰造型，虎克的天文台與實驗室也附設於此。虎克、雷恩、一代數學與物理學巨擘艾薩克·牛頓（Isaac Newton[15]）和羅伯特·波以耳（Robert Boyle[16]）都是英國皇家學會（Royal Society）創立者，後兩人對重力、彈性與氣體壓縮性的研究皆斐然有成。這些人是為現代科學打下地基的功臣，而他們的同僚約翰·洛克（John Locke[17]）同樣在艾克塞特府（Exeter House）與思辯社（speculative society）的朋友聚會，議論經驗主義哲學的基礎，他們提出的政治思想成為塑造歐美現代民主政治的原動力。

如此看來，十七世紀晚期的倫敦遠遠不只是個商業都市，也不只是個人多如蟻的城市，它具體而微地呈現了英國在查理一世死後極短時間內所達到的境界與成就。偉大的克里斯多佛·雷恩爵士為這場不可思議的科學、商業與政治百花齊放之景留下了紀念物，雖然有些紀念物後來也受到毀壞。雷恩死後，他的兒子要在新建的聖保羅大教堂裡題墓誌銘，於是寫下「Si monumentum requires, circumspice」（若要找此人的紀念碑，請環顧四周）這句不朽名言。這話不僅是指宏偉的大圓頂教堂，更意謂著整個重建後如鳳凰新生般的倫敦市。雷恩在此建造五十二座教堂，各個情采殊異卻又都絕妙無比；他還建了兩間照顧傷兵與榮民的大醫院：診治士兵的切爾西皇家醫院（Royal Chelsea Hospital），供退休或傷殘海員使用的格林威治皇家醫院（Greenwich Royal Hospital）。除此之外，倫敦有三十六間同業公會建築都在雷恩的幫助下重建，河岸街（Strand）末端也有雷恩的「聖殿門樓」（Temple Bar），那是行人從西敏區進入倫敦城區（City of London）的通道。雷恩、虎克這群人所造的倫敦正處於英國國勢蒸蒸日上的時代，此事自有其理，那時英國是世界政治強權，也是經濟史上空前絕後的商貿巨人，更在科學、音樂和文學等領域都有出類拔萃的成績。同樣的道理，當倫敦這些十七世紀晚期建築因德國轟炸而受損，戰後又被投機商人恣意破壞之後，也就顯示英國的昨日功業已坍塌成灰作土。

＊部分引用出處： H. H. Milman, *Annals of St Paul's Cathedral*(London, 1868)

1 英國史學家與教士，曾在牛津擔任詩學教授，1791-1868。
2 英國詩人與作家，內戰期間曾在克倫威爾政府任官，長詩《失樂園》（*Paradise Lost*）是其名作，1608-1674。
3 英國南部城市。
4 比利時首都與該國最大城，歐盟總部所在地。
5 英格蘭中部城市，是英國僅次於倫敦的第二大城。
6 英國政治人物、日記作家，對於英國皇家海軍的現代化有很大貢獻，1633-1703。
7 英國歷史學家與古物學家，著有《英格蘭編年史》（*Annales, or a Generale Chronicle of England from Brute until the present yeare of Christ 1580*），1524/25-1605。
8 新教中的一派，由法國宗教改革家約翰．喀爾文（John Calvin）創立，強調人得救與否（以及其行為是否符合神意道德）皆是上帝預先命定。
9 英國近代最早具代表性的建築師，率先使用維特魯威式的比例對稱原則於建築設計，1573-1652。
10 英國軍事領袖與政治人物，內戰期間領導議會黨獲得勝利，建立聯邦政體，並以「護國公」（protectorate）身分成為最高統治者，1599-1658。
11 法國與荷蘭共和國之間戰爭，荷蘭與英國和西班牙結盟，對抗法國在西屬尼德蘭地區的擴張，1672-78。
12 英國銀行家與政治人物，英國最早獨立金融機構「柴爾德公司」（Child & Co.）創辦者，1642-1713。
13 英國科學家、博學家與建築師，在力學理論、科學儀器發明、都市設計與建築方面都有巨大貢獻，是「細胞」一詞的發明者，1635-1703。
14 英國史上最偉大的建築師，也是天文學家、解剖學家和幾何學家，1632-1723。
15 英國科學家、科學革命的關鍵人物，是古典力學的主要建構者，1642-1727。
16 愛爾蘭科學家與發明家，被視為史上第一位現代化學家，1627-1691。
17 英國哲學家與醫師、啟蒙運動重要思想家，強調知識論的經驗主義，被稱為自由主義之父，1632-1704。

斯德哥爾摩

STOCKHOLM

瑞典之波羅的海帝國

查爾斯・費茲羅伊
Charles FitzRoy

藝術史學家，在西歐經營以義大利為主的藝術旅行團。他曾在佛羅倫斯、羅馬及斯德哥爾摩帶過無數旅行團。著有數本書籍，包括《義大利：現代旅人的壯遊手冊》（*Italy: A Grand Tour for the Modern Traveller*，一九九一年）和《義大利揭貌》（*Italy Revealed*，一九九四年）。最新的著作是《強暴歐羅巴：提香大作的驚人歷史》（*The Rape of Europa: The Intriguing History of Titian's Masterpiece*）。

睿智的比爾耶・亞勒（Birger Jarl[1]）運用充足的理智，經過無數思量忖度，讓斯德哥爾摩城建造起來，這是座名門望族的美好居城。

——《艾力克編年史》（*The Erik Chronicle*[2]），十四世紀早期

瑞典攝政比爾耶・亞勒在一二五二年建立斯德哥爾摩，它遍布於十四座島上，位處波羅的海西側，地利極佳。數百年來，在日耳曼人主宰的漢薩同盟裡，斯德哥爾摩與其他貿易基地相較之下並不起眼。這座城鎮在瑞典與丹麥的無盡衝突之間也沒缺席，特別是一四七一年瑞典

攝政斯騰·史圖爾（Sten Sture[3]）在布倫克柏（Brunkeberg[4]）大敗丹麥軍隊，以及一五二〇年十二月丹麥國王克里斯提安二世（Christian II[5]）將八十名瑞典貴族斬首的「血洗斯德哥爾摩」（Stockholm Bloodbath）事件，而此事發生三年後，少數逃脫的瑞典貴族之一古斯塔夫·埃里克松·瓦薩（Gustav Eriksson Vasa[6]）輾轉於一五二三年仲夏日（Midsummer's Day）回到斯德哥爾摩並被推舉為王。在他漫長的執政期間（一五二三年至一五六〇年），古斯塔夫引進路德派新教進行宗教改革，並將斯德哥爾摩的貿易活動收歸中央管制。瑞典自此有了世襲王朝，以位在老城區（Gamla Stan）的三冠城堡（Tre Kronor）為權力核心所在，成為瑞典國庫常在地。古斯塔夫·瓦薩三個兒子執政的時期，斯德哥爾摩作為行政中心的地位持續上升，城中人口從一五〇〇年至一六〇〇年間增加兩倍。

一六一一年，古斯塔夫·阿道夫（Gustavus Adolphus，瑞典人稱他為Gustav II Adolph[7]）繼位，開啟瑞典黃金時代。他先讓瑞典在波羅的海安穩立足，而後開始推動刻不容緩的財政與教育改革，將政府機關都設在斯德哥爾摩。瑞典在一六三〇年入侵日耳曼，宣告加入三十年戰爭（Thirty Years War[8]），精明的軍事戰略家古斯塔夫·阿道夫在戰場上無往不利，被譽為新教的鬥士，人稱「北方之獅」。雖然這位常勝君王在一六三二年的呂岑會戰（Battle of Lutzen）陣亡，其麾下軍隊仍是日耳曼地區一股不可忽視的力量，甚至還在一六四五年攻下布拉格。瑞典在一六四八年的《西發利亞條約》（Treaty of Westphalia）中獲得大片新領土，成為波羅的海霸主。

瑞典外交政策以兩項考量為最高指導原則：避免被敵人包夾，同時從波羅的海貿易中取利。當時尼德蘭已經取代漢薩同盟成為瑞典最重要的生意對象，瑞典出口貿易最大宗的銅礦與鐵礦貨物大部分都要通過斯德哥爾摩，擴建中的瑞典海軍也以船島（Skeppsholmen[9]）為基地，徹底利用斯德哥爾摩得天獨厚的天然港口。戰艦瓦薩號（Vasa）現於斯德哥爾摩一間高級博物館裡安身，它的偉岸完全呈現了瑞典在海權上是如何雄心勃勃。

古斯塔夫·阿道夫英年早逝，其女克里斯蒂娜（Christina[10]）以六歲之齡即位。克里斯蒂娜後來長成富有學識又頗具天賦的女子，能與當時第一流科學家和哲學家通信往來，勒內·笛卡兒（René Descartes[11]）也是其中一員，他在一六五〇年來到斯德哥爾摩宮廷。女王與她的攝政大臣阿克瑟·歐森謝納（Axel Oxenstierna[12]）在文化上有志一同，都希望把斯德哥爾摩（在一六三四年被設為首都）建設成一座反映瑞典國力與國勢的城市，作為這個一飛衝天的帝國之核心。

瑞典貴族已在戰爭中賺得荷包滿滿，他們在朝廷鼓勵下蓋起一棟棟華廈，比方一六四一年至一六四七年之間建造的貴族院（Riddarhuset）就是荷蘭式巴洛克建築。尼哥德姆·鐵欣（Nicodemus Tessin[13]）在一六六一年就任斯德哥爾摩城市建築師，建造好幾座華美建築，包括城外不遠處美輪美奐的卓寧霍姆王宮（royal palace of Drottningholm）。城市居民在一六〇〇年還不到萬人，進入一六七〇年代後已超過五萬人，老城區仍是那座卵石街道與中古巷弄的城市，但隨著人口大幅增加，市區範圍也擴張到老城區之外。一名英國大使說斯德哥爾摩「整體看來是座優秀而美麗的城市」。

儘管有這些變化，克里斯蒂娜仍然覺得瑞典封閉得讓她喘不過氣。她後來改信天主教，並隨即在一六五四年宣布退位。她的表哥查理十世（Charles X[14]）繼承舅舅的軍事才能，大膽率領軍隊橫越結冰的波羅的海襲擊哥本哈根，在戰爭中大敗丹麥；一六五八年的《羅斯基勒條約》

（Treaty of Roskilde）簡直讓波羅的海成為瑞典內海。然而，查理卻在短短兩年之後過世。

查理十一世繼位於一六六〇年，稚齡四歲，長大後也成為酷肖其父的沙場名將。他在一六七六年領軍於隆德戰役（Battle of Lund[15]）擊敗丹麥人，強化瑞典對南方富庶的斯堪尼地區（Skane[16]）的掌握。查理十一世將瑞典改造為專制王權國家，進行政改革，並建立強大的海軍與陸軍。不幸的是，瑞典為了維護一個波羅的海帝國而搞到經濟破產；查理死後，三冠城堡在一九六七年被大火燒毀盡淨，可說是對於未來的惡兆。

查理十二世（Charles XII[17]）十五歲成為國王，甫登基就得面對丹麥、俄羅斯、波蘭與薩克森（Saxony[18]）組成的可怕聯盟，這些國家全都對瑞典帝國又嫉又恨。敵人於一七〇〇年展開攻擊，這位年輕君王卻能在高度劣勢下打出一場又一場令人驚詫的勝仗。無奈俄羅斯資源太雄厚，敗退之後很快重振旗鼓，一七〇九年，彼得大帝（Peter the Great[19]）在波爾塔瓦會戰（Battle of Poltava[20]）打敗瑞典，贏得決定性勝利。後續戰爭榨乾了瑞典國庫，國內還爆發一系列流行病疫情，再加上穀物連年歉收，光是斯德哥爾摩人口就因此減少三分之一。查理自己在一七一八年戰死，之後簽訂的和約裡，瑞典喪失海外帝國，只留下芬蘭和斯堪尼省。

瑞典歷史的輝煌歲月就此告終。但儘管帝國榮景不再，瑞典的文化（尤其是科學和工業）仍在十八世紀發光發亮，還出了被譽為當代首席植物學家的卡爾·馮·林奈（Carl von Linné[21]）。小鐵欣（Tessin the Younger[22]）將三冠城堡重建成羅馬式風格，成為斯德哥爾摩充滿活力的文化圈中心。到了十八世紀中葉，斯德哥爾摩也開始享受路燈與交通號誌等現代設施帶來的好處。古斯塔夫三世（Gustav III[23]，在位期間為一七七一年至一七九二年）熱愛藝術與音樂，「古斯塔夫風格」（Gustavian style）便是因他而得名，這是一種純粹的新古典主義形式，並且受到法國文化的高度影響。

---

1 瑞典政治人物，瑞典建國過程中的要角，1210-1266。

2 瑞典現存最早的編年史書，作者不詳。

3 瑞典政治人物，支持瑞典國王對抗意欲統一挪威與瑞典的丹麥王朝，1440-1503。

4 位於現在斯德哥爾摩市的一處冰河沙堆區域。

5 丹麥國王，曾身兼挪威國王與瑞典國王，1481-1559。

6 瑞典國王古斯塔夫一世（Gustav I），建立瑞典的世襲王朝，終結卡馬聯盟（Kalma Union，指瑞典、丹麥、挪威三國歸屬於一個共主），1496-1560。

7 瑞典國王，奠定瑞典成為歐洲強權的實力，1594-1632。

8 歐洲史上規模最大、時間最久的一場宗教戰爭，由神聖羅馬帝國裡新教與天主教諸侯之間的爭端，演變成大規模國際戰爭。

9 斯德哥爾摩市的一個島，位於城區與波羅的海出海口之間。

10 瑞典女王，十七世紀極具學識的女性，擁有深厚的科學、宗教與哲學素養，1626-1689。

11 法國哲學家、數學家與科學家，主張心物二元論，且對解析幾何的發展頗有貢獻，1596-1650。

12 瑞典政治人物，古斯塔夫．阿道夫與克里斯蒂娜女王兩朝重臣，在三十年戰爭裡扮演重要角色，1583-1654。

13 瑞典重要建築師，在他死後其事業由兒子小尼哥德姆．鐵欣（Nicodemus Tessin the Younger）繼承，1615-1681。

14 瑞典國王，率領瑞典參與第二次北方戰爭（Second Northern War，1655-60），繼續擴大帝國，1622-1660。

15 丹麥—挪威聯盟與瑞典之間的戰爭，戰場在現在瑞典南部隆德（Lund）一帶。

16 現在瑞典最南部的一個省。

17 瑞典國王，富有軍事才華，但也因過度好戰而使國力耗竭，1682-1718。

18 位於現在德國東部的一個邦。

19 俄國沙皇，藉由一系列擴張戰爭讓俄國從邊陲國家一躍而為歐洲強權，並在國內展開西化革命，1672-1725。

20 發生於現在烏克蘭中部波爾塔瓦的會戰，史學家認為這是俄羅斯取代瑞典成為波羅的海強權的開始。

21 瑞典植物學家，設計出現代使用的生物命名法「二名法」，1707-1778。

22 瑞典巴洛克建築師，尼哥德姆．鐵欣之子，對瑞典的建築與文化頗有影響，1654-1728。

23 瑞典國王，試圖提高王權以對抗貴族特權，開明專制君主之一，1746-1792。

都柏林

DUBLIN

一睹喬治時代風華

湯瑪斯・帕肯南
Thomas Pakenham

著有《與奇樹面對面》（*Meeting with Remarkable Trees*，一九九七年）、《世界奇樹》（*Remarkable Trees of the World*，二〇〇二年），以及《波爾戰爭》（*The Boer War*，一九七九年）、《自由之年：一七九八年愛爾蘭大叛變的故事》（*The Year of Liberty: The Story of the Great Irish Rebellion of 1798*，修訂再版於一九九七年）、《拉瑟拉斯眾山》（*The Mountains of Rasselas*，一九九八年，初版於一九五九年）和深受評論肯定的《瓜分非洲》（*The Scramble of Africa*，一九九一年）。目前是愛爾蘭樹木學會（Irish Tree Society）主席，為經濟與美觀而致力於植樹事業。

都柏林，愛爾蘭的美麗，愛爾蘭的眼睛……這片土地上所有城市村鎮，以它最為尊貴。

——理查・史坦尼赫斯特（Richard Stanyhurst[1]），一五五七年

一六六二年七月二十七日，新任愛爾蘭總督歐蒙公爵（Duke of Ormond[2]）乘船駛入都柏林灣（Dublin Bay），代表剛復辟的查理二世（Charles II[3]）前來執掌此地。當地天主教農民跑到都柏林海灘上迎接他，用愛爾蘭語高唱「我們歡迎夏天」，那是個光輝的日子。這裡本是維京人前哨基地，後來是早期基督教宗教中心，一一七二年之後又成為英格蘭最早的殖民地首府，此

時都柏林已被斷斷續續的內戰摧殘了百年。抵達都柏林之後，歐蒙發現這裡的中古城堡周圍有十七座塔樓與門樓，還有兩座大教堂，全都瀕臨崩坍。城裡人口縮減到僅餘九千，其中大部分都在殘破小屋裡棲身。

和他的君主一樣，歐蒙流亡時也在巴黎待了一陣子，因此對歐陸人們重建都市的方法並不陌生，「華美氣派」正是一座文藝復興城市的應有模樣，但這氣象萬千靠誰買單？面對此事，歐蒙在都柏林做出三樣戲劇性大改動，奠定它作為精神基石的首都角色。他在市區西面利菲河（Liffey[4]）北岸買下一千五百畝高地，建起鳳凰公園（Phoenix Park）供大眾休閒，其壯觀美麗程度超過倫敦任一座開放給市民的公園。此外，他也效仿巴黎榮軍院（Invalides），在利菲河南岸建造皇家醫院（Royal Hospital）照顧傷兵，這間巨大建築物在一六八四年完工，至今仍是全愛爾蘭最壯麗的大型建築物。歐蒙還開始沿河設置一座座法式碼頭，形成貫穿該城的東西軸線。

受到歐蒙啟發，都柏林市政官員將位在史蒂芬綠地（Stephen's Green）的古老共有地圍起來，開闢龐大的新廣場，面積比倫敦任一座廣場都要大。他們還在河北岸建造大型市場（並以總督的名號來命名）和一間慈善學校，並搭起四座橫跨利菲河的新橋梁。

歐蒙讓這城市逐漸擁有自信心，但這只是起頭而已。下一個世紀是新教徒的黃金年代，也是都柏林的鼎盛時期。現在已經無人試圖捍衛當時社會的狹隘觀點，或是為那些施加於天主教徒的歧視性法條辯護；但那時代的愛爾蘭人確實有一種品味、一種自尊自重的態度（或可說是殖民地的民族主義），讓此地不只是個聽命於倫敦的邊疆軍鎮而已。塑造都柏林的那些人所想的並不只是模仿倫敦，而是讓它變得比倫敦好上數倍：這裡的街道要更寬大、廣場要更開闊、大建築物要更豪華。他們只花不到一百年便完成這事，城市就在過程中化為人間傑作。

話說回來，設計出都柏林那些優美喬治風格磚石房屋的私家地主，其首要目標還是賺錢，這解釋了都柏林住宅外觀的奇特之處——極度樸實無華。在這些新廣場、新住宅區置產者少部分是掌握議會的貴族與上層仕紳，但大部分新戶主是律師、醫生、商人或教士等身分，新古典主義的節制風格對這些人而言比較負擔得起，莊重的灰色磚牆和美觀的石磚門框，只在室內小客廳與階梯處展現洛可可式（rococo[5]）的活潑氣息（如果他們還有幾百磅餘錢聘請灰泥匠的話）。

互相競爭的兩大地主家族——嘉第納（Gardiners）與費茲威廉（Fitzwilliams）——是最主要的出力者。暴發戶銀行家路克·嘉第納（Luke Gardiner[6]）從一七一四年開始在河北岸購買建屋用地，他最早一批大工程是在韓莉葉塔街（Henrietta Street）蓋了一排堂皇大屋；這條街今天是個空餘堂皇外觀的貧民窟，孤伶伶被遺棄在都柏林商業區，但此處建築的灰泥工法之華麗、鑲板製作之精美仍是都柏林市第一。繼韓莉葉塔街之後，他又蓋了兩座大廣場（即現在的帕內爾廣場〔Parnell Square〕和芒特喬伊廣場〔Mountjoy Square〕）和一間大型商場（現在的奧康諾街〔O'Connell Street〕）。出自其手的還有幾間公共建築，當中最值得注意的是歐洲第一所公共產科醫院「羅頓達醫院」（Rotunda）。

同一時期，費茲威廉勳爵（Lord Fitzwilliam[7]）在利菲河南岸搶盡嘉第納家族的風頭，雄心萬丈規劃著大規模廣場與排屋建設，用的也是和嘉第納一模一樣的嚴肅風格。

新教徒地主蓋起廣場和排屋，幫自己家族賺進大筆金錢，與之並行的是都柏林議會裡的民意代表，他們也在推行公共工程，用愛爾蘭納稅人的錢為這都市錦上添花。議會裡的頭號人物是稅務長約翰・貝瑞斯佛（John Beresford[8]），他為好幾任總督擔任顧問，協助他們代表英國與愛爾蘭議會進行聯合統治。貝瑞斯佛說服一位年輕的英國建築師詹姆士・甘登（James Gandon[9]）前來都柏林，為建在河北岸河埔新生地上的海關大樓（Custom House）進行設計。甘登偏好將新古典主義風格稍加調整，都柏林前後有三棟最宏大的政府建築都出自他的手筆：東邊的海關大樓、西邊的四法院（Four Courts），以及議會大樓（位在學院綠地〔College Green〕，原建於十八世紀早期）的一些增建部分。議會大樓對面就是三一學院（Trinity College），是該地地名之由來，其設計者之一是甘登的贊助者威廉・錢柏斯爵士（Sir William Chambers[10]）。

到了一八〇〇年，整個都柏林的喬治風格建築骨幹已然完成，未來還會再多出兩座廣場。但隨之而來的卻是浩劫，也就是一七九八年半途而廢的「聯合愛爾蘭人會」（United Irish）叛變。雖然叛軍原本預定在都柏林發動事變，所幸這座城市在戰亂中並未受到太大損害，但硝煙在一八〇〇年散去之後，都柏林最終為此付出了代價。英國政府剝奪愛爾蘭的自治權，買通議會代表通過統一愛爾蘭與英國的法案，然後解散都柏林議會。舊議會建築後來變成一間銀行，不得不說這還頗為名副其實。

接下來的兩百年內，都柏林經歷不少大風大浪，包括一九一六年的起義、一九一九年至一九二一年間的獨立戰爭，還有一九二二年的內戰。海關大樓與四法院這兩座甘登的傑作在戰火中受到嚴重損壞，幸好新成立的愛爾蘭自由邦（Irish Free State[11]）政府頗為慷慨，讓這些傷口迅速復原。

今天，經過二十年經濟蓬勃發展（人稱那個年代為「居爾特之虎」〔Celtic Tiger[12]〕），那些自殘留下的傷痕更加歷歷可見。粗劣商業建築與強勢的辦公大樓爭搶地盤，卻都與周遭街景完全格格不入。幸好，如果你漫步在那些喬治風格的廣場與排屋間，就會發現過去的美好仍被保留下來：站在梅瑞恩廣場（Merrion Square）南側，飽覽蒙特橋（Mount Bridge）上聖史蒂芬教堂（St Stephen Church）那巧奪天工的磚工、石藝與鑄鐵造型；再到費茲威廉街（Lower Fitzwilliam Street）走一走，目光遠眺都柏林群山藍影；或是躲避學院綠地的喧囂，走入三一學院的沉靜，這片十八世紀卵石廣場與青石山牆的綠洲雖位在市中心，卻奇蹟般留存到現在。

***部分引用出處：** Richard Stanyhurst *The Description of Ireland*, (1577)

---

1 愛爾蘭煉金術士、翻譯家、詩人與史學家，1547-1618。
2 原名詹姆士·巴特勒（James Butler），愛爾蘭貴族，英國內戰中王黨大將，1610-1688。
3 英國國王，內戰期間流亡海外，戰後歸國復位，1630-1685。
4 愛爾蘭河流，流經都柏林市中心，注入都柏林灣。
5 十八世紀起源於法國的藝術風格，比起古典對稱嚴整的巴洛克風格較為輕鬆歡愉。
6 愛爾蘭政治人物與地產開發者，1690-1755。
7 愛爾蘭貴族，第七任費茲威廉子爵（Richard Fitzwilliam, 7th Viscount of Fitzwilliam），1745-1816。
8 愛爾蘭政治人物，1738-1805。
9 英國建築師，十八世紀晚期到十九世紀早期活躍於愛爾蘭建築界的重要人物，1743-1823。
10 蘇格蘭—瑞典建築師，主要活躍於倫敦，在英倫三島其他地方也有許多作品，1723-1796。
11 愛爾蘭在獨立戰爭結束後建立的政體，身分是屬於大英國協的一個自治領。
12 指愛爾蘭共和國從一九九〇年代中期到二〇〇〇年代後期之間經濟迅速成長的榮景。

哥本哈根

COPENHAGEN

北歐新古典主義

柯林·阿梅利
Colin Amery

世界文化遺產基金會英國分會創會董事，目前是專業建築作家與顧問。最近與他人合著有《布盧姆斯伯里聖喬治教堂》（*St George's Bloomsbury*，二〇〇八年），誌記世界文化遺產基金會英國分會修復尼古拉斯·霍克斯穆爾（Nicholas Hawksmoor）建造的教堂。他與布萊恩·庫蘭（Brian Curran）合著《聖彼得堡》（*Saint Petersburg*，二〇〇六年）。

在這大城市裡，我一個人都不認識，從西門進城時我只帶了一小包衣服；有的旅人會在西大街（Vestergade street）「賈德嘉登」落腳，我也就到那兒去要了間小房間……對我而言，我已經抵達目的地了。

——漢斯·克里斯提安·安徒生（Hans Christian Andersen[1]），一八五五年

〈美妙的哥本哈根〉（Wonderful Copenhagen[2]）這首歌的歌詞或許老套，但哥本哈根確實有其美妙之處，這裡的人本精神、海洋風光、「北歐之光」（Nordic light[3]），以及以文明

方式控管的交通，都讓哥本哈根成為一座宜人城市。世界古老王室之一也在此處，其淵遠流長的統治予人安定感。現任女王與其家族是維京後裔，居住在市區最中心的王宮區「腓特烈城」（Frederickstadt）。這是腓特烈五世（Frederick V[4]）下令建造的十八世紀王城，他在市區所建的四座宮殿稱為「阿瑪林堡」（Amalienborg），工整坐落於一處廣場四邊，廣場衛士仍穿著玩具兵一般的制服。這些士兵有時能勾起人們對漢斯·克里斯提安·安徒生的童年記憶，他是丹麥最著名的作家，生前就住在這裡，也總是從此城汲取靈感。

克里斯蒂安四世（Christian IV[5]）在位六十年間（一五八八年至一六四八年），哥本哈根開始蛻變為一座偉大都市。高塔與巨廈紛紛矗立起來，包括第一間證券交易所、羅森堡宮（Rosenborg Palace）和圓塔（Round Tower），賦予此地一種國際性的氣氛。外銷貨物不再僅限於鯡魚，遠程貿易更是欣欣向榮，連印度都出現了丹麥殖民地。克里斯蒂安四世對這個擴張中的國家懷抱遠大雄圖，哥本哈根也成長為與之相配的城市。

現在的哥本哈根仍洋溢富裕商業都市的氣息，城中許多最高級住宅區都是十七或十八世紀建築。此城遭受過三次嚴重火災，分別發生在一七九四、一七九五和一八〇七年，最後一次是在哥本哈根之戰（Battle of Copenhagen[6]）中被英國海軍艦砲無情轟炸所引發。此後城裡吹起前所未見的建設熱潮，這段重建時期恰與藝術上的黃金時代相合，新古典主義的雕梁畫棟與藝術作品達到美學顛峰。

儘管風格富有國際性，但新古典主義建築似乎特別符合北歐國家的肅穆品味，用在哥本哈根簡直渾然天成。它的特徵是簡約對稱，且特別具有考古學和古物學的成分。C·F·哈斯朵夫（C. F. Harsdorff[7]）與其青出於藍的高徒C・F・漢森（C. F. Hansen[8]）是哥本哈根許多宏大新古典建築背後的擘劃者，其中以王宮克里斯蒂安堡（Christianborg Palace，當時僅剩宮內教堂殘存下來）修建工程最能清楚展現漢森的才氣縱橫。中古時期主教座堂「聖母教堂」（Church of Our Lady）在哥本哈根之戰被夷為廢墟，也交由漢森加以重建。從一七八四年至一八四四年，漢森決定了此城的建築形態與藝術品味，同時代還有偉大丹麥雕刻家貝特爾・托瓦德森（Bertel Thorvaldsen[9]）不斷點石成金，他在哥本哈根的美術館（也是其遺體長眠之處）有如聖殿，紀念一位長年受到南方羅馬氣候滋養的斯堪地那維亞天才，令觀者為之肅容。

一八九〇年代也是哥本哈根的風光日子，那時許多丹麥建築師都以巴黎為典範。大理石教堂（Marble Church[10]）、丹麥國立美術館（Danish National Gallery）和皇家劇院（Royal Theater）等大型建築皆是斯堪地那維亞歷史主義（Historicism[11]）的傲人實例，兼容並蓄各種風格而形成獨特效果，包含哥德風格、古典風格、文藝復興風格和巴洛克風格。市政廳與其廣場由丹麥建築師馬丁・尼洛普（Martin Nyrop[12]）設計，靈感擷取自義大利西耶納（Siena[13]）的中古後期市政廳，最能徹底呈現歷史主義精髓。

哥本哈根市區範圍在一八九〇年代已經遠遠超出城牆外，人們決議將舊有牆垛與防禦工事全變成一整片環狀公園，包括奧斯特公園（Ørstedsparken）、卡斯特雷特城堡（Kastellet）、歐斯特萊安藍格公園（Østre Anlæg）和植物園（Botanical Gardens），這種文明開化的態度正是此城一貫作風。

功能主義（Functionalism[14]）建築在一九二〇年代至一九三〇年代進入這座首都，國家廣播電台（Radio House）、中央警局和管風琴教堂（Grundtvig Church）等知名建築物都在那時動工。最近完工的一項工程奇觀，是宏偉的松德海峽大橋（Øresund Bridge），它連接哥本哈根與瑞典的馬爾摩（Malmö[15]），未來必定能讓哥本哈根成為領導整個波羅的海的大都市。

＊部分引用出處：Hans Christian Andersen, *The Biography* (1855)

1 丹麥知名的童話作家，也著有許多戲劇、遊記、小說與詩歌，1805-1875。

2 出自一九五二年美國歌舞電影《安徒生》（*Hans Christian Andersen*）。

3 指高緯度北歐地區特有的日照情況（極度晝短夜長與晝長夜短），以及與此相對應所發展出的人工照明方式。

4 丹麥—挪威國王，一七四六年登基，1723-1766。

5 丹麥—挪威國王，被視為典型的文藝復興君主。1577-1648。

6 「第二次反法同盟」（歐洲諸王室圍堵法國大革命建立的共和政權，1799-1802）戰役之一，英國為了阻止各國與法國進行貿易而向丹麥—挪威開戰。

7 丹麥建築師，活躍於十八世紀晚期，被稱為「丹麥古典主義之父」，1735-1799。

8 丹麥建築師，活躍於十八世紀末到十九世紀中，提倡帕拉第奧式建築，1756-1845。

9 丹麥雕刻家，活躍於義大利，其新古典主義的作品富有英雄崇拜的氣息，1770-1844。

10 正式名稱為腓特烈教堂（Frederiks Kirke）

11 指將歷史上（尤其是本國歷史）偉大時代的建築要素應用於現代建築物的作法。

12 丹麥建築師，1849-1921。

13 義大利中部城市。

14 強調建築物機能性的建築風格，好將鋼筋、玻璃、混凝土等建材外露以展現設計結構。

15 瑞典斯堪尼邦首府與最大城。

聖彼得堡

ST PETERSBURG

俄羅斯的西化之窗

柯林·阿梅利
Colin Amery

世界文化遺產基金會英國分會創會董事，目前是專業建築作家與顧問。最近與他人合著有《布盧姆斯伯里聖喬治教堂》（*St George's Bloomsbury*，二〇〇八年），誌記世界文化遺產基金會英國分會修復尼古拉斯·霍克斯穆爾（Nicholas Hawksmoor）建造的教堂。他與布萊恩·庫蘭（Brian Curran）合著《聖彼得堡》（*Saint Petersburg*，二〇〇六年）。

這城靠我們的辛勞築起，
要削削鄰人的傲氣；
「開在這裡」——自然發號施令——
是你通往歐洲之窗；
穩穩立足於海濱，萬世不易！

——亞歷山大·普希金（Alexander Pushkin[1]），一八三三年

一七〇三年五月，位在涅瓦河（Neva[2]）北岸的荒原，俄國沙皇彼得大帝從一名年輕士兵手中奪下長戟，在地上畫出記號，宣稱「此處將有城市」。百年之後，他的繼承者尼古拉一世（Nicholas I[3]）對編年史家與評論家古斯丁侯爵（Marquis de Custine[4]）說「聖彼得堡是俄國都市，但聖彼得堡並不像俄國」，一針見血點出這座奇異城市的特質。它是絕對王權的產物，與莫斯科、基輔（Kiev[5]）與諾夫哥羅德（Novgorod[6]）這些傳統俄羅斯都市簡直天差地別。

彼得大帝設想的新首都，是座典雅歐洲風格的樂園，從北俄羅斯的沼澤與冰封荒地裡鎔鑄而出，它將成為新阿姆斯特丹或新威尼斯，是俄國通往西方的窗戶。如今，自從共產世界瓦解、蘇維埃帝國崩塌之後，這扇窗再度開啟且更廣更大，大家都說聖彼得堡是座史詩般的壯麗城市，其奠基與建設的過程聽來完全超乎想像。此城得名於使徒聖彼得，聖彼得的天命是要建立基督教普世教會，而創造聖彼得堡的人所面對的任務可能也同樣超乎想像：他必須建起一座城、容納一批啟蒙貴族，並讓這些人去推展足以改變整個俄羅斯的大工程。

此城建城功業有一種妄自尊大的狂氣，一種幾乎是視凡人如螻蟻的崇高性。直至今日，主街那似乎沒有盡頭的遠景和古典建築的重複規則，仍令人感到肅穆威壓。共產黨便是從此處開始奪取政權，這是革命的源頭地；一九一七年，原本專政的貴族在此被囚禁、放逐，最後遭到槍決。

十八世紀，這扇窗戶對著歐洲的啟蒙運動之風開啟，設計此城的建築師與藝術家原本都在別國磨練技藝、開創事業。彼得曾經遍遊歐洲，對阿姆斯特丹以運河為核心建立起的冷靜效率十分欽羨，還希望俄國教堂能長得像義大利的一樣，因此他延聘的都是在羅馬或巴黎學成的建築師。如黑影般純粹的東正教世界將被揚棄，光芒照進了俄羅斯靈魂中最黝暗的角落。

此地氣候嚴酷，且大多數人被迫搬遷到新首都時都不願乖乖認命，人們當初究竟如何達成這奇蹟？聖彼得堡建城方式暴虐無道，過程全靠農奴制度來進行，運河由人手挖出，建材必須通過冰面運送，可想而知這期間無數性命因此葬送。聖彼得堡骨子裡總透著一種氣息，這是座欲以人力勝天且不斷從命運手中倖存的城市。它誕生的歷史加上當地氣候，使得城中民風強悍。二次大戰期間此地遭圍城九百日，超過百萬平民喪命，士兵也折損五十萬人以上，全都被困在城中彈盡糧絕，人們從這般慘禍中生存下來。羅曼諾夫王朝（Romanovs[7]）主張三大價值觀——專制、宗教正統、民族主義，並不鼓勵個人感受或表達的自由。

城中大道例如涅瓦大街（Nevsky Prospect），盡皆通向海軍部金色尖頂，這座城實際規劃看來是為了便利大部隊運輸移動，而非讓市民閑靜漫步。城中一處大型開放空間甚至名為「戰神廣場」（Field of Mars），其來有自，該處是舉行大型閱兵與軍隊操練的場所，以軍事力量牢牢控制人民。然而，來訪聖彼得堡的遊客若曾讀過費奧多·杜斯妥也夫斯基（Fyodor Dostoyevsky[8]）的小說，或是亞歷山大·普希金與安娜·阿赫瑪托娃（Anna Akhmatova[9]）的詩作，就能覺察那股文化與政治革命的暗流，這正是此城的歷史根本。

沿著涅瓦大街每隔一段路就有里程碑，還有將市中心與圍繞市區的一圈宮殿連接起來的一座座電報塔。羅曼諾夫王族喜愛聖彼得堡這座城市，但彼德宮城（Peterhof）、巴甫洛夫斯克宮（Pavlovsk），或者郊外沙皇村（Tsarskoe Selo，城外南方二十六公里處）這些寬敞的地方可能更得他們歡心，也更讓他們感到安全。凱薩琳大帝（Catherine the Great[10]）在十八世紀晚期看出沙皇村的價值，推動讓該地宮殿群不斷擴建，幾乎讓它成了家族大院。她欽選的蘇格蘭建築師查爾斯·喀麥隆（Charles Cameron[11]）和英格蘭庭園造景專家創作出世外桃源般的天堂勝地，不僅氣派且活潑不拘一格。尼古拉二世（Nicolas II[12]）和皇后亞歷山德拉（Alexandra[13]）就住在沙皇村的亞歷山大宮（Alexander Palace），共產革命後一家人仍被軟禁在此，直到一九一七年他們被送上火車，前往葉卡捷琳堡（Ekaterinburg[14]）接受死刑為止。

如今，此處最不凡、最令人印象深刻的，卻是這些宮殿無懈可擊的修復成果，著實令人不可思議。二次大戰的恐怖圍城戰之後，國家自尊驅使史達林（Stalin[15]）政府決定要讓俄國民族歷史遺產重生。王宮幾乎已被納粹軍隊燒盡，重建負責人必須盡力搶救殘骸中可用部分，並利用學術專業以求復原成果精確無誤，實為世間難得一見的艱鉅任務。

經歷過戰爭、圍城、共產統治，竟還有這麼多東西奇蹟般地保存下來，這是聖彼得堡總能讓人驚異之處。冬宮（Hermitage）一直名列全世界一流博物館之林，其藏品之豐需要用到六座宮殿才能展出冰山一角，其餘絕大多數都還收在倉庫裡。這座城市擁有伏爾泰生前全套藏書、彼得大帝那些怪異的民族學與博物學收藏，以及當地許多建築傑作的原始設計模型（藏於聖彼得堡藝術學院〔Academy of Fine Arts〕）。城中教堂過去被改建為游泳池和體育館，其中如喀山主教座堂（Kazan Cathedral）還變成宣傳無神論的博物館；時至今日，詠唱東正教聖歌的渾厚男聲又能在這些地方迴盪。

當「開放政策」（Glasnost[16]）的時代降臨，這座城市選擇將自己的名字從英雄崇拜性質的「列寧格勒」（Leningrad）改回原名「聖彼得堡」。經濟漸漸好轉，但華而不實的表象之下仍是貧窮。

二〇〇三年舉辦的建城三百年慶典，或許讓古蹟的繪畫與鍍金變得比較像樣，弗拉迪米爾·普丁（Vladimir Putin[17]）也的確將位於波羅的海岸斯特列納（Strelna[18]）的康斯坦丁宮（Constantine Palace）整修到足以供政府使用，但共產統治造成的傷痕與資本主義蔓延所帶來的腐敗，絕非如此就能痊癒。聖彼得堡總讓訪客遐思不已，那漫長無光的冬季、近代歷史所施加於它的苦難，都因人們對短暫夏日「白夜」的期盼而得到撫慰，那時黑暗將被徹底驅逐，美與樂觀君臨大地。在圍城的九百個日子裡，哲學家、作家與詩人每週在冬宮集會，討論如何將文明的價值保存下去，其中許多人活不到最後，但他們確實將文明精神的火炬傳承下來，留給今日這座慶祝重獲新生的都市。

＊部分引用出處： *A. Pushkin, The Bronze Horseman* (1833), trans. Waclaw Lednicki, *Pushkini, icki, Lednicki,*(Berkeley, CA 1955)

---

1 俄國浪漫運動小說家與詩人，被譽為俄國現代文學之父與俄國史上最偉大的詩人，1799-1837。
2 俄羅斯西北部河流，發源於拉多加湖（Ladoga），注入芬蘭灣。
3 俄國沙皇，積極擴張領土並鎮壓異議分子，1796-1855。
4 法國貴族，以寫作旅俄遊記而著名，1790-1857。
5 烏克蘭首都，位於該國中北部，東歐古老城市之一，在俄國歷史上有重要地位。
6 俄羅斯西北部古城，位於莫斯科與聖彼得堡之間。
7 一六一三年至一九一七年間統治俄羅斯的王朝，根據地在莫斯科。
8 俄國小說家與散文作家，作品多探討十九世紀俄國在政治、社會與信仰皆不知何去何從的情形，1821-1881。
9 俄國二十世紀重要的詩人之一，風格精簡內斂，1889-1966。
10 俄國女沙皇、開明專制君主之一，在位期間以富國強兵為務，鞏固俄國作為歐洲強權的地位，1729-1796。
11 蘇格蘭建築師，活躍於凱薩琳二世的宮廷中，1745-1812。

12 俄國末代沙皇，對外參與第一次世界大戰，對內鎮壓異議分子，共產革命成功後與其家人遭到處決，1868-1918。

13 俄國皇后，日耳曼黑斯大公國（Grand Duchy of Hesse）公主，因為其子患有血友病而迷信僧人，最後遭到共產黨處決。

14 俄羅斯都市，位在烏拉山西側。

15 Joseph Stalin，前蘇聯最高領導人，樹立個人崇拜的同時大肆鎮壓政敵、異議分子與少數民族，1878-1953。

16 指前蘇聯領導人戈巴契夫（Mikhail Gorbachev）在一九八六年提出的一系列民主化政策。

17 俄羅斯政治人物、現任總統，生於一九五二年。

18 位於聖彼得堡市區與彼得宮城之間，緊鄰芬蘭灣岸。

維也納 VIENNA

哈布斯堡歷代帝王

米夏・葛連尼 Misha Glenny

英國國家廣播公司前特派記者，著有數本以東歐與東南歐為主題的書，包括《巴爾幹，一八〇四年至一九九九年：民族主義、戰爭與強權》（*The Balkans, 1804-1999: Nationalism, War and the Great Powers*，一九九九年）、《南斯拉夫的衰亡》（*The Fall of Yugoslavia*，第三版於一九九六年）以及評價極高的《麥當勞黑手黨：全球犯罪地下世界之旅》（*McMafia: A Journey through the Global Criminal World*，二〇〇八年）。

總而言之，它就像釜內一個沸騰的氣泡，而這大釜是由建築、法律、規則與歷史傳統這些耐久的材料所造。

——羅伯特・穆齊爾（Robert Musil[1]），一九三〇年

十八世紀伊始，鄂圖曼帝國在歐洲開始兵敗如山倒，直到兩百年後帝國解體而告終。當土耳其疲師的隊伍從匈牙利中部往南撤離，可讓維也納舒了好大一口氣，在此之前，這城不但位處哈布斯堡領土邊陲，還被視為基督教歐洲的前哨基地。

也正因此，十九世紀晚期到二十世紀早期維也納黃金時代裡為人熟知的歡樂魅力，或是藝術與智識上的進取精神，都與早先的維也納形象風馬牛不相及。這是一座前線軍事城鎮，居民生活艱苦，當年歷史角色仍反映在現今維也納最著名的幾條道路名稱上，「壕溝街」（Graben）就是一個例子。環城大道（Ring）圈起市中心，大約與當年內城牆相符合，這道城牆曾在一五二九與一六八三年土耳其軍兩度大規模圍城時，發揮防禦作用。

土耳其人的威脅已然過去，維也納得以作為哈布斯堡政權中心以進行發展。帝國威權的核心是霍夫堡（Hofburg），它一開始是座中古堡壘，後來數百年間不斷增建，直到成為有如「城中之城」的宮殿建築群。在女皇瑪麗亞·泰瑞莎（Maria Theresa[2]）與其子約瑟夫二世（Joseph II[3]）統治之下，維也納以驚人速度往外擴張，而霍夫堡就是此波擴張潮在地理上的起始點。霍夫堡大劇院（Hofburgtheater）這座「城堡旁的戲院」當初創建時是第一座「日耳曼國家劇院」，位在霍夫堡入口處的米歇爾廣場（Michaeler Platz）；方過一百年，它的名字就縮減為「城堡劇院」（Burgtheater），搬遷到數百碼外位於卡爾—魯格道（Karl-Lueger Ring）的現址，就在維也納市政廳對面。它現在仍是德語世界最大型的會堂建築，也是上演傑出劇作的殿堂。

環城大道與郊區之間是寬廣帶狀公共用地，既含括了巴洛克式的美學，又能把入侵軍隊與庶民大眾遠遠拒於皇城外。外城牆（Linienwall）在十八世紀逐漸成形，這是公共用地的外圍邊界，約略符合今天環帶路（Gürtel）所經之處；這座城牆主要功用是管制入城貨物並加以抽稅，因此維也納平民與外來商人都對它缺乏好感，甚至頗為厭惡。

就在邊境關卡之外不遠處，哈布斯堡皇室為自己蓋起氣勢恢宏的夏宮「美泉宮」

（Schönbrunn），以凡爾賽宮為範本建成。在某些維也納市民心中，皇族成員的地位已逐漸升高到幾乎是半人半神的境界（但另一些人則把哈布斯堡一族視為惡魔），而美泉宮正是非凡氣宇的象徵。十九世紀末，《泰晤士報》（*Times*[4]）駐維也納特派記者亨利·威坎·史提德（Henry Wickham Steed[5]）以批判角度記下：「社會結構頂端立著皇帝、皇族和朝廷，與平民百姓日常生活完全脫節，還用自我蒙蔽的態度迷信古老西班牙儀禮，有時會展現出一種自以為是半個天神的姿態走在群眾之間。」

倘若十八世紀是維也納蛻變期，十九世紀則見證了以首都為中心所製造出的「幻影帝國」龐大神話。十九世紀初，維也納即兩度遭到拿破崙攻陷，可謂開張不吉；法軍於一八〇九年第二次占領此城，是奧軍在維也納近郊德瓦格蘭（Deutsch-Wagram）遭到擊敗的後果。哈布斯堡為此割讓大片土地，還被迫付出鉅額賠款，這已經是沉重打擊，但眼見拿破崙將美泉宮當作自己的臨時住宅，更是讓人沒齒難忘的屈辱。

復仇時機終於降臨，六年後的維也納會議上，梅特涅親王（Prince Metternich[6]）這位治國與外交的大師在舞廳廣場宮（Palais am Ballhausplatz，現在的奧地利總理府）力圖使拿破崙政權武功盡廢。那時，歐洲音樂之都已在海頓（Haydn[7]）與莫札特（Mozart[8]）的貢獻之下，從薩克森移至維也納。維也納會議不只是政治上的分水嶺，還是那個時代最頂級的一場社交大會，將近一年的會期裡，維也納一變而為歐洲首府，各國與各地方政權的軍事與行政首腦冠蓋雲集於此。

梅特涅相信這場會議的成果一能鞏固奧地利強權地位，二能確立保守主義在歐洲的勝利態勢。然而時隔不久，帝國內的不滿分子已在竊竊私語，捷克人、烏克蘭人、馬札兒人（Magyars[9]）、羅塞尼亞人（Ruthenes[10]）、猶太人、日耳曼人、塞爾維亞人、義大利人、克羅埃西亞人、斯洛維尼亞人等族群都說奧地利只不過是一座「民族囚牢」，一八四八年的民族主義動亂，更重重打碎維也納宮廷那目中無人的傲氣。

若從霍夫堡宏偉大門往紳士街（Herrengasse）走一趟，看見那秀麗的宮殿與政府建築，很難想像這條街的氣氛並非總是如此祥和。包括崇高的中央咖啡館在內，今日這些咖啡廳都寧靜如圖書館；但一八四八年二月到三月間，它們可是充滿了喧鬧活力，那些受夠了長期經濟不振的中產階級與技工在此交換關於巴黎革命的最新消息和謠傳。

三月十三日，大批情緒激昂的學生從貝克爾街（Bäckerstrasse）舊大學出發，經過史帝芬廣場（Stefansplatz）進入紳士街，湧進下奧地利邦邦政府。幾小時內，軍人已經開始向內城區狹窄街道內步步進逼的群眾開火；鐵路與邊遠城區工廠的工人，則在不遠處動手搗毀人見人厭的稅務局（位於外城牆）。衝突愈演愈烈，工人擊破位在肖騰托（Schottentor）的上鎖城門，如狂潮般湧入內城區，加入學生、技工與革命派中產階級的行列。維也納城淪為戰場，激戰持續兩天。

惹人嫌惡的反動派代表人物梅特涅為此辭職，皇帝與宮中人士則從首都竄逃到因斯布魯克（Innsbruck[11]）尋求阿爾卑斯山的新鮮空氣。搖搖晃晃的巨型路障在維也納巴洛克建築外觀投下陰影，體現自由主義的革命精神。這城市駭人的新模樣維持六個月後突然告終，以冷血聞名的軍事指揮官溫迪施格雷茨伯爵（Count Windischgrätz[12]）揮軍強攻入內城；另一方面，他柤革命群眾一樣留心不去破壞市中心建築，但郊區就沒這麼幸運，外城牆在幾處關鍵區域都遭損毀。

保守人士認為他們已給奧地利自由派致命一擊，但就在十二年之後，法蘭茲·約瑟夫一世

（Franz Joseph I[13]）終究因外戰失利與經濟停滯所迫而妥協，頒布一部較為開放的憲法。維也納雖是哈布斯堡家族的象徵，卻在這四十年間成為日耳曼自由主義的勝利之城，由法蘭茲約瑟夫開始打造的環城大道以朝氣蓬勃之勢擴張，最後竟在政治與建築雙方面都呈現壓倒皇家的優勢。

工商業中產階級等充滿自信的新貴家族，對拆除城防一事大力推動，意欲將這座都市加以現代化，包括高標準公共衛生建設、開鑿運河、街道照明與防洪措施。議會、市政廳、大學、劇院和高級博物館等自由國家應有的大型設施，林立於環城大道（還加上華美的辦公與住宅樓房），呈現各式各樣的建築風格，與帝國政權舊有中心的巴洛克外觀大相逕庭。環城大道的風采已讓霍夫堡相形失色。

一八九〇年代，曾參與建構「環城大道風格」（Ringstrassestil）紀念主義（monumentalism）美學的天才建築師奧托．華格納（Otto Wagner[14]）經歷一場思想上的徹底轉變。科技發展對市內飽經歲月的基礎建設造成壓力，人口成長也已超出這些建設所能負荷，此時華格納開始實踐他的構想：以內城為中心，把環城大道變成數個向外擴散的半圓之中的第一個，半圓間以主幹道和初期地鐵系統相連。在分離主義影響之下，華格納的維也納新藝術學派在這座都市打下了基礎，這種藝術風氣含納大多數表現方式，在哈布斯堡帝國的傾坍廢墟裡綻放出光芒萬丈的美學新嘗試，是史上難得一見的成就。離開維也納，最為人熟知的分離派代表作品就是古斯塔夫．克林姆（Gustav Klimt[15]）的畫作；但在此城內，隨處可見的則是華格納那美妙的功能現代主義（functional modernism）。諷刺的是，帝國政權擁護者面對這帝國最終極的藝術成就，輕者只是蔑視，重者卻是深惡痛絕。即便如此，世間仍少有其它帝國的迴光返照能如一九〇〇年的維也納那般氣象磅礴，不論它能被世人了解與否。

*部分引用出處：Robert Musil, *The Man Without Qualities*, trans. S. Wilkins (London, 1995)

1 奧地利作家，作品富有哲學思想，1880-1942。
2 神聖羅馬帝國女皇，積極推動各項內政改革，是神聖羅馬帝國的中興之主，1717-1780。
3 神聖羅馬帝國皇帝，是一位開明專制君主，但改革未竟全功，1741-1790。
4 英國報紙，從一七八五年創立至今，被視為英國主流第一大報。
5 英國記者與史學家，曾任《泰晤士報》主編（1919-1922），政治上持保守立場，1871-1956。
6 奧地利政治人物，「梅特涅」體系的主導者，以權力平衡原則保障歐洲國際之間的局勢穩定，1773-1859。
7 奧地利古典派音樂家，室內樂發展的重要人物，1732-1809。
8 奧地利古典派音樂家，對後世古典樂影響極大，有「音樂神童」之譽，1756-1791。
9 匈牙利境內的主要民族，起源自烏拉爾山山區，使用匈牙利語。
10 指現代東斯拉夫民族的始祖，是立陶宛境內主要民族。
11 奧地利西部城市、阿爾卑斯山山城。
12 波希米亞貴族、奧軍軍官，1787-1862。
13 奧匈帝國皇帝，將奧地利帝國改組為奧匈雙元帝國，1830-1916。
14 奧地利建築師與都市規劃師，1841-1918。
15 奧地利象徵主義（Symbolism）畫家、維也納分離主義健將，1862-1918。

愛丁堡

EDINBURGH

蘇格蘭啟蒙運動之地

麥格努斯・林克雷特
Magnus Linklater

記者與作家，曾任《蘇格蘭人報》（*The Scotsman*）編輯和《泰晤士報》（*The Times*）蘇格蘭區編輯。他有數本探討時事與蘇格蘭歷史的著作，包括《大屠殺：格倫科的故事》（*Massacre: The Story of Glencoe*，一九八二年）和《好鄧迪：克拉佛豪斯的約翰・格蘭姆》（*Bonnie Dundee: John Graham of Claverhouse*，一九九二年）。現居於愛丁堡。

王國首都不可能擁有比這更威嚴的形勢，或比這更適合展望高貴前景的地點。

——羅伯特・路易斯・史蒂文生（Robert Louis Stevenson[1]），一八七八年

寬闊通衢大街、美觀廣場、堂皇的新古典屋舍，這是史蒂文生在一八七八年所記的愛丁堡風光；但若往前一個世紀，大多旅人在此見到的卻是一座擁擠、骯髒、煙霧瀰漫的地方城鎮，兩者簡直有雲泥之別。一七〇七年簽署《聯合條約》（Treaty of Union[2]）之後，愛丁堡不再是議會所在地，失去身為一個獨立國家首都的地位。它的實際情況與其政治處境一樣破敗不堪，城

市一側是臭氣熏天的沼澤，另一側則是狹窄錯雜又處處死巷的街市，看來就不是善地，許多訪客都覺得市區簡直是疾病溫床。英格蘭測量官愛德華·博特（Edward Burt[3]）於一七二〇年代在愛丁堡住了一晚，他印象最深的就是那股臭氣，並說：「我不得不拿被子裹住頭，因為房子後面鄰居往外潑的穢物氣味直往我房間裡灌。」舊城區（Old Town）羊腸小徑裡，不加蓋的陰溝中屎尿溢流，豬群和其他動物到處翻掘覓食，人們從狹小房屋的窗戶大大方方往外傾倒汙水。簡而言之，這就是座中古城市。

然而，就在五十年間，愛丁堡簡直脫胎換骨，成為一場影響極大、範圍極廣、極其兼容並蓄又普受欽敬的學術運動發展核心，甚至有人形容此地是新興啟蒙運動之都。哲學家、歷史學家與經濟學家如大衛·休姆（David Hume[4]）、亞當·福格森（Adam Ferguson[5]）、亞當·斯密（Adam Smith[6]）、凱姆斯勛爵（Lord Kames[7]）和威廉·羅伯遜（William Robertson[8]）等人，以及包括羅伯特·亞當（Robert Adam[9]）在內的諸位建築名家，還有地理學家詹姆斯·赫頓（James Hutton[10]）、詩人羅伯特·福格森（Robert Fergusson[11]）和羅伯特·伯恩斯（Robert Burns[12]）都在此地大放異彩。這裡氣氛如此開放、如此具有世界性，更不說它多麼令人心神暢然，「愛丁堡」竟成現代化文明都市的典範與代名詞。律師、商販、教士、銀行家，居民沉浸於好辯求知的風氣裡，市區各處如雨後春筍冒出的俱樂部與學會都是辯論場地，還有從剛開始發達的利斯港（Leith[13]）進口的大量紅葡萄酒可助談興。

這新得的自信將轉化為一場物質建設復興，與精神上的成就一樣驚人。喬治·德羅蒙（George Drummond[14]）曾在一七四五年協防愛丁堡，抵禦「英俊王子查理」（Bonnie Prince Charlie[15]）

與其支持者詹姆士黨人（Jacobites[16]）的攻擊。一七六三年，第四度擔任愛丁堡市長（Lord Provost of Edinburgh）的他居高遠眺北湖（North Loch）這個衛生大患與阻撓都市擴張的頑強障礙，轉身向一名年輕隨從說：「薩默維爾先生（Somerville），你年紀還輕，我恐怕是看不到了，但你大概能活著見到這整片地方都蓋起樓房，變成一座宏偉壯麗的都市。」他說的一點不差，北湖在不到二十年時間內就被排成乾地。名叫詹姆士·克萊格（James Craig[17]）的二十一歲無名小卒贏得建築大賽，此人提出宏大卻簡單的格狀都市規劃，以三條東西向主街為基礎，兩端各有一處大型廣場。

新市區逐漸發展，新的圓形、半月型廣場紛紛設立，其中最令當地人自傲的是羅伯特·亞當設計的夏綠蒂廣場（Charlotte Square），這大概是全歐洲對新古典主義的貴氣與大器之最佳詮釋。歷史學家克里斯多佛·史摩特（Christopher Smout[18]）說新城區（New Town）「冰冷、清明而美麗的呈現出十八世紀中產階級那理性態度之下的自信心」。不過，對大多數現代訪客而言，新城之中新古典主義的優雅，與舊城、城堡這片鮮明背景之間的平衡，才是愛丁堡獨一無二之處。

如此功業怎樣竟能在短時間內成就？這問題沒有唯一答案。愛丁堡的復興恰處在聯合王國建立後經濟大幅擴張的背景下，一個特別具有商業細胞的民族此時得以用前所未有的規模經營財富。城中政治、法律與宗教制度皆已齊備，教育體制之自由開明更是全歐數一數二。長老教會（Presbyterian Church[19]）常積極參與理性時代的知識大辯論，這個飽受中傷的組織所扮演的絕非阻礙者。在這豐沃而寬容的大氣裡，少數天才如星火般散下，點起延燒全歐的烈焰，為時雖短但如颶風般激昂。總之，沒有任何說法能合理解釋這一切，只有某位觀察者的評語堪稱切題——「像是施了魔法一樣」。

＊部分引用出處： R. L. Stevenson, *Edinburgh Picturesque Notes* (London, 1878)

---

1 蘇格蘭小說家、詩人、遊記作者，著有《金銀島》（***Treasure Island***）和《變身怪醫》（***Strange Case of Dr Jekyll and Mr Hyde***）等，1850-1894。
2 將英格蘭與蘇格蘭兩個原本由共主統治的獨立王國合併為大不列顛聯合王國（United Kingdom of Great Britain）的條約。
3 英格蘭軍人，駐紮蘇格蘭期間擔任測量官，生平不詳。
4 蘇格蘭哲學家、史學家與作家，主張經驗主義與懷疑主義，1711-1776。
5 蘇格蘭哲學家與史學家，被稱為現代社會學之父，1723-1816。
6 蘇格蘭經濟學家與哲學家、政治經濟學的先驅，1723-1790。
7 蘇格蘭法官與哲學家、愛丁堡哲學學會（Philosophical Society of Edinburgh）創始人之一，1696-1782。
8 蘇格蘭歷史學家，對蘇格蘭史和西班牙在美洲的殖民史研究特別有貢獻，1721-1793。
9 蘇格蘭新古典主義建築師與室內設計師，領導英格蘭與蘇格蘭在一七六〇年代的古典主義復興風潮，1728-1792。
10 蘇格蘭地質學家、醫師與博物學家，提出地質學上的「均變論」（Uniformitarianism），主張發生在現代的地質作用與過去完全相同，1726-1797。
11 蘇格蘭詩人，作品富有民族情懷與對社會的幽默諷喻，1750-1774。
12 蘇格蘭詩人、浪漫運動先驅，被視為蘇格蘭的民族詩人，1759-1796。
13 愛丁堡北邊的港口，位於利斯河河口。
14 蘇格蘭政治人物，1688-1766。
15 蘇格蘭斯圖亞特（Stuart）王朝後裔，本名查爾斯・愛德華・斯圖亞特（Charles Edward Stuart），在詹姆士黨人支持下起兵對抗英國王室，最後失敗流亡。
16 蘇格蘭與愛爾蘭的政治運動，要求將政權交還給光榮革命中被迫退位的詹姆士二世（James II）與其直系後裔。
17 蘇格蘭建築師、愛丁堡新城（New Town）的主要規劃者，1739-1795。
18 蘇格蘭歷史學家，主要研究領域為人口學與經濟史，生於一九三三年。
19 新教改革支派，發源於英格蘭與蘇格蘭，強調《聖經》文字權威性與因信得救的概念，教會組織由「長老」團體執掌故而得名。

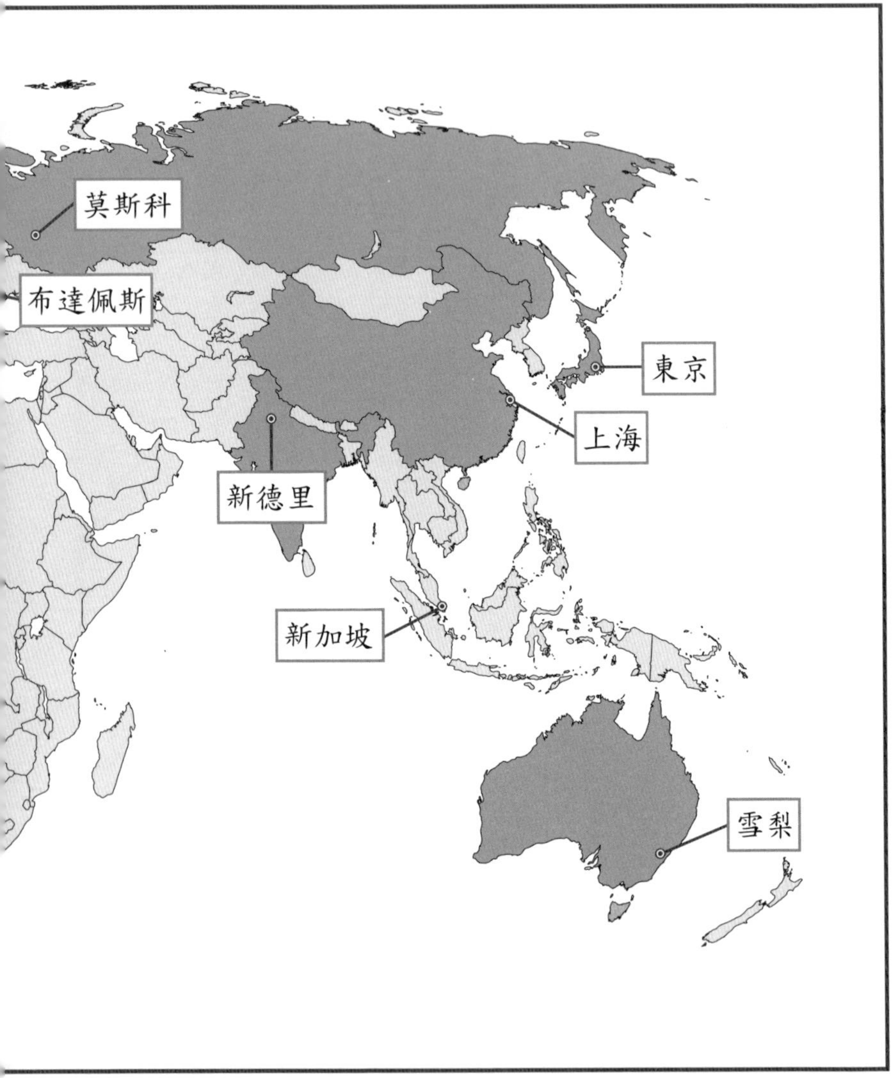
莫斯科
布達佩斯
東京
上海
新德里
新加坡
雪梨

現代世界

現代世界

從十九世紀一開始的時候，工業革命已然勢不可擋，這世界早就在如火如荼地轉變著，將來變化的速度只會愈來愈快。進步的腳步不斷加速，也使得本書最後這部分所涵蓋的領域，遠廣於前面任何一章。如今，我們周遭世界在十年內的改變，已經超過過去一個世紀的進展，且被今人視為理所當然。本書的「上古世界」篇章跨越三個千年紀，但「現代世界」只塞得進兩百年。

在這兩個世紀中，特別是英格蘭與法國的首都得以脫胎換骨。查爾斯·狄更斯與山謬·強森（Samuel Johnson[1]），他們兩人筆下描述的倫敦簡直不是同一個城市；同樣的，如果讓伏爾泰看見經過拿破崙三世與奧斯曼男爵擘劃改造的巴黎，他也會認不出來這是何地。那歐洲其他地方呢？柏林在腓特烈大帝之前只是一個日耳曼小邦的主要都市，但在俾斯麥手下一變而為帝國首都（不過俾斯麥如果看到克里斯多佛·伊薛伍德筆下所誌的一九二〇年代柏林，想必也要感到驚駭莫名）。大約同時，布達佩斯跟維也納發現自己都成了另一個帝國——「奧匈帝國」——並立的政治中心。擊退拿破崙的侵略之後，莫斯科開始為自己鎔鑄一個新身分，裡面或許包含一些歐洲的元素，但一望而知的卻是其俄羅斯本質。巴塞隆納的情況也類似，它始終保持加泰隆尼亞與西班牙兩種特質並存的狀態。

美國同樣面臨飛躍性的改變（這個國家在一八〇〇年還只有二十五歲大），主要推動力就是來自歐洲的大量移民，移民數量在十九世紀幾乎是年年增加。以下所討論的五座北美城市裡，歐洲人在一八〇〇年之前只聽過華盛頓、紐約和蒙特婁；芝加哥靠著鐵路建設一夕暴起，它不但是整片大陸的陸運轉運中樞，五大湖的船運發展更使它如虎添翼，雖在內陸卻有海港的實質。夢想之城洛杉磯比芝加哥要老得多，但也是靠好萊塢才能時來運轉。

拉丁美洲的情況有些不一樣，前哥倫布時代的古老文明早已消逝，幸好還有許多偉大建築被保存下來。南美洲其中兩座首要大都市分別是阿根廷的布宜諾斯艾利斯，以及巴西的聖保羅，聖保羅現在是南美洲最大的都會區。

過去二十年來，亞洲成了財富的聚寶盆，經濟實力也隨之上升，其中以印度和中國表現最為耀眼。說到印度，我們選擇的都市是新德里，這是一個計劃都市，建造的目的就是要展現權力，它不只是埃德溫·魯琴斯爵士為英國治印政權最後一章在磐石上神來之筆刻下的象徵符號，今日仍是印度中央政府所在地。若以同樣原則，我們在中國所選的城市應是北京而非上海。但上海實在太了不得，我相信所有近年內造訪過此地的人都會同意，它湧動著能量與衝勁，這是二十幾年前任何西方人都無法想像的情景。新加坡也是如此，這座世上碩果僅存的城邦國家自給自足，在國際上大放異彩，整座島嶼同樣生氣勃勃，摩天大樓似乎就在你眼前愈長愈高。日本也經歷過一場經濟奇蹟，身在東京的人都能感受到自己身處世界偉大都市之一。最後是雪梨，它也是一座新興都市，或許無法與上海相比，但我想這裡的居民應當都不會期望雪梨變成第二個上海。若我被逐出倫敦，若澳大利亞距離歐洲不是那麼遙遠，雪梨就會是我夢想中的居所。

1　英國作家，在詩、散文、文學批評、傳記、道德討論與文學編輯等方面都有卓著貢獻，所編的字典對現代英語有極大影響，1709-1784。

莫斯科 MOSCOW

沒有朝廷的首都

奧蘭多・費吉斯
Orlando Figes

倫敦大學伯貝克學院（Birkbeck College）史學教授，曾在劍橋大學三一學院（Trinity College）擔任史學講師與研究員（一九八四年至一九九九年）。他著有多本俄國歷史相關書籍，包括贏得許多獎項的《人民悲劇：俄國大革命，一八九一年至一九二四年》（*A People's Tragedy: The Russian Revolution, 1891-1924*，一九九六年）、《娜塔莎之舞：俄國文化史》（*Natasha's Dance: A Cultural History of Russia*，二〇〇二年）、《低語者：史達林時代俄國人的私生活》（*The Whisperers: Private Life in Stalin's Russia*，二〇〇七年）、《克里米亞》（*Crimea*，二〇〇七年）和《給我寫信》（*Just Send Me Word*，二〇一二年）。他的作品被譯成十五種語文。

莫斯科或許野蠻放蕩，但試圖改變它毫無意義。我們身上都擁有一點莫斯科，沒有一個俄國人能將莫斯科抹去。

——F・F・韋格爾（F. F. Vigel[1]），一八六四年

聖彼得堡建成後，莫斯科的運勢急遽走下坡，被貶為區區地方行政首府。普希金將莫斯科比作身著紫色喪服的失勢皇太后，必須在新王面前屈膝行禮。直到十九世紀中期，此地仍保有「睡谷」（sleepy hollow）般的古舊閉鎖特質。小小木屋、蜿蜒窄巷，有馬廄和圍牆庭園的大宅院，這是莫

斯科特有的鄉野氣息，人們喚這兒是「大村」，綽號沿用至今。彼得大帝厭惡這裡，凱薩琳大帝有過之而無不及，黑死病在一七七〇年代早期橫掃全市，大量房屋必須燒毀，那時她就想要把這兒徹底整頓一番；莫斯科在她眼中是「怠惰的溫床」，城市之龐大讓貴族能過上「懶散而奢侈」的日子，而女皇想要把這中古時代老俄羅斯的化身清除掉。當時已擬出計畫，要以聖彼得堡的歐式形象重建莫斯科，建築師巴熱諾夫（Bazhenov[2]）和卡札可夫（Kazakov[3]）說服凱薩琳將中古克里姆林宮大半改建為新古典主義建築，拆除工程進行了一部分，但整體工事因為缺錢而擱置。

一八一二年以後，市中心總算重建成歐洲風格，拿破崙入侵引發的大火清出空間，讓古典主義的寬闊原則有施展餘地。紅場（Red Square）原址的老舊貨攤讓該地像個封閉的市場，清掉以後變成開闊的公共空間，從這兒為基點，新鋪的三條大道呈扇狀散開，彎曲小巷都被夷平，為建設又寬又直的道路預作準備。頭一批計畫好的建築項目，包括一八二四年完工的劇院廣場（Theater Square），以及位在中央的莫斯科大劇院（Bolshoi Theater）。林蔭環路（Boulevard Ring）、花園環路（Garden Ring）隨後落成（兩者在今天仍是市區幹道），還有沿著克里姆林宮西牆鋪設的亞歷山大公園（Alexander Gardens）。私人財富挹注於都市建設，這是一八一二年俄國復興之後的典型作法，不久後，市中心數條大道兩旁已然林立著優雅別墅與帕拉第奧式的豪宅。

這股建設熱潮絕對不是一味對西方加以模仿，莫斯科一向都將歐洲元素融合進自身獨特風格。古典門面因使用溫暖的淡彩色、龐大圓柱體和俄式裝飾物而變得柔和，散發一種平易近人的魅力，這在聖彼得堡冰冷肅穆的氣氛與皇家排場裡是完全見不到的。聖彼得堡的風格全部操之在宮廷，以歐洲時尚為準，莫斯科則更富有地區色彩。東方的建築習慣、用色與花紋也可見於莫斯科街頭，古斯丁侯爵在他一八三〇年代的作品裡表示莫斯科的穹頂建築（cupola）：「像是東方世界的圓頂，帶你神遊德里；堡壘要塞和塔樓則領你回到歐洲十字軍時代。」

莫斯科的半東方本質在所謂「新拜占庭風格」（neo-Byzantine）中全然呈現，這是一八三〇到一八四〇年代市區重建時最流行的作法，尼古拉一世和屬下智囊創造出這個名詞，象徵俄國在文化上與西方漸行漸遠。這位沙皇對親斯拉夫的世界觀深感同意，認為俄羅斯與拜占庭所代表的東方傳統才是一脈相承。舉一座教堂為例，克里姆林宮附近的基督救主主教座堂（Cathedral of Christ the Saviour）是為紀念一八一二年反抗拿破崙的戰爭所建，結合拜占庭的希臘風格與中古俄羅斯風格，擁有洋蔥型的圓頂與鐘塔、帳篷式屋頂和扇狀山形牆（kokoshnik）。在這類建築烘托之下，莫斯科的重生很快被宣傳成國族文藝復興，是拋棄聖彼得堡刻意為之的歐洲文化，意圖尋回古代莫斯科大公國（Muskovy[4]）的地方傳統。

莫斯科是個追逐物欲之處，聖彼得堡崛起後，這裡成了貴族享樂的天堂。普希金說此地吸引的是「無賴與怪人」，一些「拋棄宮廷、過著無憂無慮生活，所有心力都用來製造一些無害醜聞或款待賓客」的獨立貴族。莫斯科是個沒有朝廷的首都，既然朝廷不在此，達官貴人就可毫無顧忌追求感官逸樂；此地的美食風潮、餐廳與俱樂部、奢華宴會與鋪張的娛樂名聞天下，簡單說來聖彼得堡沒有的，這裡都有。聖彼得堡人瞧不起莫斯科人那種自甘墮落的安逸，「莫斯科是快樂主義的深淵。」詩人伊凡·屠格涅夫（Ivan Turgenev[5]）如是說：「那裡的人成天只會吃、喝、睡、開宴會、玩紙牌，且這一切全部建築在農奴的痛苦上。」話雖如此，無人能否認這正是標準俄式作風。

十九世紀，莫斯科發展成商業重鎮。拿破崙當年來到的是名門世家的祥和窩巢，現在卻化作滿是商店、辦公室、戲院和博物館的熱鬧大都會，城郊還有迤邐的工業區，年年湧入大批移民。到了一九〇〇年，莫斯科已與紐約並列為世界上成長最快的城市，城中百萬人口中有四分之三來自別處。

鐵路是莫斯科發達之鑰，所有主要鐵路線都匯聚此處，因為這裡是東西之間的地理中心、南方農業與北方新工業的交會處。鐵路為莫斯科的商業打開新市場，將工業與地方上的勞動力和原料連結起來。數千通勤者每天搭火車進入莫斯科，市中九大火車站周遭廉價的供膳旅社總是擠滿從鄉間來市區打零工的人。當時的莫斯科以資本主義俄羅斯的工商大都之姿竄起，至今猶然。特維爾（Tver[6]）、卡盧加（Kaluga[7]）、梁贊（Riazan[8]）等地方聚落都因鐵路而被納入莫斯科的運作範圍，當莫斯科的製造業者用火車直接把產品運到鄉下市場，當人們開始直接跑到莫斯科去買東西（市區物價比郊區村鎮要便宜），這些小鎮也就隨之衰落。莫斯科的興起使周遭衛星城鎮變得蕭條，地方上的地主原本將出產糧食銷售給這些城鎮的居民，此時也被逼上絕路，就像契訶夫（Chekhov[9]）《櫻桃園》（*The Cherry Orchard*）裡的萊夫斯基家族（Raevskys）那樣。

莫斯科的「中產階級」商人愈來愈多，還有一群富可敵國的財閥世族（其中許多人遠比貴族有錢）將家族事業不斷擴增，形成無比巨大的商業集團。里雅布申斯基家族（Riabushinskys）原本在莫斯科開紡織廠，然後又加上玻璃、造紙、出版、銀行和後來的汽車工業；馬蒙托夫家族（Mamontovs）擁有鐵路和鐵器鑄造的產業帝國，以此收益來投資藝術——薩瓦·馬蒙托夫（Savva Mamontov[10]）的私人歌劇院建立於一八八五年，孕育出俄羅斯芭蕾舞團（Ballets Russes）許多藝術明星；莫洛佐夫家族（Morozovs）是工業家與金融家，和史坦尼斯拉夫斯基家族（Stanislavskys）一起出錢建立莫斯科劇院（Moscow Art Theatre），契訶夫大多數的劇作皆在此首演；崔提亞科夫家族（Tretiakovs）則是紡織業大亨和慈善家，帕維爾·崔提亞科夫（Pavel Tretiakov[11]）將俄羅斯藝術品收藏全部捐贈給莫斯科以設立崔提亞科夫博物館（Tretiakov Museum），此處在一八九二年共收藏一千二百七十六幅架上畫（easel painting[12]），數量驚人，在同類博物館中藏品最豐。

俄羅斯芭蕾舞團創辦人謝爾蓋·佳吉列夫（Sergei Diaghilev[13]）在一九〇〇年代拜訪莫斯科，他評論莫斯科在視覺藝術方面的一切產出皆甚為可觀，提到莫斯科是前衛中心，聖彼得堡則是「藝術閒話、學院教授與週五水彩課程的城市」。這話出自一個聖彼得堡式文化的頭號支持者之口，可謂得來不易。當俄式前衛風格在一九〇〇年首度躍上檯面，莫斯科確實是時代的中心，與巴黎、柏林和米蘭一同成為藝術世界重鎮，這裡一批令世人驚豔的前衛藝術家，既受歐洲風潮也受莫斯科傳統遺產影響。此地政治求新求進，氣氛輕鬆悠閒，有吵吵鬧鬧的摩登作風和新科技，其文化環境大大激發著藝術家進行實驗創作。詩人米海爾·庫茲明（Mikhail Kuzmin[14]）是另一個熱愛聖彼得堡的文人，他在前往莫斯科一遊的過程中記下：

> 洪亮的莫斯科口音、當地人特有的遣詞用字、走路時鞋跟敲地的方式、那韃靼人的顴骨和眼睛、往上捲翹的八字鬍、嚇人的領帶、顏色鮮明的背心和外套、他們思想與判斷裡那股衝勁和倔強，這一切都讓我感覺到新人類已經躍上檯面。

＊部分引用出處：F. F. Vigel *Memoirs (Zapiski)* (Moscow, 1928)；Marquis de Custine, *Empire of the Czar* (London, 1843)

1 俄國貴族與外交官，留下回憶錄傳世，記載俄羅斯當代史，1786-1856。
2 俄國新古典主義建築師，俄羅斯啟蒙運動時代主要建築師，1738-1799。
3 俄國新古典主義建築師，凱薩琳大帝時代最重要的建築師，1738-1812。
4 中古晚期以莫斯科為中心的羅塞尼亞人政權，後來演變為俄羅斯沙皇國。
5 俄國小說家、劇作家與詩人，在西方推廣俄國文學，俄國寫實主義文學的代表人物，1818-1883。
6 位於莫斯科西北方一百八十公里處，中古時代特維爾公國（Principality of Tver）的首都。
7 位於莫斯科西南方一百五十公里處，原本是莫斯科大公國的邊境軍事基地。
8 位於莫斯科東南方一百九十六公里處，中古時代屬於梁贊公國（Principality of Riazan）。
9 俄國劇作家與短篇小說家，為文學史上偉大的短篇小說作者之一，1860-1904。
10 俄國工商業鉅子，著名的藝術贊助者，1841-1918。
11 俄國工商業鉅子、收藏家、慈善家與藝術贊助者，1832-1898。
12 指中等大小、可放在畫架上作畫的繪畫作品。
13 俄國藝評家與藝術贊助者，二十世紀初推動芭蕾舞表演形式發展的重要人物，1872-1929。
14 俄國詩人、音樂家與小說家，俄文詩在十九世紀末到二十世紀初「白銀年代」（Silver Age）的代表人物，1872-1936。

巴黎 PARIS

拿破崙三世與奧斯曼男爵的時代

菲利浦·曼塞爾
Philip Mansel

史學家與傳記作者，著有九本書籍，包括《帝國之間的巴黎》（*Paris Between Empires*，二〇〇一年）和《衣裝治國：從路易十四到伊莉莎白二世的王室與朝廷衣著》（*Dressed to Rule: Royal and Court Costume from Louis XIV to Elizabeth II*，二〇〇五年）。他發表過許多文章與書評，四處演講，是宮廷研究學會（Society for Court Studies）創始會員，也是皇家史學學會（Royal Historical Society）、歷史研究學院（Institute of Historical Society）和皇家亞洲學會（Royal Asiatic Society）成員。

一切都是純正的王室氣派，其大無比、堂皇無比，無所不包的程度亦無人能及。朕的偉大國家，尤其是朕的偉大首都竟拿不出同等事物，真令我羨嫉！

——維多利亞女王（Queen Victoria[1]），一八五五年八月二十二日

拿破崙三世（Napoleon III[2]）時代的巴黎正如路易十四時代的凡爾賽宮（Versailles），從軍事和藝術雙管齊下宰制歐洲。人們對拿破崙一世（Napoleon I[3]）的光輝勝利記憶猶新，他的姪兒憑此助力在一八四八年當選共和國總統，並在一八五一年十二月二日發動軍事政變掌握絕對

權力，一年後加冕為法國皇帝。拿破崙三世不久就取得戰功，派遣法軍在克里米亞戰爭幫助擊退俄軍，又在一八五九年的義大利戰場打敗奧地利，法國自此成為世界強權，在歐洲（兼併尼斯〔Nice[4]〕和薩伏依〔Savoy[5]〕）、非洲和亞洲取得新領土，派兵遠征墨西哥與中國，還推動開鑿蘇伊士運河並出錢投資。拿破崙三世是行伍出身，其治下的巴黎也是軍人之城，遊行、軍樂、開拔出征之景不絕。

比起開疆拓土的成績，巴黎的文化更能吸引世人目光，這裡有最棒的咖啡館、戲院，以及絕世無倫的羅浮宮博物館（Louvre），倫敦、維也納和羅馬都不堪與之相比。法語也是巴黎霸權的功臣，這種語言是歐洲受過教育的菁英分子第一外語，地位甚至可能凌駕母語，從里斯本到聖彼得堡皆然。法語在一八五〇年還到拉丁美洲和黎凡特地區打天下，從巴西、埃及和俄羅斯遠道而來的訪客在巴黎最感自在愉悅，因為他們本就使用法語。巴黎也是科學、醫學與文學首要重鎮，青年土耳其黨（Young Turks[6]）的黨人都知道「如果沒去過巴黎，就不算見識過世界」。衝著這裡令人精神振奮又親和宜人的氣氛，以及共通的語言，海因里希·海涅（Heinrich Heine[7]）、伊凡·屠格涅夫和亞歷山德羅·曼佐尼（Alessandro Manzoni[8]）等作家都選擇此地定居。

除了軍事與文化優勢以外，拿破崙三世還為巴黎加上精采的宮廷生活與一場都市革命。他需要運用宮廷來支撐統治，且這也有助於巴黎的奢侈品貿易。他的妻子——出生於西班牙的美女尤琴妮皇后（Empress Eugene[9]）——雖然有著愛干政的毛病，且喜好在舞會上把自己打扮成瑪莉·安東妮（Marie Antoinette[10]），但當時各國王族中找不出比她更稱職的宴會女主人。除了冬季嘉年華期間的盛大舞會之外，她還會在春天舉辦私人舞會並邀請數百賓客，稱之為「皇后星期一」，所有到場女賓都必須身著新衣。皇后的裁縫師查爾斯．沃思（Charles Worth[11]）獨領世界時尚風潮，他在巴黎和平街（Rue de la Paix）的店面規模與奢華，簡直有如一座大使館。大臣使節們也有義務參與、主持社交場合，就連拿破崙三世的敵人都不得不對這一朝一代追求享樂的盛況由衷欽敬，雖然他們有時也會抱怨法國宮廷是「裁縫女助手（grisettes[12]）約見處」，說巴黎是「外國人的妓院」。許多帝王在拿破崙三世時代拜訪巴黎，作家普羅斯佩．梅里美（Prosper Mérimée[13]）是皇后童年好友，曾到她宮中作客數週，當時他就說這些國家領袖「直把杜勒里宮（Tuileries palace）當成火車站」。

這座首都中最複雜的一個人物就是皇帝本人，他在一八一五年被放逐、離開法國，之後受到歐式教育（據說他的法語帶有瑞士口音），但仍是個愛國分子。他自認為身負天命，下定決心要把巴黎市區整個翻新，一八四八年帶著一張用五顏六色畫滿新街道建設計畫的地圖回到法國，意圖改善此地的景觀、衛生健康與交通。一八五三年，他將這張地圖複製一份交給奧斯曼男爵（Baron Haussmann[14]）；藉著經濟起飛之助，皇帝與行政長官聯手動工，在幾乎不受政府限制的情況下，把巴黎改造成奧斯曼所謂「我們這個時代的帝國羅馬」。

於是，巴黎成為擠滿了拆除工人、石匠、木匠和軍隊的城市從一八五二年至一八六九年間，包括許多歷史悠久的旅館和教堂在內的兩萬棟房屋皆遭到拆毀，新建的則有四萬三千棟，另有七十間學校、十五間教堂和猶太會堂，以及九間兵營。巴黎大堂（Halles）和西堤島一帶原有的骯髒小巷都換成全新的長直大道，像是塞凡斯托普大道（de Sebastopol）、聖日耳曼大道（Saint-Germain）、雷恩大街（Rue de Rennes）、歌劇院大街（Avenue de l'Opéra）等等，人們說這些幹道的設計者既不花腦子也毫不知遮掩，它們兼具建築與政治上的目的，不只是把照明與交通帶進市區核心，也能讓軍隊進來鎮壓暴動。

拿破崙三世還沿著里沃利街（Rue de Rivoli）建造廂房，連接羅浮宮和自己的主要居所——杜勒里宮。現在羅浮宮入口處仍可見到一尊拿破崙三世像，將他塑造為藝術的保護者。巴黎被尊為現代性的典範，當時新建的首都如布宜諾斯艾利斯（Buenos Aires[15]）和布加勒斯特（Bucharest[16]），便分別被時人給予「拉丁美洲的巴黎」和「巴爾幹半島的巴黎」的美譽。

比起都市計畫，皇帝陛下的外交政策就沒那麼成功。身為一個世界性都市，巴黎的榮華在一八六七年萬國博覽會達到最高點，鄂圖曼蘇丹帶著諸皇子前來，俄羅斯沙皇跟奧地利皇帝也來了，普魯士國王還討了張巴黎地圖帶回去參考以便重新規劃柏林。然而，就在頒獎的那一天（六月十九日），噩耗傳來，在拿破崙三世庇護下登基的墨西哥皇帝馬克西米連（Maximilian of Mexico[17]）遭到槍決。

一八七〇年七月，拿破崙三世在時機不成熟的情況下，被迫與普魯士及其他日耳曼邦國開戰。其原因實在是雞毛蒜皮的小事：一名普魯士親王宣布放棄西班牙王位繼承權的文告在文字上出了點問題。但沸騰的民意和皇帝自身對威權的渴望使得戰爭無可避免，巴黎寬廣大街上迴盪著「打到萊茵！打進柏林！」的歡呼，梅里美說這場戰爭比皇帝之前發動的任一場都要受到歡迎，當時任何膽敢呼籲和平的人大概都會被就地正法。

法國第二帝國以槍桿子立國，也因槍桿子亡國，其主力軍隊很快被擊敗，拿破崙三世在九月二日遭到俘虜。九月四日，一個光明熾熱的秋日，巴黎再一次改換身分，從朝廷之城變成革命之城，群眾湧入議會，逼近杜勒里宮，一路高喊「推翻帝國！共和萬歲！」，並在巴黎市政廳宣布建立共和國。皇后從杜勒里宮穿過羅浮宮的長廊，叫了輛計程車載她逃跑，數日後在美籍牙醫伊凡斯的幫助下抵達英國。

戰爭導致巴黎被圍攻，杜勒里宮和市政廳都遭到焚毀，勝利者還在凡爾賽宮鏡廳召開德意志帝國建國大典，既是對巴黎霸權致敬，也宣告巴黎霸權的結束。歐洲從女主人換成了男主人，此事大傷元氣，需要再過百年才能復原。同時由於第二帝國的魅力實在太強烈，沒了杜勒里宮、沒了宮外的皇帝衛隊，之後許多年內，巴黎的訪客都感到此地首都氣象不再。

---

1 英國女王，在位期間是英國國內工商業、世界政治影響力與海外帝國都發展到最高峰的時代，1819-1901。
2 拿破崙一世姪兒，原為法蘭西第二共和總統，後來稱帝建立第二帝國，1808-1873。
3 法國政治人物與軍事領袖，在法國大革命中嶄露頭角，後來推翻共和稱帝並向外侵略，最後遭歐洲各國聯軍擊敗而被迫退位，1769-1821。
4 法國南部地中海沿岸城市，靠近義大利邊界。
5 歷史地理名詞，範圍在現在的法國、瑞士、義大利三國交界處。
6 二十世紀早期土耳其民族主義黨派，訴求將鄂圖曼帝國君主專制改為立憲政府，於一九〇八年發動革命成功。
7 日耳曼詩人和散文作家，以抒情詩和諷刺詩著名，1797-1856。
8 義大利詩人和小說作家，作品富民族情懷，對現代標準義大利語的發展也有貢獻，1785-1873。
9 法國史上最後一位皇后、拿破崙三世時代的公眾人物，1826-1920。
10 法國王后、路易十六之妻，在法國大革命時遭到處決，1755-1793。
11 英國服裝設計師，被後世許多人視為高級訂製服的始祖，1825-1895。
12 法文字，原指下層勞工階級女性，後來特指在流行服飾業工作（尤其是兼職賣淫）的女性。
13 法國浪漫運動作家，擅長中篇小說（著有《卡門》〔*Carmen*〕），對法國古蹟保存頗有貢獻，1803-1870。
14 巴黎市地區行政長官，被拿破崙三世選中執行大規模都市更新計畫，其成績引發歐美各大都市競相仿效，1809-1891。
15 阿根廷首都與最大城，位於該國東部、鄰近大西洋。
16 羅馬尼亞首都，位於該國東南部。
17 墨西哥第二帝國唯一的皇帝、奧皇弗蘭茲．約瑟夫一世的弟弟，在法國支持下進攻墨西哥推翻民主政權建立帝國，後來又遭墨西哥當地政權推翻，1832-1867。

倫敦 LONDON

從維多利亞女王到「金融大爆炸」

A・N・威爾遜
A. N. Wilson

作家與記者，皇家文學學會（Royal Society of Literature）成員，曾任《旁觀者》（*The Spectator*）和《旗幟晚報》（*Evening Standard*）等報刊雜誌文字編輯。其傳記作品曾獲獎項，小說著作也頗負盛名，出版書籍包括評價極高的《維多利亞時代的人們》（*The Victorians*，二〇〇二年）、《倫敦簡史》（*London: A Short History*，新版於二〇〇五年）、《陷入愛情的但丁》（*Dante in Love*，二〇一一年）、《伊莉莎白時代的人們》（*The Elizabethans*，二〇一一年）以及最新著作《維多利亞傳》（*Victoria: A Life*，二〇一四年）。

當時，第一波大地震把整片地方從中撕開，留下的痕跡處處可見。房屋倒塌、街道破裂不能通行……到處都是從中間斷裂的橋梁，以及完全過不去的通衢大道。

——查爾斯・狄更斯（Charles Dickens），一八四八年

維多利亞時代的人，對於過去說有多厭惡就有多厭惡，尤其是對十八世紀和十七世紀晚期這段不遠的過去。他們絲毫不覺得喬治時代倫敦，或說雷恩所創作的倫敦，是其歷史遺產的一部分，這跟我們完全不一樣。我們見過倫敦被德國空軍和「計畫家」（planster，約翰・貝傑曼

〔John Betjeman[2]〕發明的稱呼）聯手攻擊、摧毀殆盡，但雷恩所建的教堂，毀於維多利亞時代房地產投機客手中的，比被德國炸彈炸掉的還多。《建築家》雜誌（*Builder*）在一八八一年宣告：「教會必須讓路給商業，窄巷中既得利益者的所有物被買走，由寬廣大道與兩旁的新建築取而代之。」

聖戴奧尼斯後教堂（St Dionis Backchurch）、聖班奈特神恩教堂（St Benet Gracechurch）、交易所旁的聖巴托羅謬教堂（St Bartholomew Exchange，這是座中古教堂，不是雷恩蓋的）、博托夫巷聖喬治教堂（St George Botolph Lane），全都被拆除來拓寬道路或建造銀行。當聖班奈特神恩教堂在一八六七年被拆毀，《倫敦新聞畫報》（*Illustrated London News*）歡呼著說那「醜陋的尖塔」終於消失。這就是維多利亞時代的人對當下的信心，讓他們能夠打掉老猶太區聖歐拉夫教堂（St Olave Old Jewry）、伍德街聖米歇爾教堂（St Michael Wood Street）、白希斯霍區聖米歇爾教堂（St Michael Basishaw）、星期五街聖馬太教堂（St Matthew Friday Street）、奧維治聖馬丁教堂（St Martin's Outwich）等等。如果走在維多利亞時代的倫敦，我們鞋上都會沾滿泥濘，因為這裡永遠在施工蓋房子，不斷試圖容納此地爆炸的人口和爆炸的富庶繁榮。

在維多利亞時代早期與中期，拆房子最大的原因就是為了擴建鐵路。從一八五九年至一八六七年間，約三萬七千人被迫遷出倫敦市中心，以便清出建造鐵路的空間。光是米德蘭鐵路公司（Midland Railway）就剷平了一整片貧民窟「艾加爾鎮」（Agar Town）來蓋聖潘克拉斯車站（St Pancras Station），這座車站現在是通向歐洲鐵路網的大門。它以維多利亞時代工程傑作與新歌德風（neo-Gothic）審美觀的偉大紀念物之姿重生，但在現代主義的品味風尚下卻被視為「醜怪」。

倫敦各大火車站是維多利亞時代最偉大的成就之一，包括帕丁頓（Paddington）、維多利亞（Victoria）、查令十字路（Charing Cross）、坎農街（Cannon Street）、魯德蓋特山（Ludgate Hill）等站。隨鐵路而來的是維多利亞時代最大一股風潮：旅館。如果你出身高貴，為了參加社交季前來倫敦，你會租下一間房子，身邊都是從家裡帶來的僕役。維多利亞時代社會流動十分發達，當時的人可能為了很多原因進城去，其中最主要的就是做生意。但你也可能想到皮卡迪利圓環（Piccadilly Circus）如雨後春筍般蓋起的其中一間新戲院尋求娛樂，或者來自想要上進求知的驅力，比方希望能參觀南肯辛頓（South Kensington）阿爾伯特城（Albertopolis）的幾間新博物館。一八五一年世界博覽會之後，阿爾伯特城藉由世博會所賺的錢，蓋起了維多利亞與阿爾伯特博物館（Victoria and Albert Museum）、科學博物館（Science Museum）和自然史博物館（Natural History Museum），這些建築一方面受到維多利亞女王的年輕博學家夫君啟發，另一方面也是為了紀念他。如果你是為了上述原因前來倫敦，或是／以及為了尋求一點祕密的不倫之歡，住在旅館是最上乘的選擇。查爾斯·艾·帕斯寇（Charles Eyre Pascoe[3]）在一八八八年這樣寫：「倫敦已成全球遊手好閒者的尋樂園，美國人、法國人、德國人、印度人、殖民地居民和那些世界各地來的富貴閒人，都在社交季蜂擁而入。」

倫敦總往極端走，貧富差距在維多利亞時代任一座大城裡都已十分明顯，倫敦更加嚴重。離開開闊而規劃完美的公園、新建的百貨商店、西區劇院與旅館，那些選擇往東邊走的訪客都會感到怵目驚心。《龐趣》（*Punch*[4]）雜誌創辦人之一亨利·梅休（Henry Mayhew[5]）寫過一系列文章，以那些掙扎求生的人們為主題，標題就叫〈倫敦勞工與倫敦貧民〉（London Labour and the London Poor）。〈濟貧院的聖誕節〉（It is Christmas Day in the Workhouse[6]）作者是記者與熱門劇作家喬治·R·西姆斯（George R. Sims[7]），不同於梅休寫的是狄更斯時代英國貧民，西姆斯則接手為維多利亞時代晚期的貧苦人說話。他讓貧民有了聲音，所用手法不只是戲劇獨白詩，還包括他在《星期日電訊報》（*Sunday Dispatch*）等報刊上發表的文章：〈生命劇場〉（The Theatre of Life）、〈窮人的生活〉（How the Poor Live）以及〈可怕的倫敦〉（Horrible London）。

當時的倫敦很可怕，而且惡臭、不衛生。維多利亞女王登基時的泰晤士河，就是條露天臭水溝，一百九十四萬五千人（根據一八四一年人口普查）的排泄物每天流入河中，迪斯雷利（Disraeli[8]）描述此河是「冥河般的一灘水，散發著難以形容、難以忍受的恐怖」。市區盛行水媒疾病，霍亂疫情在一八四九年害死一萬八千名倫敦人，又在一八六五年導致兩萬人喪命。終結這可悲情況的英雄之一就是艾德溫·查德威克（Edwin Chadwick[9]），但此人同時也在不經意之下使泰晤士河變得更骯髒：為了清理街道他倡議將排水溝導入河中，而他當時並不知道約翰·斯諾醫師（John Snow[10]）提出的「霍亂是水媒疾病」學說。

維多利亞時代的人足智多謀，他們決定動手解決自家慘況。查德威克在倫敦大都會下水道管理局（Metropolitan Commission of Sewers）有許多後繼者，他們徵召著名工程師（其中最有名的就是約瑟夫·巴澤爾傑特〔Joseph Bazalgette[11]〕）建造大型磚牆汙水隧洞構成的網絡，以及一套高效率的泵浦系統；兩次世界大戰期間倫敦人遭受空襲，但這兩套公共建設卻能歷經戰火而不毀。然而，倫敦貧民的生活環境仍舊極為惡劣，直到第二次世界大戰結束後才有所改觀；

而直到被轟炸的倫敦開始重建之前，這座城在本質上都與維多利亞時代並無二致。

二十世紀後半出現兩項巨大改變，一個是粗野主義（brutalism[12]）的現代建築被引進倫敦，作為辦公室與住宅之用，天際線自此被破壞無遺。二次大戰之前，聖保羅大教堂曾經高聳於城市上方，像母親的胸膛般令人感到寬慰，但如今它已在醜陋得難以言喻的新建築襯托之下變得矮小。

第二個大改變是種族混雜。自從西元四十三年羅馬皇帝克勞迪烏斯（Claudius）在泰晤士河畔紮營之後，倫敦就成了第一個招徠移民的港口。只是，前來定居的胡格諾教徒（Huguenots[13]）、猶太人和其他人等，與當地原有人口相較，實在少得不成比例。然而在一九八一年，倫敦市已有九十四萬五千名非洲加勒比裔與亞裔居民，共占內倫敦（Inner London）人口百分之二十。這純粹只是巧合，但移民遽增的時期，確實也是倫敦喪失英國製造業大城地位的時期。

這是倫敦城兩千年歷史所未見的大變局，在這大改變的時代裡還發生另一項革命。俗稱「平方哩」（Square Mile）的倫敦金融城向來都是英國經濟樞紐地，但當時全英有其他地方也出現錢財滾滾的盛景，例如曼徹斯特（Manchester[14]）、伯明罕（Birmingham[15]）和格拉斯哥（Glasgow[16]）。在瑪嘉烈・柴契爾（Margaret Thatcher[17]）的貨幣主義（monetarism[18]）改革之下，地方性製造業逐漸凋零，而倫敦則變得更加富有。一九八六年十月二十七日，倫敦證券市場向國外開放，這場「大爆炸」（Big Bang）使其搖身一變而為代表性的國際金融市場。此後二十年，倫敦更成為世界金融重鎮之一，再也不是一個純粹的英國都市。

英國其他地區腳步蹣跚難以跟上，很多地方的衰落只能用悲慘來形容。倫敦有了新生命，某方面而言它已成為一個贊助著、支撐著英國的城邦國家，但它與整個英國卻幾乎找不到共同點。

二十一世紀的倫敦就像維多利亞時代的倫敦一樣，是個飛黃騰達且豪情滿溢的商業都市，在建築上對過去毫無留戀。窮人的生活依然不堪，例如城東哈姆雷特塔自治市（Tower Hamlets）的某些住民屬於全英國最窮困的人。年輕毒癮者睡在冰冷門口，亞洲山民淒涼擠居在達格納姆（Dagenham）和圖丁（Tooting）沾滿尿液的混凝土公寓裡，倫敦在這一切不堪之上仍保有它那殘忍的多樣性。十七世紀的瘟疫、一六六六年大火、維多利亞時代鐵路建設與後來德國空軍造成的毀壞，經過這些之後，在金融大爆炸與大量移民湧入的時代裡，倫敦又一次展現它幾乎無限的自我復甦、重新創造的潛力。

一六六六年大火後所建的紀念碑碑文，將羅馬天主教徒詆毀為縱火兇手，此說大謬；二十一世紀的倫敦回教徒也生活在類似的中傷流言裡，其中某些確實是由他們自己所引發，令人想起過去那段人心惶惶傳說著「教皇密謀」的日子。不過我們也不必太悲觀，必須承認的是，現代倫敦乃世界上最驚人、也最成功的，集體公共智慧結晶的範例。

＊部分引用出處：C. Dickens, *Dombey and Son* (London, 1848)

1 英國作家與社會評論者，維多利亞時代最重要的小說家，著有《孤雛淚》（*Oliver Twist*）、《雙城記》（*A Tale of Two Cities*）、《小氣財神》（*A Christmas Carol*）等名作，1812-1870。

2 英國詩人與作家，致力於研究維多利亞時代與維護史蹟，從一九七二年開始擔任英國桂冠詩人直到逝世，1906-1984。

3 英國維多利亞時代作家，寫作題材主要關於當時的倫敦與英國情況，1842-1912。

4 以社會諷刺為主題的幽默雜誌，創刊於一八四一年，一九九二年停刊。

5 英國記者、社會研究者、劇作家，倡議改革，1812-1887。

6 敘事獨白長詩，批判當時濟貧法下濟貧院的嚴酷情況。

7 英國記者、詩人、劇作家與小說家，1847-1922。

8 英國保守黨政治人物與小說家，曾二度擔任首相，1804-1881。

9 英國公務員與社會改革者，對濟貧法案改革與改善貧民區衛生有很大貢獻，1800-1890。

10 英國醫師，提倡麻醉與醫療衛生的先驅，1813-1858。

11 英國公共工程師，曾任倫敦大都會工務委員會（Metropolitan Board of Works）總工程師，1819-1891。

12 現代建築風格流派之一，特徵是將混凝土建材或磚塊的粗獷原貌暴露在外不加掩飾。

13 法國新教教派，流行於南法地區，遵奉喀爾文提倡的教義，歷史上間歇受法國政府迫害直到十八世紀末。

14 英國中北部城市，工業革命時期成為紡織業重鎮，世界上第一個「工業城市」。

15 英國中南部城市，全英僅次於倫敦的第二大城。

16 英國北部城市、蘇格蘭最大城、蘇格蘭啟蒙運動重鎮，也是工業革命時期造船業大城。

17 英國政治人物、第一位英國女性首相、保守黨領導人，1925-2013。

18 主張政府應積極控制貨幣流通量的經濟學派。

布達佩斯

BUDAPEST

多瑙河的橋梁

米夏·葛連尼
Misha Glenny

英國國家廣播公司前特派記者，著有數本以東歐與東南歐為主題的書，包括《巴爾幹，一八〇四年至一九九九年：民族主義、戰爭與強權》（*The Balkans, 1804-1999: Nationalism, War and the Great Powers*，一九九九年）、《南斯拉夫的衰亡》（*The Fall of Yugoslavia*，第三版於一九九六年）以及評價極高的《麥當勞黑手黨：全球犯罪地下世界之旅》（*McMafia: A Journey through the Global Criminal World*，二〇〇八年）。

如果你從巴黎來到布達佩斯，你會以為這是莫斯科；但如果你從莫斯科來到布達佩斯，你會以為這是巴黎。

——捷爾吉·利蓋蒂（György Ligeti[1]），一九八七年

布達佩斯骨子裡就是座十九世紀城市，其中一個原因是它在一八七三年之前並不存在。經歷過一段艱困過程，多瑙河西岸布達（Buda）與奧布達（Obuda）兩鎮終於能與對岸佩斯特鎮（Pest）結合為一，而若沒有一名巧智的蘇格蘭工程師在多瑙河上蓋起第一座橋梁，這幾個市鎮

就更不可能統合。鏈橋（Chain Bridge）如今仍存在，象徵十九世紀匈牙利民族主義，也象徵該國伸張它在奧匈帝國內獨立地位的決心。

打從十六世紀早期，布達和佩斯特就在鄂圖曼帝國統治下苟延殘喘，兩鎮內的鄂圖曼人與來自帝國各地的人愈來愈多，會說匈牙利語的人愈來愈少。縱然哈布斯堡王朝在一六八六年驅走該地鄂圖曼人，但帝國軍隊卻在這過程中動手將這兩鎮一併消滅掉。

從這裡乘馬數小時，就能抵達奧地利帝國之下的匈牙利首都布雷斯堡（Pressburg，現為斯洛伐克首都——布拉提斯拉瓦〔Bratislava[2]〕）。匈牙利民族運動從十九世紀前半開始興起，擁有兩大武器作為本錢：第一是匈牙利人的語言，這是歐陸少數非印歐語系的語文之一，對於四面圍繞匈牙利民族斯拉夫語（Slav[3]）、羅曼語（Romance[4]）和條頓語（Teutonic[5]）的使用者而言，這種語言完全無從理解，這對培養一個分離自主的民族意識非常有幫助。第二是個夢想：在匈牙利中古王朝首都布達一帶建起一座首都。迤邐在多個丘陵上的布達鎮當時主要是住宅區，有高聳於多瑙河畔的一座城堡俯視全鎮，但這座城堡也像匈牙利人一樣有著起起伏伏的命運。它在一六八六年驅逐鄂圖曼人的圍城戰中遭摧毀，一八四八大革命之年又受重創，當時匈牙利自由派人士與貴族試圖強迫年輕的法蘭茲·約瑟夫一世做出政治上的重大讓步。

越過多瑙河，佩斯特可說是能完美補全布達之不足的地方，它是個生意興隆的市場區，街道狹小、社交生活生氣蓬勃，更是領導該區域經濟發展的龍頭，這兩處聚落結合在一起就代表了匈牙利在經濟與政治上的存在。民族運動要面對的挑戰十分簡明，那就是如何把兩鎮合而為一，創造出一個與帝國首都維也納相對應的、專屬於匈牙利人的大都會。

從布達渡河到佩斯特是件非常冒險的事，多瑙河冬天通常會結冰而易於通行，夏天人們則搭起一座浮橋，但這套法子有許多缺點：浮橋阻礙河上船行，因此每天必須在不同時候拆卸再重新組裝；河水開始結冰或開始融冰時，浮冰也讓小型船隻變得難以通航。

數年遊說請願之後，心懷自由主義與民族主義思想的匈牙利貴族伊斯特凡·塞切尼（Istvan Szechenyi[6]），終於在一八三〇年代獲得建造連接兩地橋梁的許可。塞切尼不僅在籌款時遇到無數困難，他還必須面對一項致命的問題：匈牙利人之中沒有半個工程師。

「匈牙利的兩個克拉克」故事從此展開。威廉·提爾尼·克拉克（William Tierney Clark[7]）是最早設計出吊橋的人，也是負責建造橫跨倫敦泰晤士河原本那座漢默史密斯橋（Hammersmith Bridge[8]）的建築師；工程師亞當·克拉克（Adam Clark[9]）後來則成為唯一在布達佩斯擁有一座紀念廣場的蘇格蘭人。亞當·克拉克帶來的蘇格蘭工人在當地建起一座教堂，後來又蓋了一間供年輕女子就讀的學校，頗受當地大量猶太人歡迎。這所學校曾擁有輝煌歷史，但後來被共產黨下令關閉。

建橋過程充滿難關。一八四八年橋梁行將落成之時，匈牙利卻爆發革命，拉約什·科蘇特（Lajos Kossuth[10]）領導的自由派試圖推翻哈布斯堡王朝對匈牙利的統治。維也納的復仇於一八四九年展開，奧地利以行動重建它對匈牙利這片領土的全盤控制，奧軍指揮官馮·海瑙將軍（von Haynau[11]）的殘暴不仁竟成了那個時期的時代象徵。幸得上天保佑，這座橋梁雖然差點受到砲擊，命懸一線，但最後仍完好保留下來。

於是，在這匈牙利民族運動看似大勢已去的時刻，兩地市鎮終於在實質相連。事實上，哈布斯堡王朝在一八四九年的勝利就已播下自己最後失敗的種子，法蘭茲·約瑟夫在一八六七年終究不得不將匈牙利在帝國內的地位大幅提高。六年之後，布達、奧布達和佩斯特變成了佩斯特—布達（Pest-Buda，後來反過來稱為「布達佩斯」〔Budapest〕）；這之後又過六年，匈牙利國民議會通過議案蓋起了國會大樓（匈牙利文為Orszaghaz，其建築有一部分以倫敦國會會議廳為範本），隔著多瑙河傲然與城堡相望。在此之後，布達佩斯的建設如火如荼展開，半圓狀的大環路（grand boulevard）環抱並穿過佩斯特，通往壯麗的東火車站（Eastern Railway Station），改造了整體市容。等到一次大戰結束、哈布斯堡王朝垮台之時，布達佩斯已成為歐洲優雅也最刺激人心的首都之一。

***部分引用出處**：Gyorgy Ligeti, interview by Dorle J. Soria, in *Musical America*, vol. 107, no. 4, September 1987

1 匈牙利當代古典音樂作曲家，是二十世紀後半重要前衛音樂創作者，1923-2006。
2 位於斯洛伐克西部的城市，是斯洛伐克政治、經濟與文化中心。
3 印歐語系的一支，主要為源自東歐的斯拉夫民族所使用。
4 印歐語系的一支，由通俗拉丁語（Vulgar Latin）演變而來，其下包含義大利文、法文、西班牙文、葡萄牙文和羅馬尼亞文等語文。
5 印歐語系的一支，又稱日耳曼語，其下包含英文、德文、荷文等語文。
6 匈牙利政治人物與作家，被視為匈牙利史上最偉大的政治家，1791-1860。
7 英國公共工程師，專精於橋梁的設計與建造，1783-1852。
8 該橋初建於十九世紀初，十九世紀末因載重量不堪負荷而被改建，負責改建的工程師是上一章提到的約瑟夫·巴澤爾傑特。
9 蘇格蘭工程師，主要活躍於匈牙利，1811-1866。
10 匈牙利律師與政治人物，革命失敗後在歐美各國進行演說宣揚匈牙利民族主義，1802-1894。
11 奧地利將領，一八四八年率軍成功鎮壓義大利與匈牙利兩地革命潮，行事殘暴，1786-1853。

蒙特婁
MONTREAL
造就加拿大的反骨氣概

羅利・麥克黎恩
Rory MacLean

旅遊作家，著作包括登上英國暢銷書榜前十名的《史達林的鼻子》（*Stalin's Nose*，一九九二年）和《巨龍腳下》（*Under the Dragon*，一九九八年），為旅遊文學界帶來一股新氣象並挑戰舊有傳統，已故的約翰・符傲斯（John Fowles）說他的作品可以名列「以精采方式告訴我們文學為何不死」的佳作。他是藝術委員會（Arts Council）作家獎得主，曾被提名為國際 IMPAC 都柏林文學獎候選人。

自由魁北克萬歲！（Vive le Québec libre!）

——查爾斯・戴高樂（Charles de Gaulle），一九六七年於蒙特婁

人們最初染指加拿大是為了漁獲和毛皮，先是鱈魚把英國、法國和西班牙漁船吸引到紐芬蘭大淺灘（Newfoundland's Grand Banks[1]），然後歐洲吹起寬緣毛氈帽的流行風尚，引人去撬開美洲內陸的大門。毛皮貿易可以獲取暴利，逾百年以來都以蒙特婁為中心，這個現象又反過來鼓勵人們對北美大部分地區進行探索。

一五三四年，不列塔尼海員雅克・卡蒂亞（Jacques Cartier[2]）航入聖羅倫斯灣（Gulf of St Lawrence[3]），宣布「新法蘭西」（New France[4]）為法王法蘭索瓦一世的所有物。山謬・德・尚普蘭（Samuel de Champlain[5]）繼承他的事業，為了壟斷毛皮貿易而往聖羅倫斯河（St Lawrence river[6]）上溯一千公里，在魁北克與皇家廣場（Place Royale）一帶建立殖民聚落（皇家廣場是座圓蓋型的島嶼，位在聖羅倫斯河與渥太華河〔Ottawa river[7]〕匯流處）。一六四二年，第一批傳教士為了「讓野蠻人皈依」來到這座島，當時蒙特婁一詞，已經是人們對這孤絕而沒沒無聞小地方的通稱。

一六五〇年，蒙特婁只有一百九十六名大無畏的住客，但這些早期法裔居民卻展現出令人嘖嘖稱奇的精力與信仰，他們在極度孤立且酷寒的環境中生存，孕育一股對這土地原始的愛戀之情。其中那些有冒險精神的「遊人」（voyageur），便乘獨木舟遠行至密西西比河（Mississippi[8]），甚至更到達溫尼伯湖（Lake Winnipeg[9]），早在維吉尼亞殖民者翻越阿勒格尼山脈（Allegheny Mountains[10]）之前。他們的發現為毛皮貿易奠定基礎，並讓英法兩國更添上了一個開戰的原因。

隨著居民公司（Compagnie des Habitants）、西方公司（Compagnie d'Occident）和西北公司（North West Company）派出的小船日益深入「上游地方」（pays d'en haut[11]），一七〇一年之後的蒙特婁愈來愈繁榮，其中西北公司是在法國敗於七年戰爭（Seven Years War[12]，一七五六年至一七六三年）、喪失大部分北美領地之後才進駐。每年春天融冰時，樺木樹皮造的大型「主獨木舟」（canots de maître）就從蒙特婁爭相駛向蘇必略湖（Lake Superior[13]）西端，與來自內陸滿載河狸皮的「北方獨木舟」（canots du nord）會合，數百萬張皮草隨之從蒙特婁卓越的天然港運往歐洲。西北公司最終與頭號大敵哈德遜灣公司（Hudson's Bay Company）合併，以附近的拉欣（Lachine[14]）為基地建立起皮草貿易帝國，領土廣大無比，從這片大陸東邊拉不拉多（Labrador[15]）一直延伸到極北邊的努特卡海峽（Nootka Sound[16]）。

魁北克省的人們特立獨行，不與後到的英國殖民者為伍，美國革命軍在一七七五年短暫占領蒙特婁，即想把當地人的反骨精神引為助力。班傑明·富蘭克林（Benjamin Franklin[17]）自己搬進蒙特婁市，試圖說服居民加入革命勢力，但卻失敗了，僅來得及在英軍回師之前匆忙逃離。富蘭克林遭遇的挫折絕非代表當地人安於現狀，來自英法的殖民者彼此之間長久以來多有歧異，這讓蒙特婁成為充滿衝突與公開暴力的熱鍋，也決定了國家「兩個孤寂」（two solitudes[18]）的本質。

當毛氈帽在歐洲退流行之後，英國生意人（大部分是蘇格蘭人）調整經營方向，開始尋找其他自然資源。使蒙特婁的地位壓過魁北克市（Quebec City[19]）的原因有二，第一是蒸汽船航運，第二是連接五大湖與大西洋的拉欣運河（Lachine Canal）啟用。經濟蓬勃發展，一八九〇年代該國大半財富都在一百個講英語的蒙特婁人口袋裡，他們蓋起無數銀行、大學、醫院和教會，連馬克吐溫都說：「在他們的城市裡，小男生隨便扔塊石頭都能打破教堂窗玻璃。」蒙特婁成為英屬北美洲最大的城市，它身為加拿大經濟與文化中心的地位無可置疑，那些年，法裔人口都被排擠在上流人士的撞球間與俱樂部門外。

魁北克人背負著這般怨憤進入二十世紀，使用法語的多數人口害怕自己將要喪失原有的文化與語言，這樣的擔憂引發大規模的社會與政治變革，使權力平衡出現改變。長時間擔任市長的尚・達波（Jean Drapeau[20]）下令拆除許多象徵英裔居民特權的「英國華廈」；一九七〇年，魁北克解放陣線（Front de libération du Québec）發動的綁架事件引發「十月危機」（October Crisis[21]），主張獨立的魁北克人黨（Parti Québécois）又在該年地方選舉中贏得議會席位，共同加深了英法兩種語言群體之間的鴻溝。多倫多（Toronto[22]）在僅僅幾年間成了加拿大的頭等大都會，部分原因即是蒙特婁不安的政治氣氛，引發了當地人的出走潮。

話說回來，蒙特婁至今仍是加拿大唯一一個英、法兩種語言共存的城市，文化衝突造就它奮發而獨立的精神。矛盾的是，正是這種桀敖不馴之氣，確保了加拿大擁有獨一無二的特質，這在艱苦孤獨的毛皮貿易歷史年代裡更顯真實。若非歐洲時尚的突發奇想，若非「遊人」冒險犯難、熱情不減的氣概，加拿大想必早已被納入美利堅合眾國了。

---

1 紐芬蘭東南外海的海底高原群，位於北美大陸板塊上。

2 法國探險家，將加拿大占領為法國所有，第一個在地圖上描繪聖勞倫斯灣的歐洲人，1491-1557。

3 加拿大東岸海灣，五大湖湖水經聖羅倫斯河由此流入大西洋。

4 法國在北美大陸殖民區域的總稱，全盛期範圍北至紐芬蘭、南到墨西哥灣，後來割讓予英國和西班牙。

5 法國軍人與探險家、地理學家、人種學家，在魁北克一帶建立最早的殖民聚落，被稱為「新法蘭西之父」，1574-1635。

6 北美大陸中緯度地區大河，連接五大湖區與大西洋。

7 加拿大主要河流之一、渥太華與魁北克兩省的分界線、聖羅倫斯河主要支流之一。

8 北美大陸第二大水系，流域完全位於美國境內，注入墨西哥灣。

9 北美中部大湖，位於加拿大曼尼托巴省。

10 北美東部阿帕拉契山脈的一部分，呈東北—西南走向，位於美國與加拿大境內。

11 指聖羅倫斯河上游、新法蘭西北部的地區。

12 主要是英法之間因殖民地利益而展開的衝突，但歐洲多國都加入這兩大陣營，戰場分布於歐陸、美洲、西非、印度、菲律賓等地。

13 北美五大湖中最大湖，介於加拿大安大略省與美國明尼蘇達、威斯康辛、密西根三州之間。

14 位於蒙特婁島南部，現在是蒙特婁市的一個區。

15 加拿大東北部大西洋岸地區，現屬於紐芬蘭與拉不拉多省。

16 加拿大西岸通太平洋的海峽，分隔溫哥華島與努特卡島。

17 美國政治人物與博學家，美國建國重要人物之一，對電學研究有許多貢獻，1706-1790。

18 原為休．麥克黎南（Hugh MacLennan）的小說書名，指加拿大英裔與法裔族群之間彼此孤立、互不溝通的情況。

19 位於加拿大東南部的都市，魁北克省省會。

20 加拿大律師與政治人物，1916-1999。

21 一九七〇年十月，魁北克省政府內閣大臣皮耶．拉波特（Pierre Laporte）和英國外交人員詹姆斯．克羅斯（James Cross）遭魁北克解放陣線綁架，當時加拿大總理皮耶．特魯多（Pierre Trudeau）下令在魁北克省實施「戰時措施法」（War Measures Act），最後拉波特遭撕票，恐怖分子釋放克羅斯，以換取能平安流亡古巴。

22 位於加拿大東南角的都市，渥太華省省會。

華盛頓特區

WASHINGTON DC

顯而易見的意識形態

這裡有時被稱為「宏大遼闊之城」，但更妥當的說法應該是「宏大壯志之城」。

——查爾斯・狄更斯，一八四二年

西蒙・夏馬
Simon Schama

哥倫比亞大學（Columbia University）藝術史與歷史大學級教授，其十五本著作包括《財富之恥：荷蘭黃金時代文化的一種詮釋》（*The Embarrassment of: An Interpretation of Dutch Culture in the Golden Age*，一九八七年）、《公民們：法國大革命編年史》（*Citizens, a Chronicle of the French Revolution*，一九八九年）、《地景與記憶》（*Landscape and Memory*，一九九五年）、《艱難航程：不列顛、奴隸與美國革命》（*Rough Crossings: Briain, the Slaves and the American Revolution*，二〇〇五年），最近出版的《美式未來：一段歷史》（*The American Future: A History*，二〇〇八年）在大西洋兩岸皆有獲獎。一九九六年發表於《紐約客》雜誌上的藝評文章曾獲國家雜誌獎（National Magazine Award），在《藝術的力量》（*The Power of Art*）系列中關於貝尼尼的影片亦獲得國際艾美獎（International Emmy）。他為英國國家廣播公司製作並主持超過三十部影片，其《美式未來：一段歷史》在二〇〇八年獲得媒體協會（*Broadcast Press Guild*）最佳紀錄片獎。他還固定為《衛報》（*Guardian*）撰寫作政治、藝術、流行音樂和美食評論，二〇〇九年開始主持英國國家廣播公司廣播第四台（BBC Radio 4）的節目《棒球與我》（*Baseball and Me*）。

世上哪個城市會有華盛頓特區這般寬廣到不近人情的道路？位處政府機構之城核心區無盡開闊的空間裡，根本已經不是所謂的「林蔭大道」可形容。交出第一張計畫圖的工程師是皮耶·查爾斯·朗方（Pierre Charles L'Enfant[1]），其設計的各主道路寬度竟超過一百六十呎。這就是雇用法國古典主義者的下場，因為他完全沒注意到此地夏季熱如火爐，綠樹成蔭、較窄的道路規劃，或許才對人們較為親切，也才能提供街上行人些許慰藉。

華盛頓確實有些鬧嗡嗡的街坊社區，像是亞當斯·摩根（Adams Morgan）或是U街（U Street），U街的艾靈頓公爵劇院（Duke Ellington Theater）附近可見到華盛頓非裔美國文化的鮮活呈現。還有些林蔭區即一九〇〇年後設置的公園與花園，能打破華盛頓這片官僚主義—專家霸權主義（punditocracy）的莽原氣氛。不過，在此出沒的年輕人大都不是來尋求這城的浪漫氣息，而是他們必須生活在被建築物具象化的「民主政府」政治主張裡。「民主政府」是此地跳動的心房，是整個政治大我的生命脈搏，但它同時也使得某部分美國文化只將「華盛頓」當作遠地官僚主義和自大傲慢態度的代名詞，而非一個真實城市。

它的缺陷與諸多實質的輝煌，都是亞美利加共和國最初的分裂人格所致。對湯瑪斯·傑佛遜（Thomas Jefferson[2]）來說，真正的美國存在於鄉間一片又一片的農場裡，公民老百姓在那裡建設著一個嶄新的社會與政體。喬治·華盛頓（George Washington[3]）的立場比較模稜兩可，他厭惡虛有其表的體面，但又很在意美國是否能在一個浮華王室當道的世界裡揚眉吐氣，而美國都城應當要能讓人一眼就看見民主制度的優越性。事實上，華盛頓這座城市十分趨近華盛頓本人心中的夢想。

這座城市很「人工」，且完全沒有一點自給自足商業經濟體的樣子，這些受眾人批評的特質，卻恰恰正是喬治·華盛頓所尋求的目標。他和傑佛遜都認為，倫敦和巴黎等人口擁擠的大都會都是培養懶散風氣、惡習和腐敗的溫床，一個建立在人民高尚素質的國家需要一座量身打造的城市，來容納民主政府各個機構。舉例來說，獨立的立法機關與行政組織必須在賓州大道（Pennsylvania Avenue）各據一端、相隔一哩，以具體表現兩者關係，但從這兩座建築物卻又總能不受障礙地看見對方。

建立聯邦城市的構想，原本出於意識形態，但也是為因應實際需求。在革命戰爭這段高潮迭起的動盪時代，居無定所的國會搬家超過八次以上。為了保障政府的完整性與效率，各機關需要統一集中在一個易守難攻的地點，此事幾乎是在一七八三年戰爭結束的同時就拍板定案，但隨之而來的，就是各方為了選擇地點長期爭執不下。最後喬治·華盛頓做了決定，貫徹自己將地點設在波多馬克河（Potomac[4]）的主張。

一七九〇年，華盛頓請法國軍事工程師朗方做出詳細計畫。朗方的構想果不其然是以法國古典都市主義為藍本，從中央大廣場向外延伸出放射狀寬闊大路，路旁排列一棟棟政府建築。市區外的波多馬克河和河上「大瀑布」（Great Falls）提供一系列水路，讓華盛頓不只是古典派巴黎市的翻版，還能沾染一些威尼斯和羅馬的模樣來錦上添花。儘管美國國會後來與朗方鬧翻，最後將一個大幅修改過的計畫交由不那麼虛華的安德魯·艾利考特（Andrew Ellicott[5]）著手進行，但朗方設計的大部分要素都被保留下來，包括行政機關與立法機關之間象徵性的分離與連結（並呈現後者的卓然地位和前者的高貴素質）以及那些巨型馬路。另一位啟蒙智士傑佛遜還花了不少心思，以確保朗方與艾利考特能夠取得歐洲各個偉大城市的地圖。

傑佛遜在一八〇〇年入主總統府，當時聯邦首都特區只有三千居民，其中三分之一是黑奴與自由黑人。總統府已經有了小小柱廊和小公園，以及準備用來接見賓客的東廂房，但其他大部分都尚未完工。波士頓建築師查爾斯·布芬奇（Charles Bulfinch[6]）當時負責國會大樓（Capitol）建築工程，他為立法機構設計一座由左右亭子拱衛的圓頂，整座建築剛蓋好的時候以美國標準來說堪稱壯觀，但隨著共和國日益擴張興盛，人們開始覺得它不夠氣派，有個笑話還說它長得像「一個糖罐子倒放在兩個茶葉屜中間」。

英國人在一八一四年夏季放火燒毀華盛頓，重建工程拖了好一段時間才展開，數十年間人們都笑華盛頓是個「有街道沒房子」的地方，而它的鄰居喬治城（Georgetown）這個熱鬧港市則是「有房子沒街道」。美國國父當初可沒想像到此地氣候如此嚴酷，夏日臭氣四溢、蚊蟲滿天，而且水源極不乾淨，動不動就在城裡引起霍亂，跟朗方當初設想的優雅溪流和清澈水池，真是天差地別。豬群在國家廣場（Mall）上遊盪，東倒西歪的客棧和亂七八糟的房舍更造就此城莊嚴與髒亂混雜、自由象徵與奴隸制現實並存的特殊風情。

到了一八五〇年代早期，城裡來了一位美國史上功勞最高，但卻至今仍罕為人知的英雄。他在南北戰爭期間擔任聯邦軍隊軍務長，對於北方勝利的貢獻不下於林肯（Abraham Lincoln[7]）、格蘭特（Ulysses S. Grant[8]）與薛曼（William Sherman[9]），這人即是建築師出身的蒙哥馬利·梅格斯（Montgomery Meigs[10]）。他一生奉獻於建築事業，其設計的磚造羅馬式年金大樓（Pension Building，現在是美國國家建築博物館）結構有如古典神殿，是美國驚人的建築成就之一。他建造的輸水道讓華盛頓終於能從波多馬克河大瀑布引來足夠清水（這也是消防所必須），他也是國會大樓重建工程的主持者，將布芬奇的糖罐子換成類似布魯內萊斯基、米開朗基羅和雷恩等人風格的造型，並將建材改為鑄鐵以防英國人再來放火。

今日華盛頓是在世紀之交時變成這般模樣，當時舊有聯邦政府建築更新為擁有石造門面的高大華廈，作為財政部、國務院和其餘機關的辦公處。其中偶爾可見不按牌理出牌、令人眼睛一亮的例外，比方英國科學家詹姆士·史密森（James Smithson[11]）捐出遺產所建（國會在一八四六年接受捐贈）的哥德風史密森尼（Smithsonian）「城堡」——一座「致力增進全人類知識的機構」；由城裡特立獨行的詹姆斯·倫威克（James Renwick[12]）設計的科克倫藝廊（Corcoran Gallery）；至於費利爾畫廊（Freer）則擁有驚人收藏品（規模宏大的美國國家藝廊（National Gallery）在一九三〇年代才成立）。位於國家廣場軸線底端那幾座紀念華盛頓、林肯與傑佛遜的大型建築或碑銘，則需要很長一段時間慢慢造就，華盛頓紀念大方尖碑、林肯紀念堂裡由丹尼爾·契斯特·法蘭區（Daniel Chester French[13]）所雕的坐像，都是十九世紀下半葉的產物。進入二十世紀，林瓔（Maya Lin[14]）那座極富表現力的越戰紀念碑超越了建材冰冷本質，成為真正凝聚人心的場所，紀念碑碑身是一道位於人工壕溝裡的玄武岩牆，高度隨將士死難數目與上個世紀時代的悲戚氣氛而升降。國會大樓、白宮以及上述這些紀念性建築，讓華盛頓成為這個國家的中央控制室。但對城中一般居民來說，當櫻花旁若無人地高張豔幟，當亞當斯·摩根的街道逐漸充滿鄰居兒童笑語，他們眼中的華盛頓絕對不只是聯邦首都特區或具象化的意識形態，而是一個美國式的社群，而且還是個頗不錯的社群。

*部分引用出處：C. Dickens, *American Notes for General Circulation* (Paris, 1842)

1 法國軍事工程師，1754-1825。

2 美國政治人物、《美國獨立宣言》起草人、美國第三任總統，倡導共和主義與個人權利，1743-1826。

3 美國政治人物、獨立戰爭期間殖民軍總司令，美國獨立後當選第一任總統，被視為美國國父，1732-1799。

4 美國東岸中部河流，注入連接大西洋的切薩皮克灣（Chesapeake bay）。

5 美國測量專家，對於阿帕拉契山脈以西領土的地圖繪製頗有貢獻，1754-1820。

6 美國建築師，被認為是第一個美國土生土長的專業建築師，1763-1844。

7 美國第十六任總統、美國北方在南北戰爭期間的領導人，後來遇刺身亡，1809-1865。

8 美國第十八任總統、南北戰爭中北軍知名統帥，1822-1885。

9 美國軍人與商人、南北戰爭中北軍知名將領，1820-1891。

10 美國軍人與公共工程師，擔任軍務長極有成績且以剛正廉潔著稱，1816-1892。

11 英國化學家與礦物學家、史密森尼學會（Smithsonian Institution）創辦者與出資者，1765-1829。

12 美國建築師，被視為十九世紀美國的成功建築師之一，1818-1895。

13 美國在十九世紀末到二十世紀初名聲最大、產量最豐的雕刻家，1850-1931。

14 美籍華裔建築師，生於一九五九年。

巴塞隆納
BARCELONA

加泰隆尼亞的鳳凰

費利浦・斐南德茲—阿梅斯托
Felipe Fernandez-Armesto

曾在牛津大學任教，於二〇〇〇年開始擔任倫敦大學瑪麗王后學院全球環境史教授一職，之後並取得塔夫茨大學（Tufts University）和印第安納州聖母大學（University of Notre Dame）教授職。他曾獲得殊勳，其著作贏得許多文學獎項，作品包括《亞美利加：一個半球的歷史》（*The Americas: The History of a Hemisphere*，二〇〇三年）、《自以為人：人類簡史》（*So You Think You're Human: A Brief History of Humankind*，二〇〇四年）、《尋路人：全球探險歷史》（*Pathfinders: A Global History of Exploration*，二〇〇六年）和《世界：世界的歷史》（*The World: A History*，再版於二〇〇九年）。

巴塞隆納發生過的路障戰役，比世上任何城市都要多。

——卡爾・馬克思（Karl Marx）與佛利德里希・恩格斯（Friedrich Engels），一八六四年

「如果我是你，」一名英國鄉下人對停下來問路的摩托車騎士這樣說：「我一開始就不會從這裡出發。」往陸地的方向被群山圍繞，往海洋的方向又被凶險海流所阻。若要創造一座偉大都市，巴塞隆納看來根本選錯了地點。但此地卻毫不為地理環境所限，缺乏天然港的巴塞隆納在中古時代竟成為一個海權帝國的核心，無法靠近沙灘的大船只好停在外海，靠小舟與港內聯絡；到

了現代，工業化又使巴塞隆納在一無自然資源、二不直通主要市場的情況下依然財源滾滾。

巴塞隆納也不受自己的歷史所限，超越其內在結構的各種缺陷，從一次次災難中復興。十九世紀此地工業開始蓬勃發展之時，正當國家內亂，若在其他地方人們壓根兒不會想進行長期投資。當地製造業之所以能夠興盛，其基礎卻是在巴塞隆納身為長期戰爭中戰敗一方、慘遭征服占領之時奠定。從一八二〇年代開始，西班牙內部專制王權與立憲政治的支持者鬥爭不休，再加上殖民地革命導致西班牙喪失美洲市場，在在威脅著此城經濟。霍亂在一八三四年首度大流行，自由派和立憲派的人同樣遭病魔索命。一八四二年至一八四三年之間，艾斯巴提洛將軍（Baldomero Espartero[1]）又砲轟巴塞隆納逼使共和黨人屈服。

然而「加泰隆尼亞文藝復興」（Renaixença[2]）卻如百花齊放般開展，加泰隆尼亞藝術與語文在此時重獲新生；同時，大型工廠一棟接一棟冒起，像詩人索里亞（Zorrilla[3]）所說那般噴吐著「火山似的火與煙」。擴展區（Eixample，包著古城區那片現代化、次序井然的方格狀街道區域）蓋好之後，盧德派（Luddite[4]）工人和中產階級基進分子隨之在一八五四年發起血腥暴動。十九世紀末期的巴塞隆納變為「炸彈之城」，勞工運動紛起造成社會不安，無政府主義者縱火行動猖獗，中產階級則過著納西茲·烏勒（Narcís Oller[5]）小說《淘金熱》（*La febre d'or*）裡描述的光鮮亮麗生活。這是一個脆弱易碎的世界，無數公司雖擁有大量資本，但錢都是出自少數幾個緊張兮兮的出資者口袋之中。一八九八年至一九〇二年間的美西戰爭（Spanish-American War[6]），還有在摩洛哥打的大小殖民戰役造成的耗損與壓力，使社會關係變得更為緊繃。在此同時，高第（Gaudi[7]）和普意居·依·卡達法爾（Puig i Cadafalch[8]）等建築大師用「創意壞品味」

在市區各處妝點現代主義奇作；拉蒙·卡薩斯（Ramon Casas[9]）與桑地牙哥·魯西紐（Santiago Rusiñol[10]）畫著描繪中產階級室內的風俗畫，以及粗野狂放的街頭暴力景象。社會上日益高漲的不滿，在一九〇九年引燃「悲劇之週」（Tragic Week）火焰，八十處建築遭到無政府主義暴亂分子燒毀，其中大部分是教堂或教會學校。以加泰隆尼亞語寫詩的第一把交椅霍安·馬拉加（Joan Maragall[11]）在〈巴塞隆納新頌〉（Oda Nova a Barcelona）裡踏過餘燼，慶祝「加泰隆尼亞的精神」化身為一座「屬於我們」的城市，「包括它的缺陷與一切」。高第聖家堂（Sagrada Familia）的尖塔桀驁不馴直指天際。縱使普里莫·德·里維拉將軍（Primo de Rivera[12]）獨裁期間廢除加泰隆尼亞政府（時為一九二四年），卻絲毫未能擾亂這藝術的黃金時代，以及該城在當時的迅速發展。巴塞隆納在一九二九年舉辦世界博覽會，那時城中人口已超過百萬，「加泰隆尼亞的鳳凰」似乎勢不可擋。

這隻鳳凰的羽毛絕世無雙，工廠建築師巧妙融合教堂、城堡、藝術工作室，尤其是王宮等舊有建築元素，甚至直接造出青出於藍的作品。一家報紙在一八五五年說王宮「不是法老居所、不是聲色糜爛之處，而是數百家庭生活之道」，而這些工廠是史上第一批擔任生產者而非消費者的宮殿。建築師試圖找出加泰隆尼亞的「國族」風格，在市區到處蓋起摩爾式奇想作品和瘦高嶙峋的哥德式建築，帶人回到神祕的中古時代，那時巴塞隆納王朝統治者還主宰著大半個西地中海，連遙遠希臘都有某些土地屬於他們。羅傑特（Elies Rogent i Amat[13]）、多梅內克（Lluís Domènech i Montaner[14]）和普意居·依·卡達法爾等建築師，用童話故事般的尖塔刺穿老城垛描出的天際線。然而，現代主義在二十世紀早期成了主流風尚，高第在巴特略之家（Casa Batlló）將其排除直線的做法發揮到極致，讓屋子裡連天花板都像是鮮奶油般高低起伏；他設計米拉之家（Casa Milà）時想展現出「非經人手建造」的自然生長意象，表面有裝飾性的凸出物，像是一座〈沉沒的教堂〉（Cathédrale engloutie[15]）被蝕成波浪狀。到了一九二九年，現代主義的東西看起來已經不夠現代，參觀世博會的革新派分子被密斯．凡德羅（Ludwig Mies van der Rohe[16]）日耳曼式涼亭那舉重若輕的理性主義震撼得瞠目結舌，於是叫囂著要把巴塞隆納上一代的建築拆毀掉。理性主義建築師爭相想把貧民窟改造成線條簡潔、功能至上、充滿平板玻璃窗的烏托邦，但這些計畫真能實踐的並不多，只有一些勞工住宅、一所肺結核醫院，以及格蘭維亞大道（Gran Via）的一間珠寶店而已。烏托邦在格蘭維亞大道上舉步可及，但只有富人才跨得過那道界線。

經濟、人口、文化、政治，巴塞隆納在加泰隆尼亞的地位如此重要，巴塞隆納人要認同加泰隆尼亞並非難事；但若說到對西班牙的國家認同，巴塞隆納的態度就有些模稜兩可，畢竟它是全西班牙最接近一個城邦國家或中古時代義大利地方統合政體（medieval commune）的地區。十六世紀西班牙宮廷內就有巴塞隆納派來的外交大使，加泰隆尼亞叛軍在一六四〇年驅逐西班牙統治者後，有個來頭不小的西班牙政治人物便私下說道：「巴塞隆納這地方的問題，就是我們每個世紀都得從卡斯提爾派兵去征服它一、兩次。」十九世紀時，巴塞隆納的富庶與高雅使它成為典型的「第二大城」，與馬德里（Madrid[17]）爭奪世人的注目。此外，由於馬德里象徵西班牙國家的統一，但巴塞隆納卻是孕生加泰隆尼亞地區情懷的火爐，於是兩座都市之間的競爭，又變成與不同規模、彼此衝突的兩種國族主義之結合。一九七八年憲法終於保障加泰隆尼亞地區的自治權，但在此之前百年間，當地叛軍已曾四度在巴塞隆納舊議會大樓陽台上單方面宣布自治。巴塞隆納足球俱樂部（F.C. Barcelona）賦予「政治足球[18]」一詞全新定義，該隊於二〇〇六年奪得歐洲錦標賽冠軍，那時球隊的荷籍總教練法蘭克·列卡特（Frank Rijkaard[19]）竟高呼：「加泰隆尼亞萬歲！」

巴塞隆納最後一次被「征服」是在一九三九年，當時西班牙內戰的情勢特別造成中央集權派與地方分權派、分離派的兩方對壘衝突，佛朗哥（Francisco Franco[20]）的軍隊開進這座被轟炸得瘡痍滿目的城市，高喊「西班牙來了」。這些軍人只是先鋒，西班牙在接下來四十年裡以一種更具改造力的方式來到巴塞隆納；成千上萬移民從國內其他貧困地區湧入該城，一九八一年官方統計市區人口數量高達一百七十五萬，若把市郊居民也算進去則人數已超過三百萬，巴塞隆納的加泰隆尼亞特質幾乎要被外來人口淹沒。然而，當獨裁者佛朗哥在一九七五年過世，加泰隆尼亞流亡政府首長歸來時，卻受到當地人與外來移民的一致熱烈歡迎。

自此以往，巴塞隆納勞工階級一直穩定地在選舉中支持加泰隆尼亞自治，以及加泰隆尼亞本土性文化政策。講加泰隆尼亞語的中產階級對民族問題十分敏感，而那些講西班牙語的無產階級對此卻也能配合；晉身資產階級和變得「加泰隆尼亞化」，這兩件事在當地基本上是同一回事。巴塞隆納在歐盟內也有其角色，它負責展現西班牙的歐式面貌、擔任西班牙進入歐洲的橋頭堡，且未來可能越過西班牙範圍，發展成為西地中海地區的大都會。五百年前，一名來自卡斯提爾的訪客指出這座城的本質，這種本質如今在巴塞隆納似乎依舊根深柢固。他說：「噢，恩典的上帝，我看見了一座足以固守的城市……她的人民儘管缺乏天然資源仍能成功，而這全憑他們自身努力方能獲得紅塵所有榮華。」

***部分引用出處：**K. Marx & F. Engels, *Revolution in Spain* (1854, pub. London, 1939)

1 西班牙軍事將領與政治人物，西班牙自由黨中基進派代表人物，1793-1879。

2 十九世紀早期加泰隆尼亞地區的浪漫主義民族文藝運動。

3 西班牙浪漫主義詩人與劇作家，作品富有民族歷史情懷，1817-1893。

4 原指十九世紀一派以摧毀工廠機器為抗議手段的紡織工人（憂慮機器造成勞工失業），後泛指反對機械化、自動化等新科技推展的人。

5 西班牙加泰隆尼亞作家，1846-1930。

6 美國與西班牙之間為了古巴問題和菲律賓問題爆發的戰爭。

7 西班牙建築師、加泰隆尼亞現代主義（Catalonia modernism）代表人物，作品極具個人風格，1852-1926。

8 西班牙加泰隆尼亞現代主義代表建築師，作品多集中在巴塞隆納，1867-1956。

9 西班牙藝術家，以肖像畫與群像畫聞名，1866-1932。

10 西班牙畫家、詩人與劇作家、加泰隆尼亞現代主義領導人物，1861-1931。

11 西班牙加泰隆尼亞詩人、記者與翻譯者，是加泰隆尼亞現代主義在文學領域的重要人物，1860-1911。

12 西班牙軍事獨裁者，於西班牙王室復辟時代末期擔任首相，口號為「國家、宗教、王室」，1870-1930。

13 西班牙加泰隆尼亞建築師，設計風格崇尚中古哥德風，1821-1897。

14 西班牙加泰隆尼亞建築師，風格融合理性主義與摩爾式裝飾藝術，1850-1923。

15 法國印象派作曲家德布西（Claude Debussy）所作的鋼琴曲。

16 德國建築師（後來入美國籍），作品風格極其簡明，被視為現代主義建築大師，1886-1969。

17 西班牙首都與最大城，位於西班牙中部。

18 Political football，意即反對黨炒作政治話題。

19 荷蘭足球運動員，生於一九六二年。

20 西班牙軍事獨裁統治者，採取保守主義與保皇立場，一九三九年贏得內戰後掌握大權，1892-1975。

新德里

NEW DELHI

岩石裡的象徵符號

珍恩・瑞德利
Jane Ridley

白金漢大學（University of Buckingham）史學教授，著有許多文章與書籍，她為魯琴斯寫的傳記《建築師與妻子：埃德溫・魯琴斯傳》（*The Architect and his Wife: A Life of Edwin Lutyens*）於二〇〇三年獲得達夫庫珀獎（Duff Cooper Prize）。

印度斯坦的羅馬城位於一片焦灼風蝕的平原上，回教征服者的坍塌遺跡鋪成歷史。越過這平原，如今第八座德里——英國的德里，正閃閃發亮；圓頂與塔樓的奇景，粉紅與奶油白背後襯著清晨的藍與下方的新綠樹木。

——羅伯特・拜倫（Robert Byron[1]），一九三一年

新德里是座計畫都市，是像華盛頓特區或坎培拉那樣的行政首都。它被建設成政府所在地，其設計主旨就是要突顯權力。不過這座新都卻是從舊時聚落廢墟裡升起，且位置在舊德里

（Old Delhi）附近，而舊德里可是世界上持續有人居住的古老地點之一。新德里位處恆河平原，地點在亞穆那河河岸，這是從西北印度出發的商路起始點，也據有能抵禦從北方襲來一波波入侵者的地利。此址曾有七座城市興起而又衰亡，新德里是第八座。

一六四〇年代，蒙兀兒皇帝夏家罕將首都從阿格拉遷往德里，營建新城「夏家罕納巴德」，俗稱舊德里。夏家罕的紅堡（Red Fort）在蒙兀兒王朝諸皇宮中可稱最宏偉也最華麗，舊德里貴人們住在豪華的「哈維利」（haveli）裡，這是繞著中庭搭建的四合院豪宅。蒙兀兒王朝的力量在十八世紀走下坡，舊德里隨之衰落破敗。一七三九年，波斯的納迪爾沙赫（Nadir Shah[2]）攻破該城，屠戮十五萬百姓，並將紅堡裡的孔雀寶座擄走；到了十八世紀末，德里已是窮困荒城。一八五七年印度發生兵變，其中幾場最慘烈的戰役就發生在此，英軍在激戰後攻下德里，隨後發生的暴行至今仍烙印在印度人的腦海中。

營建新德里為印度首都時，正是大英帝國權力與威勢皆如日中天的時候。英王喬治五世（George V[3]）在一九一一年造訪印度，於德里舉行「杜巴爾」（durbar[4]），他在典禮中宣告英屬印度首都將從加爾各答遷移到此，並親手為這座新城市奠下基石。新首都必須展現英屬印度帝國的氣勢與強大力量，當時印度民族主義者的影響力日漸升高，對英國統治造成挑戰，建設新德里也是英國對這些人的回應。

孟加拉地區的政治問題，促使主政者決定將首都從加爾各答搬到德里，印度總督寇松勛爵（Lord Curzon[5]）在一九〇五年分割孟加拉，引發孟加拉印度教徒的極大不滿：他們認為自己被背叛了，認為英國想刻意創造出一個由回教徒主宰的東孟加拉省分，來破壞印度教徒本有的權力。由於恐怖分子的活動，加爾各答已不再是個適合作為首都的安全地方。英國人在一九一一年收回成命，平息印度教徒的憤怒，同時又將首都移到德里這個回教蒙兀兒帝國的歷史都城，藉此討好回教徒。

新城市大部分是出自一名建築師的手筆：埃德溫·魯琴斯（Edwin Lutyens[6]）。他的同事與對手赫伯特·貝克（Herbert Baker[7]）現在已經幾乎被遺忘，當年建築團隊的其他成員也一樣無人記得。魯琴斯受邀決定建設新城的位置，並在一九一三年接下建造新德里的任務，這項工作花費他大約二十年的時間。

新德里的模樣就是要設計成讓人一見難忘，城中重點是一道山脊，或說衛城，稱為瑞辛那山丘（Raisina Hill），那些顯示赫赫權威的建築物都在這裡，包括總督府（Viceroy's House，現在是印度總統府〔Rashtrapati Bhavan〕）、祕書處和其他政府機關；一條長而直的遊行大道通往此處，名為「國王大道」（原名King's Way，現在稱為Rajpath）。城市中心區令人想起奧斯曼的巴黎市那開闊道路與一望無盡的狹長遠景，寬廣大街直直穿過「印度之門」凱旋門（India Gate），在總統府會合，達到氣勢鈞天的高潮。不過，新德里那不可一世的古典氣派也被空間與光影稍稍柔化，這座印度首都大路兩旁羅列的，不是熾熱的磚石建築，而是樹木、青草與運河。

城中古典風格的四角棋盤格狀結構，上方是另一套由兩個互相重疊的六角型組成的幾何系統。蒼翠蔭涼的道路旁滿是平房宅院，每一戶都有自己的草坪，像是這座乾燥又人口過剩的大都會中一處處寬敞清涼的綠洲。新德里就是英國愛德華時代花園都市的印度版本。

頎長的遊行大道始自全印度紀念拱門（All-India Memorial arch，即印度之門），起點處能遠遠望見總統府的閃亮圓頂，往上走到半路後，圓頂會從視野中消失，要繼續向前走才能再次看見。這個視覺上的特殊效果並非魯琴斯有意為之，是他的同事赫伯特·貝克刻意把坡道斜度加高，這樣他才能將自己設計的祕書處建築也放上衛城。兩位建築師為了斜度問題大吵一架，最後魯琴斯敗下陣來，一直到後來都還說此事是他「慘遭貝克盧[8]」。

新城市的建築風格引發強烈爭議，總督府尤其如此。當時印度總督哈汀勛爵（Lord Harding[9]）出於政治因素要求設計者採用「印度—薩拉遜」（Indo-Saracenic[10]）這種樣式，也就是西方哥德風格與印度回教尖拱造型的融合體。對此魯琴斯竭力抵抗，尤其不能接受使用尖拱。他交出的第一份設計圖是座以羅馬為靈感來源的宮殿，後來被迫將設計修改得更東方化，因此發展出一套獨特的建築語彙，結合西方規整幾何與印度傳統元素，包括佛塔造型（stupa）、寬大突出的飛簷（chujjah）與蒙兀兒建築中立於屋頂的圓蓋小亭（chattris）。甜菜根紅與乳黃色的砂岩是從道爾普爾（Dholpar）開採而來，此地數百年間都為蒙兀兒王朝供應石材。

總督府被評論家譽為建築傑作，這座童話般的宮殿規模比凡爾賽宮還要大，是英國帝國主義者在英國治印政權最後時光內計畫、興建，成為一件了不起的功業。能有這般成績，多虧魯琴斯堅決反對行政官僚裁減建築預算，他要將這座城市打造成印度的傳家之寶。

有個古老的波斯預言，說任何在德里建新城的人都注定要失去這城。為了不讓預言成真，魯琴斯在大柱子上飾以自己設計的石鐘（他稱此為「德里序列」〔Delhi Order〕），由於此鐘永遠無法敲響，自當不會成為宣告政權滅亡的喪鐘。

總督府在一九三一年正式落成，兩天後印度國大黨（Indian Congress Party[11]）領袖馬哈特瑪·

甘地（Mahatma Gandhi[12]）前來拜訪印度總督埃爾文勳爵（Lord Irwin[13]）。甘地在總督府登堂入室一事使當時英國人十分氣憤，但甘地畢竟是代表未來的人物。一九四七年，英國最後一任印度總督蒙巴頓勳爵負責協商權力轉移事宜，並在總督府簽署印巴分治協議。新城市建好不到十六年，英國就失去了它的印度帝國。

歷史上的德里一次又一次遭摧毀，但總能浴火重生。現代歷史學家威廉·達爾林普（William Dalrymple[14]）稱它為「鎮尼之城」（City of Djinns[15]），典故出自傳說中愛極了德里而不忍見它荒毀的一群精靈生物。經歷每一度暴力與毀滅的循環之後，這城又以全新之姿轉生，不同時代的德里並存此處——「肩並肩懸浮著，有如肉凍」。

印巴分治再度將暴力帶進德里，城中大多數回教人口匆忙逃命，取而代之的是更多從西旁遮普（West Punjab[16]）和信德（Sindh[17]）逃來的印度教徒與錫克教徒。這次新德里沒有被摧毀，也沒有被拋棄任其荒廢，反而成為新共和國的首都，總督府變為總統府，權力也從衛城山上轉移到山下赫伯特·貝克設計的議會大樓裡。英國公務員整理行裝回國，魯琴斯的平房宅院則住進了獨立印度的政府官員。

印度獨立之後，德里迎來黃金時代，人們將社會主義共和國移植到英國政權的遺跡上。水源清澈、權力運作順暢，這座城市不受蚊蟲所擾，每日有人在街上灑水以防砂塵。新德里與舊德里合為一體，協調一致地運作，而在當時新貴眼底，新德里「像是地上的天堂」。此後這裡面對的最大挑戰就是人口問題：德里是北印度的移民都市，其人口數量從一九四六年以來已經由不足一百萬膨脹到一千兩百萬，對環境與社會都造成了嚴重壓力。

＊部分引用出處：R. Byron, *Country Life* (1931)

1 英國旅行文學作家，1905-1941。

2 波斯沙赫，伊朗歷史上最強大的統治者之一，被譽為與拿破崙齊名的軍事天才，1688-1747。

3 英國國王，帶領英國經歷一次大戰，頗受人民尊敬，1865-1936。

4 原指蒙兀兒王朝王公貴族與外地統治者的集會，後指英國統治下召集印度各地貴族向英國表示忠誠的大型正式集會，在當時是政治界極大盛事。

5 英國保守黨政治人物，曾任印度總督與外交部長，1859-1925。

6 英國建築師，擅長將傳統建築風格引用改造為當世所用，1869-1944。

7 英國建築師，長時間主導英國南非殖民地建築風格，1862-1946。

8 這是魯琴斯玩的文字遊戲，把滑鐵盧（Waterloo）換成貝克盧（Bakerloo，倫敦的一條地下鐵路名稱）。

9 英國政治人物與外交官，於一九一〇年至一九一六年任印度總督，1858-1944。

10 英國統治印度時所愛用的建築風格，流行於十九世紀末，以維多利亞時代盛行於英國的新古典主義與哥德復興式建築為基礎，加上傳統印度與回教建築元素。

11 印度最早以現代政治模式推展獨立運動的政治團體，一八八五年成立，獨立後成為印度勢力最大的政黨。

12 印度獨立運動領導人，倡導以非暴力、不合作的手段反抗英國統治，被稱為「聖雄」（即「馬哈特瑪」），印度獨立後因宗教問題遭到刺殺，1869-1948。

13 英國保守黨政治人物，二次大戰戰前英國政壇重要人物，1881-1959。

14 英國歷史學家與作家，其著作曾多次獲獎，生於一九六五年。

15 Djinn 是回教傳說中的超自然生物，兼具精神與物質的部分，例如《天方夜譚》中的神燈精靈。

16 巴基斯坦省分，與印度的東旁遮普省毗鄰，後來與巴哈瓦爾布爾（Bahawalpur）合併為旁遮普省。

17 巴基斯坦東南省分，是信德族在歷史上的生活區域。

柏林 BERLIN

在火山邊緣起舞

羅利・麥克黎恩 Rory MacLean

旅遊作家，著作包括登上英國暢銷書榜前十名的《史達林的鼻子》（*Stalin's Nose*，一九九二年）和《巨龍腳下》（*Under the Dragon*，一九九八年），為旅遊文學界帶來一股新氣象並挑戰舊有傳統，已故的約翰・符傲斯（John Fowles）說他的作品可以名列「以精采方式告訴我們文學為何不死」的佳作。他是藝術委員會（Arts Council）作家獎得主，曾被提名為國際IMPAC都柏林文學獎候選人。

柏林被搞成了這世界的巴比倫，酒吧、遊樂園、鄉村樂館（honky-tonks）……連蘇埃托尼烏斯那時候的羅馬，都見不到如柏林一場場舞會這樣的縱欲狂歡場合；數百男子扮作女子、數百女子扮作男子，在警官和善眼光下盡情起舞。所有價值觀都坍塌了，一種瘋狂成為此地主宰。

——史蒂芬・茨威格（Stefan Zweig），一九三〇年代

在「黃金二〇年代」裡，柏林是全世界最精采的城市。一件件事情以一種奇異、閃耀而又複雜的方式融合一氣，將歐洲最富才氣的藝術家、最浮華誇張的演出者，以及最放蕩不羈的快樂主義者

都吸引到這座首都。沃爾特·格羅佩斯（Walter Gropius[2]）構想出包浩斯風格（Bauhaus[3]），寇特·威爾（Kurt Weill[4]）寫下〈小刀麥基敘事曲〉（The Ballad of Mack the Knife[5]），克里斯多佛·伊薛伍德（Christopher Isherwood[6]）則創造了薩莉·鮑爾斯（Sally Bowles[7]），喬治·葛洛茲（George Grosz[8]）嘲諷德國社會種種病態，奧托·迪克斯（Otto Dix[9]）則呈現它的殘酷；巴貝斯伯格製片廠（Babelsberg Film Studios[10]）有弗里茨·朗（Fritz Lang[11]）導演的《大都會》（*Metropolis*[12]），也有馮·史登堡（Josef von Sternberg[13]）和黛德麗（Marlene Dietrich[14]）打造的《藍天使》（*The Blue Angel*[15]）。令人喘不過氣的十年間，這城裡的知識分子與貴族菁英在火山邊緣起舞。一九三三年希特勒成為德國總理，這些人對新世界的構想自此不見容於德國，出走柏林後也將這種新的現代性帶到國外。

中古時代，柏林位於一片延伸遠至華沙的沼澤平原上，是個尚未開化的地方。基督教要等到十二世紀才在此生根，直到十五世紀，此地都還難逃貴族軍隊打劫和瘟疫的魔掌。霍亨索倫家族（Hohenzollern[16]）的王侯靠著勞力與決心，在沼澤中勉力弄出一座都城來，他們對軍事力量的狂熱奠下未來普魯士以稱霸歐洲為目標的建軍基礎，即所謂「國家附屬於軍隊[17]」。柏林在一八七一年成為德意志帝國（Deutsches Reich[18]）首都，充塞著絢麗浮華、軍隊遊行和富有壓迫感的醜陋建築。

第一次世界大戰開戰時，柏林人非常高興，「到處都是一群群的人，而且行軍出城的士兵一路上都受到拋撒的鮮花洗禮。每一張臉都洋溢快樂，我們開戰了！」女演員媞拉·杜里奧（Tilla Durieux[19]）在一九一四年歡欣說道。然而，一年不到，人們的幻想已然破滅。到了一九一八年，柏林已有約三十五萬名年輕人在戰場上陣亡，戰敗的恥辱與《凡爾賽條約》中滿溢的復仇意味，使得戰場歸來的士兵極易被左派與右派基進團體吸收。革命、暴動、政治暗殺，在接下來幾年絕望的日子裡是家常便飯，再加上一九二二年至一九二三年之間狂暴的通貨膨脹，讓舊帝國的體制被摧毀無遺。

之後，由美國主持的道斯計畫（Dawes Plan[20]）在一九二四年展開，穩定了德國馬克幣值，造就泡沫般的繁榮盛況，並促成一場連結東西、成績斐然的文化復興運動，使得柏林化為國際現代主義之都。城中人口幾乎是在一夜之間暴增，工業產量飛升超過一次大戰戰前水準；當時德國的世界出口額竟僅次於美國，柏林血管中湧動著生命力與唾手可得的財富。

柏林吸引了來自英國、法國、美國與俄國的藝術家，這些人懷著求新若渴的實驗精神，憧憬此地擁有的創造力、性開放氣氛，以及全歐洲最寬鬆的新聞檢查律法。在繪畫工作室、歌舞秀場、製圖桌前與攝影棚裡，前衛創作者張開雙臂擁抱「新客觀主義」（Neue Sachlichkeit[21]）這種反對多愁善感、強調冷靜理性主義與功能性的藝術風潮。人類能憑科技之助創造新社會的信念，也反映在新建築計畫上，馬蹄形的「布里茲社區」（Britz estate）、長著典雅曲線的「貝殼屋」（Shell House）、高聳在新克爾恩區（Neukölln）的卡爾施泰特百貨（Karstadt），這些夢幻建築（visionary architecture）的狂想作品從「威廉區」（Wilhelmine[22]）後院那黑暗蔓延著的貧民窟中升起。每晚都有數百場歌舞秀表演，年輕女子與徐娘半老的婦人在台上輕解羅裳曼舞。

海因里希・曼（Heinrich Mann[23]）說一九二〇年代的柏林是「刺激與希望之城」。然而，儘管有一切狂熱而豐碩的成果，卻只有極少數的人能享受到這十年黃金歲月，其中許多還是移民或外國人。這座城市在文化上的偉大重生雖然令舉世矚目，但對絕大多數柏林人都毫無影響，他們在工廠或作坊裡的艱苦生活並未因此改變。柏林白領階級人數日漸增加，其中大部分出身貧困，這些人和工人要的是能琅琅上口的流行歌、脫離現實的美式音樂劇和平民文化。智識菁英階級並未提供大眾化的娛樂給他們，也不關照威瑪共和國嚴重的政治問題；相反的，雖然共和國提供包含貝爾托特·布萊希特（Bertolt Brecht）及庫爾特·圖霍爾斯基（Kurt Tucholsky）在內的藝術家獲致成功的環境，但其中許多人花費大量時間精力做的事情，都在動搖著共和國根基。

一九二六年，柏林無數雄心勃勃的外來人口裡又添了一人，年輕的約瑟夫·戈培爾（Joseph Goebbels[24]）抵達安哈爾特車站（Anhalter Bahnhof），決心要為胸懷大志的希特勒「拿下這座城」。那時全柏林納粹黨員不到兩百人，共產黨卻號稱此地有二十五萬成員。戈培爾大膽決定將共產黨與猶太人一起當成社會問題的代罪羔羊，策畫數百場針對這兩種族群的街頭鬥毆來吸引公眾注意。當時金融危機復甦，一九二九年後更出現大規模失業潮（到了經濟大恐慌末期，柏林市有三分之一勞動人口找不到工作）。這些時代現象也都被戈培爾加以利用，他針對大部分柏林人的困厄處境來操弄馬基維利式的高明宣傳手法，讓這些人有所回應，就像絕大多數德國人一樣擁護納粹提出的基進對策。希特勒掌權之後數月間，共計超過五萬柏林人加入納粹黨。

左翼前衛分子本就是少數派，他們的存在於一九三三年被輕易抹殺。新帝國政治核心下令禁止「非德意志價值」的書籍流傳，抬高日耳曼文學地位，那些帶著「世界主義與布爾什維克病徵」的藝術家都被貼上標籤、遭到貶低。朗、黛德麗、威爾、愛因斯坦（Albert Einstein[25]）、密斯·凡德羅和其他數千人紛紛離開德國，或是早已避居海外不再歸來。希特勒倡議將柏林重建為民粹主義與民族主義的「千年帝國」（Thousand-Year Reich）之新首都「日耳曼尼亞」（Germania），以納粹黨的自大信心誇下海口說「十年內沒有人會認得這城市」。這話在一九四五年不幸成真，那時百分之七十的柏林已成廢墟。

二次大戰結束時，盟軍勝利者將柏林一分為四。史達林暗藏心思，想把柏林納入共產世界，隨之吸收整個德國。他在一九四八年封鎖柏林，意圖藉此將美國勢力逐出歐洲，盟軍則發動柏林空投計畫（Berlin Airlift）加以反制，維護柏林在政治上的自由處境。蘇聯雖被迫退讓，但隨著冷戰加劇，柏林也成為「世界衝突的引爆點」，隨時處於爆發核戰的危機中。一九六一年，蘇聯在此建起一道一百五十六公里長的醜陋邊防設施——柏林圍牆（die Mauer），將整個西方占領區圍得滴水不漏。圍牆聳立的二十八年間，至少有兩百人因試圖越過它逃向西柏林而遭射殺。隨著蘇聯霸權的衰落，這道圍牆在一九八九年被打通，數年內就被拆得幾乎不存一點痕跡，不少人把鑿下的碎塊當作紀念品。在冷戰結束前，很難有人能預料得到，今日的柏林又再次成為一個強大的統一德國首都。

＊部分引用出處： O. Friedrich, *Before the Deluge: A Portrait of Berlin in the 1920s* (New York, 1963); T. Dreiser, *The Titan* (New York, 1914)

1 奧地利小說家與劇作家，其作品在一九二〇到一九三〇年代極受歡迎，1881-1942。
2 德國建築師、包浩斯建築風格的創始者，被視為現代主義建築代表人物之一，1883-1969。
3 二十世紀初期建築風潮，主張將建築的造形與機能性結合，是對現代建築影響最大的藝術流派之一。
4 德國作曲家、《三便士歌劇》（*The Threepenny Opera*）作詞作曲者，1900-1950。
5 《三便士歌劇》插曲，歌詞描述惡棍麥基種種行徑，後來成為流行一時的爵士樂曲。
6 英國小說家，著有多本以威瑪德國為背景的小說與半自傳小說，1904-1986。
7 伊薛伍德小說《再見，柏林》（*Goodbye to Berlin*）中虛構人物，是一名在柏林夜店當歌手而遇人不淑的英國女子。
8 德國藝術家，以其描寫一九二〇年代柏林人物與社會百態的諷刺漫畫著名，1893-1959。
9 德國畫家，作品毫不保留地呈現威瑪德國社會黑暗面與戰爭的殘酷，1891-1969。

10 世界最早的大型電影製片廠，從一九一二年開始製作電影，位於柏林郊外波茨坦—巴貝斯伯格地區（Potsdam-Babelsberg）。

11 奧地利電影編劇、導演，是德國表現主義著名人物，1890-1976。

12 德國表現主義代表作、科幻電影先驅，以假想的未來反烏托邦世界為背景，一九二七年上映。

13 奧地利電影導演，活躍於好萊塢與柏林，1894-1969。

14 德國女演員與歌手，活躍於電影和歌舞表演界，1901-1992。

15 德國電影，描述一名受尊敬的教師因沉迷愛欲而自我作賤終至瘋狂，一九三〇年上映。

16 德國貴族家族，起源於十一世紀的史瓦賓地區（Swabia），普魯士國王與後來的德意志帝國皇帝都出於該族。

17 出自法國政治人物米拉波（Mirabeau）所說的「普魯士不是軍隊附屬於國家，而是國家附屬於軍隊」這句話。

18 一八七一年德國統一建國的國號，於一九一八年解體。

19 奧地利女演員，主要演出舞台劇與電影，1880-1971。

20 美國在一九二三年提出的計畫，目的是緩解德國在一次大戰後嚴重的經濟問題，並解決法德之間因賠款問題而產生的衝突。

21 一九二〇年代興起於德國的藝術風潮，反對原本流行的表現主義，主張以實用客觀的態度看待藝術，後來延伸到泛指威瑪共和國人民的一般生活態度。

22 指柏林傳統市中心區一條帶狀區域，區內多是十九世紀下半葉建造的住宅樓房，富人與上層階級住在前方，後院則是貧民窟。

23 德國小說家，作品對當下社會有深刻描寫與批判，1871-1950。

24 德國政治人物、納粹德國宣傳部長、希特勒的狂熱信徒，1897-1945。

25 德國理論物理學家，發現光電效應、創立相對論，是二十世紀物理學重要人物，1879-1955。

芝加哥

CHICAGO

美國的引擎

詹姆斯．庫諾
James Cuno
芝加哥藝術博物館（Art Institute of Chicago）董事長兼館長，曾任倫敦大學科陶德藝術學院（Courtauld Institute of Art）院長兼教授，以及哈佛藝術博物館（Harvard University Art Museums）館長兼教授。

來自店鋪或田野的飢渴人們，胸懷田園詩歌與浪漫傳奇，建造出一座在泥濘中高呼光榮的帝國。

——西奧多．德萊塞（Theodore Dreiser[1]），一九一四年

一八七一年十月八日到九日，芝加哥毀於一旦，火源起自城市西南角一條破爛街道的牲口棚裡。一陣乾燥熱風鼓動大火，幾分鐘內摧毀上千棟建築物，平均每小時燒掉二十六公頃。災後市中心共計有九平方公里面積遭到燒毀，超過一萬八千棟房屋毀壞，財產損失總值七百五十萬美金；市區三十萬居民中有三分之一無家可歸，死亡人數至少三百人。

在它被毀之前，這座城的壽命才只有三十年，但兩百年前已有人居，法國來的貿易商看中此地，作為連接海洋、北方森林以及密西西比河之間的轉運點。一六七三年，路易·若利埃（Louis Jolliet[2]）提議在密西根湖（Lake Michigan）與當時所稱的聖路易斯河（St Louis river，現在的伊利諾河〔Illinois river〕）之間建造運河。

此城地利是其未來發展之鑰，它在一八五〇年幾乎已成為所有通往美國西部交通線路的樞紐地，地上鋪出棧道，湖裡擠滿蒸汽船與多桅縱帆船（schooner），最早期的火車將小麥從平原運來城裡。到了一八五六年，每天都有五十八節載客火車與三十八節載貨火車經過；一八六九年更曾達到十二小時內抵達三百艘船，總共卸下三百萬噸貨品。木材與穀物是主要貨物，牲畜自然也不可少，聯合飼畜場（Union Stock Yards）圍欄內每一平方哩就有七萬五千隻豬、二萬隻牛和二萬隻羊。蒸蒸日上的經濟活動使人口大幅上升，從一八五〇年的三萬人增加到一八七〇年的三十萬人。

人口快速成長導致社會問題，當地有超過二十萬居民小群小群住在簡陋的松木屋裡，與鞣皮廠、罐頭工廠和釀酒廠比鄰而居，生活環境髒亂，路面未經鋪設，連下水道都沒有。派翠克·歐列利（Patrick O'Leary）的牲口棚就位在這種地方，這是一八七一年那晚發生大火的起點，火焰剎那間掐碎這城所有發達與展望。情況本是如此，但毀滅卻也帶來重建機會。

芝加哥的重生，恰與建築、地基工程、鋼架建設、照明、蒸氣加熱與防火等技術大幅躍升的時代重疊，當時也出現了更快更安全的升降電梯。地價飛漲之下，市區土地必須密集使用，具創新性的建築師從美國各地被吸引到芝加哥。包括阿德勒與蘇利文（Adler and Sullivan）、柏南與魯特（Burnham and Root）、赫拉柏與羅歇（Holabird and Roche）等城中一流建築公司，都把目光放在高層建築的可能性上。「第一高樓」的名號不斷迅速易主，一八八二年是十層樓，一八八五年是十三層樓，一八九〇年先是十六層樓後有二十一層樓。市區往垂直方向急遽成長，而往水平方向的擴張與兼併也不落其後。一八八九年，鄰近幾個迅速發展的社區投票決定加入芝加哥市，這讓城市面積一夕之間變成原來的四倍，人口也增加到一百萬之多。雖然經歷大火災劫，這城市仍能在五十年間，從一八三〇年只有五十人的小聚落，發展成羽翼豐滿的大都會。

然而，城市領導人的野心並未因此滿足。倫敦、巴黎與費城分別於一八五一年、一八六七年和一八八九年成功舉辦世界博覽會，芝加哥於是毛遂自薦作為一八九二年紀念哥倫布抵達新世界四百年的博覽會地點。此時芝加哥必須與紐約和華盛頓特區等其他都市競爭，勝負則掌握在美國國會手裡。

好勝心驅使之下，芝加哥的資本家募到超過一千五百萬美元資金，其中有五百萬是來自平民百姓的股權證書。最後芝加哥獲得博覽會主辦權，令紐約銀行家震驚不已。一八九三年開幕的哥倫布紀念博覽會獲得空前成功，每天吸引超過七十五萬入場人次，促使該市建造第一條高架鐵路線好將遊客從市中心諸多新旅館載往會場。

這雜食無忌的城市此時亟須都市計畫來整頓一番，芝加哥商人俱樂部（Merchants' Club）與商務俱樂部（Commercial Club）共同委託博覽會主要建築師與策劃人丹尼爾·柏南（Daniel Burnham[3]）做出一份「芝加哥計畫」（Plan of Chicago）。這份計畫規模驚人，臨湖區域保留為民眾休閒用地，城中以寬街與幹道構成一套有效率的市內交通網，將鐵路建設集中於外圍地區，並呈現了如何利用公共空間讓市民擁有高尚、精神振奮的生活。這座精心計畫的城市在一九一〇年已有全套高架與路面大眾運輸系統可供誇耀，每日載運七十五萬人到芝加哥的商業核心區，即著名的洛普區（Loop）。為了解決地面與空中交通所承受的壓力，地底下也開鑿出長達數哩的隧道，超過一百輛火車頭拖著貨物與工人行駛於商業區。

另一方面，這般成就背後也有相應而生的社會問題。有人說，如果全芝加哥的人口密度都像它的貧民窟那樣擁擠（每英畝二百七十人），該市就有足足三千二百萬的人口。社會改革者珍恩·亞當斯（Jane Addames[4]）認為解決問題的最佳辦法，就是設置半公共的「睦鄰之家」（settlement house）來提供各種服務與諮詢，她最著名、維持最久的成績是赫爾大廈（Hull House）。該機構後來擴張到涵蓋整個街區，提供托兒、體育、銀行、圖書館以及藝術和家政課程。赫爾大廈的成功引起全市各處爭相設立類似機構，為這個被厄普頓·辛克萊（Upton Sinclair[5]）稱為「叢林」（The Jungle[6]）的都會中數以千計有需求的人們帶來幫助。

一九二九年，股市崩盤對該市造成極大打擊，城裡企業到了一九三三年已經裁掉一半員工，法拍物數量在四年內增加四倍，無家可歸的人們只能自生自滅。但是，在一九三三年至一九三四年間，這城市又一次藉著舉辦世界博覽會（名為「進步的世紀」〔Century of Progress〕）的手段讓自己振作起來。這場博覽會顯示此城領袖的前瞻能力，湖畔會場由現代主義建築師約瑟·厄本（Joseph Urban[7]）設計，展出最先進的建築、科技與娛樂，訴求經由科學與工商業找回舊日繁榮。當時總共有三千九百萬人前來參觀，但此次博覽會達到的效果最多只是提振人民士氣，芝加哥仍處於經濟大恐慌風暴中心的艱困景況裡。唯有等到第二次世界大戰爆發，以及一九五〇到一九六〇年代經濟更快速地成長，困境才得解除。

這城市既有地利之便，又能洞察交通運輸對自身未來發展的重要性，這兩項長處此時再度發揮了作用。聖羅倫斯海道（St Lawrence Seaway）改善後，五大湖到芝加哥之間水路交通流量更大；該市第二座機場奧黑爾機場（O'Hare）也經大幅擴建，成為當地空中交通中心，在美國境內的重要性不下於芝加哥作為鐵路網樞紐的地位。

就像芝加哥大火後的情形一樣，復甦的經濟再次吸引一流建築師前來建造出富於創新的建築物，其中領頭人物就是初來乍到的密斯・凡德羅。他在一九三七年從德國移民到美國，來此主持亞默理工學院（Armour Institute of Technology，現在的伊利諾理工學院〔Illinois Institute of Technology – IIT〕）建築系。其作品之一就是為該校打造新校園，裡面最著名的建物是建築系系館「皇冠廳」（Crown Hall），以及一系列成為國際高樓新典範的公寓樓房。

芝加哥素來就是文學之城，出過西奧多・德萊塞、厄普頓・辛克萊、索爾・貝婁（Saul Bellow[8]）、大衛・馬梅（David Mamet[9]）等名家。納爾遜・艾格林（Nelson Algren[10]）在《芝加哥：雄心勃勃的城市》（*Chicago, City on the Make*）中說它「一直都是藝術家之城……作家之城，也一直都是戰士之城」。除了文學之外，人們提到芝加哥最常想到的藝術形式還有視覺藝術、戲劇與古典音樂（這些全都有國際水準的表現），此外，更有美國黑人的靈歌、藍調和爵士等音樂。芝加哥一向都有為數眾多的非裔美國人，此地第一份黑人報紙發行於一八七八年，艾達・B・威爾斯（Ida B. Wells[11]）在一八九五年遷居來此，與該報發行人成婚，並繼續推展反對私刑運動，還加入爭取女性投票權與設立睦鄰之家的活動行列，在「美國全國有色人種協進會」（National Association for the Advancement of Colored People〔NAACP〕）創立過程中扮演關鍵角色。南方移民穩定注入芝加哥，使此地黑人人口增加，但即使黑人很早便存在於芝加哥且人數頗多，他們仍然很難融入這個城市。到了一九一〇年，芝加哥百分之七十八的黑人都住在「南區」（South Side），這兒很快變成該市的美國黑人聚居區與黑人文化中心，至今猶然。

靈歌是一種結合《聖經》福音書內容與美國早期民俗或宗教曲調的歌曲形式，據說是由湯瑪斯·多西（Thomas Dorsey[12]，不是爵士樂團團長湯米·多西〔Tommy Dorsey[13]〕）在一九二〇年代首創於芝加哥。多西來自喬治亞州的小鎮，在南方黑人遷移潮的早期北上芝加哥，一九三一年，他和其他一些音樂家在埃比尼澤浸信會教堂（Ebenezer Baptist Church）組成第一支靈歌合唱團，之後六十年他則是在朝聖者浸信會教堂（Pilgrim Baptist Church）主持靈歌合唱團，成為全國靈歌音樂仿效的標準。

與靈歌同時出現的還有藍調音樂，芝加哥的早期藍調巨星包括威利·迪克森（Willie Dixon[14]），這位出生在密西西比的歌手兼吉他手在一九三六年搬到芝加哥，成為藍調音樂界的典範。藍調在切斯唱片公司（Chess Records）成立後盛極一時，這間公司由兩名波蘭移民創立於一九五〇年，捕捉芝加哥藍調特有的都市風情，從查克·貝里（Chuck Berry[15]）到滾石合唱團（Rolling Stones[16]）等，每一個搖滾樂先驅都受到切斯唱片公司音樂的影響。國王奧利佛（King Oliver[17]）、路易斯·阿姆斯壯（Louis Armstrong[18]）等來自紐奧良與密西西比三角洲的新血，讓芝加哥的爵士樂不斷茁壯，使此地成為爵士樂勝地。在富有革新精神的芝加哥藝術樂團（Art

Ensemble of Chicago）帶領之下，此城被打造為實驗風潮的樞紐，在基進的一九六〇年代有著最為鮮明的表現。

芝加哥的文化與歷史都充滿移民留下的痕跡，儘管歷年來每一波外來移民潮要融入當地社會都有些困難，但該城仍以其多語言的歷史為傲。最早來此的是愛爾蘭人（一八六〇年的芝加哥是美國愛爾蘭人口第四多的城市）、德國人（一九〇〇年的時候，芝加哥每四個人就有一個出生於德國，或其父母出生於德國）和義大利人（一九三〇年此地有七萬三千九百六十義大利人）；到了今天，此城人口號稱主要由二十六種民族組成，每一種至少有兩萬五千人，公立中小學裡使用超過一百種語文。多樣性、創新性與外來新人是芝加哥得以蓬勃發展的根基，再加上其地理位置，以及社會、商業、政治各界領導人的企業精神、公民格調和博愛氣度，讓芝加哥躍升為全美僅次於紐約的重要都市。

如今美國中西部許多城市都江河日下，更突顯芝加哥在這段歲月以來的成就。舉世爭奪二〇一六年奧運主辦權之時，最後被挑選出來的四座候選國際都市，便是芝加哥、馬德里、里約熱內盧和東京。如果下一次芝加哥申辦奧運成功，就能重現一八九三年和一九三三年的成績，再一次展現它擔任全世界東道主的能力，以及它多麼懂得善用此事來增進自身的強大，以及持久不衰的優勢。人人皆知這城市挑得起重責大任，而對於那些擁有高遠夢想或願意重新開始的人們，芝加哥也總能給予鼓舞激勵。

1 美國自然主義小說家，1871-1945。
2 法國探險家、最早探索密西西比河流域的歐洲人，1645-1700。
3 美國建築師與都市計劃專家，1846-1912。
4 美國社工界的先驅、女性運動領導人，1860-1935。
5 美國小說家，其作品在二十世紀前期廣受歡迎，1878-1968。
6 辛克萊的一本小說書名，描寫芝加哥下層勞工生活黑暗面。
7 奧地利建築師與景觀設計師，後來活躍於美國，1872-1933。
8 加拿大作家，活躍於美國文壇，是諾貝爾文學獎獲獎者，1915-2005。
9 美國劇作家、普立茲獎得獎人，生於一九四七年。
10 美國作家、一九四〇與一九五〇年代著名文人，1909-1981。
11 美國記者與報紙編輯、非裔女性、社會運動領導人，1862-1931。
12 美國藍調與黑人靈歌樂手，被稱為「黑人靈歌之父」，1899-1993。
13 美國爵士樂手、作曲家與指揮，其樂團在一九三〇到一九五〇年代紅極一時，1905-1956。
14 美國藍調樂手與作曲家，被認為是二次大戰後芝加哥藍調樂壇最重要人物，1915-1992。
15 美國樂手、搖滾樂先驅、節奏藍調的改良者，1926-2017。
16 英國搖滾樂團，成立於一九六二年。
17 美國爵士樂手，風格獨特，1885-1938。
18 美國爵士樂手、爵士樂界影響最大的人物之一，1901-1971。

洛杉磯

LOS ANGELES

充滿想像力的文化

凱文・史塔
Kevin Starr

洛杉磯南加州大學（University of Southern California）的大學級教授與歷史教授，也是加州圖書館榮譽館員（California State Librarian Emeritus）。著有全七冊《美國人與加州夢》（*Americans and the California Dream*）系列，並以此贏得古根漢研究獎金（Guggenheim fellowship）、美國史學家學會（Society of American Historians）會員身分、美國國家人文科學獎（National Humanities Medal）以及哈佛大學人文與科學研究所百年獎章（Centennial Medal）。

洛杉磯，將你的一些分給我！洛杉磯，如我迎向你般迎向我，我腳踏在你的街上，美麗的小城。沙中的憂傷花朵，我如此愛你，美麗的小城。

——約翰・范特（John Fante[1]），一九三九年

一七八一年九月，西班牙人在洛杉磯河（Los Angeles river[2]）河灣、靠近美洲原住民古老聚落「楊那」（Yang-na）的地方建立起聚落，自此之後，這座城市有過各式各樣的身分與名稱。西班牙建村者稱此處為「寶尊小堂眾天使之女主之鎮」（El Pueblo de Nuestra Señora La Reina de Los Angeles de Portiuncula）來紀念聖母瑪莉亞、眾天使，以及亞西西的聖方濟（St Francis of Assisi[3]）在十三世紀早期從事神職的義大利小教堂。聖方濟所創辦的方濟會（Franciscan order[4]）負責上加利福尼亞區域（Alta California[5]）的傳教工作，直到一八二二年為止。這個正式名號美則美矣，但也讓人忍不住要替它找一些簡稱。過沒多久，統治上加利福尼亞的西班牙人，以及一八二二年取而代之的墨西哥共和國政權（Republic of Mexico[6]，控制此地直到一八四六年），已經把這裡簡稱為「洛杉磯」。

美墨戰爭（Mexico War[7]）期間，美利堅合眾國海軍與陸軍在一八四六年奪下加利福尼亞。進入「美國時代」不久後，洛杉磯就以南加利福尼亞牧牛業重鎮的狂暴之姿崛起，此地牛仔（尤其是艾爾蒙地（El Monte）那夥人）有著動不動就要拿槍胡亂掃射的壞毛病。從一八六〇到一八七〇年代開始，隨著市內商業區、皮科旅館（Pico House，一八七〇年開幕，是美國西南部最高級的旅館）以及聖維比亞納主教座堂（St Vibiana's Cathedral，一八七六年）動工興建，這裡總算變成了體面的地方，它們至今仍屹立不搖。

洛杉磯社會在一八七〇年代逐漸安定，物質建設也有改進，像是通往舊金山的鐵路就在一八七六年完工。一八八〇到一八九〇年代，因為有了直接連接中西部與東部的鐵路，湧入許多尋求健康生活環境的中產階級。儘管如此，到了一九〇〇年洛杉磯仍舊只有十萬居民，與北邊舊金山比起來簡直是個小鎮。舊金山這個海權時代殖民地一建立即成為工商業中心，在一八七〇年成為全美第十大城市。事實上，二十世紀第一個十年結束之時，加州有將近百分之六十的人口都住在舊金山灣區。

然而，這一切都將在二十世紀大幅改變。洛杉磯在此時重新塑造自己，就像史考特·費茲傑羅（F. Scott Fitzgerald[8]）的《大亨小傳》（*Great Gatsby*[9]）一樣。洛杉磯位處距海九十六公里的內陸而缺乏港口，因此從一八九九年起挾著聯邦政府資助把死者島（Dead Man's Island）和其他障礙物炸開，在威明頓—聖佩德羅（Wilmington-San Pedro）為自己造出一座深水港，然後在一九〇九年把港區併入市區。位於半乾燥平原的洛杉磯，地下水層又在十九世紀被抽到水位嚴重下降，因此缺乏淡水供應。一九〇七年至一九一三年間，在該市工程師威廉·穆赫蘭（William Mulholland[10]）領導之下，洛杉磯建造了一條從歐文斯河（Owens river[11]）引水到市區的輸水道。

以引來的水作為籌碼，洛杉磯開始吸收周圍村鎮將自己變成一個大都市。好萊塢（Hollywood）在一九一〇年已被兼併，到一九一五年又加上聖費爾南多谷（San Fernando valley），市區面積因此增加四百三十五平方公里。聖塔莫尼卡（Santa Monica）海岸邊的渡假好去處威尼斯市（Venice）在一九二五年成為洛杉磯的一部分，緊接著華茲（Watts）在一九二六年也步上相同命運。總歸來說，直到一九二〇年，洛杉磯市共兼併三百多個區域，讓市區總面積達到九百四十三平方公里，到了一九七〇年更增加到一千二百零五平方公里。洛杉磯此時已化作一個五臟俱全的城邦，擁有自己的港口和農業生產區。

二十世紀早年間，洛杉磯從成長過度的大鎮變為一座都市與地方首府。幸好一八八〇年代發明了電動街車，於是這鋪撒於平原上的城市就有太平洋電車（Pacific Electric Railway）的紅車（Big Red Cars）與洛杉磯鐵路（Los Angeles Railway）的黃車（Yellow Cars）通聯全市，西到聖塔莫尼卡和海濱，西北方到聖費爾南多谷，往南到威明頓—聖佩德羅，東北方還能到帕薩迪納

（Pasadena）。就像美洲原住民使用的小徑後來變成美國開拓前線的牲口貿易通道，市內街車行經路線也很快地被改造成寬街大道。汽車出現於一九二〇年代，此時也與市內街車平分秋色，同為當地最主要的交通型態。

一九〇九年，電影導演大衛·沃克·格里菲斯（David Wark Griffith[12]）帶著他在傳記電影公司（Biograph）的工作人員前來聖蓋博教堂（Mission San Gabriel）拍攝《羅莫娜》（*Ramona*[13]）。西席·B·地密爾（Cecil B. DeMille[14]）於一九一三年抵達該城，在韋恩瑟瑪（Vine and Selma）租了間倉庫開始拍攝《異種婚姻》（*The Squaw Man*[15]）。一九二〇年代此處數間互有關聯的製片廠不斷出產新電影，供舉世數百萬觀眾欣賞，過程中也描繪出一幅這城市與內陸地區的迷人景象，吸引許多觀者決定搬家到西部。以數間一流旅館為中心日異發展的觀光文化、冰天雪地中西部居民尋求陽光與健康的企圖、中西部農業地區過剩勞動人口向外移動，還有一九一〇到一九二〇年代生機勃勃的氣氛，這些電影所呈現的意象，造成此地人口遽增。二十世紀前三十年間有超過百萬人移入洛杉磯市區，另有兩百萬人從外地進入市外的內陸區域。

一九三〇年代的洛杉磯，裝飾藝術（art deco）大行其道，它經由威爾夏大道（Wilshire boulevard）和日落大道（Sunset boulevard）向西延展到聖塔莫尼卡。威爾夏大道的「奇蹟一哩」（Miracle Mile）畫出比佛利山（Beverly Hills）界線，這裡不久前還是皇帝豆農場，一下子卻以著名的比佛利山飯店（Beverly Hotel）和附設的馬球酒廊（Polo Lounge）為中心，變身成為奢華生活的代名詞。日落大道沿聖塔莫尼卡的山腳延伸，先經過好萊塢，然後到達寶艾區（Bel Air）、新成立的加州大學洛杉磯分校（UCLA）校園，以及俯瞰大海的太平洋崖區

（Pacific Palisades）。英國演員查爾斯·勞頓（Charles Laughton[16]）與其妻艾爾莎·蘭徹斯特（Elsa Lanchester[17]）當時就住在崖區，貝爾托特·布萊希特（Bertolt Brecht[18]）時常前來拜訪。另一位德國流亡者湯瑪斯·曼也在附近的聖雷莫道（San Remo Drive）安家，這時他正為悲劇《約瑟夫和他的兄弟們》（*Joseph and His Brothers*[19]）做最後的潤飾，並開始構思另一部小說《浮士德博士》（*Doctor Faustus*）。當時在加州大學洛杉磯分校執教的阿諾·荀白克（Arnold Schoenberg[20]）後來對這部小說表達強烈不滿，而荀白克也是從德國出走的人之一。

湯瑪斯·曼、伊果·史特拉汶斯基（Igor Stravinsky[21]）、曼·雷（Man Ray[22]）、奧托·普雷明格（Otto Preminger[23]）、法蘭茲·韋爾弗（Franz Werfel[24]）、海蒂·拉瑪（Hedy Lamarr[25]）、阿道斯·赫胥黎（Aldous Huxley[26]）、克里斯多佛·伊薛伍德，還有其他許多許多歐洲來的流亡分子，都在好萊塢電影工業的黃金時代裡改造洛杉磯，把這城市變得國際化。此時，有個名叫雷蒙·錢德勒（Raymond Chandler[27]）的石油公司經理正走上小說創作的人生新方向，派遣他筆下主人翁——私家偵探菲利浦·馬羅（Philip Marlowe[28]），前往這城市黑暗凶險的角落揭發其中祕密，或讓他在夜間開車駛過閃耀霓虹燈的通衢大街。威爾夏大道、日落大道、威尼斯大道（Venice boulevard）、皮可大道（Pico boulevard）、塞普維達大道（Sepulveda boulevard）、聖塔莫尼卡大道（Santa Monica boulevard），彷彿皆無限延伸，洛杉磯也如同毫無止境一般，在無盡未來裡永遠前行。

一九二〇年代的洛杉磯，是美國都市裡的蓋茨比大亨（Great Gatsby[29]），是由它自身想像所營造出來的虛構產物；一九三〇年代的洛杉磯則是美國都市裡的喬治·蓋希文（George

Gershwin[30]）。那時喬治·蓋希文就在這裡，和哥哥艾拉（Ira Gershwin[31]）一起在好萊塢露天劇場（Hollywood Bowl）與洛杉磯愛樂樂團（Los Angeles Philharmonic）合作演出，同時也為塞謬爾·戈德溫（Samuel Goldwyn[32]）在一九三七年製作的《戈德溫鬧劇》（*The Goldwyn Follies*）譜寫〈愛情來過〉（Love Walked In）、〈擁抱你〉（Embraceable You）、〈真愛永留存〉（Love Is Here To Stay）等雋永名曲。今日人們仍能感覺到當時的洛杉磯，如此清新、如此摩登、如此無憂無慮。在理查·諾伊特拉（Richard Neutra[33]）和儒道夫·辛德勒（Rudolph Schindler[34]）於西區（Westside）蓋的美麗住宅，或是市中心的奧維茨大宅，又或是在各大主街沿路綻放的霓虹光裡，綠色、金色、寶石紅、電光藍的天空之火布滿整條威爾夏林蔭大道，穿過好萊塢，順著東西向的日落大道煥發光芒。

車行在夜晚的霓虹大街，詹姆斯·M·凱恩（James M. Cain[35]）、赫拉斯·麥考伊（Horace McCoy[36]）、約翰·奧哈拉（John O'Hara[37]）、史考特·費茲傑羅、納撒尼爾·韋斯特（Nathanael West[38]）、威廉·福克納（William Faulkner[39]）、巴德·舒爾伯（Budd Schulberg[40]）和雷蒙·錢德勒等作家，都感受到自己身處於廣闊卻虛有其表的美麗之中，正如費茲傑羅所說的一樣。這城市位在事實與幻想、美夢與欲望、腐敗與純真的界線，雷蒙·錢德勒對此尤其明白，在他眼中，洛杉磯夜世界那些被霓虹燈點亮的旅館、公寓房屋、商店、酒吧、餐廳和劇院就是一幅充滿強烈潛意識力量的地景。「這些燈光很美好，」菲利浦·馬羅在《小妹》（*The Little Sister*）裡一邊開車經過市區一邊說道：「我們該給發明十五層樓高霓虹燈的人立座紀念碑……那傢伙真能無中生有。」

二次大戰期間，洛杉磯有了新角色，唐納德·道格拉斯（Donald Douglas[41]）、洛克希德兄弟（Lockheed Brothers[42]）和傑克·諾斯洛普（Jack Northrop[43]）等航空工業的先驅者，戰前已在此地立基，況且還有科羅拉多河（Colorado River[44]）河上博德水壩（Boulder Dam[45]）提供源源不絕的電力。數百萬軍方男性、女性在此地受訓，或是在前往太平洋的路上經過這座天使之城，如果可能的話，還會在日落大道上的好萊塢軍人食堂（Hollywood Canteen）或室內諸多酒吧餐館佇留一回。戰爭結束後，退伍軍人都對這城留下美好回憶，許多人又回到這裡而使得它的發展更加繁榮。

接下來，宏大的高速公路建設與進一步的都會化進程接踵而至。為了維護市內治安，威廉·帕克局長（William Parker[46]）把洛杉磯警力改造成一支現代禁衛軍，雖然效率極高，但對社會的支配力也日益強大。全國電視台每週播放的《警網》（*Dragnet*）劇集就是對洛杉磯警察的讚歌，開場畫面是洛杉磯市政廳遠景，還搭配令人難忘的主題曲。一九五八年，道奇棒球隊（Dodgers）從布魯克林遷移到洛杉磯，該市正式成為美國職棒大聯盟（Big League）成員。一九六〇年代，這裡還蓋了壯觀的音樂中心與美術館。

不久之前，洛杉磯還是中西部的民歌之鄉，但到了一九六〇年代中期已經變得十分多元化。這裡原本混居著盎格魯人、墨西哥人和亞洲人，後來又加入大量非裔美國人；黑人一開始就在（精確來說，一七八一年九月建立聚落的那群西班牙人之中就有黑人），但要等到戰時大量非裔美國勞工前往美國西部造船廠找工作，此地黑人數量才大幅增加。一九六五年，美國移民法放寬對亞洲和其他地區移民的人數限制，洛杉磯自此變化更大。千禧年到來時，此處已是地球上墨西哥人聚居的第二大城市、韓國人聚居第二大城市，還是個集聚眾多伊朗人、亞美尼亞人、衣索比亞人、越南人和美國原住民的大都會；它也是全美人口第二多的城市，是相對於「大蘋果」紐約市的「大橘子」（Big Orange）。

如今，洛杉磯終於化作一座世界之城、普天之城、全球大都會。這是多元文化與多元身分的洛杉磯，但它仍神奇地保持著固有核心，在八十種語言和世界各大文化宗教之中，維持住單一的身分。它也仍然是天使之城、夢想之城、美國城市中的蓋茨比大亨，是它自身想像營造出來的虛構產物；是它自身的自由意志，才能使港口、供水系統、高速公路和電影公司予以落實；是它想要自稱為「都市」的決心，盈滿了歐茲國（Oz[47]）的平原、盈滿了金屬箔鎮（Tinseltown[48]）與美國，甚至是全世界！

＊部分引用出處：J. Fante, *Ask the Dust* (New York, 1939)

1 美國小說家與劇作家，1909-1983。
2 美國加州洛杉磯郡主要河川。
3 義大利天主教教士，以身作則力行清貧苦行的生活方式，富有傳教熱忱，1182-1226。
4 天主教修會，以耶穌生前為榜樣而嚴守清貧苦修戒律，創立於一二〇九年。
5 西班牙美洲殖民地「新西班牙」的一部分，包括現在的美國加州、內華達州、猶他州等地區。
6 墨西哥殖民地於一八二一年贏得獨立戰爭，先成立的墨西哥帝國即刻遭到推翻，之後成立墨西哥共和國，直到一八六〇年代法國占領此地成立墨西哥第二帝國為止。
7 美國與墨西哥之間由於德克薩斯問題爆發的戰爭，戰後墨西哥將大片土地割讓與美國，1846-1848。
8 美國作家，作品描繪美國一九二〇年代的社會風情，1896-1940。
9 描述神祕的年輕富豪蓋茨比癡戀上流社會女子黛西・布卡南（Daisy Buchanan）的故事。
10 美國工程師，造就洛杉磯輸水工程建設的最大功臣，1855-1935。

11 美國河流，流經加州東部。
12 美國電影導演與作家、發展現代電影製作技術的先驅，1875-1948。
13 描述美國孤女麥塔（Myrtle）與墨西哥男子艾斯特拉達（Estrada）的戀愛故事。
14 美國電影導演，被視為美國電影工業之父之一，也是電影史上最成功、獲利最高的導演，1881-1959。
15 描述英國男子詹姆與印地安女子娜圖里契（Nat-U-Ritch）的悲劇戀愛故事。
16 英國舞台劇與電影演員，1899-1962。
17 英國電視、電影與舞台劇演員，1902-1986。
18 德國劇作家與詩人，提倡「史詩劇場」（epic theater）的新戲劇理論，1898-1956。
19 以《舊約聖經》故事為本加以改寫的作品。
20 奧地利音樂家、音樂理論家，德國藝術界表現主義運動的重要人物，1874-1951。
21 俄羅斯音樂家，被認為是二十世紀重要的作曲家之一，1882-1971。
22 美國視覺藝術家、達達主義和超現實主義的重要人物，1890-1976。
23 美國匈牙利裔導演，1905-1986。
24 奧地利小說家、劇作家與詩人，1890-1945。
25 美國女演員，與喬治．安塞爾（George Antheil）共同發明展頻技術（spread spectrum，現代無線通訊系統的基礎技術），1914-2000。
26 英國小說家與思想家，《美麗新世界》（*Brave New World*）是其名作，1894-1963。
27 美國小說家，以偵探小說著名，作品多有改編為電影者，1888-1959。
28 錢德勒筆下虛構人物、「冷硬派」偵探小說的代表角色。
29 《大亨小傳》主角，時常舉辦奢華宴會的巨富，費盡苦心經營與初戀情人想像中的愛情。
30 美國作曲家，作品涵蓋古典音樂與流行音樂，1898-1937。
31 美國作詞家，活躍於百老匯，1896-1983。
32 美國波蘭裔電影製作人，參與創立好萊塢多間電影公司，1879-1974。
33 美國奧地利裔建築師、現代主義重要建築師之一，1892-1970。
34 美國奧地利裔建築師，活躍於二十世紀早期至中期的洛杉磯一帶，1887-1953。
35 美國作家，被視為冷硬派犯罪偵探小說創始者之一，1892-1977。
36 美國作家，作品屬於冷硬派偵探小說，1897-1955。
37 美國小說家，作品具強烈寫實主義風格，1905-1970。
38 美國小說家、編劇與幽默諷刺作家，1903-1940。
39 美國作家，曾獲諾貝爾文學獎，是美國南方文學的代表作家，1897-1962。
40 美國小說家、電視節目製作人與編劇，1914-2009。
41 美國工程師與航空工業鉅子、道格拉斯飛行器公司（Douglas Aircraft Company）創辦人，1892-1981。
42 亞蘭．洛克希德（Allan Lockheed，1889-1969）與麥肯．洛克希德（Malcolm Loughead，1887-1958）兄弟，兩人共同創辦洛克希德公司（Lockheed Corporation）。

43 美國飛行器設計者與航空工業老闆、諾斯洛普公司（Northrop Corporation）創辦人，1895-1981。
44 流經美國西南部與墨西哥北部的主要河流，發源自洛磯山脈，注入加利福尼亞灣（Gulf of California）。
45 現稱胡佛水壩（Hoover Dam），為美國最大的水壩。
46 洛杉磯警局局長，生平充滿爭議性，1905-1966。
47 小說《綠野仙蹤》（*The Wizard of Oz*）中的幻想國度，後來常被人用以指稱一個不真實、魔幻或古怪的地方。
48 指好萊塢或加州，描述其五光十色的浮華電影工業與明星。

布宜諾斯艾利斯

BUENOS AIRES

永久許諾之城

費利浦・斐南德茲－阿梅斯托
Felipe Fernandez-Armesto

曾在牛津大學任教，於二〇〇〇年開始擔任倫敦大學瑪麗王后學院全球環境史教授一職，之後並取得塔夫茨大學（Tufts University）和印第安納州聖母大學（University of Notre Dame）教授職。他曾獲得殊勳，其著作贏得許多文學獎項，作品包括《亞美利加：一個半球的歷史》（*The Americas: The History of a Hemisphere*，二〇〇三年）、《自以為人：人類簡史》（*So You Think You're Human: A Brief History of Humankind*，二〇〇四年）、《尋路人：全球探險歷史》（*Pathfinders: A Global History of Exploration*，二〇〇六年）和《世界：世界的歷史》（*The World: A History*，再版於二〇〇九年）。

難以相信布宜諾斯艾利斯竟也有開始，我以為它就像空氣與水一樣永恆。

——豪爾赫・路易士・波赫士（Jorge Luis Borges[1]），一九二九年

一九〇九年，一幅漫畫描繪一間用壓扁油桶搭造的破屋，周遭是滿地垃圾的灌木叢，遠方工廠煙囪噴出濃煙與廢液，標題是「未來最有貴族相的新市區」。在另一個諷刺房地產仲介話術的作品裡，一名男子腳穿「七里格靴」（seven-league boots[2]）從市郊新社區「一步就到火車站」，說的也是同一座城市。

布宜諾斯艾利斯正在高速成長，前述所說神奇大步走的意象，用在這裡頗為適合。一八七〇年代，在經濟起飛的前夕此地人口約有二十萬人，當時似乎是在文明的邊緣蹣跚前行。阿根廷是河口地，南美大草原遼闊開敞；越過大洋般的無垠海洋，沿著海一樣寬廣的河流，來到看似沒有邊界的平原，無論往任何方向都能一望無際。搭車就能到的地方，住著市民口中的野蠻人，羅卡將軍在一八八〇年代用機關槍火力使大草原上的印地安人屈服，開始將野地改造成牧場與農場。阿根廷原本必須從國外輸入穀物，但它在一八九九年該年穀物出口量已達一億蒲式耳（bushel）；引進於一八八三年的冷藏技術，讓牛肉出口量也能一飛衝天。十九世紀最後三十年內，阿根廷的貿易額幾乎翻了兩倍，人口量與農工商生產量的增加率在世上幾乎無人能比。到了一九一四年，布宜諾斯艾利斯的居民已有二千五百萬人，將近該國總人口的三分之一。

這是一座移民都市，義大利人占了近一半人口，西班牙人則幾近三分之一，港區可聽到人們以西義混合的黑話交談。聚集在這「罪惡之城」紅燈區的人群更具國際性，它是個盛行白奴傳說的陰暗花柳界，一八九九年至一九〇一年間註冊的娼妓有將近五分之一是原屬於俄羅斯帝國的子民，超過三分之一來自歐洲萊茵河以東地區。一個邊疆城鎮突地成了暴發戶大都市，無可避免會惹上些狼藉名聲。雄心壯志與虛榮造作密不可分，一九〇六年一名參議員為自己的金婚式開席宴客，替一千兩百名賓客端上塞了松露的山鷸，恰恰象徵了讓阿根廷臭名遠揚的囂張新貴之作風，連房地產開發商的客戶與學校孩童都沾染上這種風氣。一九〇九年阿根廷開始使用國旗誓辭，內容說阿根廷就是「地球上最美好的國家」；當地人都被教育他們「所學的歷史每一段都是勝利故事」。

隨之而來的是失望，而布宜諾斯艾利斯自此從未徹底復原。一九三〇年代探戈舞曲歌詞中聽得見憤怒，那是「迪舍波林」（Discepolin[3]）所唱對金錢與汙穢的諷刺讚歌，他說「耶穌與強盜等值」；或是像徹烈多尼奧．弗羅雷斯（Celedonio Flores[4]）某一首歌的歌詞，說「強壯的人因飢餓而無助」。作家抨擊的對象不只有外國資本家，也包括那些據說把人民糧食抵押給英國帝國主義者的牛肉業大亨。不過三〇年代景氣復甦時，經濟狀況又有好轉，真正的低谷要到二次大戰之後才出現，當時美國政府裁定馬歇爾計畫（Marshall Aid[5]）的經費不可用來購買阿根廷物產，改為尋求歐洲市場。從一九四八年至一九五二年間，平均工資下降百分之二十，政府提倡的工業化與進口替代政策也都失靈。一九六〇年代的阿根廷充滿古舊汽車，只有一半的學齡兒童能念完小學，破爛木屋如霉堆般冒出、包圍著布宜諾斯艾利斯風華不再的仕紳階級。佛羅里達街（calle Florida）的哈洛德百貨裡有蒸汽升降機，操作員身穿破舊制服，把顧客載往販售不同劣質貨品的樓層。這城市所孕育出的世界級小說大師數量多得不成比例，部分原因是更高貴的藝術鮮少有人投資，不過電影業偶爾會興盛一下，音樂也從未停歇。

時光來到二十世紀末年，民主、芝加哥式的經濟模式和全球化，讓這城重拾大都會應有的活力，古老驕氣再度復甦。政府在經濟發展停滯時將披索與美金掛勾，二〇〇二年該國銀行系統瓦解，引發極嚴重的暴動，某間銀行的保全人員竟向群眾開槍。布宜諾斯艾利斯始終都是「永久許諾之城」，只是這許諾的兌現之日一再延期罷了。

＊部分引用出處： J. L. Borges, *The Mythical Founding of Buenos Aires* (1929)

1 阿根廷短篇小說作家、散文作家與詩人、西語文學界重要人物，1899-1986。

2 歐洲民俗傳說，穿著此靴的人一步能走七里格（league，過去通用於歐洲與拉丁美洲的長度單位，各地標準不一，阿根廷的一里格是五點五七二一公里），有如神行。

3 本名Enrique Santos Discépolo，阿根廷劇作家與作曲作詞家，作品以探戈舞曲最為著名，1901-1951。

4 阿根廷詩人與作詞家，

5 二次大戰之後美國發動援助西歐促使其經濟復興的計畫。

新加坡
SINGAPORE
獅城

約翰・濟伊
John Keay

著有許多亞洲史相關作品，包括《榮耀的公司》（*The Honorable Company*，一九九一年）、《最後的哨站：西方帝國在遠東的終結》（*Last Post: The End of Empire in the Far East*，一九九七年）和《香料之路》（*The Spice Route*，二〇〇五年）。他也有關於探險歷史的著作，是《皇家地理學會世界探索史》（*Royal Geographical Society History of World Exploration*，一九九一年）編者，並著有《炙手可熱湄公河：西方在東南亞的探險與帝國擴張》（*Mad About the Mekong: Exploration and Empire in South East Asia*，二〇〇五年）。

我們要的不是領土，而是做生意，是一個偉大的商業中心與貿易支點，我們由此基點可以向外擴張政治影響力……馬爾他在西方的地位，就是新加坡未來在東方的地位。

——湯瑪斯・史坦佛・萊佛士（Thomas Stamford Raffles[1]），一八一九年

湯瑪斯・史坦佛・萊佛士在一八一九年一月二十九日首度踏足新加坡島（碼頭北路〔North Quay Road〕上有他的塑像標誌著當初登陸地點），當時此地作為城邦國家基礎的可能性，仍難以令人感到樂觀。濃密雨林覆蓋整座島嶼，距離赤道只有一天航程，溼度總在百分之百附近徘

徊，唯一一種住屋是用藤蔓搭的，唯一一種營生方式就是當海盜。不過，這裡有一道由小島組成的屏障，似乎頗具良港形勢，由於它面對麻六甲海峽，因此充滿戰略與商業上的潛力。事實上，將近一百年之前，有個路過的船長就指出該島是「想建立殖民地的公司最適合的地點」，叢林間倉促建起的城鎮帶動貨運與交易，而這些正是一座自由港的命脈所在。但就算是充滿遠見的萊佛士，也未曾料到它能夠發展成為一個充滿活力的城邦國家。

在歐洲，主權獨立的城邦國家已成歷史名詞，摩洛哥與梵蒂岡勉勉強強稱得上有主權，馬爾他和直布羅陀勉勉強強稱得上是城市。若要尋找上古雅典或中古威尼斯的現代化身，我們必得往亞洲去尋，到波斯灣（杜拜、巴林）或特別是到新加坡去。沒有哪個國家具有三百七十萬人口，領土卻只占了七百零四平方公里（這是退潮時的面積）。新加坡人口密度高達每平方公里六千人以上，在世界各國輕鬆就能名列前茅，雖然該國憑藉填海造陸不斷擴大土地面積，但人口也同時成長，尤其上百萬名的非本國居民讓情形變得更嚴重。該國識字率為百分之九十五，大概是全亞洲第一；平均壽命大約八十歲，同樣也在亞洲居冠。

博物學家威廉·霍納黛（William Hornaday[2]）在一八八五年稱此地是「我所見過最便利的城市」，他將這座日益繁榮的轉口港比做「一張大桌子，上面滿是抽屜跟格架，每樣東西都有定位、都能在這裡找到」。萊佛士本人也是個孜孜不倦的收集家，而他正是讓新加坡變成這般樣貌的主宰者，移民被依照種族與技能安置在不同區域；那時一個人走在街上，從身邊人們模樣就能知道自己身在何處，到現在都還是如此。量身打造的新加坡、免抽關稅的新加坡，每個人在這裡都能找到自己能待的抽屜。

這裡是計畫者的天堂，但卻是建國者的夢魘。麻六甲（Malacca[3]）、檳城（Penang[4]）、上海、香港，以上幾個多種族商港在殖民者撤退後放棄獨立企圖，新加坡幾乎也要步上後塵。這裡是英國治下海峽殖民地（Straits Settlements[5]）之一，在一九六三年至一九六五年間是馬來西亞聯邦（Malaysian Federation）的一部分，因為二十世紀中的一連串事件，才能獲得獨立並終至成功。那並不是該城最昌盛的時代，但卻是鎔鑄出其獨特身分的時代。

移民人數飆升，從隔壁馬來半島大批運來的錫礦與橡膠，都需要勞力來處理和運輸。某些契約勞工從印度坐船來，但大部分人都來自中國福建、廣東兩省，中國人逐漸變成新加坡各種族中的絕大多數。那時候，瓦片屋頂的商鋪已成了該地標準的建築形式：一樓開門就是貨棧，二樓則有將每一戶辦公室兼住宅連接起來的陽台。類似遺跡現在仍保存著，位在丹戎巴葛（Tanjong Pagar）的被過度復原，但位在實龍岡路（Serangoon Road）的卻乏人問津。

這座城市的經濟與戰略重要性，在英國人心中已然無可取代，最高法院、市政廳和博物館的堂皇門面妝點著歐洲人區（European town）的街道，柱廊跨過人行道兩側，皇家棕櫚樹傲然高聳；碼頭正在擴建，財富正在累積。「這麼多船，這麼多停泊不動的船隻，你會感覺到它們好像在等待某個獨一無二的事情來臨。」這是薩穆塞特·毛姆（Somerset Maugham[6]）筆下某個人物對此地的觀察心得。由於戰爭的威脅，鉅額軍事投資挹注於此，因此有了個令人安心的名稱「新加坡堡壘」。

日本於一九三七年入侵中國本土，警鈴響起，回不了祖國的新加坡華人全都待下來，生性沉著的英國人也一樣。之後，二次大戰的戰火席捲歐洲（一九三九年），日本人將軍事力量伸入中南半島

（Indo-China[7]，一九四一年），但英國人仍秉持傲慢的自信不為所動。港口已被龐大的海防砲陣地主宰，大家覺得新加坡固若金湯可以高枕無憂，因此隨便找些老舊飛機偵察敵情；坦克車據說不適用於叢林戰，島嶼北岸雖與大陸幾乎接壤，但人們連鐵絲網防禦工事都不願意搭建，認為這會造成民心不必要的憂慮。一九四二年二月，日軍登陸馬來海岸，一路勢如破竹，當敵軍兵臨海峽彼方，新加坡人連接繫兩岸的堤道都來不及炸乾淨。這座島只守了一個多星期，攻城戰打了不到七天。

邱吉爾說新加坡的陷落是「英國史上……最慘烈的災難」；同時這也是最可恥的一場災難。倒楣的軍官步履艱難舉著白旗走出來投降，日軍坦克轟隆駛過被炸彈炸毀的儲油庫，盟軍俘虜排成長蛇般的隊伍，踏上蜿蜒路途前往樟宜（Changyi）。樟宜現在是國際機場所在地，但當年此地卻有一座最殘暴的日本戰俘營，附近是日軍占領期間無端屠戮五萬名新加坡華人的槍決場。

四十二個月之後，噩夢終於結束。蒙巴頓在市政廳接受日本占領軍投降，三百名日本軍人在萊佛士酒店（Raffles Hotel）自殺殉國；同樣身為五星級旅館的良木園酒店（Goodwood Hotel）則被當作戰罪審判法庭之用。基礎建設逐漸復原，暴動平息，代議政治開始推展，但「英國軍事保護」這個為英國統治該地合理化最重要的理由已是千瘡百孔。英國國旗在城市上空無力地迎風飄揚，這景色只持續到一九六三年，至於海軍基地的英國國旗則直到一九七一年才降下。新加坡如今單獨前行，在一九六五年加入聯合國，此地華人也無意回歸毛澤東統治的中國，自行完成最後轉變，成為「新加坡華人」這個獨立的族群。財政上的誘因、採行軍事管制的政治形態、互助負責的同盟，特別是該地已經培養出一批受過高等教育且紀律嚴明的勞動力，都是吸引大量國際資本挹注的因素。那些對城邦政體的質疑都已化解，一個城邦國家就此誕生。代表高成長率的聲音嗚嗚低鳴，新加普拉（Singha-pura，意為「獅城」）終能躋身於環太平洋的「亞洲虎」新興國家之列。

*部分引用出處：Stamford Raffles to Col. Addenbrook, 10 June 1819, in V. Harlow & F. Madden, _British Colonial Developments 1774–1834_ (Oxford, 1953)

---

1 英國政治人物、最早在新加坡建港的人，是支持英國在東南亞拓展帝國勢力的重要人物，1781-1826。
2 美國動物學家與保育專家、美國野生動物保護的先驅者，1854-1937。
3 馬來西亞城市，位於馬來半島南部西岸，是最早的歐洲殖民地之一。
4 亦稱檳州，位於馬來半島北部西岸的早期英國殖民地，包括檳榔嶼（Penang Island）與威斯利省（Province Wellesley）兩部分。
5 英國在東南亞數個殖民地的總稱，包括麻六甲、檳州和新加坡等地。
6 英國小說家與劇作家、當時受歡迎的作家之一，1874-1965。
7 又譯「印度支那」，指現在東南亞位在大陸上的地區（不包括大部分島嶼）。

紐約
NEW YORK
未來的展望

楊・墨里斯
Jan Morris
英國威爾斯作家，生於一九二六年，曾出版約四十本歷史研究、地方研究、傳記和回憶錄等書籍，其中兩本以紐約市為主題。現居於威爾斯西北岸地區。

人們一到紐約便立即屬於這裡，待了五分鐘的融入程度，與待了五年一樣。

——湯瑪斯・伍爾夫（Thomas Wolfe[1]），一九三九年

現代世界各大都會裡，就屬二次大戰戰後的紐約最為一支獨秀。整體看來，這綿延伸展的大城市並沒有向世界呈現出某種獨特形象，但正如同它身為曼哈頓離岸島嶼的自治市那樣，幾乎已被塑造成神話般的典範。

這島嶼並不大，從一端到另一端只有二十公里，最寬處也不超過四公里，與大陸上的市區

之間有許多橋梁隧道相連。然而，島上卻擠了一千九百萬不同種族的人口。自由女神像位於港口入口處，牌匾上的頌詩裡至今仍可看到最能展現此地自傲自信的那句口號——「將你疲累的、貧困的、相偎相依而渴望呼吸自由的眾民帶來這裡」。然而，到了一九四〇年代早期，這裡原本作為避難所的性質已被取代，變成地球上頭號強國最富裕、最有活力也最充滿信心的都會大城。

當時，世界其他地方大多尚未解脫戰爭帶來的毀壞與貧困，連歐洲那些長久主導著西方文明的莊嚴首都，也無法逃脫此一命運。反之，曼哈頓未曾被砲彈或戰火所擾，又在戰爭中大發利市，兩者相加造成世界權力中心大洗牌。紐約的金融機構迅速變成世界經濟的主要推動者，此地知識活動也欣欣向榮，原本已具傳奇性的天際線，如今更傲然聳立在港灣頂端，像是一條描繪命運的飾帶。

曼哈頓居民對自己新得的主宰地位毫無謙謹之意，他們自豪的心情並未因紐約不是美國首都而稍減，反而變得更熾烈。華盛頓特區有疲憊而現實的外交機制如常運作，其富麗堂皇的十八世紀建築代表國家的存在意義；曼哈頓卻是徹頭徹尾的新而年輕，那個「等這座城蓋好後一定很棒」的說法已成陳舊笑話，城裡處處都是鮮活「新開始」的可能性。從倫敦到東京的整片舊世界只能悔恨回首往事，但紐約這個新世界的象徵卻充盈對未來的展望。

在外地人看來，這片光芒閃耀的氣氛如魔法般令人羨嫉，世間每一處的人們不分貧富全對此地又驚訝又好奇，個個都希望自己能登岸踏足在那摩天大樓陰影裡。在紐約市民的眼中，這裡的美好也同樣無與倫比，他們覺得曼哈頓不只是美國地理上的大門，能讓從歐陸戰場凱旋的美軍通過此地歸來家園，而且還是一扇通往進步的抽象大門。

宣傳家喜歡說這裡是「神奇之都」或是「明日之都」，經濟學家預見此地能讓所有人發財到無法想像的程度。這兒遍地都是科技奇觀，以隨身聽、便利貼、無咖啡因咖啡、龐然大物般的汽車、傳真機、一秒內通過兩層樓的電梯，以及加長型禮車中的電話設備等等定義日常生活風格，其驚人程度幾乎是其餘人類完全無法想像的（就連美國國內其他地方的居民，對紐約人的生活方式也只能遠觀而無法參與）。帝國大廈矗立在曼哈頓中心，是歷史上人類所造的最高建築，人們稱它是「天空大教堂」。

這座島在精神上也有宏大抱負，更具有精采的文化實力，貝爾托特·布萊希特、亞瑟·米勒（Arthur Miller[2]）、約翰·史坦貝克（John Steinbeck[3]）、E·E·卡明斯（e. e. cummings[4]）、田納西·威廉斯（Tennessee Williams[5]）、W·H·奧登（W. H. Auden[6]）等人都是曼哈頓住客。紐約藝術學校（New York School of Art）孕育出傑克遜·波洛克（Jackson Pollock[7]）和馬克·羅斯科（Mark Rothko[8]）等藝術實踐者，已經足以對巴黎霸權做出挑戰；紐約現代藝術博物館（Museum of Modern Art）更在全世界被複製無數次。這裡有數間大學如繁花競豔，有四個交響樂團、兩間大報社與開創性的《紐約客》（*New Yorker*）雜誌。百老匯是菁英薈萃的娛樂工廠，此處最興盛的，正是音樂劇這個美式藝術型態代表。就連曼哈頓可怕的貧民窟都臥虎藏龍，滿溢大都市的能量；就連那些最窮困的廉價公寓住戶、最翻身無望的醉鬼遊民，都出了名的以與洛克斐勒家族（Rockefellers[9]）或托斯卡尼尼（Arturo Toscanini[10]）是同一個社群的成員而沾沾自喜。

儘管曼哈頓在物質與社會如此出類拔萃，藝術上醞釀豐碩成果，處處洋溢著趣味與輕快氣氛，但構成此地最基礎的元素仍是權力。它帶給全人類的信息並非一時幻象，此地是貨真價實的未來之都，所有五光十色、金錢財富、才智靈慧與自大自滿，都在展現美國本身所擁有的潛力，將自身的無限化作現實。

伊利諾州與俄亥俄州的磨坊、礦坑和工廠，西部綿延連天的農田，華盛頓特區的海軍與陸軍、財閥大企業，甚至是那可怕的原子彈，一切的一切都在這勝利時刻於曼哈頓島找到最終極的自我表現方式。這座只有二十公里長的島嶼，大金剛高踞於「天空大教堂」最頂端，旅館服務生總愛誇口在這城裡，你想點什麼當晚餐，他們都能端上，絕無例外，「請說吧，女士，我們什麼都有……」。

***部分引用出處**：T. Wolfe, *The Web and the Rock* (New York, 1939)

紐約 NEW YORK

從鉛的時代到黃金時代

亞歷山德・布魯姆
Alexander Bloom

麻塞諸塞州惠頓學院（Wheaton College）珍・奧斯佛・凱特（Jane Oxford Keiter）史學與美國研究教授，著有《回頭浪子：紐約知識分子與他們的世界》（*Prodigal Sons: The New York Intellectuals and Their World*，一九八六）、〈社會生活與知識活動〉（The Social and Intellectual Life of the City，收錄於《紐約：世界文化首都，一九四〇年至一九六五年》（*New York: Culture Capital of the World, 1940-1965*，一九八八年）、《「走上街頭」：一個六〇年代的讀者》（*"Takin' It to the Streets": A Sixties Reader*，一九九五年）以及《「回不去」：六〇年代美國今昔》（*"Long Time Gone": Sixties America Then and Now*，二〇〇一年）。目前正在撰寫《隧道盡頭：越南經驗與美式生活型態》（*The End of the Tunnel: The Vietnam Experience and the Shape of American Life*）一書。

任何時候，那些外地來的年輕作家或知識分子，總認為上個世代的紐約才是最好的紐約，自己到這兒已經遲了；上了年紀的紐約人也老愛說這城市美好歲月已逝。一九三〇年代期間，人們把一次大戰前格林威治村（Greenwich Village）的基進政治活動與前衛文化景象傳成了民間神話。二次大戰後的日子裡，作家紛紛懷想二〇年代的格林威治村，有個人說那是「爭取個人自由與性解放的偉大聖戰」，悲嘆該處風華不再。不過，長時間住在紐約的記者墨瑞・坎普頓（Murray Kempton[11]）卻有如下觀察：「如果你在紐約住得夠久，過去以為是鉛的時代，如今看來都像黃金時代。」

冷戰、麥卡錫主義（McCarthyism[12]）與反智主義盛行，美國都市市郊開始興盛發展，紐約在二次大戰後那段時間曾被認為是處在「鉛的時代」裡，但這時代最終仍能化作黃金，人人歡慶盛世。評論家安納托·卜若雅（Anatole Broyard[13]）身後出版的回憶錄開頭就說：「我認為大家都很懷念紐約市過去的生活情態，尤其是格林威治村在二次大戰戰後那段時間的模樣……那是一段好時光，或許是二十世紀最好的一段時光。」小說家丹·韋克菲爾德（Dan Wakefield[14]）也在回憶錄中寫道：「我們從當時最令人興奮的城市起步，二〇年代的巴黎如同麥加聖城，但它現在只存在於記憶裡。『五〇年代的紐約』這字眼如今看來像是個傳奇。」

文化與知識活動的實質象徵遍布紐約，哥倫比亞大學（Columbia University）社會學家丹尼爾·貝爾（Daniel Bell[15]）就將紐約比喻為一座冰山，「劇院、美術館、博物館、大學、出版社、餐廳、夜店、義式濃縮咖啡館、手機行等等，一切讓這城市煥發美國之都光芒的事物，是它可見的那一部分。」戰後，知識分子與藝術家再度受到注目，以紐約最為顯著，所謂「紐約學派」（New York School）便包含目前現代藝術界最閃耀的明星，例如傑克遜·波洛克、威廉·德·庫寧（Willem de Kooning[16]）、馬克·羅斯科等人。至於由萊昂內爾·特里林（Lionel Trilling[17]）、西德尼·胡克（Sidney Hook[18]）、克萊門特·格林伯格（Clement Greenberg[19]）艾文·豪爾（Irving Howe[20]）與其他人構成的「紐約知識分子」（New York Intellectuals）集團，則以文學評論、社會反省和政治分析的思想領導者之姿崛起。哥倫比亞大學和現代藝術博物館等機構，更是全國社會與文化態度的塑造者，其影響力甚至可能遍及全世界。

在此同時，紐約仍舊吸引著文化叛徒前來。艾倫·金斯堡（Allen Ginsberg[21]）曾是特里林的學生，後來卻與其他年輕前衛作家如傑克·凱魯亞克（Jack Kerouac[22]）、威廉·布洛斯（William

Burroughs[23]）等，共同發起一九四〇年代晚期「垮掉的一代」（Beats）文學風潮，雖然這些作家直到一九五〇年代末期才變得有名，但他們一直認為紐約是個適合反文化生活風格的地方。攝影家與《村聲》（*Village Voice*[24]）刊物編輯弗瑞德·麥可達拉（Fred McDarrah[25]）對紐約「垮掉的一代」生活情態有如下回憶：

> 租金很便宜，我住在格林威治村邊緣，一個月房租四十六點六八美金。我一星期賺五十美金，但不必花什麼錢就能填飽肚子……左鄰右舍所有人一到週末就前往華盛頓廣場公園（Washington Square Park）去參加活動。

然而，代溝也正在滋長。格林威治村曾吸納這麼多意氣風發的年輕人，但後來已不再是前衛者的心靈家園，至少在紐約大學（New York University）哲學家威廉·巴瑞特（William Barrett[26]）這樣的老一代知識分子眼中看來，事實的確如此。他覺得一九五四年的格林威治村已經「變得中產階級化」，不再有他年輕時那些「活在精采當下」的人們，而是住滿了年輕夫妻；他很懷念弗瑞德·麥可達拉所領導的「活動」。「如今社會上詭譎風雲真正的核心，」巴瑞特說：「其實是華盛頓廣場裡小孩玩耍、媽媽彼此社交的兒童樂園。」

一九六〇年代早期，世界已然準備好要上演另一齣世代交替。某些戰後叛逆分子與發展中的青年運動與反文化風潮合流，其中最受注目的就是艾倫·金斯堡；但其他仍有些人懷著一九五〇年代的前衛情懷，發覺自己因此難以對一九六〇年代產生共鳴，就像一九三〇年代的知識分子無法理解一九五〇年代的文化一般。政治與社會思想家邁克·漢靈頓（Michael Harrington[27]）感到他所認識的格林威治村已經終結於「名為巴布・狄倫（Bob Dylan[28]）的魯鈍小子現身那一夜……我聽見了未來，而我並不喜歡這個未來」。然而，新一代的人們當然會將狄倫譽為代表性的詩人。如果格林威治村或紐約城最美好的時光是在上個世代，那麼下一個世代自然就是糟糕透頂。

一九四九年，E·B·懷特（E. B. White[29]）在他著名的文章〈紐約在此〉（Here is New York）將紐約人分作三群：「帶來潮汐性躁動」的通勤者、「給予它堅固與持續性」的當地人，以及「賦予熱情」的外來定居者。這話用在懷抱青春熱情的人們身上尤其適當，讓紐約更加「當下」、更加充盈、更加強烈，猶如鄉下來的年輕人在大世界裡力爭上游的現代版故事。況且，正如萊昂內爾·特里林借用古老寓言所說，紐約織著「傳奇羅曼史、甚至是十足的魔法」。一九五〇年代的紐約市，我們再度能夠看見青春的煉金術，它以全新熱忱擁抱世界，連鉛塊都能被點成真金。

＊部分引用出處：A. Broyard, *Kafka Was the Rage. A Greenwich Village Memoir* (New York, 1993); D. Wakefield, *New York in the Fifties* (Boston, 1992)；F. W. and G. S. McDarrah, *Beat Generation: Glory Days in Greenwich Village* (New York, 1996); R. A. Gorman, *Michael Harrington ory Days in Greenwic*(New York, 1995)

1 美國小說家，活躍於二十世紀初期，作品反映當代美國文化與社會情態，1900-1938。
2 美國劇作家與散文作家、二十世紀美國戲劇界代表人物，1915-2005。
3 美國作家、諾貝爾文學獎得主，作品寫實而富有社會觀察，1902-1968。
4 美國詩人、畫家與劇作家，1894-1962。
5 美國劇作家、二十世紀美國戲劇界重要人物，1911-1983。
6 英裔美籍詩人，作品探討政治、愛情、宗教等課題，1907-1973。
7 美國畫家、抽象表現主義健將，1912-1956。
8 俄裔美籍畫家，被視為抽象表現主義大師，1903-1970。
9 美國大族，在工商業、政治界與金融界都有龐大勢力，為全世界數個最富有的家族之一。
10 義大利指揮家，曾任美國紐約大都會歌劇院（Metropolitan Opera）指揮，1867-1957。
11 美國記者與政治社會評論者，1917-1997。
12 指冷戰期間恐共風氣下，人們對於可疑分子不經充足查證，即加以指控迫害的態度。
13 美國文學評論家與作家，常為《紐約時報》（***New York Times***）撰寫書評，1920-1990。
14 美國小說家與記者，生於一九三二年。
15 美國社會學家與作家，任教於哈佛大學，1919-2011。
16 荷蘭抽象表現主義藝術家，1904-1997。
17 美國文學批評家與散文作家，1905-1975。
18 美國實用主義哲學家，在歷史哲學、倫理學等領域多有貢獻，1902-1989。
19 美國散文作家，以藝術評論的文章著名，1909-1994。
20 美國文學與社會評論家，1920-1993。
21 美國詩人、哲學家與作家，一九五〇年代「垮掉的一代」與一九六〇年代「反文化運動」（counterculture）代表人物，1926-1997。
22 美國小說家與詩人，被視為文學界「破除偶像運動」的主張者，1922-1969。
23 美國作家與藝術家、後現代主義重要作者，1914-1997。
24 美國報刊，內容以新聞與文化為主，是美國最早的「另類報紙」（alternative newspaper）。
25 美國攝影家，因「垮掉的一代」的影像紀錄而著名，1926-2007。
26 美國哲學家、紐約大學哲學教授，1913-1992。
27 美國作家與民主社會主義者（democratic socialist），1928-1989。
28 美國歌手與歌曲創作者，對流行音樂與大眾文化富有影響力，為二〇一六年諾貝爾文學獎得主，生於一九四一年。
29 美國作家、世界聯邦主義者（world federalist），1899-1985。

聖保羅

SÃO PAULO

咖啡與商業之地

伊莉莎白・強森
Elizabeth Johnson

信用訊息公司（Trusted Sources）巴西研究部門主任，曾在各種出版品發表關於巴西各方面的著作，她在約翰霍普金斯大學（John Hopkins University）的博士論文名為《祈禱與工作：殖民時代聖保羅本篤會與聖衣會不動產上的勞動轉型》（*Ora et Labora: Labor Transitions on Benedictine and Carmelite Properties in Colonial São Paulo*），以巴西的奴隸制度與強迫勞動為主要探討對象。

里約是美人兒，但聖保羅……聖保羅是都市。

——瑪琳・黛德麗

聖保羅建城後四百五十年間，從葡萄牙帝國的安靜偏鄉，轉變為南美洲最龐大的都會區與世界第四大都市，目前大聖保羅地區的人口正迅速逼近兩千萬。

一五五四年，耶穌會傳教士曼威爾・達・諾布里加（Manuel da Nóbrega[1]）和荷塞・迪・安切塔（José de Anchieta[2]）共同建立聖保羅城，當時葡萄牙美洲殖民地有數座離海較遠的城，聖保羅是其中之一。該地內陸地形具有幾項優勢，因此吸引耶穌會教士到此，其中最重要的就是它位在鐵特河（Tietê[3]）、皮涅魯斯河（Pinheiros[4]）、安加保河（Anhanabaú[5]）與塔曼度阿特河（Tamanduateí[6]）匯流處，只要能運用這些水路，就可促使耶穌會與巴西廣闊內陸諸印地安部族之間的貿易活動興隆發展。聖保羅建立後不久即成為種族大熔爐，印地安人開始來此定居，與耶穌會士比鄰而處；還吸引葡萄牙移民前來，生下混血後代。

交會於聖保羅的四條河流，最後成為塑造巴西地理形勢的主要因素，尤其是鐵特河的影響最大。被稱為「保利斯塔」（Paulistas）的聖保羅居民，循著這些水路深入新大陸內地尋求貴重金屬，或是將印地安勞工帶回到自己的農場工作。對黃金的渴望引導「保利斯塔」一步又一步往更遠的內陸推進，為葡萄牙王室占下一塊又一塊的新領土。

當聖保羅居民以活躍探險者之姿，不斷探索巴西那些前人未曾踏足的區域，相較之下它本身卻一直沒沒無聞，直到十九世紀末事情才改觀。那時聖保羅農民開始種植咖啡，其咖啡熱引來洪潮般的外資投注於巴西內部建設，於是又促使人們開始建造重要交通設施，比如從港市桑托斯（Santos）攀登海岸陡坡進入聖保羅高原的火車鐵道。新鐵路不僅有助於咖啡外銷，還從全球各地帶來超過五百萬新移民，使其成為巴西最具種族多元特質的城市，擁有大量日本、黎巴嫩移民，以及來自歐洲各國的人，至今依然，與它的鄰居、以殖民城市而言地位更高的里約熱內盧十分不同。

咖啡貿易使聖保羅迅速擴張，很快地使超越里約熱內盧，成為巴西最重要的都會。在這段期間，「保利斯塔」之中出現被稱為「咖啡男爵」的新貴階層，他們極不吝於投資錢財來改換市容。聖保羅某些最驚人的建築就是在這段時期動工，其中大部分都由建築師法蘭西斯科·迪·鮑拉·拉莫斯·迪·阿澤維多（Frncisco de Paula Ramos de Azevedo[7]）設計。

拉莫斯·迪·阿澤維多在聖保羅土生土長，曾留學比利時一段時間，於一八七九年歸鄉發展。他回到聖保羅之後與當地貴族合作，將歐洲品味帶進巴西。最重要的作品包括盧茲車站（Luz train station）、市立劇院（Municipal Theatre）、聖保羅市市場（Municipal Market）和藝術學校（Liceu de Artes），同時也主導設計並建造一條全新林蔭大道，這條路未來取代了原有市中心，成為聖保羅的真正核心區。保利斯塔大道（Avenida Paulista）落成於一八九一年，出自烏拉圭建築師朱爾琴·尤金尼歐·迪·利馬（Joaquim Eugenio de Lima[8]）帶頭提出的一個建議。迪·利馬所構想的是一條二十八公尺寬的悠長大道，居民擁有可以蓋大宅的寬闊空間，那些賺飽了資金的咖啡男爵自然急切地想搬進城裡這塊新規劃的區域。

不久之後，保利斯塔大道就成了聖保羅的社會焦點。一八九四年，在大道兩旁有錢有勢居民的壓力之下，市政府明令禁止在保利斯塔大道建造工廠，這就是聖保羅所通過的第一條土地使用分區管制法；市政府同時也禁止從鄉間趕來的牲口，踏上這條富麗堂皇的大道。

保利斯塔大道落成後的二十年內，拉摩斯·迪·阿茲維多和其他當地與歐洲來的建築師，在這佳木成行的道路兩側建起數十間豪宅。露台花園「特里雅農臺」（Trianon Belvedere）是上流人士聚集欣賞安加保河河谷勝景之處，也是當時所建。「七九隧道」（9 de Julho）是聖保羅第一批主要公共工程，蓋在特里亞農臺下方，連接市中心與這片新住宅區。特里亞農臺後來的遭遇呈現了聖保羅隨時接受革新、渴望不斷改變的態度，這片開闊綠地在一九五七年被剷除，原址改為聖保羅美術館（Sao Paulo Art Museum，簡稱MASP）此一象徵聖保羅現代性的建築。這種破舊立新的心態，也讓當年那些「咖啡男爵」所蓋的房子全遭到相同命運，只有五間幸免於難。保利斯塔大道從一九五〇年代以來變得愈來愈商業化，今日此地街景已充斥著銀行與商場建築。

「咖啡男爵」時代過去之後，不只是保利斯塔大道，連聖保羅本身都經歷一番大改變。一九二〇年代，在咖啡價格大跌之後，新興的都市商人階層漸漸將目光轉向工業。海外移民人數從一九三〇年代開始下降，從巴西窮困東北地區遷來聖保羅的國內移民則日益增加。數百萬原本生活僅供自足的農民，為了逃離貧困又飽受乾旱所苦的家園而湧入聖保羅，從巴西東北部前來大城市尋求機會與財富，移民潮在一九五〇年代更加頻繁，滿足了城裡工廠對廉價勞力的高度需求，但也讓城中貧民問題不斷惡化。

和保利斯塔大道一樣，聖保羅回首自己過往時也有些尷尬。在這自治市的界線內，過去與現在之間充滿緊張，兩者不斷試圖在彼此間取得平衡。保利斯塔大道住著二十萬公寓樓房居民，有數百家商店，每天還有將近二百萬行人、超過十萬車輛路過此地。相比之下，市中心卻是一片舊日豪華建築物蒙塵的景象。此外，儘管日漸擴張的現代化繁榮市區不斷逼近，但該市最南端的區域裡仍舊住著一群庫魯庫圖瓜拉尼印地安人（Krukutu Guarani Indians[9]）。

先進與傳統在此並陳，聖保羅以複雜而多樣的方式同時反映明日與昨日。最近數十年來，更新穎的商業區域已然興起，與保利斯塔大道爭輝，但這條富有歷史意義的大街仍是該市真正的核心。

1 葡萄牙耶穌會教士、耶穌會在巴西殖民地的第一任省會長（provincial superior），1517-1570。
2 西班牙耶穌會傳教士，對巴西早期殖民歷史有重大影響，1534-1597。
3 巴西河流，流經聖保羅州（state of São Paulo）境內。
4 巴西河流、鐵特河支流。
5 巴西河流，流經聖保羅市古城區。
6 巴西聖保羅州河流。
7 巴西著名建築師，聖保羅市有許多他的作品，1851-1928。
8 出生於烏拉圭的巴西工程師，1845-1902。
9 庫魯庫圖是該處傳統印地安村落名稱，村民使用瓜拉尼語。

雪梨
SYDNEY

從棚屋小鎮到世界級都市

伊莉莎白·法瑞里
Elizabeth Farrelly

以雪梨為本的專欄作家與書籍作家，受過建築與哲學學術訓練，曾在倫敦和布里斯托執業，現在是雪梨大學（University of Sydney）兼任副教授。她曾任《建築評論》（*Architectural Review*）雜誌助理編輯、雪梨市無黨派議員、澳洲都市設計獎（Australian Award for Urban Design）首屆頒獎委員會主席。其著作包括以普立茲克獎（Pritzker Prize）得主格倫·馬庫特（Glenn Murcutt）為主題的專書《三間房子》（*Three Houses*，一九九三年）以及《鯨油地：快樂背後的危險》（*Blubberland: The Dangers of Happiness*，二〇〇七年）。

說到底，雪梨之名是從戴奧尼索斯（Dionysus）而來，代表美酒、草木與縱情之樂的年輕神祇。

——彼得·鄧金（Peter Tonkin），二〇〇〇年

一七八八年一月，革命在法國空空如也的肚子裡回響，麻塞諸塞州自耕農民為了被批評為「貴族氣」的新憲法爭議不休，亞瑟·菲利浦船長（Arthur Phillip[1]）則將英國第一批衣衫襤褸的殖民流放犯安全載運到世界底端兩個鋸齒狀岬角之間。經歷八個月的海上生活，就連流放犯下了船都不禁要歌頌上天。這個峽灣般的地方，是神祕南方大陸多霧東岸上一處如斧鑿出的角

落，由蜂蜜色砂岩構成的天然屏障，以及環繞四周生長，崢嶸佶屈、樹皮呈粉紅色的雪梨紅膠樹（Angophora costata）共同構成的，即是雪梨港。

在那之後，雪梨就迅速發展，它從棚屋小鎮變成全球性都市只花了兩百多年，快得有些不可思議。然而，這城市的物理天性仍是海與砂岩交會處的味道，是這片鹽分與赤陶土的迷人組合。正如管理這新生流放地、被譴稱為「蘭姆軍團」（Rum Corps）的腐敗紅袍兵（Red Coats），其影響仍能在今日亂七八糟的政治文化裡看到，而那濃黑陰影和燦爛陽光的明暗對比，也似乎呈現了社會的道德素質。

充滿鹽分的物質性、糾纏不清的政治、善與體制化的惡之強烈對照，這些事物錯綜交雜，使得新南威爾斯首任總理羅伯特·阿斯金（Robert Askin[2]）十年任期（一九六五年至一九七五年）成為雪梨的黃金時代。這時期未必是雪梨歷史的高峰，因這城市還太年輕，未來有無限可能；但這段無助嬰兒期與乏味的全球化時期之間的過渡期，才是雪梨最能表現自我的時代——毫無保留、極度享樂主義，破壞性十足。

人們將阿斯金的十年稱為「綠燈時代」，表面上這時期並不符合所有人對「黃金時代」的認知，非法酒吧、保護費與地下賭場猖獗，房地產開發業人人如餓虎撲羊毫無秩序。同時還有組織犯罪、警察暴力與政府根深柢固的腐敗。據說阿斯金本人過去曾當過非法賭馬經紀人，諢號是「滑溜山姆」（Slippery Sam），因媒體大亨法蘭克·帕克（Frank Packer[3]）的提拔進入政府，一九七二年毛遂自薦提名自己獲得英國王室封爵，高烏·魏德倫（Gough Whitlam[4]）也在那一年成為總理。一九六五年競選之夜，據說阿斯金在大樂之下說：「小子們，咱們進了糕餅店啦！」

阿斯金平步青雲時，正是雪梨掙扎著要脫離戰後縮衣節食生活、畢恭畢敬的殖民地心態，以及白澳政策（限制非白人移民）那損害甚大的英國中心主義的時代。到了聯邦層級，親英派的勞勃·孟席斯（Robert Menzies[5]）即將步入掌權十七年的尾聲，但市政廳裡長期受到「賄賂、貪汙、裙帶關係與欺上瞞下」風氣的洗禮，留下的統治文化幾乎已經喪失功能。五十年來禁止建造摩天大樓的法令被取消，著名的「六點熱」（six o'clock swill[6]）也成為往事，不久後雪梨就完全處在所謂「炸肉餅文化」（rissole culture[7]）的掌控之中，至今猶然。

幸好，嬰兒潮帶來的蓬勃生機、反對種族隔離的民意、反越戰運動及一九六○年代搖滾文化，彼此交雜成一股試圖推翻舊勢力的能量。「皇家喬治」（Royal George）是自由派人士聚會飲酒的俱樂部，從一九四○年代以來，所謂的「雪梨推」（Sydney Push[8]）就在它樓上的內室裡不斷宣揚知識分子的狂放思想，使得吉曼·基爾（Germaine Greer[9]）、克萊夫·詹姆斯（Clive James[10]）、羅伯·修斯（Robert Hughes[11]）和傑弗瑞·羅勃遜（Geoffrey Robertson[12]）這些才氣煥發的新一代作家與思想家，能先在當地青出於藍並令前輩折服，然後再往一個更大更精采的世界發展。

一九六七年，第一批美國海軍在「休息復原計畫」（R&R）之下抵達雪梨港，從花園島（Garden Island）海軍基地溯河而上經過雪梨的王十字俱樂部（Kings Cross club）和紅燈區，立即為當地帶來音樂、藥物、性交易與牛仔褲市場，以及關於美國中情局和國際黑手黨參與其中的謠言。《奧茲》雜誌（*Oz*[13]）在理查·奈威（Richard Neville[14]）與馬丁·夏普（Martin Sharp[15]）

主導下邁入發行第三年，距離一九七一年英國樞密院那場惡名昭彰「破壞善良風俗」的官司還有好些日子。

類似的文化衝突也逐漸在雪梨的硬體建設上浮現。一九六五年，雪梨市中心街道兩旁還擠著一間間土氣但溫文的房子，最高可達法律允許的十二層樓，它們的中央天井和蜂巢般的辦公間外面看來頗為像樣，但內部大多採光極差。一九五七年取消十二層樓的高度限制法規之後，唯一一座摩天大樓從這片千篇一律的背景中聳立起來直入雲霄，便是位於環形碼頭（Circular Quay）的雪梨塔（AMP tower）。位在幾個街區以外的雪梨第二高塔澳洲廣場（Australia Square），當時還在施工中。澳洲廣場由懷抱「閃閃發亮美式思想」的哈利·塞德勒（Harry Seidler[16]）設計，建造者則是荷蘭移民迪克·杜塞多普（Dick Dusseldorp[17]），其基址原本有二十棟老房子（和一條冷清小巷）。這棟大樓代表著一個全新世界，一個燦爛、以自我為中心且著迷於閃閃發亮市景的世界。

往反方向走幾個街區，就能看到覆滿鷹架和鋼筋的稜紋貝殼形狀，這座雪梨歌劇院（Opera House）此時尚未完工，但政治介入與預算超額的問題已經滿天飛。前總理保羅·基亭（Paul Keating[18]）最近就說：「雪梨像是被一道彩虹拍了肩膀。能挑到這棟代表二十世紀的建築，機率絕對只有百萬分之一。」一九五七年，約恩·烏松（Jørn Utzon[19]）的設計圖本來已被同行扔進廢紙簍，是姍姍來遲的訪問學者，權威人物埃羅·沙里寧（Eero Saarinen[20]）當了慧眼識英雄的伯樂。

但到了一九六五年，一樣是這批同行（包括塞德勒等的移民新星），卻走上街頭抗議阿斯金的公共工程部部長（Minister of Public Works）大衛·休斯（David Hughes）他欣然接受烏松的辭呈，卻不給予應有的報酬，烏松實際上等於被炒了魷魚。一般大學可能會做出逢迎拍馬之事，像是授與榮譽博士學位給有力人士，比方新南威爾斯大學在一九六六年就頒給了阿斯金，但當時大學裡的學生可是傾巢而出支持烏松。

遺產保護運動方興未艾，大部分雪梨人還在市郊追求現代化住宅的夢想，但許多曾與烏松站在同一陣線的強悍現代主義者都漸漸回到市中心，翻修整建百年老排屋，希望創造出更為都市化、歐洲化的生活風格。一九七一年，雪梨發生了第一次著名的「綠色禁令」（Green Ban），工會領袖傑克·孟迪（Jack Mundey[21]）動員建築工人聯合會（Builders' Labourers' Federation）拯救市郊殘存的一小處灌木林「凱利叢」（Kelly's Bush）。相同作法後來也被施用在雪梨市內大多數地方。另一個例子同樣顯示兩派分裂的情況，當時兩份迴然不同的官方都市計畫同時發表，一份以綿延鋪展的大洛杉磯市為模型，把雪梨大部分老市區都劃為建設高速公路預定用地；另一份則強調行人優先、植樹與街道設施的重要性，將老市區都劃進古蹟保護區域。

王十字區維多利亞街（Victoria Street）是一片波希米亞風的勞工階級聚居區，這場文化之戰在爭奪此區的戰役中達到高峰。有一份市區大規模重新發展的計畫案雖受到阿斯金政府支持，長年以來卻一直飽受爭議，直到一九七二年人民實施「綠色禁令」為止。此後雙方爭執仍然持續，直到此案最出風頭的反對者、當地作家兼出版商凰妮塔·奈爾森（Juanita Nielsen[22]）在一九七五年神祕失蹤才告一段落，而這件案子至今未破。

在那之後，雪梨已經試著洗心革面。雖然貪汙腐敗、貧窮問題、組織犯罪與種族衝突仍不時浮出水面，但雪梨已藉由它的無邊財富、雅痞化狂潮與二〇〇〇年的奧林匹克運動會躍升為一座全球性的大都市。最近波哥大（Bogotá）市長就對一群關心雪梨公共運輸與環境保護成績的民眾說：「如果我們這城市也能擁有跟雪梨一樣的問題就好了。」夏日傍晚，通勤族湧上街道，蝙蝠飛過素馨花樹映襯的天空，如此這般的雪梨仍有世上最迷人城市的樣子。

***部分引用出處：** P. Tonkin, City of Dionysus , *Sydney. Metropolis, Suburb, Harbour* (Sydney, 2000)

1 英國海軍軍官、澳洲新南威爾斯首任總督，1738-1814。
2 澳大利亞政治人物、自由黨領導人，1907-1981。
3 澳大利亞媒體業鉅子，1906-1974。
4 澳大利亞第二十一任首相、工黨領導人，1916-2014。
5 澳大利亞政治人物，曾兩度擔任首相，創立自由黨的重要人物，1894-1978。
6 當時澳大利亞政府規定酒吧必須於晚間六點結束營業，這個詞描述人們趕在六點前瘋狂豪飲的情景。
7 指開發商、議員、都市計畫部門互相勾結的政治狀況。
8 指盛行於一九四〇到一九七〇年代的雪梨知識界左翼次文化，主旨是反對既有道德習俗與極權主義。
9 澳大利亞作家、女權運動倡導者，生於一九三九年。
10 澳大利亞作家、詩人與文學評論家，生於一九三九年。
11 澳大利亞作家、藝評家與電視節目製作人，1938-2012。
12 澳大利亞作家、廣播主持人與人權律師，生於一九四六年。
13 澳大利亞另類文化地下雜誌，創立於一九六三年。
14 澳大利亞作家與社會評論者、反文化運動健將，1941-2016。
15 澳大利亞藝術家、作詞者與電影製作人，澳洲普普藝術重要人物，1942-2013。
16 澳大利亞建築師，將包浩斯風格引入澳洲，1923-2006。
17 荷蘭工程師，1918-2000。
18 澳大利亞第二十四任總理、工黨領導人，生於一九四四年。
19 丹麥建築師、雪梨歌劇院設計者，1918-2008。
20 芬蘭美籍建築師與工業設計師，以新未來主義（neo-futurism）的設計著名，1910-1961。
21 澳大利亞工會與環保運動人士，生於一九二九年。
22 澳洲出版商與社會運動人士，1937-1975。

東京 TOKYO

常變之城

萊絲莉·道納爾
Leslie Downer

作家、記者與主持人，專精於日本文化與日本史。其著作包括《通往極北的狹路》（*On the Narrow Road to the Deep North*，一九八九年）、《兄弟們》（*The Brothers*，一九九四年）、《藝伎：浮世祕史》（*Geisha: The Secret History of a Vanishing World*，二〇〇〇年）、《貞奴夫人：誘惑西方世界的藝伎》（*Madam Sadayakko: The Geisha who Seduced the West*，二〇〇三年）及三本小說。

東京百年來都有「對比之城」或「新舊並存的首都」之稱號。自從日本在上個世紀中葉對外在世界敞開大門以來，這個國家就以日進月增的技術與風格，將東與西、過去與現在結合起來。

——唐納德·里奇（Donald Richie[1]），一九八七年

東京是眾多都市中最熱鬧騰騰的一個，它永遠都在變化，這裡幾乎沒有什麼老東西（至少乍看之下是如此）。從一開始，「無常」的感覺，就是構成這城市要素之一。

一五九〇年，位處本州島北部的窮鄉僻壤中，一處位於尖端的小村江戶被軍閥德川家康看

上，成為他的大本營。此地背後環山，一側是河川，前方又是易守難攻的海灣，在風水與戰略上都是絕佳形勢。德川家康在軍事方面足智多謀，行政上又才氣縱橫，很快就成為全日本的統治者「將軍」。在他治理之下，江戶發展成為一座大都市，填海造陸、建築堤防、挖掘運河，早期外國訪客還說這裡是「東方威尼斯」。江戶城城堡君臨此地，這歷史性的巨大建築被護城河與水道圍繞著；龐然花崗岩牆邊有二百六十名藩臣軍閥經營起大宅，一般民眾則密集聚居在東邊沿河巷弄中。地震與火災這兩個「江戶之花」每隔一段時間就來造訪，毀掉整片木造都市，於是城市一次又一次重建，每一次都比上一次更大、更好。木板畫描繪的當下轉瞬即逝，商人與藝伎參與其中的「浮世」在此城達到極盛。

將軍政體在一八六八年垮台，天皇從京都移駕重新命名為「東京」的江戶，江戶城堡也變成皇宮。這是一個嶄新光明的城市，與鐵路、電燈和西式磚石建築一起發展，當時的建築物仍有少數留存至今，例如東京車站西側入口的磚造門面。

而後，到了一九二三年，一場大地震把城市化作瓦礫堆。東京在二次大戰期間又被夷平，等到一九四五年美軍占領日本時，這城市已是一片灰燼汪洋。人民忍著苦痛重建家園，許多事物都因此改變，但也有許多仍保存舊貌。天皇在宣言中否認自身神格，但他那富麗莊嚴、與世隔絕的皇宮居所仍是全市樞紐，這片外人不得而入的綠色仙境下方不許地下鐵通過，上方也禁止飛機飛行。

江戶被計畫成一個螺旋、一個千迴百轉的迷宮，讓敵人永遠到不了中央城堡。當城市成了廢墟，也讓政府有機會把街道規劃變得更有秩序，比如像京都那樣的四方格就是不錯的選擇。

然而，這城市的平面圖實際上仍然像過去一樣曲曲折折，讓人眼花撩亂。

城市最東端住著平民的淺草區已經重建，最受人喜愛的佛教寺院——淺草寺——再次香客盈門，人人來此向大慈大悲的觀音菩薩祈福。不過，淺草雖仍是傳統文化的核心，但它在戰前展現的活躍生機卻再也不曾得見。這裡曾是市區最熱鬧的心臟，但如今只是個供懷舊者思古的保留區，城市鬧區已經轉移到別處。東京在復甦的同時，也不斷向西擴展。

一九六四年的奧運會於東京舉行，這是日本向世界展示自己戰後成果的良機。第一條子彈列車軌道已經鋪設完畢，將東京與大阪連接起來；多線道的高架公路也出現了，或在高柱上躍過市區，或在曾頗負盛名的運河上投下陰影；一條寬大宏闊、綠樹成蔭、被譽為「東京香榭麗舍」的大道直通代代木，那兒有丹下健三[2]設計的奧林匹克體育館，弧線與突出的船首造型令人印象深刻。

經歷奧林匹克運動會這個轉捩點，東京在一九七〇年代的繁榮已逼近前所未有的程度；那是「經濟奇蹟」的年代，而東京就在正中心。財富滾滾湧來，摩天大樓也如雨後春筍般在西新宿林立，東京的活力與對比性在新宿具象化呈現，新舊日本於此地並存互動。這兒還擁有號稱全世界最大的火車站，車站西出口通向寬闊而空蕩蕩的大街，鬼影般的巨廈矗立兩旁；另一邊，東出口則將旅客送往萬頭鑽動的街道，成排成列的刺目霓虹招牌好似武士軍團旗幟。

一九六八年的新宿是孕育創造力的溫床，是學生運動、前衛藝術與反體制抗議活動的核心，新日本許多未來的文化領導者都在此處初試啼聲。時尚設計師三宅一生[3]、藝術家橫尾忠則[4]、舞蹈家土方巽[5]、劇場導演寺山修司[6]與作家三島由紀夫[7]，都和早年的新宿脫不了關係。

到了一九八〇年代，東京愈來愈有自信，年輕氣盛的西方建築師被邀請來為它增添輕鬆、後現代的特質，奈傑爾・寇提斯（Nigel Coates[8]）的大都會餐廳（Metropole restaurant）擁有希臘式柱子與維多利亞式簾幔，是這一季的代表作。然而萬事皆不長久，連這棟建築物都難逃無常命運，早已消逝在歷史洪流中。這段時間所留下最耐久的紀念品，是菲利浦・史塔克（Philippe Starck[9]）為朝日啤酒設計的大樓，梯形閃亮黑牆與囂張的金色火焰造型，在東京東端神聖淺草寺的對岸拔地而起。

那是個一杯咖啡二百五十美元、人們在壽司上撒金箔，還用金子來按摩的年代，像村上春樹[10]這樣的小說家，以及舞踏[11]這樣的表演形式都能夠名揚海內外。人們住在兔子籠般的小公寓，每天要花數小時通勤到市區，卻樂意為了時尚一擲千金，每個少年都得買第凡內（Tiffany[12]）金心項鍊給心上人。

一九八七年，日本大財閥堤義明[13]被《富比士》雜誌點名為全球首富，他擁有世界上某些最昂貴的不動產。昭和天皇[14]在一九八九年駕崩，丹下健三那棟模樣猶如大教堂的東京都廳舍，也在此年於新宿揭幕，成為象徵這最顛峰十年的標誌。

一九九〇年代是經濟蕭條的時代，但到了二〇〇〇年，東京已經預備好再度自我創新。丸之內原本是各藩藩主豪宅所在地，後來十幾年間又被當作辦公區開發，此時卻突然冒出數家高級旅館：文華東方酒店（Mandarin Oriental）在二〇〇五年開幕，門面金碧輝煌的半島酒店（Peninsula）則在二〇〇七年開張。表參道是為了東京奧運所建的香榭麗舍大道，兩旁一棟棟造型輕盈、曲線優雅的建築物紛紛成形，有模仿絲織品光澤波紋的迪奧（Dior）表參道店，也有伊東豊雄[15]設計、由交錯枝枒構成網狀造型的 Tod's 表參道大樓。

到了六本木，豪華的東京中城嶄新開張，內有氣派的辦公大樓、一座地景花園、購物中心和美術館，還有三宅一生與安藤忠雄[16]聯手打造的開放式展覽場 21_21 Design Sight，樣子像是飛行中的鳥兒，專為培育前衛藝術所用。這裡還有一座五十四層樓的東京最高大樓，最上層座落著奢華的麗思卡爾頓酒店（Ritz-Carlton）。

理論上，東京的摩天大樓自然都具有防震能力，但這城市之所以處處都散發一種「生活在邊緣」的態度，其中一個原因或許就是人們知道這裡隨時可能遭到大地震襲擊。東京市大部分都建築在海埔新生地上，這種地方遇到強大地震馬上會變成爛泥潭。

人們曾說東京是一幅夢景、是建築師的樂園，但無論霓虹燈多麼耀目、許多閃閃發光的新大樓愈蓋愈高直插雲霄，淺草寺依舊香火繚繞，信眾也從未見稀少。東京是一座擁抱今昔之城，同時不斷地重塑自我以適應未來。

***部分引用出處**：D. Richie, *A Lateral View. Essays on Contemporary Japan* (Tokyo, 1987)

1 美國作家，對日本文化與民族多有研究，1924-2013。
2 日本建築師，將傳統日本建築形式與現代建築結合，1913-2005。
3 日本服裝設計師，生於一九三八年。
4 日本畫家與平面設計師，生於一九三八年。
5 日本舞蹈家與編舞家，創立「舞踏」這種表演形式，1928-1986。
6 日本前衛詩人、劇作家與導演，生於一九三五年。
7 日本作家，作品富有愛國情懷，1925-1970。
8 英國建築師與室內設計師，
9 法國室內、工業與建築設計師，生於一九四九年。
10 日本小說家，作品在國內外都極其暢銷，生於一九四九年。
11 土方巽與大野一雄在二次大戰後創立的舞蹈形式，概念是反對西方既有的舞蹈美學標準，舞者常有匍匐扭曲等肢體動作。
12 美國高級珠寶品牌，總部位在紐約。
13 日本商人、西武鐵道公司的擁有者，生於一九三四年。
14 日本第一百二十四代天皇、二次大戰期間的日本最高元首，1901-1989。
15 日本建築師，以創作概念建築（conceptual architecture）而著名，生於一九四一年。
16 日本建築師，以建築與地景設計著名，生於一九四一年。

上海 SHANGHAI

中國的超級都市

約翰・吉廷斯
John Gittings

於一九七一年首度造訪上海，後來成為《衛報》上海專家與東亞版面編輯。他在二〇〇一年於上海開設《衛報》第一間位於中國本土的辦公室。最新的著作是《不斷改換的中國面容：從毛澤東到市場開放》（*The Changing Face of China: From Mao to Market*，二〇〇二年），他的網站是www.johngittings.com。

他每天總是盼望著晚間驅車通過上海市區，這既刺激又駭人的城市，比世上任何一個都市都讓人興奮。

——J・G・巴拉德（J. G. Ballard[1]），一九八四年

從和平飯店（過去是華懋飯店）頂樓陽台向東望去，旅客能看到黃浦江對岸一整片摩天大樓構成的天際線；往西看，腳下是車水馬龍的南京路與人民公園，這座公園在上海的租界時代曾是座賽馬場。江畔的外灘往北會通過一座惡名昭彰的公園，過去此地處於半殖民狀況時可是

中國人止步，只有當保母的中國人被允許陪同洋人雇主進入；往南則會經過匯豐銀行總部舊址，然後到達被一座廟宇、湖泊和公園圍繞的老中國城區。

中國經濟急速成長之際，上海是少數幾個尚未被徹底抹滅過去的都市，此地仍有些街道充滿了歷史。這裡的物質建設雖不斷改變，但內在卻保有一層層記憶、一層層最驚人（有時更是最恐怖）的故事。

丁香花園就位在華山路半途、舊日法租界的邊緣，有高大的樟樹和釉彩龍牆。百年前，這是李鴻章最年輕妾室的居所，而李鴻章正是掌握清朝外交事務的重臣。文化大革命期間（一九六六年至一九七六年），以毛澤東之妻江青為首的四人幫成員之一的姚文元[2]選擇這裡為總部。過了馬路是一片櫛比鱗次的老宅院，美麗的國劇演員言慧珠[3]就是在這兒，被紅衛兵逼到自盡了斷。如今丁香花園是共產黨退休幹部的活動中心，裡面還有一間昂貴的廣式餐廳。

一九三〇年代標準的英語旅遊導覽書籍會如此形容上海，說它在不久之前從「泥地上的漁村」蛻變為「東方巴黎」，這種對於上海過往的鄙視態度十分常見，但說法並不正確。上海在十三世紀已是商埠，控制黃浦江水運與下江以南三角洲一帶的市鎮交通，上海商人靠著轉賣內地棉花發了大財。

上海市原名「滬」，起源於兩千年前，至今仍使用於某些書寫場合裡。它在一二八〇年得到「上海」之名，意指其位於長江出海口上游不遠處。人們常稱上海為「龍口」，「龍」指的就是長江。

鴉片戰爭時，英國戰艦在一九四二年攻陷上海，放火燒毀公共建築並將民用的「滿溢糧倉」劫掠一空。《南京條約》讓上海與中國沿岸其他四個港口成了條約港（treaty port），允許外國人在此居住、交易，經年累月後還獲得了治外法權。到了十九世紀末，上海的公共租界與法租界面積已超過三十平方公里，兩者均由外國人主持的政務機關治理。外國人的控制力神不知鬼不覺的向外擴張，延伸到租界之外八十公里的道路範圍。

二十世紀前半，中國脫離君主制度，隨即經歷數十年革命、日本侵略與內戰交織的動盪歲月。此時上海既是充滿都會享樂氣息的富庶商業中心，又是政治衝突最激烈的戰場。一九二一年，中國共產黨在此舉行第一次全國代表大會；一九二五年發生五卅慘案，英國人為首的警力對支持勞工罷工的學生開火、造成死傷，引發全國性的抗議聲浪。兩年後，國民黨所主導的革命運動一步步清除國內軍閥勢力，蔣介石於此時占領上海，在當地犯罪幫會協助下，以血腥手段肅清原本的共產黨盟友（安德烈·馬爾羅（André Malraux[4]）的《人類的命運》（*La Condition Humaine*）便是描述此事。）

同一年，亞瑟·蘭塞姆（Arthur Ransome[5]）大大得罪了英國那些「登陸上海」的人們，說他們「眼裡望著自己的宏偉建築」而後「對中國並未對他們帶來的禮贈感恩而訝異，全忘記他們蓋這些房子的錢都是從中國賺來」。上海工人大多是躲避內亂而從他處逃來的難民，在惡劣環境裡鎮日辛苦勞動。哈羅德·田伯烈（Harold Timperley[6]）在《曼徹斯特衛報》（*Manchester Guardian*）報導說年輕工廠學徒「每天工作十到十二個小時，營養不良、眼睛出問題，手臂和腿也有慢性中毒症狀」。

上海的戰時歲月可以兩張著名的照片概括：第一張是無名氏在一九三七年所攝，呈現大批中國難民為了逃避日軍而急忙通過鐵橋；第二張是亨利·卡提耶—布列松（Henri Cartier-Bresson[7]）攝於一九四八年十二月，也就是蔣介石的國民黨政權土崩瓦解之時，恐慌的人群在一所銀行外排隊的畫面。

勝利的共軍「解放」上海之後，中國第一位民族主義領導人孫逸仙的未亡人宋慶齡女士宣告「上海的新日子已經曙現」。然而，北京中央政府選擇他處發展建設，此城的經濟狀況在之後數十年一直停滯不前。

文化大革命期間，上海變成了基進派的溫床，因此當毛澤東在一九七六年死亡之後，這裡只能眼巴巴看著更南邊的「經濟特區」享受經濟改革的優勢。直到一九八九年鎮壓北京學生抗議活動之後，上海市長江澤民在鄧小平扶持下成為共產黨領導人，後來更登上國家主席之位，上海才時來運轉。

現在的上海已經贏回它在戰前的聲譽，成為中國最狂傲、最最先進、讓人盡情施展本事的超級城市。這裡是外國投資者的第一站、海外華人購置產業的首選，更是香港的強大競爭者。上海咖啡廳數量超過中國任何一個城市，其他像是高樓大廈（超過三千棟）、超市與百貨公司的數量也是全中國第一。儘管當地居民常有反對聲音，但大部分傳統上海民居區域（稱為「里弄」）已因為新住宅建設而被掃平，郊區也蓋起一個又一個的衛星市鎮。長江口的崇明島上現正計畫建造一座新的生態都市，以橋梁和隧道與上海市區相連。

二〇〇八年，上海市人口數量已超過一千八百萬，在十五年內增加了百分之五十，其中至少有三百萬是外地來的民工，他們為這城市起飛的經濟提供勞動力。煉鋼與造船等上海傳統工業已被電子業和金融業所取代，某些造船廠在二〇一〇年遭到拆除，為即將舉辦的世界博覽會提供河岸場地。

介於黃浦江和大海之間的浦東區，是中國成長最快速的一片都市地景，浦東的新企業在過去十二年間讓上海總生產量增加一倍。金茂君悅大酒店在建成時是世界第三高樓，有百分之九十的世界前五百大企業，都在它周圍的摩天大樓裡設立辦公室。上海華美而嶄新的浦東機場，藉由世界第一條磁浮列車軌道通達市區。

「在上海生活，」中國近代最有名的作家魯迅在一九三三年寫道：「穿時髦衣服的比穿著土氣的更便宜。」在購物與時尚方面，上海再一次與巴黎平分秋色；而那些用勞力讓這城市復興的民工都在看不見的地方，他們破爛的臨時住宅，藏身於玻璃與鋼構的新巨塔背後。

＊部分引用出處：J. G. Ballard, *Empire of the Sun* (London, 1984)

1 英國作家，出生於上海租界，1930-2009。
2 中國文學批評家與政治人物、文化大革命發起者之一，1931-2005。
3 中國著名國劇與崑曲女演員，師承梅蘭芳，1919-1966。
4 法國小說家，曾任法國文化部長，1901-1976。
5 英國作家與記者，以兒童文學作品最著名，1884-1967。
6 澳大利亞記者，有許多關於中國一九三〇年代紀實之作，1898-1954。
7 法國攝影家、「抓拍攝影」（candid photography）創始者，1908-2004。

延伸閱讀

古代世界

烏魯克／URUK

Crüsemann, N., M. van Ess, M. Hilgert & B. Salje, Uruk. 5000 *Jahre Megacity* (Petersberg, 2013)

George, A. R., *The Epic of Gilgamesh* (London, 1999)

Liverani, M. et al., *Uruk: The First City* (London,2006)

Nissen, H. J., *The Early History of the Ancient Near East, 9000–2000 bc* (Chicago & London, 1988)

Nissen, H. J., *P. Damerow & R. K. Englund, Archaic Bookkeeping. Early Writing and Techniques of Economic Administration in the Ancient Near East* (Chicago & London, 1993)

Roaf, M., Cultural *Atlas of Mesopotamia and the Ancient Near East* (Oxford, 1996)

摩亨佐—達羅／MOHENJO-DARO

Coningham, R. A. E., 'South Asia: From Early Villages to Buddhism', in C. J. Scarre (ed.), The Human Past (2nd ed., New York & London,2009) 518–551

Jansen, M., *Mohenjo-Daro: Stadt der Brunnen und Kanale: Wasserluxus vor 4500 Jahren* (Bergisch Gladbach, 1993)

Kenoyer, J. M., *Ancient Cities of the Indus Valley Civilization* (Oxford, 1998)

Marshall, J. H., *Mohenjo-Daro and the Indus Civilisation* (London, 1931)

Possehl, G. L., *The Indus Civilization: A Contemporary Perspective* (Walnut Creek, CA, 2002)

孟斐斯／MEMPHIS

Anthes, R., *Mit Rahineh, 1956* (Philadelphia, PA , 1965)

Giddy, L., *Kom Rabi'a: The New Kingdom and Post-New Kingdom Objects* (London, 1999)

Jeffreys, D. G., *The Survey of Memphis, I: The Archaeological Report* (London, 1985)

Jeffreys, D. G., *The Survey of Memphis, V: Kom Rabia: The New Kingdom Settlement* (levels II–V) (London, 2006)

Petrie, W. M. F. & J. H. Walker, *Memphis I* (London, 1909)

Petrie, W. M. F. & J. H. Walker, *The Palace of Apries (Memphis II)* (London, 1909)

Porter, B. & R. L. B. Moss, *Topographical Bibliography of Ancient Egyptian Hieroglyphic Texts, Statues, Reliefs, and Paintings*, Vol. III, Part 2 (Oxford, 1978) 830–75

底比斯／THEBES

Hornung, E., *The Valley of the Kings: Horizon of Eternity* (New York, 1990)

Lacovara, P., *The New Kingdom Royal City* (London & New York, 1997)

Nims, C. F. & W. Swaan, *Thebes of the Pharaohs: Pattern for Every City* (London, 1965)

Reeves, N. & R. H. Wilkinson, *The Complete Valley of the Kings* (London & New York, 1996)

Rhind, A. H., Thebes: *Its Tombs and their Tenants* (London, 1862)

Romer, J., *Valley of the Kings* (London, 1981)

Strudwick, H. & N., *Thebes in Egypt: A Guide to the Tombs and Temples of Ancient Luxor* (London & Ithaca, NY, 1999)

Weeks, K., *Atlas of the Valley of the Kings: The Theban Mapping Project* (Cairo, 2000)

Wente, E. F., *Late Ramesside Letters* (Chicago, 1967)

Wilkinson, R. H., *The Complete Temples of Ancient Egypt* (London & New York, 2000)

哈圖薩／HATTUSA

Bryce, T. R., *Life and Society in the Hittite World* (Oxford & New York, 2002) 230–56

Bryce, T. R., *The Trojans and their Neighbours* (London & New York, 2006)

Latacz, J., *Troy and Homer* (Oxford & New York, 2004)

Neve, P., *Hattuša Stadt der Götter und Tempel* (Mainz, 1993)

Seeher, J., *Hattusha Guide: A Day in the Hittite Capital* (Istanbul, 2002)

巴比倫／BABYLON

Bergamini, G., 'Levels of Babylon reconsidered', *Mesopotamia* 12 (1977) 111–52

Finkel, I. L. & M. J. Seymour, *Babylon* (London, 2008)

George, A. R., 'Babylon revisited: archaeology and philology in harness', *Antiquity* 67 (1993) 734–46

Koldewey, R., *Das Wieder Erstehende Babylon* (Leipzig, 1913)

Oates, J., *Babylon* (rev. ed., London & New York, 2008)

Unger, E., *Babylon: Die Heilige Stadt* (Berlin, 1931)

尼尼微／NINEVEH

Layard, A. H., *Nineveh and Its Remains* (Eastbourne, 2007)

Parrot, A., *Nineveh and the Old Testament* (New York, 1955)

Reade, J., *Assyrian Sculpture* (2nd ed., London, 1996)

Russell, J. M., *The Final Sack at Nineveh: The Discovery, Documentation, and Destruction of King Sennacherib's Throne Room* (New Haven, 1998)

迦太基／CARTHAGE

Brown, S., *Late Carthaginian Child Sacrifice and Sacrificial Monuments in their Mediterranean Context* (Sheffield, 1991)

Harden, D., *The Phoenicians* (Harmondsworth, 1980)

Lancel, S., Carthage: *A History* (Oxford, 1995)

Rakob, F., 'The making of Augustan Carthage', in E. Fentress (ed.), *Romanization and the City* (Portsmouth, 2000) 73–82 Raven, S., *Rome in Africa* (London, 1993)

Rives, J., *Religion and Authority in Roman Carthage from Augustus to Constantine* (Oxford, 1995)

雅典／ATHENS

Boardman, J., *The Parthenon and its Sculptures* (London, 1985)

Camp, J. M., *The Athenian Agora. Excavations in the Heart of the Athenian Agora* (London & New York, 1986)

Camp, J. M., *The Archaeology of Athens* (New Haven & London, 2001)

Harris, D., *The Treasures of the Parthenon and the Erechtheion* (Oxford, 1995)

Roberts, J. W., *City of Sokrates: An Introduction to Classical Athens* (London, 1998)

Waterfield, R., *Athens, A History – From Ancient Ideal to Modern City* (London, 2004)

臨淄／LINZI

Qiyun Zhang & Dongfang Li, *China's Cultural Achievements During the Warring States Period* (Taiwan, 1983)

Sun Tzu, *The Art of War*, translated by J. Minford (London & New York, 2002)

Wu Hung, 'Rethinking Warring States cities: an historical and methodological proposal', *Journal of East Asian Archaeology* 3.1–2 (2001) 237–57

Yu Weichao (ed.), *A Journey into China's Antiquity, vol. 2, Warring States Period – Northern and Southern Dynasties* (Beijing, 1997)

亞歷山卓／ALEXANDRIA

Bernand, A., *Alexandrie la grande* (Paris, 1998)

Fraser, P. M., *Ptolemaic Alexandria*, 3 vols (Oxford, 1972)

Goddio, F. & A. Bernand, *Sunken Egypt: Alexandria* (London, 2004)

Walker, S. & P. Higgs, *Cleopatra of Egypt from History to Myth* (London, 2001)

麥羅埃／MEROË

Lehner, M., *The Complete Pyramids* (London & New York, 1997) 197–99

O'Connor, D., *Ancient Nubia: Egypt's Rival in Africa* (Pennsylvania, 1993)

Welsby, D. A., *Kingdom of Kush: The Napatan and Meroitic Empires* (London, 1996)

耶路撒冷／JERUSALEM

Avigad, N., *Discovering Jerusalem* (Oxford, 1984)

Goldhill, S., *Jerusalem: City of Longing* (Cambridge, MA, 2010)

Goodman, M., *Rome and Jerusalem: The Clash of Ancient Civilizations* (London, 2007)

Jeremias, J., *Jerusalem in the Time of Jesus* (London, 1969)

Sebag Montefiore, S., *Jerusalem: The Biography* (London, 2012)

羅馬／ROME

Aicher, P. J., *Rome Alive. A Source-Guide to the Ancient City*, vol. 1 (Wauconda, IL, 2004)

Claridge, A., *Rome* (Oxford Archaeological Guides, Oxford, 1998)

Coulston, J. C. & H. Dodge (eds), *Ancient Rome: The Archaeology of the Eternal City* (Oxford, 2000)

Res Gestae Divi Augusti: The Achievements of the Divine Augustus, P. A. Brunt & J. M. Moore (eds) (Oxford, 1967)

Scarre, C., *Chronicle of the Roman Emperors* (London & New York, 1995)

Wallace-Hadrill, A., *Augustan Rome* (Bristol, 1998)

Zanker, P., *The Power of Images in the Age of Augustus* (Ann Arbor, 1990)

西元第一千紀

鐵奧蒂華坎／TEOTIHUACAN

Berrin, K. & E. Pasztory (eds), *Teotihuacan: Art from the City of the Gods* (New York, 1993)

Headrick, A., *The Teotihuacan Trinity* (Austin, 2007)

Millon, R. (ed.), *Urbanization at Teotihuacan, Mexico* (Austin, TX, 1973)

Pasztory, E., Teotihuacan: *An Experiment in Living* (Norman, OK, 1997)

Sahagun, F. B. de, *The Origin of the Gods*, Book 3 of the Florentine Codex, trans. A. J. O. Anderson & C. E. Dibble (Santa Fe, 1978)

Sempowski, M. L. & W. S. Michael, Mortuary *Practices and Skeletal Remains at Teotihuacan*, with an addendum by R. Storey (Salt Lake City, 1994)

Storey, R., *Life and Death in the Ancient City of Teotihuacan: A Paleodemographic Synthesis* (Tuscaloosa, AL, 1992)

Sugiyama, S., *Human Sacrifice, Militarism, and Rulership: Materialization of State Ideology at the Feathered Serpent Pyramid, Teotihuacan* (Cambridge, 2005)

提卡爾／TIKAL

Avendano y Loyola, F. A., *Relation of Two Trips to Peten*, trans. by C. P. Bowditch & G. Rivera (Culver City, 1987)

Harrison, P. D., *The Lords of Tikal: Rulers of an Ancient Maya City* (London & New York, 1999)

Martin, S., 'In Line of the Founder: A View of Dynastic Politics at Tikal', in A. J. Sabloff (ed.), *Tikal: Dynasties, Foreigners, and Affairs of State* (Santa Fe & Oxford, 2003) 3–45

Martin, S. & Grube, N., *Chronicle of the Maya Kings and Queens: Deciphering the Dynasties of the Ancient Maya* (2nd ed., London & New York, 2008)

Sabloff, J. A. (ed.), *Tikal: Dynasties, Foreigners, and Affairs of State* (Santa Fe & Oxford, 2003)

Webster, D. et al., 'The Great Tikal Earthwork Revisited', *Journal of Field Archaeology 32* (2007) 41–64

君士坦丁堡／CONSTANTINOPLE

Aimov, I., *Constantinople: The Forgotten Empire* (Boston, 1970)

Cormack, R. & M. Vassilaki, *Byzantium* (London, 2008)

Harris, J., *Constantinople: Capitol of Byzantium* (London, 2007)

Nicolle, D., et al., *The Fall of Constantinople: The Ottoman Conquest of Byzantium* (Oxford, 2007)

Norwich, J. J., *Byzantium: The Early Centuries* (London & New York, 1988)

Norwich, J. J., *Byzantium: The Apogee* (London & New York, 1991)

Norwich, J. J., *Byzantium: Decline and Fall* (London & New York, 1995)

麥加／MECCA

Creswell, K. A. C., *Early Muslim Architecture* (rev. ed., Oxford, 1969)

Ibn Jubayr, *The Travels of Ibn Jubayr*, translated by R. J. C. Broadhurst (London, 1952)

Watt, M. W. & R. B. Winder, R. B., 'Makka' in *Encyclopaedia of Islam*, 2nd ed., vol. VI (Leiden,1991) 144b–150b

大馬士革／DAMASCUS

Burns, R., *Syria. An Historical Guide* (London & New York, 1999)

Burns, R., *Damascus: A History* (London & New York, 2005)

Degeorge, G., *Damascus* (Paris, 2004)

Keenan, B. & T. Beddow, *Damascus: Hidden Treasures of the Old City* (London & New York, 2000)

Kociejowski, M. (ed.), *Syria: Through Writers' Eyes* (London, 2006)

Thubron, C., *Mirror to Damascus* (London & Boston, 1967)

長安／CHANG'AN

Chye Kiang Heng, *Cities of Aristocrats and Bureaucrats: The Development of Medieval Chinese Cityscapes* (Honolulu, 1999)

Steinhardt, N. S., *Chinese Imperial City Planning* (Honolulu, 1999)

Wright, A. F., 'The Cosmology of the Chinese City' in G. W. Skinner (ed.), *The City in Late Imperial China* (Stanford, 1977)

Xiong, V. C., *Sui-Tang Chang'an: A Study in the Urban History of Medieval China* (Ann Arbor, MI, 2000)

巴格達／BAGHDAD

Duri, A. A., 'Baghdad' in *Encyclopaedia of Islam*, 2nd ed., vol. I (Leiden, 1986), 921a–926a

Lassner, J., *The Topography of Baghdad in the Early Middle Ages* (Detroit, 1970)

Le Strange, G., *Baghdad during the Abbasid Caliphate* (Oxford, 1900, repr. London & Dublin, 1972)

Micheau, F., 'Bagdad', in J. Garcin (ed.), *Grandes Villes Mediterraneennes du Monde Musulman Medieval* (Rome, 2000) 87–116

哥多華／CÓRDOBA

Arberry, A. J., 'Muslim Cordoba', in A. J. Toynbee (ed.), *Cities of Destiny* (London, 1967) 166–77

Hillenbrand, R., ' "The Ornament of the World" Medieval Cordoba as a Cultural Centre', in S. K. Jayyushi (ed.), *The Legacy of Muslim Spain* (Leiden & New York, 1994) 112–35

Manuel, A. A. & A. V. Triano, 'Cordoue', in J.Garcin (ed.), *Grandes Villes Mediterraneennes du Monde Musulman Medieval* (Rome, 2000) 117–34

Seybold, C. F. & M. O. Jimenez, 'Kurtuba', in *Encyclopaedia of Islam* (2nd ed., Leiden, 1986) 509b–512a

中古世界

吳哥／ANGKOR

Coe, M. D., *Angkor and the Khmer Civilization* (London & New York, 2003)

Dagens, B., *Angkor: Heart of an Asian Empire* (London, 1995)

Groslier, B. P., *Angkor: Art and Civilization* (New York, 1966)

Groslier, B. P., *Angkor and Cambodia in the Sixteenth Century. According to Portuguese and Spanish Sources*, trans. M. Smithies (Bangkok, 2006)

Jacques, C. & M. Freeman, *Angkor: Cities and Temples* (London & New York, 1997)

Jessup, H. I., *Art & Architecture of Cambodia* (London & New York, 2004)

Stierlin, H., *The Cultural History of Angkor* (London, 1984)

巴勒摩／PALERMO

Angeli, L., *Palermo: City of Art* (Mistretta, 1986)

Grube, E. J. & J. Johns, *The Painted Ceilings of the Cappella Palatina* (London, 2005)

Matthew, D., *The Norman Kingdom of Sicily* (Cambridge, 1992)

Norwich, J. J., *The Normans in the South 1016–1130* (London, 1967)

Norwich, J. J. *The Kingdom in the Sun 1130–1194* (London, 1970)

Norwich, J. J., *The Middle Sea. A History of the Mediterranean* (London & New York, 2006)

Runciman, S., *The Sicilian Vespers: A History of the Mediterranean World in the Later Thirteenth Century* (new ed., Cambridge, 1992)

開羅／ CAIRO
Andre, R., *Cairo*, trans. W. Wood (Cambridge, MA, & London, 2000)
Behrens-Abouseif, D., *Cairo of the Mamluks: A History of the Architecture and Its Culture* (London, 2007)

撒馬爾罕／ SAMARKAND
Chuvin, P., *Samarkand, Bukhara*, Khiva (Paris & London, 2003)
Nedvetsky, A. G., *Samarkand* (Reading, 1992)
Robinson, F., *The Mughal Emperors and the Islamic Dynasties of India, Iran and Central Asia 1206–1925* (London & New York, 2007) 42–51
Thubron, C., *Shadow of the Silk Road* (London & New York, 2006)

巴黎／ PARIS
Cazelles, R., *Nouvelle Histoire de Paris de la Fin du Regne de Philippe Auguste a la Mort de Charles V 1223–1380* (Paris, 1972)
Favier, J., *Paris: Deux Mille Ans d'Histoire* (Paris, 1997)
Hallam, E. M. & J. Everard, *Capetian France*, 2nd ed. (Harlow, 2001) 987–1328
Hussey, A., *Paris: The Secret History* (London, 2006)
Jones, C., *Paris: Biography of a City* (London, 2004)

呂北克／ LÜBECK
Dollinger, P., *The German Hansa*, trans. and ed. D. S. Ault & S. H. Steinberg (Stanford, 1970)
Enns, A. B., *Lubeck: A Guide to the Architecture and Art Treasures of the Hanseatic Town* (Lubeck, 1974)
King, W., *Chronicles of Three Free Cities: Hamburg Bremen, Lubeck* (New York, 1914)
Rodnick, D., *A Portrait of Two German Cities: Lubeck and Hamburg* (Lubbock, TX, 1980)
Schildhauer, J., *The Hansa: History and Culture*, trans. K. Vanovitch (New York, 1988)

克拉科夫／ KRAKÓW
Davies, N., *God's Playground: A History of Poland*, 2 vols (Oxford, 1981)
Jasienica, P., *Jagiellonian Poland* (Miami, 1978)
Knox, B., *The Architecture of Poland* (London, 1971)
Kozakiewicz, H., *The Renaissance in Poland* (Warsaw, 1976)
Zamoyski, A., *The Polish Way: A Thousand-Year History of the Poles and their Culture* (London, 1987)
Zamoyski, A., *Poland: A History* (London, 2009)

威尼斯／ VENICE
Chambers, D., *The Imperial Age of Venice: 1380–1580* (London, 1970)
Morris, J., *Venice* (3rd ed., London, 2004)
Norwich, J. J., *A History of Venice* (London & New York, 1982)
Wills, G., *Venice: Lion City: The Religion of Empire* (New York, 2001)

佛羅倫斯／ FLORENCE
Cronin, V ., *The Florentine Renaissance* (London, 1967)
Hibbert, C., *Florence: The Biography of a City* (London, 1993)
Hibbert, C., *The Rise and Fall of the House of Medici* (London, 1974)
Turner, R., *The Renaissance in Florence* (London, 1997)
Unger, M. *Magnifico: The Brilliant Life and Violent Times of Lorenzo de' Medici* (New York, 2008)
Vasari, G., *The Lives of the Artists* (Oxford, 1971)

貝南／BENIN

Bradbury, R. E., *The Benin-Kingdom and the Edo-Speaking Peoples of South-Western Nigeria* (London, 1957)

Connah, G. E., *The Archaeology of Benin* (Oxford, 1975)

Darling, P. J., *Archaeology and History in Southern Nigeria: The Ancient Linear Earthworks of Benin and Ishan* (Oxford, 1984)

Egharevba, J. U., *A Short History of Benin* (Ibadan, 1968)

Johnson, S., *The History of the Yorubas* (Lagos, 1956)

McClelland, E. M., *The Kingdom of Benin in the Sixteenth Century* (Oxford, 1971)

Ryder, A. F. C., *Benin and the Europeans 1485–1897* (London, 1969)

Shaw, T., *Nigeria: Its Archaeology and Early History* (London, 1978)

Willett, F., 'Ife and its Archaeology', *Journal of African History 1, 2* (1960) 231–48

廷巴克圖／TIMBUKTU

Abun Nasr, J., *History of the Maghreb in the Islamic Period* (Cambridge, 1987)

Barth, H., *Travels and Discoveries in North and Central Africa*, 3 vols (repr. London, 1965)

Bovill, E. V., *The Golden Trade of the Moors* (London & New York, 1958)

Hunwick, J. O. & A. J. Boye, *The Hidden Treasures of Timbuktu: Historic City of Islamic Africa* (London & New York, 2008)

Norris, H. T., *The Tuaregs, their Islamic Legacy and its Diffusion in the Sahel* (Warminster, 1975)

Rogerson, B., *A Traveller's History of North Africa: From Carthage to Casablanca* (new ed., Moretonin-the-Marsh, 2008)

庫斯科／CUZCO

Bauer, B. S., *The Sacred Landscape of the Inca: The Cuzco Ceque System* (Austin, TX, 1998)

Bauer, B. S., *Ancient Cuzco: Heartland of the Inca* (Austin, TX, 2004)

鐵諾奇蒂特蘭／TENOCHTITLAN

Berdan F. F. & P. R. Anawalt (eds), *Codex Mendoza, III: A Facsimile Reproduction* (Berkeley, 1992)

Carrasco, P., *The Tenochca Empire of Ancient Mexico: The Triple Alliance of Tenochtitlan, Tetzcoco, and Tlacopan* (Norman, OK, 1999)

Cortes, H., *Letters from Mexico*, trans. & ed. A. Pagden (New Haven, 1986)

Diaz del Castillo, B., *The Discovery and Conquest of Mexico* (c. 1560s), ed. G. Garcia, trans. A. P. Maudslay, intro. I. A. Leonard (New York, 1956)

Lopez Lujan, L., *The Offerings of the Templo Mayor of Tenochtitlan*, trans. B. R. & T. Ortiz de Montellano (Albuquerque, NM, 2005)

Matos Moctezuma, E., *The Great Temple of the Aztecs: Treasures of Tenochtitlan*, trans. D. Heyden (London & New York, 1994)

Wolf, E. R. (ed.), *Hispanic Ecology and Society* (Albuquerque, 1976) 287–302

近代世界

里斯本／LISBON

Couto, D., *Histoire de Lisbonne* (Paris, 2000)

Góis, D. de, *Lisbon in the Renaissance*, trans. J. S. Ruth (New York, 1996)

Jack, M., *Lisbon: City of the Sea* (London, 2007)

Laidlar, J., *Lisbon*, World Bibliographical Series Vol. 199 (Oxford, 1997)

Oliveira Marques, A. H. de , *History of Portugal* (New York, 1972)

Saunders, A. C. de C. M., *A Social History of Black Slaves and Freedmen in Portugal 1441–1555* (Cambridge, 1982)

羅馬／ROME

Hibbert, C., *Rome: The Biography of a City* (Harmondsworth, 1985)

King, R., *Michelangelo and the Pope's Ceiling* (New York, 2003)

Noel, G., *The Renaissance Popes* (London, 2006)

Partridge, L., *The Art of Renaissance Rome* (New York, 1996)

Vasari, G., *The Lives of the Artists* (Oxford, 1971)

伊斯坦堡／ISTANBUL

Crowley, R., *Constantinople: The Last Great Siege 1453* (New York, 2005)

Freely, J., *Istanbul: The Imperial City* (London & New York, 1996)

Goodwin, J., *Lords of the Horizons: A History of the Ottoman Empire* (London, 1998)

Kleiterp, M. & C, Huygens, *Istanbul: The City and the Sultan* (Amsterdam, 2006)

Mansel, P., *Constantinople: City of the World's Desire 1453–1924* (London, 1995)

Orga, I., *Portrait of a Turkish Family* (London, 1988)

阿格拉／AGRA

Gupta, I. P., *Urban Glimpses of Mughal India: Agra, The Imperial Capital, 16th & 17th Centuries* (Delhi, 1986)

Koch, E., *The Complete Taj Mahal and the Riverfront Gardens of Agra* (London & New York, 2006)

Peck, L., *Agra: The Architectural Heritage* (New Delhi, 2008)

伊斯法罕／ISFAHAN

Blake, S. P., *Half the World: The Social Architecture of Safavid Isfahan, 1590–1722* (Costa Mesa, CA, 1999)

Canby, S. R., *Shah 'Abbas. The Remaking of Iran* (London, 2009)

Hillenbrand, R., 'Safavid Architecture', in P. Jackson et al. (eds), *The Cambridge History of Iran*, Vol. 6: *The Timurid and Safavid Periods* (Cambridge, 1986) 759–842

Lambton, A. K. S, 'Isfahan' in *Encyclopaedia of Islam*, 2nd ed., vol. V (Leiden, 1991)

Newman, A., *Safavid Iran: Rebirth of a Persian Empire* (London, 2006)

北京／BEIJING

Abru, H., *A Persian Embassy to China: being an extract from Zubdatu't Twarikh of Hafiz Abru*, trans. K. M. Maitra (Lahore, 1934)

Arlington, L. C., & W. Lewisohn, *In Search of Old Peking* (Peking, 1935)

Naquin, S., *Peking: Temples and City Life 1400–1900* (Berkeley, 2000)

京都／KYOTO
Downer, L., *Geisha: The Secret History of a Vanishing World* (London, 2000)
Hibbett, H., *The Floating World in Japanese Fiction* (Boston, 2001)
Kaempfer, E., *Kaempfer's Japan: Tokugawa Culture Observed*, ed., trans. & annotated B. M. Bodart-Bailey (Honolulu, 1999)
Keene, D., *World Within Walls: Japanese Literature of the Pre-Modern Era, 1600–1867* (New York, 1999)
Morris, I., *The World of the Shining Prince: Court Life in Ancient Japan* (London, 1997)
Mosher, G., *Kyoto: A Contemplative Guide* (Rutland, VT, 1964)
Varley, H. P., *Japanese Culture* (Tokyo, 1974)

布拉格／PRAGUE
Fucikova, E. (ed.), *Rudolf II and Prague: The Court and the City* (London & New York, 1997)
Lau, J. M., *Prague: Then and Now* (San Diego, 2006)
Marshall, P. H., *The Mercurial Emperor: The Magic Circle of Rudolf II in Renaissance Prague* (London & New York, 2007)
Sugliano, C., *Prague: Past and Present* (New York, 2003)

阿姆斯特丹／AMSTERDAM
Kistemaker, R., *Amsterdam: The Golden Age, 1275–1795* (New York, 1983)
Prak, M. A., *The Dutch Republic in the Seventeenth Century: The Golden Age* (Cambridge, 2005)
Schama, S., *Embarrassment of Riches* (London & New York, 2004)

墨西哥市／MEXICO CITY
Caistor, N. & E. Poniatowska, *Mexico City: A Cultural and Literary Companion* (Oxford, 1999)
Lombardo de Ruiz, S. (ed.), *Atlas historico de la ciudad de Mexico* (Mexico City, 1966)

倫敦／LONDON
Campbell, J. W. P., *Building St Paul's* (London & New York, 2008)
Hollis, L., *The Phoenix: St Paul's Cathedral* (London, 2008)
Wilson, A. N., *London: A Short History* (London, 2001)

斯德哥爾摩／STOCKHOLM
Buckley, V., *Christina: Queen of Sweden* (London, 2004)
Kent, N., *A Concise History of Sweden* (Cambridge, 2008)
Lockhart, P. D., *Sweden in the Seventeenth Century* (New York, 2004)
Peterson, G. D., *The Warrior Kings of Sweden* (Jefferson, NC & London, 2007)
Roberts, M., *Gustavus Adolphus and the Rise of Sweden* (London, 1973)
Roberts, M. *From Oxenstierna to Charles XII* (Cambridge, 1991)

都柏林／DUBLIN
Casey, C. (ed.), *Dublin. The Buildings of Ireland* (London, 2005)
Craig, M. (ed. S. O'Keefe), *Dublin 1660–1860* (repr. Dublin, 2006)
Guinness, D., *Georgian Dublin* (London, 1993)
Longford, C., *A Biography of Dublin* (London, 1936)
McParland, E., *Public Architecture in Ireland, 1680–1760* (London, 2001)
Malton, J., *A Picturesque and Descriptive View of the City of Dublin* (1799, repr. Dublin, 1978)
O'Brien, G. & F. O'Kane (eds), *Georgian Dublin* (Dublin & Portland, OR, 2008)
Pakenham, V. & T., *Dublin: A Traveller's Companion* (repr. London, 2003)

哥本哈根／COPENHAGEN

Berman, P. G., *In Another Light. Danish Painting in the Nineteenth Century* (London & New York, 2007)

Bukdahl, E. M. & M. Bogh, *The Roots of Neo-Classicism: Wiedewelt, Thorvaldsen and Danish Sculpture of our Time* (Copenhagen, 2004)

Raabyemagel, H. & C. M. Smidt (eds), *Classicism in Copenhagen: Architecture in the Age of C. F. Hansen* (Copenhagen, 1998)

Woodward, C., *Copenhagen. The Buildings of Europe*, (Manchester, 1998)

聖彼得堡／ST PETERSBURG

Amery, C. & B. Curran, *St Petersburg* (London, 2006)

Hughes, L., *Peter the Great: A Biography* (New Haven & London, 2004)

Iroshikov, M., *Before the Revolution: St Petersburg in Photographs, 1890–1914* (New York, 1992)

Lincoln, W. B., *Sunlight at Midnight: St Petersburg and the Rise of Modern Russia* (New York, 2002)

Shvidkovsky, D. & A. Orloff, *St Petersburg: Architecture of the Tsars* (New York, 1995)

Volkov, S., *St Petersburg: A Cultural History* (New York, 1995)

維也納／VIENNA

Brandstatter, C. (ed.), *Vienna 1900 and the Heroes of Modernism* (London, 2006)

Oechslin, W., *Otto Wagner, Adolf Loos and the Road to Modern Architecture* (Cambridge, 2002)

Salm-Salm, M.-A. zu, *Klimt, Schiele, Moser, Kokoschka. Vienna 1900* (London, 2005)

Schorske, C. E., *Fin-de-Siecle Vienna: Politics and Culture* (New York, 1993)

Varnedoe, K., *Vienna, 1900: Art, Architecture and Design* (New York, 1986)

愛丁堡／EDINBURGH

Boswell, J. *Boswell's Edinburgh Journals 1767–1786*, edited by H. M. Milne (Edinburgh, 2001)

Buchan, J., *Crowded with Genius: The Scottish Englightenment* (London, 2003)

Dudley Edwards, O. & G. Richardson, (eds), *Edinburgh* (Edinburgh, 1983)

Edwards, B. & P. Jenkins, *Edinburgh: The Making of a Capital City* (Edinburgh, 2005)

Gifford, J. et al., *Edinburgh. The Buildings of Scotland* (London, 1984)

Linklater, E., *Edinburgh* (London, 1960)

Massie, A., *Edinburgh* (London, 1994)

Scott-Moncrieff, G., *Edinburgh* (London, 1947)

Youngson, A. J., *The Making of Classical Edinburgh*, (Edinburgh, 2002)

現代世界

莫斯科／MOSCOW

Allenov, M. M., *Moscow: Treasures and Traditions* (Washington, 1990)
Figes, O., *Natasha's Dance: A Cultural History of Russia* (London & New York, 2002)
Kelly, L. (ed.), *Moscow: A Travellers' Companion* (London, 1983)

巴黎／PARIS

Carmona, M., *Haussmann* (Paris, 2000)
Girard, L., *Napoleon III* (Paris, 1983)
de Goncourt, E. L. A. H., & J. A. H., *The Journal of the Goncourts: Pages From A Great Diary* (London, c. 1930)
Kurtz, H., *The Empress Eugenie* (London, 1964)
Mansel, P., *Paris Between Empires* (London, 2001; New York, 2003)
Merimee, P., *Letters to an Unknown*, I & II (New York, 1906)

倫敦／LONDON

Inwood, S., *A History of London* (London, 1998)
Mayhew, H., *London Labour and the London Poor*, 4 vols (repr. New York, 1968)
Olsen, D., *The Growth of Victorian London* (London, 1983)
Owen, D., *The Government of Victorian London* (Cambridge, MA, 1982)
Wilson, A. N., *The Victorians* (London, 2007)

布達佩斯／BUDAPEST

Lukacs, J., *Budapest 1900: A Historical Portrait of a City and its Culture* (New York, 1988)
Sauer, W., 'Austria-Hungary: The Making of Central Europe', in R. Aldrich (ed.), *The Age of Empires* (London & New York, 2007)
Torok, A., *Budapest: A Critical Guide* (rev. ed., London, 1998)

蒙特婁／MONTREAL

Beauchemin, Y., *The Alley Cat: A Novel* (New York, 1988)
Havard, G., *The Great Peace of Montreal of 1701: French-Native Diplomacy in the Seventeenth Century* (Montreal, 2003)
MacLean, R., *The Oatmeal Ark* (London, 2008)
Morris, J., *O Canada!* (London, 1992)
Richler, M., *The Apprenticeship of Duddy Kravitz* (New York, 1991)
Tremblay, M., *Les Belles-Soeurs* (Vancouver, 1991)
Woodcock, G., *Social History Of Canada* (Markham, ON, 1988)

華盛頓特區／WASHINGTON DC

Berg, S. W., *Grand Avenues. The Story of the French Visionary Who Designed Washington, D.C.* (New York, 2007)
Bordewich, F., *Washington. The Making of the American Capital* (New York, 2008)
Gutheim, F. & A. J. Lee, *Worthy of the Nation, Washington, D.C., from L'Enfant to the National Capital Planning Commission* (2nd ed. Baltimore, MD, 2006)
Schama, S., *American History: The Future* (London, 2008)
Standiford, L., *Washington Burning: How a Frenchman's Vision for Our Nation's Capital Survived Congress, the Founding Fathers, and the Invading British Army* (New York, 2008)

巴塞隆納／ BARCELONA

Fernandez-Armesto, F., *Barcelona: A Thousand Years of the City's Past* (London, 1991)
Hensbergen, G. van, *Gaudi. A Biography* (London & New York, 2001)
Hughes, R., *Barcelona* (new ed. London, 2001)

新德里／ NEW DELHI

Dalrymple, W., *City of Djinns* (London, 1995; New York, 2003)
Hussey, C., *The Life of Sir Edwin Lutyens* (London, 1950)
Irving, R. G., *Indian Summer: Lutyens, Baker and Imperial Delhi* (London, 1981)
Nath, A., *Dome Over India* (Mumbai, 2002)
Ridley, J., *The Architect and his Wife: A Life of Edwin Lutyens* (London, 2002)
http://www.india-seminar.com

柏林／ BERLIN

Doblin, A., *Berlin Alexanderplatz* (London & New York, 2004)
Gaddis, J. L., *The Cold War* (London, 2006)
Isherwood, C., *Goodbye to Berlin* (London, 2003)
Kempowski, W., *Das Echolot: ein Kollektives Tagebuch* (Munchen, 1993)
Ladd, B., *The Ghosts of Berlin: Confronting German History in the Urban Landscape* (Chicago, 1997)
Mann, H., *The Blue Angel* (New York, 1979)
Metzger, R., *Berlin in the Twenties* (London, 2007)
Richie, A., *Faust's Metropolis* (New York, 1998)

芝加哥／ CHICAGO

Grossman, J. R. et al., *The Encyclopedia of Chicago* (Chicago, 2004)
Mayer, H. M. & R. C. Wade, *Chicago: Growth of a Metropolis* (Chicago, 1969)
Sinkevitch, A. (ed.), *AIA Guide to Chicago* (New York, 2004)

洛杉磯／ LOS ANGELES

Banham, R., *Los Angeles: The Architecture of Four Ecologies* (New York, 1971)
Davis, M., *City of Quartz: Excavating the Future in Los Angeles* (London & New York, 1990)
Ulin, D. L. (ed.), *Writing Los Angeles: A Literary Anthology* (New York, 2002)

布宜諾斯艾利斯／ BUENOS AIRES

Collier, S. et al., *Tango. The Dance, the Song, the Story* (London & New York, 1995)
Podalsky, L., *Specular City: Transforming Culture, Consumption, and Space in Buenos Aires, 1955–1973* (Philadelphia, 2004)
Wilson, J., *Buenos Aires: A Cultural and Literary History* (Oxford, 1999)

新加坡／ SINGAPORE

Barber, N., *Sinister Twilight: The Fall and Rise Again of Singapore* (London, 1968)
Jayapal, M., *Old Singapore* (Singapore, 1992)
Keay, J., *Last Post: The End of Empire in the Far East* (London, 1997)
Liu, G., *Singapore: A Pictorial History, 1819–2000* (Singapore, 1999)
Turnbull, C. M., *A History of Singapore, 1819–1975* (Kuala Lumpur, 1977)

紐約／NEW YORK
Bloom, A., *Prodigal Sons: The New York Intellectuals and Their World* (New York, 1986)
Broyard, A., *Kafka Was the Rage. A Greenwich Village Memoir* (New York, 1993)
Homberger, E., *The Historical Atlas of New York City: A Visual Celebration of nearly 400 Years of New York City's History* (New York, 1994)
Jackson, K. T. & D. S. Dunbar, *Empire City: New York Through the Centuries* (New York, 2002)
Morris. J., *Manhattan '45* (London & New York, 1987)
Morris. J., *The Great Port:A Passage Through New York* (2nd ed., London, 1987)
Wallock, L. (ed.), *New York: Culture Capital of the World, 1940–1965* (New York, 1988)
White, E. B., *Here is New York*, intro. by R. Angell (New York, 2000)

聖保羅／SÃO PAULO
Andrews, G. R., *Blacks and Whites in Sao Paulo, Brazil, 1888–1988* (Madison, WI, 1991)
Caldeira, T., *City of Walls: Crime, Segregation, and Citizenship in Sao Paulo* (Berkeley, CA, 2001)
Luna F. V. & H. S. Klein, *Slavery and the Economy of Sao Paulo 1750–1850* (Stanford, CA, 2003)
Morse, R. M., *From Community to Metropolis: A Biography of Sao Paulo, Brazil* (Gainesville, FL, 1958)
Woodard, J. P., *A Place in Politics: Sao Paulo, Brazil, from Seigneurial Republicanism to Regionalist Revolt* (Durham, NC, 2009)

雪梨／SYDNEY
Ashton, P., *The Accidental City, Planning Sydney Since 1788* (Sydney, 1993)
Birmingham, J., *Leviathan, The Unauthorised Biography of Sydney* (Sydney, 1999)
Drew, P., *The Masterpiece. Jorn Utzon, A Secret Life* (Melbourne, 1999)
Emmett, P., *Sydney. Metropolis, Suburb, Harbour* (Sydney, 2000)
Golder, H., *Sacked: Removing and Remaking the Sydney City Council* (Sydney, 2004)
Morris, J., *Sydney* (new ed. London, 1993)
Spearritt, P., *Sydney's Century: A History* (Sydney, 1999)
Watson, A. (ed.), *Building a Masterpiece: The Sydney Opera House* (Sydney, 2006)
Webber, P., *The Design of Sydney, Three Decades of Change in the City Centre* (Sydney, 1988)

東京／TOKYO
Akira Naito, *Edo, The City that Became Tokyo: An Illustrated History* (Tokyo, London & New York, 2003)
Downer, L., *The Brothers: The Hidden World of Japan's Richest Family* (London, 1994)
Richie, D., *A Lateral View: Essays on Contemporary Japan* (Tokyo, 1991)
Richie, D., *Tokyo: A View of the City* (London, 1999)
Seidensticker, E., *Low City, High City: Tokyo from Edo to the Earthquake* (New York, 1983)
Seidensticker, E., *Tokyo Rising: The City Since the Great Earthquake* (New York, 1990)
Waley, P., *Tokyo Now and Then: An Explorer's Guide* (New York & Tokyo, 1984)

上海／SHANGHAI
Baker, B., *Shanghai: Electric and Lurid City: An Anthology* (Oxford, 1998)
Ballard, J. G., *Empire of the Sun* (London & New York, 1984)
Nien Cheng, *Life and Death in Shanghai* (London, 1987)
Yatsko, P., *New Shanghai: The Rocky Rebirth of China's Legendary City* (New York, 2001)

圖片來源

1. James L. Stanfield/National Geographic/Getty Images
2. © British Museum, London
3. © Marco Cristofori/Corbis
4. Photo Heidi Grassley © Thames & Hudson Ltd, London
5. AmitErez/iStockphoto.com
6. Martin Gray/National Geographic/Getty Image
7. © Travel Pix Collection /jonarnoldimages.com
8. © Dumbarton Oaks, Pre-Columbian Collection, Washington, D.C.
9. © Royal Geographical Society
10. Michael Dietrich/imagebroker.net/ Photolibrary.com
11. Bibliothèque Nationale, Paris
12. © Mohamed Messara/epa/Corbis
13. © Christopher Herwig;
14. National Palace Museum, Taipei/Werner Forman Archive
15. Bibliothèque Nationale, Paris
16. © Paul Almasy/Corbis
17. Michael D. Coe
18. © Joe Cornish/Arcaid/Corbis
19. © José Fuste Rage/zefa/Corbis
20. Richard Nowitz/National Geographic/Getty Images
21. © Michel Setboun/Corbis
22. Bibliothèque Nationale, Paris
23. Yoshio Tomii Photo Studio/Aflo Foto Agency/ Photolibrary.com
24. Gérard Degeorge/akg-images
25. Newberry Library, Chicago
26. © Travel Pix Collection/jonarnoldimages.com
27. © Patrick Durand/Sygma/Corbis
28. Topkapi Sarayi Museum, Istanbul
29. © Gavin Hellier/jonarnoldimages.com
30. James P. Blair/National Geographic/Getty Images
31. © Jon Arnold/jonarnoldimages.com
32. Museum of Chinese History, Beijing
34. © Michael Jenner
35. Corsham Court, Wiltshire/Bridgeman Ary Library
36. British Library, London
37. Victoria & Albert Museum, London
38. Angelo Tondini/Cubo Images/ Robert Harding
39. The University of Edinburgh Fine Art Collection
41. Kunstmuseum, Düsseldorf
42. Alfredo Dagli Orti/Kiscelli Museum Budapest/ The Art Archive
43. Jewel Samad/AFP/Getty Images
44. © Robert Harding World Imagery/Corbis
45. © David Turnley/Corbis
46. Liane Cary/age footstock/Photolibrary.com
47. Chicago Historical Society
48. ullstein bild/akg-images
49. © Bettmann/Corbis
50. National Archives of Australia, Canberra; A1500, 1966/15925
51. © Travel Pix Collection/jonarnoldimages.com

歷史大講堂

文明的驛站：從底比斯到紐約，跟隨重量級文史學者的深度導覽，造訪歷史上70座偉大城市

2020年7月初版　　定價：新臺幣480元
2021年1月初版第二刷

著者	John Julius Norwich
譯者	張毅瑄
叢書編輯	陳冠豪
校對	鄭碧君
	沈如瑩
內文排版	林家合
	李偉涵
封面設計	莊謹銘

出版者	聯經出版事業股份有限公司
地址	新北市汐止區大同路一段369號1樓
叢書主編電話	(02)86925588轉5315
台北聯經書房	台北市新生南路三段94號
電話	(02)23620308
台中分公司	台中市北區崇德路一段198號
暨門市電話	(04)22312023
台中電子信箱	e-mail：linking2@ms42.hinet.net
郵政劃撥帳戶第	0100559-3號
郵撥電話	(02)23620308
印刷者	文聯彩色製版印刷有限公司
總經銷	聯合發行股份有限公司
發行所	新北市新店區寶橋路235巷6弄6號2F
電話	(02)29178022

副總編輯	陳逸華
總編輯	涂豐恩
總經理	陳芝宇
社長	羅國俊
發行人	林載爵

行政院新聞局出版事業登記證局版臺業字第0130號

本書如有缺頁，破損，倒裝請寄回台北聯經書房更換。　ISBN 978-957-08-5557-9 (平裝)
聯經網址 http://www.linkingbooks.com.tw
電子信箱 e-mail:linking@udngroup.com

Published by arrangement with Thames & Hudson Ltd, London,

This edition first published in Taiwan in 2020 by Linking Publishing Company, Taipei

國家圖書館出版品預行編目資料

文明的驛站：從底比斯到紐約，跟隨重量級文史學者的深度導覽，造訪歷史上70座偉大城市/ John Julius Norwich著．張毅瑄譯．初版．新北市．聯經．2020年7月．448面＋32面彩色．14.8×21公分．(歷史大講堂)
譯自：The great cities in history
ISBN 978-957-08-5557-9（平裝）
[2021年1月初版第二刷]

1.都市發展 2.文明 3.世界史

710 109008457